I0005073

Dr. Holger Schwichtenberg

Moderne Datenzugriffslösungen mit
Entity Framework Core 2.0

Datenbankprogrammierung mit .NET/.NET Core und C#

Version 4.3.3 dieses Buchs

Stand 05.01.2018

www.IT-Visions.de®

Dr. Holger Schwichtenberg

Verlag:	www.IT-Visions.de, Fahrenberg 40b, D-45257 Essen
ISBN:	3934279-18-X
Sprachliche Korrektur:	Matthias Bloch, M.A.
Formatierung:	Matthias Bloch, M.A.
Bezugsquelle PDF:	https://leanpub.com/EntityFrameworkCore
Bezugsquelle Print:	https://www.amazon.de/exec/obidos/ASIN/393427918X/itvisions-21

www.IT-Visions.de
Dr. Holger Schwichtenberg

Für Heidi, Felix und Maja

1 Inhaltsverzeichnis

2 Vorwort

Liebe Leserinnen und Leser,

ich nutze Entity Framework in echten Softwareentwicklungsprojekten seit der allerersten Version, also seit der Version 1.0 von ADO.NET Entity Framework im Jahr 2008. Zuvor hatte ich einen selbstentwickelten Objekt-Relationalen Mapper in meinen Projekten verwendet. Entity Framework Core ist das Nachfolgeprodukt, das es seit 2016 gibt. Ich setzte seitdem auch (aber nicht ausschließlich) Entity Framework Core in der Praxis ein. Viele Projekte laufen noch mit dem klassischen Entity Framework.

Microsoft entwickelt Entity Framework Core inkrementell, d.h. die Versionen 1.x und 2.x stellen zunächst eine in vielen Punkten noch unvollständige Grundversion dar, die in den Folgeversionen dann komplettiert wird.

Dieses **inkrementelle Konzept** habe ich auch mit diesem Buch umgesetzt. Das Buch ist seit September 2016 in mehreren Versionen erschienen. Die vor Ihnen liegende Version 4.3 dieses Buchs beschreibt nun alle Kernaspekte und viele Tipps und Tricks sowie Praxisszenarien zu Entity Framework Core. Ich plane, in Zukunft weitere Versionen dieses Buchs zu veröffentlichen, die die kommenden Versionen von Entity Framework Core beschreiben und auch weitere Tipps & Tricks sowie Praxisszenarien ergänzen.

Dieses Buch wird vertrieben auf folgenden Wegen:

- Gedruckt von Amazon: *https://www.amazon.de/exec/obidos/ASIN/393427918X/itvisions-21*

- Kindle-E-Book von Amazon: *https://www.amazon.de/exec/obidos/ASIN/393427918X/itvisions-21*

- PDF-E-Book von Leanpub: *https://leanpub.com/EntityFrameworkCore*

Die vorliegende Version dieses Buchs kostet nur rund 40 Euro (Die Plattform *leanpub.com* weist die Preise in Dollar ohne Mehrwertsteuer aus. Der von mir gesetzte Preis von 39,00 Dollar zzgl. 19% Mehrwertsteuer ergibt aktuell 40,47 Euro). Käufer der Grundversion können **Updates** jeweils für 10,00 Dollar (zzgl. Mehrwertsteuer) erwerben (*https://leanpub.com/EntityFrameworkCore/c/update*). Sie erhalten eine Update-Nachricht über Leanpub (sofern Sie nicht gegenüber Leanpub erklären, dass Sie keine Benachrichtigungen wünschen). Später einsteigende Käufer zahlen entsprechend mehr für die dann aktuelle Version. Käufer, die das Buch von Amazon in gedruckter Version bezogen haben, können unter dem o.g. Link zusätzlich das PDF-E-Book ebenfalls so günstig erhalten.

Da solch niedrige Preise in Anbetracht der vielen Stunden Arbeit an diesem Buch leider nicht nennenswert dazu beitragen können, den Lebensunterhalt meiner Familie zu bestreiten, ist dieses Projekt ein Hobby. Dementsprechend kann ich nicht garantieren, wann es Updates zu diesem Buch geben wird. Ich werde dann an diesem Buch arbeiten, wenn ich neben meinem Beruf als Softwarearchitekt, Berater und Dozent und meinen sportlichen Betätigungen noch etwas Zeit für das Fachbuchautorenhobby übrig habe.

Zudem möchte ich darauf hinweisen, dass ich natürlich keinen kostenfreien technischen Support zu den Inhalten dieses Buchs geben kann. Ich freue mich aber immer über konstruktives Feedback und Verbesserungsvorschläge. Bitte verwenden Sie dazu das Kontaktformular auf *www.dotnet-doktor.de*.

Wenn Sie **technische Hilfe** zu Entity Framework und Entity Framework Core oder anderen Themen rund um .NET, Visual Studio, Windows oder andere Microsoft-Produkte benötigen, stehe ich Ihnen im Rahmen meiner beruflichen Tätigkeit für die Firmen *www.IT-Visions.de* (Beratung, Schulung, Support) und 5Minds IT-Solutions GmbH & Co KG (Softwareentwicklung, siehe *www.5minds.de*) gerne zur Verfügung. Bitte wenden Sie sich für ein Angebot an das jeweilige Kundenteam.

Die Beispiele zu diesem Buch können Sie herunterladen auf der von mir ehrenamtlich betriebenen **Leser-Website** unter *www.IT-Visions.de/Leser*. Dort müssen Sie sich registrieren. Bei der Registrierung wird ein Losungswort abgefragt. Bitte geben Sie dort **12Monkeys** ein.

Herzliche Grüße aus Essen, dem Herzen der Metropole Ruhrgebiet

Holger Schwichtenberg

3 Über den Autor

- Studienabschluss Diplom-Wirtschaftsinformatik an der Universität Essen
- Promotion an der Universität Essen im Gebiet komponentenbasierter Softwareentwicklung
- Seit 1996 selbstständig als unabhängiger Berater, Dozent, Softwarearchitekt und Fachjournalist
- Leiter des Berater- und Dozententeams bei *www.IT-Visions.de*
- Leitung der Softwareentwicklung im Bereich Microsoft/.NET bei der 5minds IT-Solutions GmbH & Co. KG (*www.5minds.de*)
- Über 65 Fachbücher beim Carl Hanser Verlag, bei O'Reilly, Microsoft Press und Addison-Wesley sowie mehr als 950 Beiträge in Fachzeitschriften

- Gutachter in den Wettbewerbsverfahren der EU gegen Microsoft (2006-2009)
- Ständiger Mitarbeiter der Zeitschriften iX (seit 1999), dotnetpro (seit 2000) und Windows Developer (seit 2010) sowie beim Online-Portal heise.de (seit 2008)
- Regelmäßiger Sprecher auf nationalen und internationalen Fachkonferenzen (z.B. Microsoft TechEd, Microsoft Summit, Microsoft IT Forum, BASTA, BASTA-on-Tour, .NET Architecture Camp, Advanced Developers Conference, Developer Week, OOP, DOTNET Cologne, MD DevDays, Community in Motion, DOTNET-Konferenz, VS One, NRW.Conf, Net.Object Days, Windows Forum, Container Conf)
- Zertifikate und Auszeichnungen von Microsoft:
  - Microsoft Most Valuable Professional (MVP)
  - Microsoft Certified Solution Developer (MCSD)
- Thematische Schwerpunkte:
  - Softwarearchitektur, mehrschichtige Softwareentwicklung, Softwarekomponenten, SOA
  - Microsoft .NET Framework, Visual Studio, C#, Visual Basic
  - .NET-Architektur/Auswahl von .NET-Technologien
  - Einführung von .NET Framework und Visual Studio/Migration auf .NET
  - Webanwendungsentwicklung und Cross-Plattform-Anwendungen mit HTML, ASP.NET, JavaScript/TypeScript und Webframeworks wie Angular
  - Enterprise .NET, verteilte Systeme/Webservices mit .NET, insbesondere Windows Communication Foundation und WebAPI
  - Relationale Datenbanken, XML, Datenzugriffsstrategien
  - Objektrelationales Mapping (ORM), insbesondere ADO.NET Entity Framework und EF Core
  - Windows PowerShell, PowerShell Core und Windows Management Instrumentation (WMI)
- Ehrenamtliche Community-Tätigkeiten:
  - Vortragender für die International .NET Association (INETA)
  - Betrieb diverser Community-Websites: www.dotnetframework.de, www.entwickler-lexikon.de, www.windows-scripting.de, www.aspnetdev.de u. a.

- Firmenwebsites: *http://www.IT-Visions.de* und *http://www.5minds.de*
- Weblog: *http://www.dotnet-doktor.de*
- Kontakt: E-Mail **buero@IT-Visions.de** sowie Telefon **0201-64 95 90-0**

4 Über dieses Buch

4.1   Versionsgeschichte dieses Buchs

Die folgende Tabelle zeigt die Versionen, die von diesem Buch erschienen sind, sowie die darin besprochenen Entity Framework Core-Versionen.

Ergänzungen der Versionsnummer an der dritten Stelle (z.B. 1.2.2) sind kleine Korrekturen im Buch, die nicht explizit in dieser Versionstabelle erscheinen.

Buchversion Datum Umfang	Leanpub .com- Preis für PDF	Amazon.de- Preis für gedruckte Ausgabe	Entity Framework Core- Version(en)	Bemerkung
1.0 16.09.2016 101 Seiten	15,00 Dollar	-	1.0.1	Grundversion mit folgenden Kapiteln: ▪ Was ist Entity Framework Core? ▪ Reverse Engineering bestehender Datenbanken ▪ Forward Engineering für neue Datenbanken ▪ Anpassung des Datenbankschemas ▪ Schemamigrationen ▪ Daten lesen mit LINQ ▪ Objektbeziehungen und Ladestrategien ▪ Einfügen, Löschen und Ändern
1.1 18.11.2016 122 Seiten	17,50 Dollar	-	1.1	▪ Aktualisiert auf Entity Framework Core Version 1.1 ▪ Neues Unterkapitel: Laden anhand des Primärschlüssels mit Find() ▪ Neues Unterkapitel: Explizites Nachladen ▪ Neues Unterkapitel: Änderungsverfolgung auch für Unterobjekte ▪ Neues Kapitel: Leistungsoptimierung durch No-Tracking

Buchversion Datum Umfang	Leanpub .com-Preis für PDF	Amazon.de-Preis für gedruckte Ausgabe	Entity Framework Core-Version(en)	Bemerkung
				▪ Neues Kapitel: Quellen im Internet
1.2 07.04.2017 145 Seiten	18,50 Dollar	19,99 Euro	1.1.1	▪ Neues Kapitel: Datenänderungskonflikte ▪ Neues Kapitel: Praxislösungen / N:M-Beziehungen zu sich selbst
1.3 14.06.2017 194 Seiten	19,50 Dollar	-	1.1.2 und 2.0-Preview1	▪ Aktualisiert auf Version 2.0 Preview 1 ▪ Erweitert: Fallbeispiel in diesem Buch ▪ Erweitert: LINQ im RAM statt in Datenbank ▪ Erweitert: Regeln für die selbsterstellte Kontextklasse ▪ Neues Kapitel: Artefakte der Entity Framework Core-Programmierung ▪ Neues Kapitel: Daten lesen/Globale Abfragefilter ▪ Neues Kapitel: Einfügen, Ändern und Löschen/Das Foreach-Problem ▪ Neues Kapitel: Einfügen, Ändern und Löschen/Transaktionen ▪ Neues Kapitel: Asynchrone Programmierung ▪ Neues Kapitel: Zusatzwerkzeuge: LINQPad, Entity Developer ▪ Erweitert: Tipps und Best Practices in einigen Kapiteln. ▪ Verbessert: Seitennummernformatierung
1.4 06.07.2017 210 Seiten	19,50 Dollar	19,99 Euro	1.1.2 und 2.0-Preview2	▪ Aktualisiert auf Version 2.0 Preview 2

Buchversion Datum Umfang	Leanpub .com- Preis für PDF	Amazon.de- Preis für gedruckte Ausgabe	Entity Framework Core- Version(en)	Bemerkung
				▪ Neues Kapitel: Was ist Entity Framework Core/Unterstützte .NET-Versionen
				▪ Neues Kapitel: Was ist Entity Framework Core/Unterstützte Visual Studio-Versionen
				▪ Neues Kapitel: Installation von Entity Framework Core
				▪ Neues Kapitel: Daten lesen und ändern mit SQL, Stored Procedures und Table Valued Functions
2.0 17.07.2017 296 Seiten	24,50 Dollar	24,99 Euro	1.1.2 und 2.0- Preview2	▪ Neues Kapitel: "Was ist Entity Framework Core?/Was ist ein OR-Mapper?"
				▪ Neues Kapitel: "Was ist Entity Framework Core?/ORM in der .NET-Welt"
				▪ Neues Kapitel: "Einfügen, Löschen und Ändern/Change Tracker abfragen"
				▪ Neues Kapitel: "Praxislösungen/Entity Framework Core in einer Universal Windows App"
				▪ Neues Kapitel: "Protokollierung (Logging)"
				▪ Neues Kapitel: "Dynamische LINQ-Abfragen"
				▪ Kapitel "Daten lesen und ändern mit SQL, Stored Procedures und Table Valued Functions" erweitert um Globale Filter.
				▪ Neues Kapitel: "Softwarearchitektur mit Entity Framework Core"

Buchversion Datum Umfang	Leanpub .com- Preis für PDF	Amazon.de- Preis für gedruckte Ausgabe	Entity Framework Core- Version(en)	Bemerkung
				▪ Neues Kapitel: "Zusatzwerkzeuge/ Profiling mit Entity Framework Profiler"
				▪ Neues Kapitel: "Zusatzwerkzeuge/ Objekt-Objekt-Mapping und AutoMapper"
				▪ Stichwortverzeichnis (Index) ergänzt
2.1 14.08.2017 296 Seiten	24,50 Dollar	24,99 Euro	1.1.2 und 2.0	▪ Aktualisiert auf die am 14.8. erschienene RTM-Version von Entity Framework Core 2.0
3.0 01.09.2017 395 Seiten	34,50 Dollar	34,99 Euro	1.1.2 und 2.0	▪ Erweiterung des Kapitels: "Aktualisierung auf eine neue Version"
				▪ Neues Kapitel: "Anpassung des Datenbankschemas/Indexe"
				▪ Neues Kapitel: "Leistungsoptimierung"
				▪ Neues Kapitel: "Tipps&Tricks/Shadow Properties"
				▪ Neues Kapitel: "Tipps&Tricks/Table Splitting"
				▪ Neues Kapitel: "Tipps&Tricks/Berechnete Spalten"
				▪ Neues Kapitel: "Tipps&Tricks/Standardwerte"
				▪ Neues Kapitel: "Tipps&Tricks/Sequenzen"
				▪ Neues Kapitel: "Tipps&Tricks/Alternative Schlüssel"
				▪ Neues Kapitel "Praxislösungen/Entity Framework Core in einer ASP.NET Core-Anwendung"

Buchversion Datum Umfang	Leanpub .com- Preis für PDF	Amazon.de- Preis für gedruckte Ausgabe	Entity Framework Core- Version(en)	Bemerkung
3.1 19.09.2017 422 Seiten	34,50 Dollar	34,99 Euro	1.1.2 und 2.0	▪ Neues Kapitel: "Konzepte von Entity Framework Core/Vorgehensmodelle" ▪ Neues Kapitel: "Anpassung des Datenbankschemas/Weitere Syntaxoptionen für das Fluent-API" ▪ Neues Kapitel: "Daten lesen mit LINQ/ Umgehung für das GroupBy-Problem" ▪ Neues Kapitel: "Einfügen, Löschen und Ändern/Widersprüchliche Beziehungen" ▪ Aktualisiert: "Leistungsoptimierung/ Leistungsvergleich" ▪ Neues Kapitel: "Weitere Tipps und Tricks zum Mapping/Kaskadierendes Löschen" ▪ Neues Kapitel "Weitere Tipps und Tricks zum Mapping/Abbildung von Datenbansichten (Views)" ▪ Neues Kapitel: "Weitere Tipps und Tricks zu LINQ"
4.0 06.10.2017 460 Seiten	39,00 Dollar	39,99 Euro	1.1.3 und 2.0	▪ Neues Kapitel: "Daten lesen mit LINQ/ Kurzübersicht über die LINQ-Syntax" ▪ Neues Kapitel: "Praxislösungen/Entity Framework Core in einer Xamarin-Cross-Platform-App" ▪ Überarbeitetes Kapitel: "Zusatzkomponenten/AutoMap per" ▪ Verbesserung des Layouts

Buchversion Datum Umfang	Leanpub .com- Preis für PDF	Amazon.de- Preis für gedruckte Ausgabe	Entity Framework Core- Version(en)	Bemerkung
4.1 22.10.2017 474 Seiten	39,00 Dollar	39,99 Euro	1.1.3 und 2.0	▪ Neues Kapitel: "Zusatzwerkzeuge/Entity Framework Core Power Tools"
4.2 20.12.2017 485 Seiten	39,00 Dollar	39,99 Euro	1.1.5 und 2.0.1	▪ Neues Kapitel "Objektbeziehungen und Ladestrategien/Relationship Fixup"
4.3 03.01.2018 473 Seiten	39,00 Dollar	39,99 Euro	1.1.5 und 2.0.1	▪ Einige Kapitel überarbeitet ▪ Neues Kapitel "Zusatzkomponenten/Oracle-Treiber von DevArt" ▪ Erweiterung des Kapitels "Leistungsoptimierung durch No-Tracking" ▪ Erweiterung des Kapitels "Weitere Tipps und Tricks zum Mapping/Shadow Properties" ▪ Formatierung der Listings nun kompakter, daher die verringerte Seitenzahl

4.2 Bezugsquelle für Aktualisierungen

Wenn Sie eine ältere Version dieses Buch besitzen, können Sie jederzeit eine aktuelle PDF-Version zum stark vergünstigten Preis von nur 10,00 Dollar (zzgl. 19% Mehrwertsteuer = 11.90 Dollar, aktuell ca. 8,30 Euro) unter folgendem Link beziehen:

https://leanpub.com/EntityFrameworkCore/c/update

Sie können diesen Link auch verwenden, wenn Sie eine gedruckte Version bei Amazon gekauft haben und nun gerne auch das E-Book zusätzlich hätten (zum Beispiel für die Volltextsuche).

Leider erlaubt Amazon nicht, dass Sie eine Aktualisierung als Kindle oder in gedruckter Form vergünstigt erhalten.

4.3 Geplante Kapitel

Die Reihenfolge der für die folgenden Versionen geplanten Kapitel ist hier zunächst alphabetisch angeordnet und entspricht nicht der Reihenfolge, in der die Kapitel erscheinen werden.

- Auditing mit Entity Framework Plus
- Eigene Konventionen

- Migration von Entity Framework 6.x

- SQL Server memory-optimized Tables (seit Entity Framework Core 1.1)

- Scalare Datenbankfunktionen nutzen (seit Entity Framework Core 2.0)

- Temporale Tabellen (seit SQL Server 2016)

- Unit Testing mit dem In-Memory-Provider

- Connection Resiliency (seit Entity Framework Core 1.1)

- Mapping mit (privaten) Feldern (seit Entity Framework Core 1.1)

- Neue Funktionen in Entity Framework 2.1

- Zusätzliche Erweiterungen wie z.B. EntityFrameworkCore.Rx,
  EFDetached.EntityFramework, EntityFrameworkCore.Triggers,
  EntityFrameworkCore.PrimaryKey und EntityFrameworkCore.TypedOriginalValues

Folgende Themen in diesem Buch sollen in Zukunft erweitert werden:

- Entity Framework Core in verteilten Systemen / Einsatz mit Webservices

- Reload

4.4   Programmiersprache in diesem Buch

Als Programmiersprache kommt in diesem Buch C# zum Einsatz, weil dies die bei weitem am häufigsten verwendete Programmiersprache in .NET ist. Der Autor dieses Buchs programmiert in einigen Kundenprojekten .NET-Anwendungen zwar auch in Visual Basic .NET, leider bietet dieses Buch jedoch nicht den Raum, alle Listings in beiden Sprachen wiederzugeben.

Eine Sprachkonvertierung zwischen C# und Visual Basic .NET ist im WWW kostenfrei verfügbar z.B. auf der Website *http://converter.telerik.com*.

5 Fallbeispiele in diesem Buch

Die meisten Beispielprogrammcodes in diesem Buch drehen sich um das Fallbeispiel der fiktiven Fluggesellschaft "World Wide Wings", abgekürzt "WWWings" oder als dreibuchstabiger Airline Code einfach "WWW". Es gibt auch eine Website zu der Fluggesellschaft (*www.world-wide-wings.de*) – dort einen Flug zu buchen, möchte der Autor dieses Buchs Ihnen aber nicht empfehlen ☺

Abbildung: Logo der fiktiven Fluggesellschaft "World Wide Wings"

> **Hinweis:** In einzeln Unterkapitel werden andere Fallbeispiele verwendet (z.B. die Aufgabenverwaltung "MiracleList"). Diese Fallbeispiele werden dann in den jeweiligen Kapiteln erläutert.

5.1 Entitäten

Im Anwendungsfall "World Wide Wings" geht es um folgende Entitäten:

- **Flüge** zwischen zwei Orten, bei denen die Orte bewusst nicht als eigene Entität modelliert wurden, sondern Zeichenketten sind (dies vereinfacht das Verständnis vieler Beispiele)

- **Passagiere**, die auf Flügen fliegen

- **Mitarbeiter** der Fluggesellschaft, die wiederum Vorgesetzte haben, die auch Mitarbeiter sind

- **Piloten** als eine Spezialisierung von Mitarbeitern. Ein Flug hat nur einen Piloten. Es gibt keinen Copiloten bei World Wide Wings. Den Copiloten abzuschaffen und im Notfall das Flugzeug von der Stewardess landen zu lassen (wie im Film "Turbulence" von 1997), war übrigens ein echter Vorschlag von Michael O'Leary, dem Chef der irischen Fluggesellschaft Ryanair im Jahr 2010 (siehe [http://www.dailymail.co.uk/news/article-1308852/Let-stewardesses-land-plane-crisis-says-Ryanair-boss-Airline-wants-ditch-pilots.html]).

- **Personen** als Sammlung der gemeinsamen Eigenschaften für alle Menschen in diesem Beispiel. Personen gibt es aber nicht eigenständig, sondern nur in den Ausprägungen/Spezialisierungen Passagier, Mitarbeiter und Pilot. Im objektorientierten Sinne ist Person also eine abstrakte Basisklasse, die keine Instanzen besitzen kann, sondern nur der Vererbung dient.

Es gibt zwei Datenmodelle:

- Das etwas einfachere Modell #1 (alias Modell Version 6.6, siehe Abbildungen 1 und 2) ist das Ergebnis klassischen relationalen Datenbankdesigns mit Normalisierung. Das Objektmodell daraus entsteht per Reverse Engineering.

- Modell #2 (alias Modell Version 7.0, siehe Abbildungen 3 und 4) ist das Ergebnis des Forward Engineering mit Entity Framework Core aus einem Objektmodell. Zusätzlich gibt es hier weitere Entitäten (Persondetail, Flugzeugtyp und Flugzeugtypdetail), um weitere Modellierungsaspekte aufzeigen zu können.

In Modell #1 gibt es eine jeweils eigene Tabelle für Personen (auch wenn es keine eigenständigen Personen gibt), Mitarbeiter, Piloten und Passagiere. Diese Aufteilung entspricht den Klassen im Objektmodell.

Hinweis: Bitte beachten Sie, dass die Objektmodelle, die in diesem Buch zu den Datenmodellen erstellt werden, nicht das Idealbild eines Objektmodells darstellen können, denn Entity Framework Core unterstützt einige Mapping-Möglichkeiten wie z.B. das N:M-Mapping noch nicht.

Das Objektmodell zum Datenbankschema World Wide Wings Version 6.6 (Abbildung 2) ist das automatisch von Entity Framework Core aus der Datenbank generierte Objektmodell (Reverse Engineering); es ist bewusst nicht verändert worden, auch wenn einige der generierten Namen unschön sind.

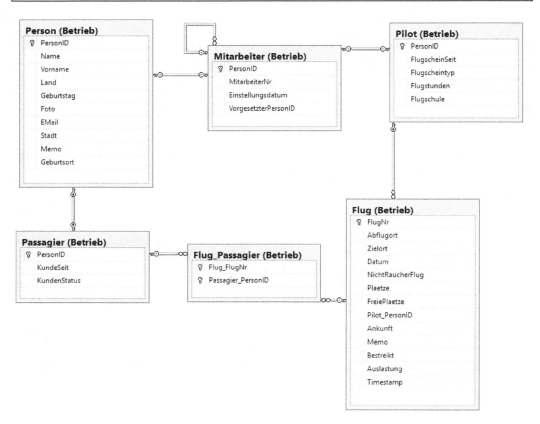

Abbildung 1: World Wide Wings-Datenmodell in der einfacheren Version 6.6

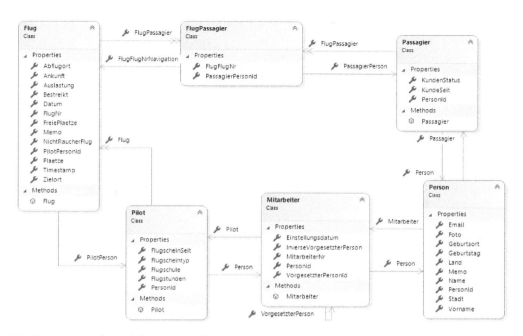

Abbildung 2: Objektmodell zum World Wide Wings-Datenmodell in der einfacheren Version 6.6

In Modell #2 gibt es lediglich die Tabellen Passagiere und Mitarbeiter für diese vier Entitäten. Entity Framework Core ist derzeit etwas eingeschränkt und unterstützt das "Table per Type"-Mapping (also eine eigenständige Tabelle für jede Klasse) nicht. Daher umfasst die Tabelle Passagiere auch alle Eigenschaften von Person. Die Tabelle Mitarbeiter umfasst neben den Personeneigenschaften die Eigenschaften der Entitäten Mitarbeiter und Pilot. In der Tabelle wird per Diskriminatorspalte unterschieden zwischen Datensätzen, die ein Mitarbeiter sind, und solchen, die ein Pilot sind. Entity Framework Core mischt hier die Konzepte Table per Concrete Type (TPC) und Table per Hierarchy (TPH). Einen dezidierten Einfluss auf diese Abbildung hat man in Entity Framework Core 1.x/2.0 noch nicht. Das klassische Entity Framework bietet hier mehr Optionen.

Die Abhängigkeitsarten in Modell #2 sind:

▪ Ein **Flug** muss einen Piloten besitzen. Es gibt einen Copilot, aber er ist optional.

▪ Ein Flug kann optional einen **Flugzeutyp** zugeordnet haben. Ein Flugzeugtyp hat eine Beziehung zu **Flugzeugtypdetail**.

▪ Jede Person und damit auch jeder Pilot und Passagier muss ein **Persondetail**-Objekt besitzen.

In diesem Buch kommen beide Datenmodelle vor, teilweise auch in modifizierter Form, um bestimmte Szenarien (z.B. Datenbankschemamigrationen) aufzuzeigen.

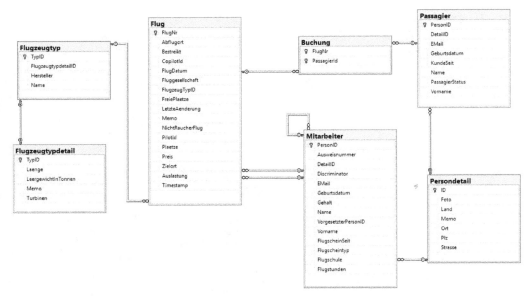

Abbildung 3: World Wide Wings-Datenmodell in der komplexeren Version 7.0

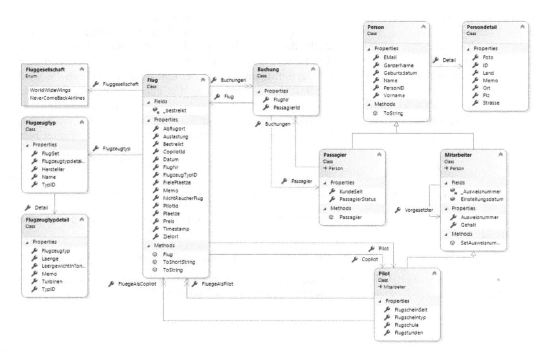

Abbildung 4: Objektmodell zum World Wide Wings-Datenmodell in der komplexeren Version 7.0

5.2 Anwendungsarten in diesem Buch

In diesem Buch erfolgen Bildschirmausgaben meist an der textbasierten Konsole in Konsolenanwendungen, denn dies ermöglicht die Fokussierung auf den Datenbankzugriff. Beim Einsatz von grafischen Benutzeroberflächen wie WPF, Windows Forms, ASP.NET Webforms oder ASP.NET MVC ist die Darstellung durch Datenbindung entkoppelt, das heißt man würde immer ein zweites Listing brauchen, um zu verstehen, dass die Datenzugriffe überhaupt liefern. Eingaben des Benutzers werden in den Konsolenbeispielen durch Variablen zu Beginn des Programmcodes simuliert.

Der Autor dieses Buchs führt seit vielen Jahren Schulungen und Beratungseinsätze im Bereich Datenzugriff durch und hat dabei die Erfahrung gemacht, dass Konsolenausgaben das didaktisch beste Instrument sind, da die Listings sonst sehr umfangreich und damit schlechter zu verstehen sind.

Natürlich ist die Konsolenausgabe in 99% der Fälle der Softwareentwicklung nicht die gängige Praxis. Grafische Benutzeroberflächen sind Inhalt anderer Bücher, und die Datenbindung hat in der Regel keinen Einfluss auf die Form des Datenzugriffs. Dort, wo der Datenzugriff doch relevant ist, wird dieses Buch auch Datenbindungsbeispiele zeigen.

5.3 Hilfsroutinen zur Konsolenausgabe

Für die Bildschirmausgabe an der Konsole wird an mehreren Stellen nicht nur Console.WriteLine() verwendet, sondern auch Hilfsroutinen kommen zur Anwendung, die farbige Bildschirmausgaben erzeugen. Diese Hilfsroutinen in der Klasse *CUI* aus der ITV_DemoUtil.dll sind hier zum besseren Verständnis abgedruckt:

Listing: Klasse CUI mit Hilfsroutinen für die Bildschirmausgabe an der Konsole

```csharp
using System;
using System.Runtime.InteropServices;
using System.Web;
using ITVisions.UI;
using System.Diagnostics;

namespace ITVisions
{
 /// <summary>
 /// Helper utilities for console UIs
 /// (C) Dr. Holger Schwichtenberg 2002-2018
 /// </summary>
 public static class CUI
 {
  public static bool IsDebug = false;
  public static bool IsVerbose = false;

  #region Print only under certain conditions
 public static void PrintDebug(object s)
  {
   PrintDebug(s, System.Console.ForegroundColor);
  }

  public static void PrintVerbose(object s)
  {
```

```
  PrintVerbose(s, System.Console.ForegroundColor);
}
#endregion

#region Issues with predefined colors
public static void MainHeadline(string s)
{
  Print(s, ConsoleColor.Black, ConsoleColor.Yellow);

}
public static void Headline(string s)
{
  Print(s, ConsoleColor.Yellow);
}
public static void HeaderFooter(string s)
{
  Console.ForegroundColor = ConsoleColor.Green;
  Console.WriteLine(s);
  Console.ForegroundColor = ConsoleColor.Gray;
}

public static void PrintSuccess(object s)
{
  Print(s, ConsoleColor.Green);
}

public static void PrintStep(object s)
{
  Print(s, ConsoleColor.Cyan);
}

public static void PrintDebugSuccess(object s)
{
  PrintDebug(s, ConsoleColor.Green);
}

public static void PrintVerboseSuccess(object s)
{
  PrintVerbose(s, ConsoleColor.Green);
}

public static void PrintWarning(object s)
{
  Print(s, ConsoleColor.Cyan);
}

public static void PrintDebugWarning(object s)
{
  PrintDebug(s, ConsoleColor.Cyan);
}

public static void PrintVerboseWarning(object s)
{
```

```
    PrintVerbose(s, ConsoleColor.Cyan);
  }

  public static void PrintError(object s)
  {
   Print(s, ConsoleColor.White, ConsoleColor.Red);
  }

  public static void PrintDebugError(object s)
  {
   PrintDebug(s, ConsoleColor.White, ConsoleColor.Red);
  }

  public static void PrintVerboseError(object s)
  {
   Print(s, ConsoleColor.White, ConsoleColor.Red);
  }

  public static void Print(object s)
  {
   PrintInternal(s, null);
  }
  #endregion

  #region Print with selectable color

  public static void Print(object s, ConsoleColor farbe, ConsoleColor?
hintergrundfarbe = null)
  {
   PrintInternal(s, farbe, hintergrundfarbe);
  }

  public static void PrintDebug(object s, ConsoleColor farbe, ConsoleColor?
hintergrundfarbe = null)
  {
   if (IsDebug || IsVerbose) PrintDebugOrVerbose(s, farbe, hintergrundfarbe);
  }

  public static void PrintVerbose(object s, ConsoleColor farbe)
  {
   if (!IsVerbose) return;
   PrintDebugOrVerbose(s, farbe);
  }
  #endregion

  #region Print with additional data

  /// <summary>
  /// Print with Thread-ID
  /// </summary>
  public static void PrintWithThreadID(string s, ConsoleColor c =
ConsoleColor.White)
  {
```

```csharp
    var ausgabe = String.Format("Thread #{0:00} {1:}: {2}",
System.Threading.Thread.CurrentThread.ManagedThreadId,
DateTime.Now.ToLongTimeString(), s);
  CUI.Print(ausgabe, c);
  }


  /// <summary>
  ///  Print with time
  /// </summary>
  public static void PrintWithTime(object s, ConsoleColor c = ConsoleColor.White)
  {
  CUI.Print(DateTime.Now.Second + "." + DateTime.Now.Millisecond + ":" + s);
  }


  private static long count;
  /// <summary>
  /// Print with counter
  /// </summary>
  private static void PrintWithCounter(object s, ConsoleColor farbe,
ConsoleColor? hintergrundfarbe = null)
  {
   count += 1;
   s = $"{count:0000}: {s}";
   CUI.Print(s, farbe, hintergrundfarbe);
  }


  #endregion

  #region internal helper routines
   private static void PrintDebugOrVerbose(object s, ConsoleColor farbe,
ConsoleColor? hintergrundfarbe = null)
  {
   count += 1;
   s = $"{count:0000}: {s}";
   Print(s, farbe, hintergrundfarbe);
   Debug.WriteLine(s);
   Trace.WriteLine(s);
   Trace.Flush();
  }


  /// <summary>
  /// Output to console, trace and file
  /// </summary>
  /// <param name="s"></param>
  [DebuggerStepThrough()]
   private static void PrintInternal(object s, ConsoleColor? farbe = null,
ConsoleColor? hintergrundfarbe = null)
  {
   if (s == null) return;

   if (HttpContext.Current != null)
   {
    try
    {
```

```
if (farbe != null)
    {
        HttpContext.Current.Response.Write("<span style='color:" +
farbe.Value.DrawingColor().Name + "'>");
    }
    if (!HttpContext.Current.Request.Url.ToString().ToLower().Contains(".asmx")
&& !HttpContext.Current.Request.Url.ToString().ToLower().Contains(".svc") &&
!HttpContext.Current.Request.Url.ToString().ToLower().Contains("/api/"))
HttpContext.Current.Response.Write(s.ToString() + "<br>");

    if (farbe != null)
    {
      HttpContext.Current.Response.Write("</span>");
    }
    }
    catch (Exception)
    {
    }
    }
    else
    {
    object x = 1;
    lock (x)
    {
     ConsoleColor alteFarbe = Console.ForegroundColor;
     ConsoleColor alteHFarbe = Console.BackgroundColor;

     if (farbe != null) Console.ForegroundColor = farbe.Value;
     if (hintergrundfarbe != null) Console.BackgroundColor =
hintergrundfarbe.Value;

     //if (farbe.ToString().Contains("Dark")) Console.BackgroundColor =
ConsoleColor.White;
     //else Console.BackgroundColor = ConsoleColor.Black;

     Console.WriteLine(s);
     Console.ForegroundColor = alteFarbe;
     Console.BackgroundColor = alteHFarbe;
    }
    }
    }
    #endregion

    #region Set the position of the console window
    [DllImport("kernel32.dll", ExactSpelling = true)]
    private static extern IntPtr GetConsoleWindow();
    private static IntPtr MyConsole = GetConsoleWindow();

    [DllImport("user32.dll", EntryPoint = "SetWindowPos")]
    public static extern IntPtr SetWindowPos(IntPtr hWnd, int hWndInsertAfter, int
x, int Y, int cx, int cy, int wFlags);

    // Set the position of the console window without size
    public static void SetConsolePos(int xpos, int ypos)
```

```
{
 const int SWP_NOSIZE = 0x0001;
 SetWindowPos(MyConsole, 0, xpos, ypos, 0, 0, SWP_NOSIZE);
}


// Set the position of the console window with size
public static void SetConsolePos(int xpos, int ypos, int w, int h)
{
 SetWindowPos(MyConsole, 0, xpos, ypos, w, h, 0);
}
#endregion
}
}
```

6 Programmcodebeispiel zum Download

Die Beispiele zu diesem Buch können Sie als Visual Studio-Projekte herunterladen auf der Leser-Website unter *www.IT-Visions.de/Leser*. Dort müssen Sie sich einmalig registrieren. Bei der Registrierung wird ein **Losungswort** abgefragt, das Sie als Käufer dieses Buchs ausweist. Bitte geben Sie dort **12Monkeys** ein. Durch die Registrierung erhalten Sie ein persönliches Kennwort per E-Mail zugesendet, das Sie dann für die Anmeldung nutzen können.

Bitte beachten Sie, dass nicht jede einzelne Zeile Programmcode, die Sie in diesem Buch finden, in den herunterladbaren Projekten enthalten sein kann. Die Projekte bilden funktionierende Lösungen. In diesem Buch warden auch alternative Lösungen für Einzelfälle diskutiert, die nicht unbedingt zu einer Gesamtlösung passen.

Dateiname	Inhalt
EFC_Reverse.rar	Beispiel aus dem Kapitel "Reverse Engineering". Das Paket enthält auch die SQL-Skripte für das einfachere "World Wide Wings"-Datenmodell inkl. Testdaten.
EFC_Forward.rar	"World Wide Wings"-Beispiel aus dem Kapitel "Forward Engineering"
EFC_Hauptbeispielsammlung.rar	Beispiele aller anderen Kapitel, die auf einer erweiterten Variante des "World Wide Wings"-Beispiels aus dem Kapitel "Forward Engineering" basieren. Hierin enthalten ist das Objektmodell, aus dem das komplexere Datenmodell zur Entwicklungs- oder Laufzeit angelegt werden kann. Testdaten lassen sich durch einen Datengenerator generieren, der im Quellcode enthalten ist.
EFC_UWP_SQLite.rar und EFC_Xamarin_SQLite.rar	Beispielanwendung: Einfacher Merkzettel "MiracleList Light" als Universal App für Windows 10 und Cross-Platform-App für iOS, Android und Windows 10. Die App speichert Daten mit Hilfe von Entity Framework Core in SQLite.
EFC_Countries_NMSelf.rar	Ländergrenzen-Beispiel aus dem Kapitel "Praxislösungen"

7 Was ist Entity Framework Core?

Entity Framework Core ist ein Objekt-Relationaler Mapper (ORM) für .NET (.NET Framework, .NET Core, Mono und Xamarin). Entity Framework Core ist eine Neuimplementierung des "ADO.NET Entity Framework".

Zusammen mit .NET Core Version 1.0 und ASP.NET Core Version 1.0 ist auch Entity Framework Core Version 1.0 am 27. Juni 2016 erstmals erschienen. Die Version 2.0 ist am 14. August 2017 erschienen. Version 2.1 ist in Arbeit.

7.1   Was ist ein Objekt-Relationaler Mapper (ORM)?

In der Datenbankwelt sind relationale Datenbanken vorherschend, in der Programmierwelt sind es Objekte. Zwischen den beiden Welten gibt es erhebliche semantische und syntaktische Unterschiede, die man unter dem Begriff "Impedance Mismatch" (zu deutsch: Unverträglichkeit, vgl. [https://dict.leo.org/englisch-deutsch/impedance%20mismatch]) oder "Semantic Gap" (zu deutsch: semantische Lücke) zusammenfasst.

Kern des objektorientierten Programmierens (OOP) ist die Arbeit mit Objekten als Instanzen von Klassen im Hauptspeicher. Die meisten Anwendungen beinhalten dabei auch die Anforderung, in Objekten gespeicherte Daten dauerhaft zu speichern, insbesondere in Datenbanken. Grundsätzlich existieren objektorientierte Datenbanken (OODB), die direkt in der Lage sind, Objekte zu speichern. Allerdings haben objektorientierte Datenbanken bisher nur eine sehr geringe Verbreitung. Der vorherrschende Typus von Datenbanken sind relationale Datenbanken, die Datenstrukturen jedoch anders abbilden als Objektmodelle.

Um die Handhabung von relationalen Datenbanken in objektorientierten Systemen natürlicher zu gestalten, setzt die Software-Industrie seit Jahren auf O/R-Mapper (auch: OR-Mapper oder ORM geschrieben). O steht dabei für objektorientiert und R für relational. Diese Werkzeuge bilden demnach Konzepte aus der objektorientierten Welt, wie Klassen, Attribute oder Beziehungen zwischen Klassen, auf entsprechende Konstrukte der relationalen Welt, wie zum Beispiel Tabellen, Spalten und Fremdschlüssel, ab. Der Entwickler kann somit in der objektorientierten Welt verbleiben und den O/R-Mapper anweisen, bestimmte Objekte, welche in Form von Datensätzen in den Tabellen der relationalen Datenbank vorliegen, zu laden bzw. zu speichern. Wenig interessante und fehleranfällige Aufgaben wie das manuelle Erstellen von INSERT-, UPDATE- oder DELETE-Anweisungen übernimmt der O/R-Mapper hierbei ebenfalls, was zu einer weiteren Entlastung des Entwicklers führt.

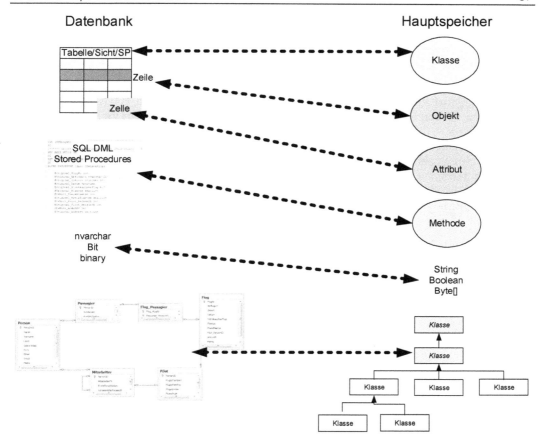

Abbildung: Beim ORM bildet man Konstrukte der OOP-Welt auf die relationale Welt ab.

Zwei besonders hervorstechende Unterschiede zwischen Objektmodell und Relationenmodell sind N:M-Beziehungen und Vererbung. Während man in einem Objektmodell eine N:M-Beziehung zwischen Objekten durch eine wechselseitige Objektmenge abbilden kann, benötigt man in der relationalen Datenbank eine Zwischentabelle. Vererbung kennen relationale Datenbanken gar nicht. Hier gibt es verschiedene Möglichkeiten der Nachbildung, doch dazu später mehr.

7.2   ORM in der .NET-Welt

Wenn ein .NET-Entwickler aus einer Datenbank mit einem DataReader oder DataSet Daten einliest, dann betreibt er noch kein OR Mapping. DataReader und DataSet sind zwar .NET-Objekte, aber diese verwalten nur Tabellenstrukturen. DataReader und DataSet sind aus der Sicht eines Objektmodells untypisierte, unspezifische Container. Erst wenn ein Entwickler spezifische Klassen für die in den Tabellen gespeicherten Strukturen definiert und die Inhalte aus DataSet oder DataReader in diese spezifischen Datenstrukturen umkopiert, betreibt er OR Mapping. Solch ein "händisches OR Mapping" ist für den Lesezugriff (gerade bei sehr breiten Tabellen) eine sehr aufwändige, mühselige und eintönige Programmierarbeit. Will man dann Änderungen in den Objekten auch noch wieder speichern, wird die Arbeit allerdings zur intellektuellen Herausforderung. Denn man muss erkennen können, welche Objekte verändert wurden, da man sonst ständig alle Daten aufs Neue speichert, was in Mehrbenutzerumgebungen ein Unding ist.

Während in der Java-Welt das ORM-Werkzeug schon sehr lange zu den etablierten Techniken gehört, hat Microsoft diesen Trend lange verschlafen bzw. es nicht vermocht, ein geeignetes Produkt zur Marktreife zu führen. ADO.NET in .NET 1.0 bis 3.5 enthielt keinen ORM, sondern beschränkte sich auf den direkten Datenzugriff und die Abbildung zwischen XML-Dokumenten und dem relationalen Modell.

Viele .NET-Entwickler haben sich daher daran gesetzt, diese Arbeit mit Hilfsbibliotheken und Werkzeugen zu vereinfachen. Dies war die Geburtsstunde einer großen Vielfalt von ORM-Werkzeugen für .NET. Dabei scheint es so, dass viele .NET-Entwickler das geflügelte Wort, dass ein Mann in seinem Leben einen Baum gepflanzt, ein Kind gezeugt und ein Haus gebaut haben sollte, um den Punkt "einen OR-Mapper geschrieben" ergänzt haben (wobei der Autor dieses Buchs sich davon auch nicht freisprechen kann, weil er ebenfalls einen OR-Mapper geschrieben hat). Anders ist die Vielfalt der ähnlichen Lösungen kaum erklärbar. Neben den öffentlich bekannten ORM-Werkzeugen für .NET findet man in den Unternehmen zahlreiche hauseigene Lösungen.

Bekannte öffentliche ORM für .NET von Drittanbietern (z.T. Open Source) sind:

- nHibernate
- Telerik Data Access (alias Open Access)
- Genome
- LLBLGen Pro
- Wilson
- Subsonic
- OBJ.NET
- .NET Data Objects (NDO)
- Dapper
- PetaPoco
- Massive
- Developer Express XPO

Neben den aktiven Entwicklern von ORM-Werkzeugen für .NET und den passiven Nutzern gibt eine noch größere Fraktion von Entwicklern, die ORM bisher nicht einsetzen. Meist herrscht Unwissenheit, die auch nicht aufgearbeitet wird, denn es herrscht das Motto "Wenn Microsoft es nicht macht, ist es auch nicht wichtig!"

Mit LINQ-to-SQL und dem ADO.NET Entity Framework sowie Entity Framework bietet Microsoft selbst jedoch inzwischen sogar drei verschiedene Produkte an. Der Softwarekonzern hat aber inzwischen verkündet, dass sich die Weiterentwicklungsbemühungen allein auf das Entity Framework Core konzentrieren.

7.3   Versionsgeschichte von Entity Framework Core

Die folgende Abildung zeigt die Versionsgeschichte von Entity Framework Core.

Version	Downloads	Last updated
2.0.1 (current version)	128,851	a month ago
2.0.0	517,081	4 months ago
2.0.0-preview2-final	23,623	6 months ago
2.0.0-preview1-final	46,953	7 months ago
1.1.5	1,754	5 days ago
1.1.4	18,574	a month ago
1.1.3	72,553	3 months ago
1.1.2	483,726	7 months ago
1.1.1	410,096	9 months ago
1.1.0	840,208	11/16/2016
1.1.0-preview1-final	19,623	10/24/2016
1.0.6	690	a month ago
1.0.5	1,379	3 months ago
1.0.4	8,946	7 months ago
1.0.3	91,927	9 months ago
1.0.2	46,577	12/12/2016
1.0.1	312,274	9/13/2016
1.0.0	435,614	6/27/2016
1.0.0-rc2-final	72,792	5/16/2016

Abbildung: Entity Framework Core-Versionsgeschichte
[Quelle: https://www.nuget.org/packages/Microsoft.EntityFrameworkCore]

Versionsnummernänderungen an der dritten Stelle (z.B. 1.0.1 und 1.0.2) enthalten nur Fehlerbehebungen. Bei Versionsnummernänderungen an der zweiten Stelle sind auch neue Funktionen enthalten. In diesem Buch wird darauf hingewiesen, wenn eine Funktion besprochen wird, die eine bestimmte Versionsnummer voraussetzt.

> **HINWEIS:** Die endgültige Version der Entity Framework Core-Werkzeuge für Entity Framework Core 1.x ist erst am 6.3.2017 im Rahmen von Entity Framework Core 1.1.1 und Visual Studio 2017 erschienen. Zuvor gab es nur "Preview"-Versionen. Seit Entity Framework Core 2.0 werden die Werkzeuge immer mit den neuen Produktreleases ausgeliefert.

7.4   Unterstützte Betriebssysteme

Genau wie die anderen Produkte der Core-Produktfamilie ist das Entity Framework Core (früherer Name: Entity Framework 7.0) ebenfalls plattformunabhängig. Die Core-Variante des etablierten Objekt-Relationalen Mappers läuft nicht nur auf dem .NET „Full" Framework, sondern auch auf .NET Core und Mono inklusive Xamarin. Damit kann man Entity Framework Core auf Windows, Windows Phone/Mobile, Linux, MacOS, iOS und Android nutzen.

7.5   Unterstützte .NET-Versionen

Entity Framework Core 1.x läuft auf .NET Core 1.x, .NET Framework ab Version 4.5.1, Mono ab Version 4.6, Xamarin.iOS ab Version 10, Xamarin Android ab Version 7.0 und der Windows Univeral Platform (UWP).

Entity Framework Core 2.0 basiert auf .NET Standard 2.0 und setzt daher eine der folgenden .NET-Implementierungen voraus:

- .NET Core 2.0 (oder höher)

- .NET Framework 4.6.1 (oder höher)

- Mono 5.4 (oder höher)

- Xamarin.iOS 10.14 (oder höher)

- Xamarin.Mac 3.8 (oder höher)

- Xamarin.Android 7.5 (oder höher)

- Universal Windows Platform (UWP) 10.0.16299 (oder höher)

	1.0	1.1	1.2	1.3	1.4	1.5	1.6	2.0
.NET Standard	1.0	1.1	1.2	1.3	1.4	1.5	1.6	2.0
.NET Core	1.0	1.0	1.0	1.0	1.0	1.0	1.0	2.0
.NET Framework (with .NET Core 1.x SDK)	4.5	4.5	4.5.1	4.6	4.6.1	4.6.2		
.NET Framework (with .NET Core 2.0 SDK)	4.5	4.5	4.5.1	4.6	4.6.1	4.6.1	4.6.1	4.6.1
Mono	4.6	4.6	4.6	4.6	4.6	4.6	4.6	5.4
Xamarin.iOS	10.0	10.0	10.0	10.0	10.0	10.0	10.0	10.14
Xamarin.Mac	3.0	3.0	3.0	3.0	3.0	3.0	3.0	3.8
Xamarin.Android	7.0	7.0	7.0	7.0	7.0	7.0	7.0	8.0
Universal Windows Platform	10.0	10.0	10.0	10.0	10.0	10.0.16299	10.0.16299	10.0.16299
Windows	8.0	8.0	8.1					
Windows Phone	8.1	8.1	8.1					
Windows Phone Silverlight	8.0							

Abbildung: Implementierungen von .NET Standard
[Quelle: https://docs.microsoft.com/de-de/dotnet/standard/library]

HINWEIS: Microsoft begründet die Beschränkung auf .NET Standard in Entity Framework Core 2.0 in [https://github.com/aspnet/Announcements/issues/246]. Unter anderem kann dadurch die Größe der Nuget-Pakete deutlich reduziert werden.

7.6 Unterstützte Visual Studio-Versionen

Für die Nutzung von Entity Framework Core 2.0 benötigt man zwingend Visual Studio 2017 Update 3 oder höher, auch wenn man mit dem klassischen .NET Framework programmiert, da Visual Studio nur mit diesem Update .NET Standard 2.0 kennt und versteht, dass .NET Framework 4.6.1 und höher Implementierungen von .NET Standard 2.0 sind.

Wenn man für .NET Core programmiert, benötigt man für Entity Framework Core 1.x Visual Studio 2017, (die Werkzeuge für Visual Studio 2015 sind veraltet und werden von Microsoft nicht mehr aktualisiert). Für Entity Framework Core 1.x in Verbindung mit dem klassischen .NET Framework reicht auch eine ältere Visual Studio-Version.

7.7 Unterstützte Datenbanken

Die folgende Tabelle zeigt die von Entity Framework Core durch Microsoft (SQL Server, SQL Compact und SQLite von Microsoft) und Drittanbieter (PostgreSQL, DB2, Oracle, MySQL u.a.) unterstützten Datenbankmanagementsysteme.

Auf Mobilgeräten mit Xamarin bzw. im Rahmen von Windows 10 Universal Platform Apps konnte Entity Framework Core 1.x nur lokale Datenbanken (SQLite) ansprechen. Mit der Einführung von

.NET Standard 2.0 steht nun der Microsoft SQL Server-Client auch auf Xamarin und der Windows 10 Universal Platform (ab dem Herbst 2017 Creators Update) zur Verfügung.

Die geplante Unterstützung für NoSQL-Datenbanken wie Redis und Azure Table Storage ist in Version 1.x/2.x von Entity Framework Core noch nicht enthalten. Es gibt aber für MongoDB ein Entwicklungsprojekt auf Github [https://github.com/crhairr/EntityFrameworkCore.MongoDb].

Datenbank	Anbieter / Preis	URL
Microsoft SQL Server	Microsoft / kostenfrei	*www.nuget.org/packages/Microsoft.EntityFrameworkCore.SqlServer*
Microsoft SQL Server Compact 3.5	Microsoft / kostenfrei	*www.nuget.org/packages/EntityFrameworkCore.SqlServerCompact35*
Microsoft SQL Server Compact 4.0	Microsoft / kostenfrei	*www.nuget.org/packages/EntityFrameworkCore.SqlServerCompact40*
SQLite	Microsoft / kostenfrei	*www.nuget.org/packages/Microsoft.EntityFrameworkCore.Sqlite*
In-Memory	Microsoft / kostenfrei	*www.nuget.org/packages/Microsoft.EntityFrameworkCore.InMemory*
MySQL	Oracle / kostenfrei	*www.nuget.org/packages/MySQL.Data.EntityFrameworkCore*
PostgreSQL	Open Source-Team npgsql.org / kostenfrei	*www.nuget.org/packages/Npgsql.EntityFrameworkCore.PostgreSQL*
DB2	IBM / kostenfrei	*www.nuget.org/packages/EntityFramework.IBMDataServer*
MySQL, Oracle, PostgreSQL, SQLite, DB2, Salesforce, Dynamics CRM, SugarCRM, Zoho CRM, QuickBooks, FreshBooks, MailChimp, ExactTarget, Bigcommerce, Magento	Devart / kostenpflichtig (99 bis 299 Dollar pro Treiberart)	*www.devart.com/purchase.html#dotConnect*

Tabelle: Verfügbare Datenbanktreiber für Entity Framework Core

ACHTUNG: Aufgrund von "Breaking Changes" in den Provider-Schnittstellen, sind die Provider für Entity Framework Core 1.x nicht kompatibel zu Entity Framework Core 2.0. Man benötigt also für die Version 2.0 neue Provider!

7.8 Funktionsumfang von Entity Framework Core

Die Abbildung visualisiert, dass Entity Framework Core (gelb) gegenüber dem bisherigen Entity Framework (blau, aktuelle Version 6.x) einige neue Funktionen enthält (Bereich, der nur gelb, aber nicht blau ist). Es gibt aber auch einige Bereiche, die nur blau und nicht gelb sind: Das sind die Funktionen, die in Entity Framework 6.x enthalten sind, aber nicht in Entity Framework Core 1.x/2.0. Microsoft wird einige Funktionen davon in den kommenden Versionen von Entity Framework Core nachrüsten, andere Funktionen werden für immer entfallen.

Abbildung: Funktionsumfang des bisherigen Entity Framework im Vergleich zu Entity Framework Core. Links zeigt eine Sprechblase einige Features, die dauerhaft entfallen sind.

7.9 Funktionen, die dauerhaft entfallen

Folgende Funktionen aus dem klassischen Entity Framework hat Microsoft grundsätzlich in Entity Framework Core gestrichen:

- Die Vorgehensweise Database First und Model First. in Entity Framework Core gibt es nur noch das Code-based Modelling (früher Code First), mit dem man sowohl Programmcode aus Datenbanken erzeugen kann (Reverse Engineering) als auch Datenbanken aus Programmcode (Forward Engineering).

- Das Entity Data Model (EDM) und die XML-Repräsentation davon (EDMX) entfallen. Bisher wurde auch beim Code First intern ein EDM im RAM erzeugt. Der Overhead entfällt.

- Die Basisklasse ObjectContext für den Entity Framework-Kontext entfällt. Es gibt nur noch die Basisklasse DbContext. DbContext ist jetzt in Entity Framework Core kein Wrapper um ObjectContext mehr, sondern eine komplett neue, eigenständige Implementierung.

- Die Basisklasse EntityObject für Entitätsklassen entfällt. Die Entitätsklassen sind nun immer Plain Old CLR Objects (POCOs).

- Auch die Abfragesprache Entity SQL (ESQL) entfällt. Es gibt nur noch Unterstützung für LINQ, SQL und Stored Procedures (SPs) sowie Table Valued Functions (TVFs).

- Automatische Schemamigrationen werden nicht mehr angeboten. Schemamigrationen inklusive der Ersterstellung eines Datenbankschemas sind nun zur Entwicklungszeit immer manuell auszuführen. Zur Laufzeit kann eine Migration weiterhin beim ersten Zugriff auf die Datenbank erfolgen.

- Einige Szenarien des komplexeren Mappings zwischen Tabellen und Typen entfallen. Dazu gehört das Multiple Entity Sets per Type (MEST, verschiedene Tabellen auf dieselbe Entität abbilden) und das Kombinieren der Strategien Table per Hierarchy (TPH), Table per Type (TPT) und Table per Concrete Type (TPC) in einer Vererbungshierarchie.

7.10   Funktionen, die Microsoft bald nachrüsten will

In der Roadmap für Entity Framework-Core [*https://github.com/aspnet/EntityFramework/wiki/Roadmap*] dokumentiert Microsoft-Entwickler Rowan Miller, welche Features in Entity Framework-Core fehlen, die man „bald" nachrüsten will. Dabei ist dies nicht mit einem konkreten Zeitplan hinterlegt. Bemerkenswert ist, dass Microsoft einige dieser Funktionen selbst als „kritisch" bezeichnet. Zu diesen "kritischen" fehlenden Funktionen gehören:

- Entity Framework Core unterstützt nur den Zugriff auf Tabellen, nicht aber auf Views (Sichten) in der Datenbank. Man kann Views nur nutzen, wenn man den View sowie den Programmcode manuell erstellt und den View wie eine Tabelle behandelt.

- Stored Procedures können bisher nur zum Abfragen von Daten (SELECT), nicht aber zum Einfügen (INSERT), Aktualisieren (UPDATE) und Löschen (DELETE) verwendet werden.

- Einige LINQ-Befehle werden derzeit nicht in der Datenbank, sondern im RAM ausgeführt. Dazu gehört auch der group by-Operator, d.h. bei allen Gruppierungen werden alle Datensätze aus der Datenbank ins RAM gelesen und dort gruppiert, was bei allen Tabellen (außer sehr kleinen) zu einer katastrophalen Performance führt.

- Es gibt weder ein automatisches Lazy Loading noch ein explizites Nachladen im Entity Framework Core-API. Aktuell kann der Entwickler verbundene Datensätze nur direkt mitladen (Eager Loading) oder mit separaten Befehlen nachladen.

- Direktes SQL und Stored Procedures können nur genutzt werden, wenn sie Entitätstypen zurückliefern. Andere Typen werden bisher nicht unterstützt.

- Reverse Engineering bestehender Datenbanken kann man bisher nur von der Kommandozeile bzw. der Nuget-Konsole in Visual Studio starten. Den GUI-basierten Assistenten gibt es nicht mehr.

- Es gibt auch kein „Update Model from Database" für bestehende Datenbanken, d.h. nach einem Reverse Engineering einer Datenbank muss der Entwickler Datenbankschemaänderungen im Objektmodell manuell nachtragen oder das ganze Objektmodell neu generieren. Diese Funktion gab es aber auch bisher schon bei Code First nicht, sondern nur bei Database First.

- Komplexe Typen (Complex Types), also Klassen, die keine eigene Entität, sondern Teil einer anderen Entität darstellen, gibt es nicht.

7.11   Hohe Priorität, aber nicht kritisch

In einer zweiten Liste nennt Microsoft weitere Funktionen, die sie nicht als kritisch ansehen, die aber dennoch „hohe Priorität" haben:

- Es gibt bisher keine grafische Visualisierung eines Objektmodells, wie das bislang bei EDMX möglich war.

- Einige der bisher vorhandenen Typkonvertierungen, z.B. zwischen XML und String, gibt es noch nicht.

- Die Geo-Datentypen Geography und Geometry von Microsoft SQL Server werden bisher nicht unterstützt.

- Entity Framework Core unterstützt keine N:M-Abbildungen: Bisher muss der Entwickler dies mit zwei 1:N-Abbildung und einer Zwischenentität analog zur Zwischentabelle in der Datenbank nachbilden.

- Table per Type wird bislang nicht als Vererbungsstrategie unterstützt. Entity Framework Core verwendet TPH, wenn es für die Basisklasse ein DBSet<T> gibt, sonst TPC. TPC kann man nicht explizit konfigurieren.

- Das Befüllen der Datenbank mit Daten im Rahmen der Migration (Seed()-Funktion) ist nicht möglich.

- Die mit Entity Framework 6.0 eingeführten Command Interceptors, mit denen ein Softwareentwickler von Entity Framework zur Datenbank gesendete Befehle vor und nach der Ausführung in der Datenbank beeinflussen kann, gibt es noch nicht.

Einige Punkte auf dieser High Priority-Liste von Microsoft sind zudem auch neue Features, die Entity Framework 6.x selbst (noch) gar nicht beherrscht:

- Festlegung von Bedingungen für mitzuladene Datensätze beim Eager Loading (Eager Loading Rules)

- Unterstützung für E-Tags.

- Unterstützung für·Nicht-Relationale Datenspeicher ("NoSQL") wie Azure Table Storage und Redis.

Diese Priorisierung stammt aus der Sicht von Microsoft. Der Autor dieses Buchs würde auf Basis seiner Praxiserfahrung einige Punkte anders priorisieren, zum Beispiel die N:M-Abbildung als „kritisch" hochstufen: Eine Nachbildung von N:M durch zwei 1:N-Beziehungen im Objektmodell ist zwar möglich, macht aber den Programmcode komplexer. Die Migration von bestehenden Entity Framework-Lösungen zu Entity Framework Core wird damit sehr erschwert.

Das gilt auch für die fehlende Unterstützung von Table per Type-Vererbung: Auch hier muss bestehender Programmcode umfangreich geändert werden. Und auch für neue Anwendungen mit einem neuen Datenbankschema und Forward Engineering gibt es ein Problem: Wenn die Vererbung erst mal mit TPH oder TPC realisiert ist, muss man aufwändig die Daten im Datenbankschema umschichten, wenn man später doch auf TPH setzen will.

Außerdem fehlen in Microsofts Listen auch Features wie etwa die Validierung von Entitäten, die unnötige Roundtrips zur Datenbank ersparen kann, wenn schon im RAM klar ist, dass die Entität die erforderlichen Bedingungen nicht erfüllt.

7.12 Neue Funktionen in Entity Framework Core

Entity Framework Core kann insbesondere mit folgenden Vorteilen gegenüber dem Vorgänger auftrumpfen:

- Entity Framework Core läuft nicht nur in Windows, Linux und MacOS, sondern auch auf Mobilgeräten mit Windows 10, iOS und Android. Auf den Mobilgeräten ist freilich lediglich ein Zugriff auf lokale Datenbanken (z.B. SQLite) vorgesehen.

- Entity Framework Core bietet eine höhere Ausführungsgeschwindigkeit – insbesondere beim Datenlesen (dabei wird fast die Leistung wie beim handgeschriebenen Umkopieren von Daten aus einem DataReader-Objekt in ein typisiertes .NET-Objekt erreicht).

- Projektionen mit Select() können nun direkt auf Entitätsklassen abgebildet werden. Der Umweg über anonyme .NET-Objekte ist nicht mehr notwendig.

- Per "Batching" fasst Entity Framework Core nun INSERT-, DELETE- und UPDATE-Operationen zu einem Rundgang zum Datenbankmanagementsystem zusammen, statt jeden Befehl einzeln zu senden.

- Standardwerte für Spalten in der Datenbank werden nun sowohl beim Reverse Engineering als auch beim Forward Engineering unterstützt.

- Zur Schlüsselgenerierung sind neben den klassischen Autowerten nun auch neuere Verfahren wie Sequenzen erlaubt.

- Als "Shadow Properties" bezeichnet Entity Framework Core den jetzt möglichen Zugriff auf Spalten der Datenbanktabelle, für die es kein Attribut in der Klasse gibt.

7.13   Einsatzszenarien für Entity Framework Core

Angesichts dieser langen Liste von fehlenden Funktionen stellt sich die Frage, ob und wofür Entity Framework Core in der Version 1.x/2.0 überhaupt zu gebrauchen ist.

Das Haupteinsatzgebiet liegt auf den Plattformen, wo Entity Framework bisher gar nicht lief: Windows Phone/Mobile, Android, iOS, Linux und MacOS.

- Universal Windows Platform (UWP) Apps und Xamarin Apps können nur Entity Framework Core verwenden, nicht das klassische Entity Framework.

- Wenn man eine neue ASP.NET Core-Webnwendung oer WebAPI entwickeln will und diese nicht auf .NET „Full" Framework, sondern .NET Core basieren soll, führt kein Weg an Entity Framework Core vorbei, denn das bisherige Entity Framework 6.x läuft nicht auf .NET Core. Allerdings gibtes für ASP.NET Core auch den Weg, als Basis das klassische .NET Framework 4.6.x/4.7.x zu verwenden, sodass man dann auch Entity Framework 6.x nutzen kann.

Ein Szenario, in dem der Einsatz von Entity Framework Core auf dem Webserver empfohlen werden kann, ist das Offline-Szenario, bei dem es auf dem Mobilgerät eine lokale Kopie der Serverdatenbank geben soll. In diesem Fall kann man auf dem Client und dem Server mit demselben Datenzugriffscode arbeiten: Der Client verwendet Entity Framework Core für den Zugriff auf SQLite und der Webserver denselben Entity Framework Core-Programmcode für den Zugriff auf einen Microsoft SQL Server (siehe folgende Abbildung).

Teilen der Datenzugriffsschicht zwischen Mobilgerät und Server mit Entity Framework Core

© Dr. Holger Schwichtenberg, www.IT-Visions.de 2016

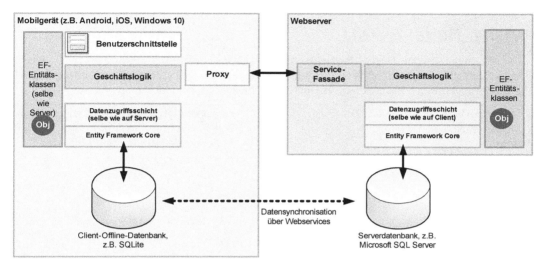

Abbildung: Teilen der Datenzugriffsschicht zwischen Mobilgerät und Webserver mit Entity Framework Core

Für Projekte auf anderen Plattformen gilt:

- Die Migration bestehenden Programmcodes von Entity Framework 6.x auf Entity Framework Core ist aufwändig. Man muss sich gut überlegen, ob die verbesserten Features und die höhere Leistung von Entity Framework Core den Aufwand rechtfertigen.

- Aber in neuen Projekten können Entwickler schon jetzt Entity Framework Core als performante Zukunftstechnik einsetzen und ggf. als Zwischenlösung für existierende Lücken parallel dort noch das bisherige Entity Framework nutzen.

8 Installation von Entity Framework Core

Für Entity Framework Core gibt es keine Setup.exe. Entity Framework Core installiert man in einem Projekt über Nuget-Pakete.

8.1   Nuget-Pakete

Entity Framework Core besteht im Gegensatz zum klassischen Entity Framework aus mehreren Nuget-Paketen. Die folgende Tabelle zeigt nur die Wurzelpakete. Deren Abhängigkeiten, zu denen Nuget die zugehörigen Pakete dann automatisch mitinstalliert, sind hier nicht genannt.

Datenbank-managementsystem	Nuget-Paket, das zur Laufzeit benötigt wird	Nuget-Paket, das zur Entwicklungszeit für Reverse Engineering oder Schemamigrationen benötigt wird
Microsoft SQL Server Express, Standard, Enterprise, Developer, LocalDB (ab Version 2008)	Microsoft.EntityFrameworkCore.SqlServer	Microsoft.EntityFrameworkCore.Tools Microsoft.EntityFrameworkCore.SqlServer (für EF Core 2.0) Microsoft.EntityFrameworkCore.SqlServer.Design (für EF Core 1.x)
Microsoft SQL Server Compact 3.5	EntityFrameworkCore.SqlServerCompact35	Nicht verfügbar
Microsoft SQL Server Compact 4.0	EntityFrameworkCore.SqlServerCompact40	Nicht verfügbar
SQLite	Microsoft.EntityFrameworkCore.Sqlite	Microsoft.EntityFrameworkCore.Tools Microsoft.EntityFrameworkCore.Sqlite (für EF Core 2.0) Microsoft.EntityFrameworkCore.Sqlite.Design (für EF Core 1.x)
In-Memory	Microsoft.EntityFrameworkCore.InMemory	Nicht verfügbar – macht keinen Sinn
PostgreSQL	Npgsql.EntityFrameworkCore.PostgreSQL	Microsoft.EntityFrameworkCore.Tools Npgsql.EntityFrameworkCore.PostgreSQL (für EF Core 2.0) Npgsql.EntityFrameworkCore.PostgreSQL.Design (für EF Core 1.x)
MySQL	MySQL.Data.EntityFrameworkCore	MySQL.Data.EntityFrameworkCore.Design
Oracle (Devart Provider)	Devart.Data.Oracle.EFCore	Microsoft.EntityFrameworkCore.Tools

Tabelle: Die wichtigsten auf nuget.org verfügbaren Pakete für Entity Framework Core

In Entity Framework Core Version 2.0 hat Microsoft den Zuschnitt der Pakete abermals geändert, nachdem sie dies in der Alpha- und Beta-Phase mehrmals getan hatten. Vorher gab es zu jedem Treiber zwei Pakete, eins davon mit "Design" im Namen. Die "Design"-Pakete wurden aufgelöst und in die eigentlichen Treiber-Assemblies integriert.

```
▲ ■-■ Microsoft.EntityFrameworkCore.SqlServer [2.0.0.0]
   ▷ { } JetBrains.Annotations
   ▷ { } Microsoft.EntityFrameworkCore
   ▷ { } Microsoft.EntityFrameworkCore.Design.Internal
   ▷ { } Microsoft.EntityFrameworkCore.Diagnostics
   ▷ { } Microsoft.EntityFrameworkCore.Infrastructure
   ▷ { } Microsoft.EntityFrameworkCore.Infrastructure.Internal
   ▷ { } Microsoft.EntityFrameworkCore.Internal
   ▷ { } Microsoft.EntityFrameworkCore.Metadata
   ▷ { } Microsoft.EntityFrameworkCore.Metadata.Conventions
   ▷ { } Microsoft.EntityFrameworkCore.Metadata.Conventions.Internal
   ▷ { } Microsoft.EntityFrameworkCore.Metadata.Internal
   ▷ { } Microsoft.EntityFrameworkCore.Migrations
   ▷ { } Microsoft.EntityFrameworkCore.Migrations.Internal
   ▷ { } Microsoft.EntityFrameworkCore.Migrations.Operations
   ▷ { } Microsoft.EntityFrameworkCore.Query.Expressions.Internal
   ▷ { } Microsoft.EntityFrameworkCore.Query.ExpressionTranslators.Internal
   ▷ { } Microsoft.EntityFrameworkCore.Query.Internal
   ▷ { } Microsoft.EntityFrameworkCore.Query.Sql.Internal
   ▷ { } Microsoft.EntityFrameworkCore.Scaffolding.Internal
   ▷ { } Microsoft.EntityFrameworkCore.Storage.Internal
   ▷ { } Microsoft.EntityFrameworkCore.Update.Internal
   ▷ { } Microsoft.EntityFrameworkCore.Utilities
   ▷ { } Microsoft.EntityFrameworkCore.ValueGeneration.Internal
   ▷ { } Microsoft.Extensions.DependencyInjection
   ▷ { } System
   ▷ { } System.Collections.Generic
   ▷ { } System.Reflection
   ▷ { } System.Text
▲ ■-■ Microsoft.EntityFrameworkCore.SqlServer.Design [1.1.1.0]
   ▷ { } JetBrains.Annotations
   ▷ { } Microsoft.EntityFrameworkCore.Infrastructure
   ▷ { } Microsoft.EntityFrameworkCore.Internal
   ▷ { } Microsoft.EntityFrameworkCore.Scaffolding.Internal
   ▷ { } Microsoft.EntityFrameworkCore.Scaffolding.Metadata.Internal
   ▷ { } Microsoft.EntityFrameworkCore.Utilities
   ▷ { } System
   ▷ { } System.Reflection
   ▷ { } System.Text
```

Abbildung: In Entity Framework Core 2.0 hat Microsoft die Klassen der Microsoft.EntityFrameworkCore.SqlServer.Design.dll in die Microsoft.EntityFrameworkCore.SqlServer.dll integriert.

8.2   Paketinstallation

Die Installation erfolgt mit dem Nuget Package Manager oder dem PowerShell-Commandlet Install-Package in Visual Studio.

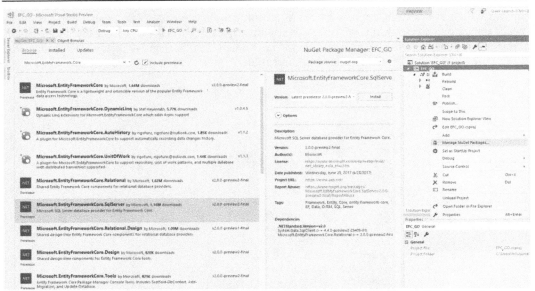

Abbildung: Installation des Treibers für Microsoft SQL Server mit dem Nuget Package Manager-GUI

An der Kommandozeile (Nuget Package Manager Console) installiert man die aktuelle stabile Version mit:

```
Install-Package Microsoft.EntityFrameworkCore.SqlServer
```

Man installiert die aktuelle Vorab-Version mit:

```
Install-Package Microsoft.EntityFrameworkCore.SqlServer -Pre
```

Man installiert eine bestimmte Version mit:

```
Install-Package Microsoft.EntityFrameworkCore.SqlServer -Version 2.0.0
```

Abbildung: Installation von Entity Framework Core 1.1.2 in einer .NET Core 1.1-Konsole

Abbildung: Bei der Installation von Entity Framework Core 2.0 in einer .NET Core 2.0-Anwendung müssen sehr viele Pakete installiert werden.

```
Package Manager Console
Package source:  All                          ▼  ⚙   Default project:  EFC_GO                          ▼  ≛  ▦
PM> Install-Package Microsoft.EntityFrameworkCore.SqlServer -Version 1.1.2
  GET https://api.nuget.org/v3/registration2-gz-semver2/microsoft.entityframeworkcore.sqlserver/index.json
  OK https://api.nuget.org/v3/registration2-gz-semver2/microsoft.entityframeworkcore.sqlserver/index.json 647ms
Restoring packages for C:\Users\hs\source\repos\EFC_GO\EFC_GO\EFC_GO.csproj...
Installing runtime.win7-x86.runtime.native.System.Data.SqlClient.sni 4.3.0.
Installing runtime.win7-x64.runtime.native.System.Data.SqlClient.sni 4.3.0.
Installing System.Text.Encoding.CodePages 4.3.0.
Installing System.Net.Security 4.3.0.
Installing System.Data.SqlClient 4.3.1.
Installing runtime.native.System.Data.SqlClient.sni 4.3.0.
Installing System.IO.Pipes 4.3.0.
Installing NuGet package Microsoft.EntityFrameworkCore.SqlServer 1.1.2.
Committing restore...
Writing lock file to disk. Path: C:\Users\hs\source\repos\EFC_GO\EFC_GO\obj\project.assets.json
Restore completed in 2,6 sec for C:\Users\hs\source\repos\EFC_GO\EFC_GO\EFC_GO.csproj.
Successfully installed 'Microsoft.CSharp 4.3.0' to EFC_GO
Successfully installed 'Microsoft.EntityFrameworkCore 1.1.2' to EFC_GO
Successfully installed 'Microsoft.EntityFrameworkCore.Relational 1.1.2' to EFC_GO
Successfully installed 'Microsoft.EntityFrameworkCore.SqlServer 1.1.2' to EFC_GO
Successfully installed 'Microsoft.Extensions.Caching.Abstractions 1.1.1' to EFC_GO
Successfully installed 'Microsoft.Extensions.Caching.Memory 1.1.1' to EFC_GO
Successfully installed 'Microsoft.Extensions.DependencyInjection 1.1.0' to EFC_GO
Successfully installed 'Microsoft.Extensions.DependencyInjection.Abstractions 1.1.0' to EFC_GO
Successfully installed 'Microsoft.Extensions.Logging 1.1.1' to EFC_GO
Successfully installed 'Microsoft.Extensions.Logging.Abstractions 1.1.1' to EFC_GO
Successfully installed 'Microsoft.Extensions.Options 1.1.1' to EFC_GO
Successfully installed 'Microsoft.Extensions.Primitives 1.1.0' to EFC_GO
Successfully installed 'Microsoft.NETCore.Targets 1.1.0' to EFC_GO
Successfully installed 'Microsoft.Win32.Primitives 4.3.0' to EFC_GO
Successfully installed 'Remotion.Linq 2.1.1' to EFC_GO
```

Abbildung: Installation des Treibers für Microsoft SQL Server mit dem Nuget Package Manager Console (hier gezeigt in Version 1.1.2)

Alle verfügbaren Versionen eines Pakets kann man an der Nuget Package Manager Console (PMC) auflisten mit:

```
(Find-Package Microsoft.EntityFrameworkCore.SqlServer -ExactMatch -allversions -
includeprerelease).Versions | Format-Table Version, Release
```

Die in den Projekten der aktuellen Projektmappe referenzierten Versionen eines Pakets sieht man mit:

```
(Get-Package Microsoft.EntityFrameworkCore.SqlServer) | Format-Table Projectname,
id, Versions
```

```
Package Manager Console
Package source:  All                          ▼  ⚙   Default project:  EFC_Konsole                          ▼  ≛  ▦
PM> (Get-Package Microsoft.EntityFrameworkCore.SqlServer) | Format-Table Projectname, id, Versions

ProjectName  Id                                                      Versions
-----------  --                                                      --------
EFC_GL       Microsoft.EntityFrameworkCore.SqlServer                 {2.0.0-preview2-final}
EFC_GUI      Microsoft.EntityFrameworkCore.SqlServer                 {2.0.0-preview2-final}
EFC_Reverse  Microsoft.EntityFrameworkCore.SqlServer                 {2.0.0-preview2-final}
EFC_Reverse  Microsoft.EntityFrameworkCore.SqlServer.Design          {1.1.2}
EFC_Forward  Microsoft.EntityFrameworkCore.SqlServer                 {1.1.1}
EFC_Forward  Microsoft.EntityFrameworkCore.SqlServer.Design          {1.1.1}
EFC_Kontext  Microsoft.EntityFrameworkCore.SqlServer                 {2.0.0-preview2-final}
EFC_Konsole  Microsoft.EntityFrameworkCore.SqlServer                 {2.0.0-preview2-final}

PM>
```

Abbildung: Das Commandlet Get-Package zeigt, dass einige Projekte bereits auf EF Core 2.0 aktualisiert wurden, andere noch nicht.

8.3   Aktualisierung auf eine neue Version

Bestehende Projekte aktualisiert man auf eine neue Version von Entity Framework Core mit dem
Nuget Package Manager – entweder in seiner grafischen Version oder an der Kommandozeile.

Das Nuget Package Manager-GUI zeigt beim Vorliegen einer neuen Entity Framework Core-
Version an, dass zahlreiche Nuget-Pakete zu aktualisieren sind.

Praxistipp 1: Da sich der Nuget Package Manager bei vielen Aktualisierungen manchmal
"verheddert", sollten Sie nicht alle Pakete auf einmal aktualisieren (wie die erste Abbildung es
zeigt), sondern nur das eigentliche Wurzelpaket, also das Paket mit dem gewünschten Entity
Framework   Core-Treiber   (z.B.   Microsoft.EntityFrameworkCore.SqlServer,   siehe   zweite
Abbildung). Diese Paketaktualisierung zieht dann auch die Aktualisierung seiner Abhängigkeiten
nach sich.

Abbildung: Grafische Aktualisierung aller Nuget-Pakete (nicht empfohlen!)

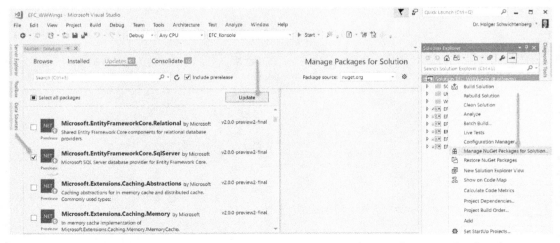

Abbildung: Besser wählen Sie nur die Wurzelpakete, also das Paket mit dem Datenbanktreiber.

Dies entspricht der Vorgehensweise an der Kommandozeile, auf der man ja man ja auch nicht alle Pakete eintippen möchte, sondern nur das Wurzelpaket aktualisiert, z.B. bei der Aktualisierung auf Entity Framework Core 2.0:

```
Update-Package Microsoft.EntityFrameworkCore.SqlServer -Version 2.0.0
```

Praxistipp 2: Wenn Sie bei der Aktualisierung von Entity Framework Core 1.x auf Version 2.0 die Fehlermeldung erhalten *"Could not install package 'Microsoft.EntityFrameworkCore.SqlServer 2.0.0'. You are trying to install this package into a project that targets '.NETFramework,Version=v4.x, but the package does not contain any assembly references or content files that are compatible with that framework."*, kann dies folgende Ursachen haben:

- Sie verwenden eine .NET-Version vor 4.6.1, die nicht kompatibel zu .NET Standard 2.0 ist und daher nicht Entity Framework Core 2.0 nutzen kann.

- Wenn die Versionsnummer in der Fehlermeldung aber 4.6.1 oder höher ist (vgl. nächste Abbildung), dann liegt dies daran, dass Sie eine zu alte Version von Visual Studio verwenden. Entity Framework Core 2.0 kann erst ab Visual Studio 2015 Update 3 mit installiertem .NET Core eingesetzt werden (auch wenn Sie das klassische .NET Framework nutzen, muss .NET Core <u>auf dem Entwicklungssystem</u> installiert sein!)

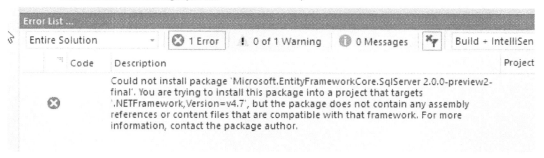

Abbildung: Fehlermeldung beim Aktualisieren auf EF Core 2.0

Praxistipp 3: Bei der Aktualisierung von EF Core 1.x auf Version 2.0 müssen Sie die Referenz auf das Paket "Microsoft.EntityFrameworkCore.SqlServer.Design" manuell entfernen:

```
uninstall-package Microsoft.EntityFrameworkCore.SqlServer.Design
```

Falls Sie auch eine Referenz auf das Paket "Microsoft.EntityFrameworkCore.Relational.Design" haben, entfernen Sie auch diese:

```
uninstall-package Microsoft.EntityFrameworkCore.Relational.Design
```

Microsoft hat in Entity Framework Core 2.0 den Inhalt der Nuget-Pakete mit ".Design" am Ende in die gleichnamigen Pakete ohne diesen Zusatz überführt.

Wenn Sie in Ihren Projekten noch Pakete mit Namen "Microsoft.AspNetCore…" haben, obwohl Sie gar keine ASP.NET Core-basierte Webanwendung schreiben, so können sie auch diese entfernen. Diese Referenzen sind ein Relikt aus den ersten Versionen der Entity Framework Core-Werkzeuge:

```
uninstall-package Microsoft.AspNetCore.Hosting.Abstractions
uninstall-package Microsoft.AspNetCore.Hosting.Server.Abstractions
uninstall-package Microsoft.AspNetCore.Http.Abstractions
uninstall-package Microsoft.AspNetCore.Http.Feature
uninstall-package System.Text.Encodings.Web
```

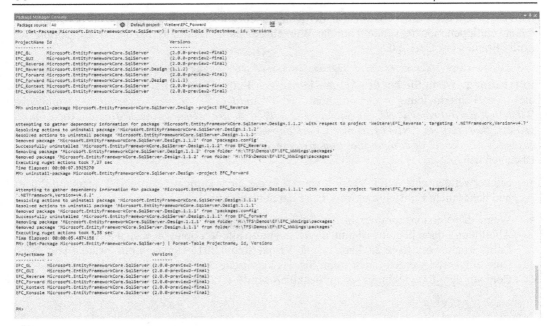

Abbildung: Deinstallation des in Entity Framework Core 2.0 nicht mehr benötigten Pakets Microsoft.EntityFrameworkCore.SqlServer.Design

Praxistipp 4: Manchmal findet Visual Studio nach einer Aktualisierung das Kompilat von anderen Projekten in der gleichen Projektmappe nicht mehr (siehe erste Abbildung). In diesem Fall deaktivieren Sie im Reference Manager (References/Add Reference) das Projekt kurz, um es danach direkt wieder zu wählen (siehe zweite Abbildung).

Abbildung: Das Projekt ist vorhanden, das Kompilat wird aber nicht gefunden.

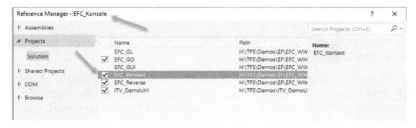

Abbildung: Entfernen und Neu-Einfügen der Referenz

Praxistipp 5: In einer .NET Standard Library kann Entity Framework Core 2.0 nur installiert werden, wenn diese als "Target Framework" auf ".NET Standard 2.0" steht. Sonst kommt es zum Fehler: "Package Microsoft.EntityFrameworkCore.SqlServer 2.0.0 is not compatible with netstandard1.6   (.NETStandard,Version=v1.6).   Package

Microsoft.EntityFrameworkCore.SqlServer 2.0.0 supports: netstandard2.0 (.NETStandard,Version=v2.0)". Ebenso kann Entity Framework Core 2.0 nicht in einem .NET Core 1.x-Projekt verwendet werden, sondern nur in .NET Core 2.0-Projekten. Die Projekte müssen also ggf. vorher hochgestuft werden (siehe die folgenden Abbildungen).

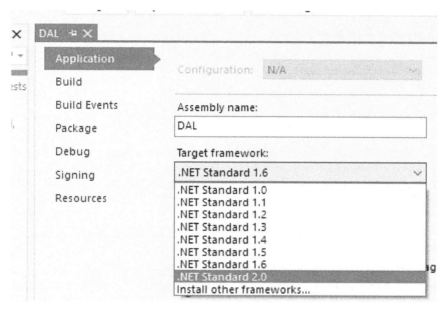

Abbildung: Aktualisierung des Target Frameworks auf .NET Standard Version 2.0 in den Projekteigenschaften

Abbildung: Aktualisierung des Target Frameworks auf .NET Core Version 2.0 in den Projekteigenschaften

9 Konzepte von Entity Framework Core

Dieses Kapitel erläutert die zentralen Konzepte von Entity Framework Core, getrennt nach den Vorgehensmodellen und den Artefakten von Entity Framework Core.

9.1   Vorgehensmodelle bei Entity Framework Core

Entity Framework Core unterstützt sowohl das

- **Reverse Engineering** bestehender Datenbanken (hier wird ein Objektmodell aus einem bestehenden Datenbankschema erzeugt)

als auch das

- **Forward Engineering** von Datenbanken aus Objektmodellen heraus (hier wird ein Datenbankschema aus einem Objektmodell erzeugt).

Reverse Engineering (auch oft Database First genannt) bietet sich an, wenn bereits eine Datenbank besteht oder wenn sich die Entwickler entscheiden, die Datenbank auf traditionellem Weg zu erzeugen. Die zweite Option, welche als Forward Engineering bezeichnet wird, gibt dem Entwickler die Möglichkeit, ein Objektmodell zu entwerfen. Aus diesem kann er anschließend ein Datenbankschema generieren.

Für den Entwickler ist meist das Forward Engineering besser, weil man hierbei ein Objektmodell entwerfen kann, wie man es für die Programmierung braucht.

Forward Engineering kann man wahlweise zur Entwicklungszeit (über sogenannte Schemamigrationen) und/oder zur Laufzeit nutzen. Eine Schemamigration ist die Erstellung der Datenbank mit einem intialen Schema oder eine spätere Erweiterung/Änderung des Schemas.

Zur Laufzeit bedeutet, dass die Datenbank erst zur Laufzeit der Anwendung von Entity Framework Core bei Bedarf angelegt (EnsureCreated()) bzw. aktualisiert (Migrate()) wird.

Reverse Engineering findet immer zur Entwicklungszeit statt.

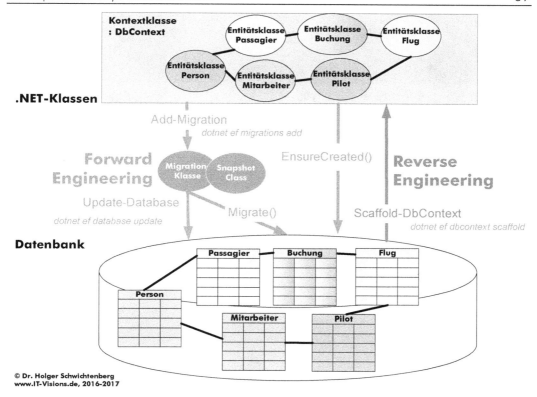

© Dr. Holger Schwichtenberg
www.IT-Visions.de, 2016-2017

Abbildung: Forward Engineering versus Reverse Engineering bei Entity Framework Core

Im Vorgänger, ADO.NET Entity Framework, gab es vier Vorgehensmodelle:

- Reverse Engineering mit EDMX-Dateien (alias Database First)

- Reverse Engineering mit Code First

- Forward Engineering mit EDMX-Dateien (alias Model First)

- Forward Engineering mit Code First

Da es in Entity Framework Core kein EDMX mehr gibt, entfallen zwei der Modelle. Das Reverse Engineering und das Forward Engineering in Entity Framework Core sind die Nachfolger der entsprechenden Code First-Vorgehensweisen. Microsoft spricht aber nicht mehr von Code First, weil dieser Name bei vielen Entwicklern Forward Engineering suggeriert. Microsoft spricht allgemein von "Code-based Modelling".

	EF-Versionen	Bestehende Datenbank (Reverse Eng.)	Keine bestehende Datenbank (Forward Eng.)
DB First (EF Designer)	EF 1.0 **bis 6.x**	Ja	Nein
Model First (EF Designer)	EF 4.0 **bis 6.x**	Nein	Ja
Code First (→ "Code Based Modeling")	Seit EF 4.1	Ja (relativ neu)	Ja

Abbildung: Von den drei Vorgehensmodellen aus Entity Framework bleibt in Entity Framework Core nur eins über.

Die folgende Tabelle zeigt einen Vergleich der beiden Vorgehensmodelle.

	Reverse Engineering	**Forward Engineering**
Bestehende DB einlesen	✓	✗
Änderungen und Erweiterungen des Datenbankschemas	✗ (Microsoft) ✓ (mit Zusatzwerkzeug Entity Developer)	✓ (Migrationen)
Grafisch modellieren	✗ (Microsoft) ✓ (mit Zusatzwerkzeug Entity Developer)	✗ (Microsoft) ✓ (mit Zusatzwerkzeug Entity Developer)
Stored Procedures	● Manuell aufrufbar (Microsoft) ✓ Codegenerierung mit Zusatzwerkzeug Entity Developer	●Manuell aufrufbar
Table-valued Functions	● Manuell aufrufbar (Microsoft) ✓ (mit Zusatzwerkzeug Entity Developer)	●Manuell aufrufbar

Views	✖ (Microsoft)	✖
	✓ (mit Zusatzwerkzeug Entity Developer)	
Eigene Metadaten/Annotationen im Objektmodell	✓ Umständlich	✓✓ Sehr einfach!
	✓✓ (mit Zusatzwerkzeug Entity Developer)	
Kontrolle über das Objektdesign ("Schönes Objektmodell")	✖	✓
Übersichtlichkeit	✖	✓

Tabelle: Forward Engineering versus Reverse Engineering bei Entity Framework Core

9.2 Artefakte bei Entity Framework Core

Das folgende Schaubild zeigt die zentralen Artefakte der Programmierung mit Entity Framework Core. Danach folgt eine grobe Erklärung. Details zu diesen Artefakten erfahren Sie in den Folgekapiteln.

© Dr. Holger Schwichtenberg, www.IT-Visions.de 2016-2017

Abbildung: Die zentralen Artefakte in Entity Framework Core und ihr Zusammenhang

Das Datenbankmanagementsystem (DBMS) enthält eine Datenbank mit Tabellen (Table) und Sichten (View). Wichtig ist, dass nur Tabellen mit Primärschlüssel bzw. Sichten, die einen Primärschlüssel einbeziehen, verwendet werden können.

Entitätsklassen (alias: Domainobjektklasse, Geschäftsobjektklasse, Datenklasse oder persistente Klasse) sind Abbildungen von Tabellen und Sichten. Sie enthalten Properties und/oder Fields, die auf Spalten der Tabellen/Sichten abgebildet werden. Entitätsklassen können POCO-Klassen sein (Plain Old CLR Objects, d.h. sie brauchen keine Basisklasse und keine Schnittstelle). Sie können aber eigenständig nicht auf die Datenbank zugreifen.

> **BEST PRACTICE:** Auch wenn Fields möglich sind, sollten Sie nur mit Properties arbeiten, da viele andere Bibliotheken und Frameworks im .NET-Umfeld Properties erwarten.

Die Kontextklasse ist immer eine von der Basisklasse DbContext abgeleitete Klasse. Sie besitzt Properties vom Typ DbSet<Entitätsklasse> für die Entitätsklassen. Die Kontextklasse bzw. die DbSet-Properties nehmen die Befehle des selbsterstellten Programmcodes entgegen in Form von LINQ-Befehlen, SQL-Befehlen, Stored Procedure- und Table Valued Function (TVF)-Aufrufen bzw. speziellen API-Aufrufen für Anfügen, Ändern und Löschen. Die Kontextklasse sendet die Befehle an den DBMS-spezifischen Provider, der die Befehle via DbCommand-Objekte an die Datenbank sendet und Resultsets in einem DataReader von der Datenbank empfängt. Die Kontextklasse wandelt den Inhalt des DataReader-Objekts in Instanzen der Entitätsklasse um. Diesen Vorgang nennt man Materialisierung.

10 Reverse Engineering bestehender Datenbanken

Dieses Kapitel behandelt **Reverse Engineering** bestehender Datenbanken, d.h. hier wird ein Objektmodell aus einem bestehenden Datenbankschema erzeugt.

Dieses Kapitel behandelt die einfachere Version 6.6 des World Wide Wings-Datenbankschemas. Sie können dieses Datenbankschema mit dem SQL-Skript WWWings66.sql installieren, das auch Daten (10.000 Flüge, 200 Piloten) mitliefert.

10.1 Reverse Engineering-Werkzeuge

Den aus dem klassischen Entity Framework bekannten Visual Studio-Assistenten zum Anlegen von Objektmodellen aus bestehenden Datenbanken gibt es für Entity Framework Core bis zum Redaktionsschluß dieses Buchs noch nicht im Standardlieferumfang (Es gibt aber Zusatzwerkzeuge, siehe "Entity Framework Core Power Tools" und "Entity Developer", siehe Kapitel "Zusatzwerkzeuge"). Gemäß neuer Microsoft-Manier gibt es im Kernprodukt nur Kommandozeilenwerkzeuge, und diese stehen in zwei Varianten zur Verfügung:

- **PowerShell-Commandlets** für die Nuget Package Manager-Konsole (PMC) innerhalb der Visual Studio-Entwicklungsumgebung. Diese Befehle kann man nicht nur in .NET Core-Projekten, sondern auch in .NET "Full" Framework-Projekten nutzen.

- Das **Kommandozeilenwerkzeug "dotnet"** (unter Windows: dotnet.exe), das man auch unabhängig von Visual Studio und Windows verwenden kann. Dieses ist allerdings nur für .NET Core- oder ASP.NET Core-basierte Projekte verfügbar.

10.2 Vorbereiten des Reverse Engineering mit PowerShell-Befehlen

Für das Reverse Engineering sind in Entity Framework Core 2.0 zwei Nuget-Pakete relevant:

- Das Paket Microsoft.EntityFrameworkCore.Tools wird zur Entwicklungszeit im aktuellen Startprojekt von Visual Studio benötigt

- Das Paket für den jeweiligen Entity Framework Core-Datenbanktreiber (z.B. Microsoft.EntityFrameworkCore.SqlServer oder Microsoft.EntityFrameworkCore.Sqlite) wird in dem Projekt benötigt, in den der Programmcode generiert wurde und in dem Projekt mit den Werkzeugen.

> **Praxistipp:** Während es theoretisch möglich ist, nur mit einem Projekt zu arbeiten und beide Pakete dort aufzunehmen, sollte man in der Praxis vorziehen, für die Entity Framework Core-Werkzeuge ein eigenes Projekt anzulegen, dass nur in dem Moment, wo die Entity Framework Core-Werkzeuge gebraucht werden, zum Startprojekt gemacht wird, ansonsten aber unbenutzt bleibt. Alternativ ist es auch möglich, nach der Programmcodegenerierung die Entity Framework Core-Werkzeuge wieder zu deinstallieren.

Hier soll davon ausgegangen werden, dass Sie zwei Projekte anlegen:

- EFC_Tools.csproj beheimat nur die Werkzeuge. Es wird als Konsolenanwendung (EXE) angelegt.

- In EFC_WWingsV1_Reverse.csproj wird der Programmcode generiert. Es wird als Klassenbibliothek (DLL) angelegt.

In diesem Fall muss man zunächst die Pakete installieren, also

In EFC_Tools.csproj:

```
Install-Package Microsoft.EntityFrameworkCore.Tools
Install-package Microsoft.EntityFrameworkCore.SqlServer
```

In EFC_WWingsV1_Reverse.csproj:

```
Install-package Microsoft.EntityFrameworkCore.SqlServer
```

oder jeweils für SQLite:

```
Install-package Microsoft.EntityFrameworkCore.Sqlite
```

> **Hinweis:** In Entity Framework Core 1.x muss man in das Werkzeugprojekt auch noch das Paket Microsoft.EntityFrameworkCore.SqlServer.Design   bzw. Microsoft.EntityFrameworkCore.Sqlite.Design aufnehmen. Diese Pakete gibt es seit Entity Framework Core 2.0 nicht mehr.

Beim Ausführen   Paket-Installations-Befehle für die Werkzeuge erschrickt man zunächst: Insgesamt 33 Assembly-Referenzen kommen dadurch zu einem .NET 4.7-Projekt hinzu. In Entity Framework Core 1.x waren es sogar noch mehr, darunter auch Assemblies für ASP.NET Core, auch wenn man sich gar nicht in einem ASP.NET Core-Projekt befand.

Abbildung: Das Paket Microsoft.EntityFrameworkCore.Tools zieht 29 weitere Pakete nach sich!

Wenn ein Codegenerierungsbefehl ohne die vorherige Paketinstallation ausgeführt wurde, sieht der Entwickler in der Package Manager Console (PMC) einen Fehler (siehe nächstes Bild).

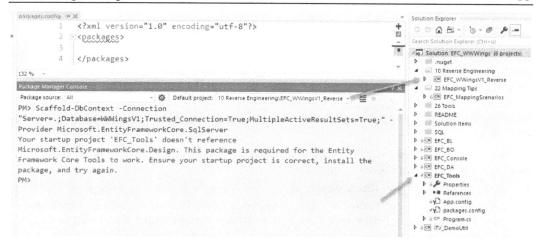

Abbildung: Scaffold-DbContext ohne vorherige Paketinstallation

10.3   Codegenerierung

Die eigentliche Codegenerierung läuft dann nach der Installation der beiden Pakete über das Commandlet Scaffold-DbContext, welchem durch den Entwickler zumindest der Name des Datenbankproviders und eine Verbindungszeichenfolge zu übergeben sind:

```
Scaffold-DbContext -Connection
"Server=DBServer02;Database=WWWings;Trusted_Connection=True;MultipleActiveResultS
ets=True;" -Provider Microsoft.EntityFrameworkCore.SqlServer
```

Mit diesem Befehl werden Klassen für alle Tabellen in dieser Datenbank in das Projekt erzeugt, dass in der Nuget Package Manager Console (PMC) als aktuelles Zielprojekt eingestellt ist. Für Datenbankspalten, die nicht abgebildet werden konnten, gibt Scaffold-DbContext Warnungen aus, siehe nächste Abbildung.

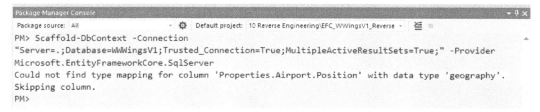

Abbildung: Scaffold-DbContext warnt, dass eine eine Spalte vom Typ "Geography" ignoriert wurde.

Alternativ kann man bei Scaffold-DbContext mit -Schema oder -Tables die Generierung auf bestimmte Datenbankschemanamen oder Tabellennamen begrenzen. Bei beiden Parametern kann man mehrere Namen getrennt durch Semikolons angeben, z.B.

```
Scaffold-DbContext -Connection
"Server=DBServer02;Database=WWWings;Trusted_Connection=True;MultipleActiveResultS
ets=True;" -Provider Microsoft.EntityFrameworkCore.SqlServer -tables
Flug,Passagier,Flug_passagier
```

Die Tabellennamen kann man dabei mit oder ohne Schemanamen (also Flug oder Betrieb.Flug) angeben. Aber Achtung: Wenn eine Tabelle mit gleichem Namen in mehreren Schemata existiert, werden durch eine Angabe ohne Schemanamen Entitätsklassen für alle Tabellen dieses Namens aus allen Schemata generiert.

Im Standard erfolgt die Codegenerierung in das aktuell in der Nuget Paket Manager-Konsole gewählte Projekt in dessen Hauptverzeichnis unter Verwendung des Standardnamensraums dieses Projekts. Mit den Parametern -Project und -OutputDir kann der Entwickler das Projekt und den Ausgabeordner beeinflussen. Es ist aber leider mit den bisher vorhandenen Parametern nicht möglich, die Codegenerierung der Entitätsklasse und der Kontextklasse in verschiedene Projekte zu lenken.

In Bezug auf das in der nächsten Abbildung gezeigte Datenmodell erzeugt das Commandlet Scaffold-DbContext nun folgende Ausgaben:

- Je eine Entitätsklasse im POCO-Stil für jede der sechs Tabellen – also auch für die N:M-Zwischentabelle "Flug_Passagier", die das bisherige Entity Framework stets im Objektmodell eliminiert hat. Entity Framework Core in der Version 1.x unterstützt aber leider noch keine N:M-Beziehungen, sondern lediglich deren Nachbildung durch zwei 1:N-Beziehungen, wie dies auch im relationalen Modell erfolgt.

- Eine Kontextklasse, die von der Basisklasse Microsoft.EntityFrameworkCore.DbContext abgeleitet ist. Anders als bisher ist diese Klasse kein Wrapper um die Klasse ObjectContext mehr, sondern eine ganz neue und eigenständige Implementierung. Den Namen dieser Klasse kann der Entwickler mit dem Kommandozeilenparameter -Context beeinflussen. Leider ist die Angabe eines Namensraums hier nicht möglich. Die Verwendung von Punkten bei dem Parameterwert quittiert Visual Studio mit "The context class name passed in, is not a valid C# identifier."

- Sofern für einzelne Spalten eine Codegenerierung nicht möglich ist, gibt es eine gelb hinterlegte Warnungsausgabe in der Paket Manager-Konsole. Dies passiert z.B. bei den Datentypen Geometry und Geography, die Entity Framework Core noch nicht unterstützt.

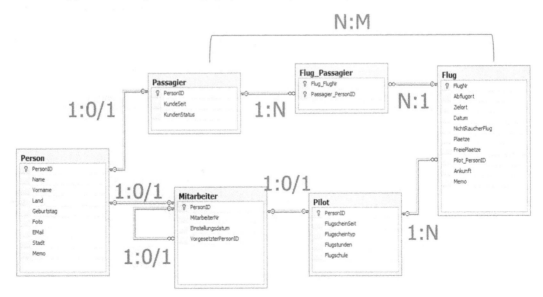

Abbildung: Beispieldatenbank für eine Fluggesellschaft

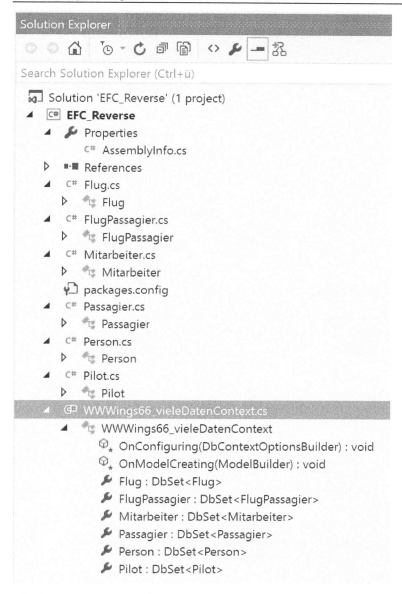

Abbildung: Generierte Klassen für die Beispieldatenbank aus der vorherigen Abbildung

Praxishinweis: Leider generieren die Entity Framework Core-Werkzeuge die Kontextklasse und die Entitätsklassen immer in ein Projekt. In der Praxis werden Sie diese Kontextklasse in einer Datenzugriffsschicht und ein dediziertes Projekt für die Entitätsobjekte haben wollen. Die Dateien muss der Entwickler dann per Hand (Drag & Drop mit gedrückter Shift-Taste in Visual Studio) oder per Skript verschieben.

Leider kann man dem Code-Generator von Entity Framework Core keine Einstellungen für die Namensräume mitgeben; er verwendet sowohl für die generierten Entitätsklassen als auch für die Kontextklasse immer den Standardnamensraum des Projekts. Daher sollte man den Standardnamensraum in dem Generierungsprojekt so einstellen, dass dieser zumindest schon zu den Entitätsklassen passt. Dann muss man nur noch den Namensraum der Kontextklasse manuell ändern.

Anders als bisher beim Reverse Engineering mit ADO.NET Entity Framework gibt es beim Entity Framework Core keinen automatischen Eintrag der Verbindungszeichenfolge in der Anwendungskonfigurationsdatei app.config bzw. web.config. Die Verbindungszeichenfolge befindet sich nach der Generierung in der Methode OnConfiguring() der Kontextklasse, und es obliegt dem Softwareentwickler selbst, dafür einen geeigneten und ggf. gesicherten Speicherort zu finden.

Eine "Pluralisierung" (also ein In-den–Plural-Setzen der Tabellennamen in den Klassennamen) findet nicht statt. Bisher gibt es in Entity Framework Core auch keine Option dafür, was jedoch kein großer Verlust ist, da der Pluralisierungsdienst bislang immer nur für englische Tabellennamen funktionierte.

10.4   Generierter Programmcode

Die folgenden Listings zeigen den von Scaffold-DbContext generierten Programmcode für die Kontextklasse und – exemplarisch – für die Entitätsklassen Flug und Passagier.

Die Festlegung, wie das Objektmodell auf das Datenbankschema abgebildet wird, läuft wie bisher auf drei Wegen:

- Konventionen

- Datenannotationen

- Fluent-API

Der von den Entity Framework Core-Werkzeugen generierte Programmcode konzentriert sich dabei auf den dritten Weg; dementsprechend voll mit Fluent-API-Aufrufen ist die Methode OnModelCreating() in der Kontextklasse. Es wirken aber auch weiterhin Konventionen, z.B. dass die Properties der Klasse im Standard wie die Spalten in der Tabelle heißen.

Bisher hatte der Assistent auch die Datenannotationen verwendet, die nun im generierten Programmcode nicht mehr zum Einsatz kommen. Wer das alte Verhalten zurückhaben möchte, kann bei Scafold-DbContext den Parameter -DataAnnotations verwenden.

Im Fluent-API findet man folgende Festlegungen:

- Festlegung der Tabellennamen in der Datenbank, wenn diese abweichen oder einen Schemanamen abweichend von "dbo" haben: ToTable()

- Festlegung der Namen für Primärschlüsselspalten und Indexe: HasName()

- Festlegung der Spaltentypen und Spalteneigenschaften, wenn die .NET-Typnamen nicht eindeutig einem Datentyp im Datenbankmanagementsystem zuzuordnen sind: HasColumnType(), IsRequired(), HasMaxLength()

- Festlegung der Standardwerte für Spalten: HasDefaultValueSql()

- Festlegung der Kardinalitäten zwischen Tabellen und der zugehörigen Fremdschlüssel: HasOne(), HasMany(), WithOne(), WithMany(), HasForeignKey() und HasConstraintName()

- Festlegung der Indexe: HasIndex()

- Festlegung, ob ein Spalteninhalt nach dem Einfügen oder Ändern eines Datensatzes von Entity Framework Core neu gelesen werden muss, weil er vom Datenbankmanagementsystem erzeugt wird: ValueGeneratedOnAddOrUpdate() und ValueGeneratedOnAdd() und ValueGeneratedNever()

- Festlegung der Einstellungen für kaskadierendes Löschen: OnDelete()

Im Quellcode ist die Fluent-API-Konfiguration nach Klassen gegliedert:

```
modelBuilder.Entity<Person>(entity => { … });
```

Innerhalb dieser Methodenaufrufe findet man dann die Konfiguration für die einzelnen Spalten dieser Tabellen:

```
entity.Property(e => e.PersonId)…
```

Gegenüber dem bisherigen ADO.NET Entity Framework gibt es einige syntaktische Änderungen und auch Verbesserungen. So ist die Indexkonfiguration nun deutlich prägnanter.

Genau wie beim klassischen Entity Framework…

- erzeugt der Reverse Engineering-Codegenerator keine Vererbungsbeziehungen zwischen Entitätsklassen, auch wenn dies wie im Fall Passagier->Person, Mitarbeiter->Person und Pilot->Mitarbeiter möglich wäre. Der Codegenerator erzeugt stattdessen immer Assoziationen und zugehörige Navigationseigenschaften. Solche Vererbungsbeziehungen muss der Entwickler nachträglich selbst definieren und dann die Navigationseigenschaften entfernen.

- sind die Navigationseigenschaften in den Entitätsklassen als "virtual" deklariert, auch wenn Entity Framework Core Lazy Loading noch gar nicht unterstützt, wozu das "virtual" notwendig ist

- sind Navigationseigenschaften für Mengen mit ICollection<T> deklariert und werden dann im Konstruktor mit new HashSet<T>() befüllt

- gibt es für jede Entitätsklasse eine DbSet<T>-Eigenschaft in der Kontextklasse.

Den generierten Quellcode kann man verändern, z.B. wenn man im Objektmodell andere Propertynamen als Spaltennamen in der Datenbank haben möchte. Dies würde man mit der Fluent-API-Methode HasColumnName("Spaltenname") bzw. der Datenannotation [Column("Spaltenname ")] erledigen.

Listing: Generierte Kontextklasse

```
using System;
using Microsoft.EntityFrameworkCore;
using Microsoft.EntityFrameworkCore.Metadata;
namespace EFC_Reverse
{
    public partial class WWWingsContext : DbContext
    {
        protected override void OnConfiguring(DbContextOptionsBuilder
optionsBuilder)
        {
            #warning To protect potentially sensitive information in your
connection string, you should move it out of source code. See
http://go.microsoft.com/fwlink/?LinkId=723263 for guidance on storing connection
strings.
```

```
optionsBuilder.UseSqlServer(@"Server=.;Database=WWWings;Trusted_Connection=True;M
ultipleActiveResultSets=True;");
        }
        protected override void OnModelCreating(ModelBuilder modelBuilder)
        {
            modelBuilder.Entity<Flug>(entity =>
            {
                entity.HasKey(e => e.FlugNr)
                    .HasName("PK_Flug");
                entity.ToTable("Flug", "Betrieb");
                entity.HasIndex(e => new { e.Abflugort, e.Zielort, e.Datum })
                    .HasName("Abflugort");
                entity.Property(e => e.FlugNr).ValueGeneratedNever();
                entity.Property(e => e.Abflugort)
                    .IsRequired()
                    .HasColumnType("varchar(50)")
                    .HasDefaultValueSql("'(offen)'");
                entity.Property(e => e.Ankunft).HasColumnType("datetime");
                entity.Property(e => e.Datum).HasColumnType("datetime");
                entity.Property(e => e.Memo).HasColumnType("varchar(max)");
                entity.Property(e =>
e.PilotPersonId).HasColumnName("Pilot_PersonID");
                entity.Property(e => e.Timestamp)
                    .HasColumnType("timestamp")
                    .Va();
                entity.Property(e => e.Zielort)
                    .IsRequired()
                    .HasColumnType("varchar(50)");
                entity.HasOne(d => d.PilotPerson)
                    .WithMany(p => p.Flug)
                    .HasForeignKey(d => d.PilotPersonId)
                    .HasConstraintName("FK_FL_Flug_PI_Pilot");
            });
            modelBuilder.Entity<FlugPassagier>(entity =>
            {
                entity.HasKey(e => new { e.FlugFlugNr, e.PassagierPersonId })
                    .HasName("PK_Flug_Passagier");
                entity.ToTable("Flug_Passagier", "Betrieb");
                entity.Property(e => e.FlugFlugNr).HasColumnName("Flug_FlugNr");
                entity.Property(e =>
e.PassagierPersonId).HasColumnName("Passagier_PersonID");
                entity.HasOne(d => d.FlugFlugNrNavigation)
                    .WithMany(p => p.FlugPassagier)
                    .HasForeignKey(d => d.FlugFlugNr)
                    .OnDelete(DeleteBehavior.Restrict)
                    .HasConstraintName("FK_Flug_Passagier_Flug");
                entity.HasOne(d => d.PassagierPerson)
                    .WithMany(p => p.FlugPassagier)
                    .HasForeignKey(d => d.PassagierPersonId)
                    .OnDelete(DeleteBehavior.Restrict)
                    .HasConstraintName("FK_Flug_Passagier_Passagier");
            });
```

```
modelBuilder.Entity<Mitarbeiter>(entity =>
{
    entity.HasKey(e => e.PersonId)
        .HasName("PK_Mitarbeiter");
    entity.ToTable("Mitarbeiter", "Betrieb");
    entity.Property(e => e.PersonId)
        .HasColumnName("PersonID")
        .ValueGeneratedNever();
    entity.Property(e =>
e.Einstellungsdatum).HasColumnType("datetime");
    entity.Property(e =>
e.VorgesetzterPersonId).HasColumnName("VorgesetzterPersonID");
    entity.HasOne(d => d.Person)
        .WithOne(p => p.Mitarbeiter)
        .HasForeignKey<Mitarbeiter>(d => d.PersonId)
        .OnDelete(DeleteBehavior.Restrict)
        .HasConstraintName("FK_MI_Mitarbeiter_PE_Person");
    entity.HasOne(d => d.VorgesetzterPerson)
        .WithMany(p => p.InverseVorgesetzterPerson)
        .HasForeignKey(d => d.VorgesetzterPersonId)
        .HasConstraintName("FK_Mitarbeiter_Mitarbeiter");
});
modelBuilder.Entity<Passagier>(entity =>
{
    entity.HasKey(e => e.PersonId)
        .HasName("PK_Passagier");
    entity.ToTable("Passagier", "Betrieb");
    entity.Property(e => e.PersonId)
        .HasColumnName("PersonID")
        .ValueGeneratedNever();
    entity.Property(e => e.KundeSeit).HasColumnType("datetime");
    entity.Property(e => e.KundenStatus).HasColumnType("nchar(1)");
    entity.HasOne(d => d.Person)
        .WithOne(p => p.Passagier)
        .HasForeignKey<Passagier>(d => d.PersonId)
        .OnDelete(DeleteBehavior.Restrict)
        .HasConstraintName("FK_PS_Passagier_PE_Person");
});
modelBuilder.Entity<Person>(entity =>
{
    entity.ToTable("Person", "Betrieb");
    entity.Property(e => e.PersonId)
        .HasColumnName("PersonID")
        .ValueGeneratedNever();
    entity.Property(e => e.Email)
        .HasColumnName("EMail")
        .HasMaxLength(50);
    entity.Property(e => e.Geburtsort).HasMaxLength(30);
    entity.Property(e => e.Geburtstag).HasColumnType("datetime");
    entity.Property(e => e.Land).HasMaxLength(2);
    entity.Property(e => e.Memo).HasColumnType("varchar(max)");
    entity.Property(e => e.Name)
        .IsRequired()
```

```
                            .HasMaxLength(50);
                entity.Property(e => e.Stadt).HasMaxLength(30);
                entity.Property(e => e.Vorname)
                    .IsRequired()
                    .HasMaxLength(50);
            });
            modelBuilder.Entity<Pilot>(entity =>
            {
                entity.HasKey(e => e.PersonId)
                    .HasName("PK_Pilot");
                entity.ToTable("Pilot", "Betrieb");
                entity.Property(e => e.PersonId)
                    .HasColumnName("PersonID")
                    .ValueGeneratedNever();
                entity.Property(e => e.FlugscheinSeit).HasColumnType("datetime");
                entity.Property(e => e.Flugscheintyp).HasColumnType("nchar(1)");
                entity.Property(e => e.Flugschule).HasMaxLength(50);
                entity.HasOne(d => d.Person)
                    .WithOne(p => p.Pilot)
                    .HasForeignKey<Pilot>(d => d.PersonId)
                    .OnDelete(DeleteBehavior.Restrict)
                    .HasConstraintName("FK_PI_Pilot_MI_Mitarbeiter");
            });
        }
        public virtual DbSet<Flug> Flug { get; set; }
        public virtual DbSet<FlugPassagier> FlugPassagier { get; set; }
        public virtual DbSet<Mitarbeiter> Mitarbeiter { get; set; }
        public virtual DbSet<Passagier> Passagier { get; set; }
        public virtual DbSet<Person> Person { get; set; }
        public virtual DbSet<Pilot> Pilot { get; set; }
    }
}
```

Listing: Generierte Entitätsklasse "Flug"

```
using System;
using System.Collections.Generic;
using System.ComponentModel.DataAnnotations.Schema;
namespace EFC_Reverse
{
 public partial class Flug
 {
  public Flug()
  {
   FlugPassagier = new HashSet<FlugPassagier>();
  }
  public int FlugNr { get; set; }
  public string Abflugort { get; set; }
  public string Zielort { get; set; }
  public DateTime Datum { get; set; }
  public bool NichtRaucherFlug { get; set; }
  public short Plaetze { get; set; }
  public short? FreiePlaetze { get; set; }
  public int? PilotPersonId { get; set; }
```

```
    public DateTime? Ankunft { get; set; }
    public string Memo { get; set; }
    public bool? Bestreikt { get; set; }
    public int? Auslastung { get; set; }
    public byte[] Timestamp { get; set; }
    public virtual ICollection<FlugPassagier> FlugPassagier { get; set; }
    public virtual Pilot PilotPerson { get; set; }
  }
}
```

Listing: Generierte Entitätsklasse "Passenger"

```
using System;
using System.Collections.Generic;
namespace EFC_Reverse
{
    public partial class Passagier
    {
        public Passagier()
        {
            Buchung = new HashSet<Buchung>();
        }

        public int PersonId { get; set; }
        public int? DetailId { get; set; }
        public string Email { get; set; }
        public DateTime? Geburtsdatum { get; set; }
        public DateTime? KundeSeit { get; set; }
        public string Name { get; set; }
        public string PassagierStatus { get; set; }
        public string Vorname { get; set; }

        public Persondetail Detail { get; set; }
        public ICollection<Buchung> Buchung { get; set; }
    }
}
```

10.5   Beispiel-Client

Das Programm im nächsten Listing nutzt nun den die generierte Entity Framework-Kontextklasse und die Entitätsklasse Passagier.

Die dargestellte Methode erzeugt einen neuen Passagier, fügt den Passagier an das DbSet<Passagier> an und speichert den neuen Passagier sodann in der Datenbank mit der Methode SaveChanges().

Dann werden zur Kontrolle alle Passagiere geladen und deren Anzahl wird ausgegeben. Zum Schluss folgt eine Ausgabe aller Passagiere mit dem Namen "Schwichtenberg". Diese Filterung erfolgt aber dann im RAM mit LINQ-to-Objects über die zuvor geladenen Passagiere.

> **Hinweis**: Die in diesem Beispiel verwendeten Befehle werden in späteren Kapiteln in diesem Buch natürlich ausführlicher beschrieben. Dieser Vorgriff ist hier aber didaktisch notwendig, um die Funktionsfähigkeit der erstellten Entity Framework Core-Kontextklasse zu beweisen.

Listing: Programmcode, der das erstellte Entity Framework Core-Modell nutzt

```
using EFC_Reverse;
```

```
using System;
using System.Linq;

namespace EFC_Konsole.Reverse_Engineering
{
 class SampleClient
 {
  public static void Run()
  {
   Console.WriteLine("Start...");
   using (var ctx = new WWWingsContextReverse())
   {
    // Passagierobjekt erzeugen
    var p = new Passagier();
    p.Vorname = "Holger";
    p.Name = "Schwichtenberg";
    // Passagier an EF-Kontext anfügen
    ctx.Passagier.Add(p);
    // Objekt speichern
    var anz = ctx.SaveChanges();
    Console.WriteLine("Anzahl Änderungen: " + anz);
    // Alle Passagiere einlesen aus Datenbank
    var passagierSet = ctx.Passagier.ToList();
    Console.WriteLine("Anzahl Passagiere: " + passagierSet.Count);
    // Filtern mit LINQ-to-Objects
    foreach (var pas in passagierSet.Where(pas=>pas.Name ==
"Schwichtenberg").ToList())
    {
     Console.WriteLine(pas.PersonId + ": " + pas.Vorname + " " + pas.Name);
    }
   }
   Console.WriteLine("Ende!");
   Console.ReadLine();
  }
 }
}
```

10.6   .NET Core-Tool

Bei der Entwicklung von .NET Core-Projekten kann alternativ zu den PowerShell-Commandlets auch das Kommandozeilenwerkzeug dotnet (alias .NET Core Command Line Interface – CLI) aus dem .NET Core SDK [https://www.microsoft.com/net/download/core] zum Einsatz kommen, das es - anders als die PowerShell-Commandlets - nicht nur für Windows, sondern auch für Linux und MacOS gibt.

Diese Form der Generierung funktioniert für

- .NET Core-Konsolenanwendungen

- ASP.NET Core-Projekte auf Basis von .NET Core oder .NET Framework 4.6.2 und neuer

Dafür ist zunächst das Paket Microsoft.EntityFrameworkCore.Tools.DotNet zu installieren, das aber nicht über ein Kommandozeilenwerkzeug funktioniert, sondern allein über einen manuellen Eintrag in der XML-basierten .csproj-Projektdatei:

```xml
<ItemGroup>
    <DotNetCliToolReference Include="Microsoft.EntityFrameworkCore.Tools.DotNet"
       Version="2.0.1" />
</ItemGroup>
```

```xml
<Project Sdk="Microsoft.NET.Sdk">
  <PropertyGroup Label="Globals">
    <SccProjectName>SAK</SccProjectName>
    <SccProvider>SAK</SccProvider>
    <SccAuxPath>SAK</SccAuxPath>
    <SccLocalPath>SAK</SccLocalPath>
  </PropertyGroup>
  <PropertyGroup>
    <OutputType>Exe</OutputType>
    <TargetFramework>netcoreapp2.0</TargetFramework>
  </PropertyGroup>
  <ItemGroup>
    <DotNetCliToolReference Include="Microsoft.EntityFrameworkCore.Tools.DotNet" Version="1.0.0" />
  </ItemGroup>
</Project>
```

Abbildung: Manuelle Ergänzung der .csproj-Datei

Danach muss man noch das folgende Paket hinzufügen:

```xml
<ItemGroup>
    <PackageReference Include="Microsoft.EntityFrameworkCore.Design"
Version="2.0.1" />
</ItemGroup>
```

Dies geht allerdings auch per Kommandozeile in dem Projektverzeichnis:

```
dotnet add package Microsoft.EntityFrameworkCore.Design
```

Nun fügt man noch den gewünschten Entity Framework Core-Provider hinzu:

```
dotnet add package Microsoft.EntityFrameworkCore.SqlServer
```

Bei Entity Framework Core 1.x ist außerdem notwendig (ab Entity Framework Core 2.0 allerdings nicht mehr!):

```
dotnet add package Microsoft.EntityFrameworkCore.SqlServer.Design
```

Danach kann der Entwickler die Codegenerierung ausführen:

```
dotnet ef dbcontext scaffold
"Server=.;Database=WWWings66;Trusted_Connection=True;MultipleActiveResultSets=Tru
e;" Microsoft.EntityFrameworkCore.SqlServer --output-Dir Modell
```

Abbildung: Reverse Engineering mit dotnet.exe

HINWEIS: Microsoft hat die endgültige Version von dotnet.exe 1.0 erst erst am 6.3.2017 im Rahmen von Entity Framework Core 1.1.1 und Visual Studio 2017 veröffentlicht. Zuvor gab es nur "Preview"-Versionen. Diese Preview-Versionen nutzen noch eine project.json-Datei. Wenn

Sie dieses veraltete Format noch verwenden, müssen Sie die Einträge nicht in der .csproj, sondern in der project.json-Datei machen!

10.7   Schwächen des Reverse Engineering

Wie im bisherigen Entity Framework auch gilt, dass man Entitätstypen nur für Tabellen mit Primärschlüssel erzeugen kann. Zusammengesetzte Primärschlüssel sind hingegen kein Problem für Entity Framework Core.

Bei den in SQL Server 2016 hinzugekommenen temporalen Tabellen ("System-Versioned"-Tabellen) können die Historientabellen nicht per Entity Framework Core abgebildet werden. Für die eigentliche Tabelle ist dies allerdings schon möglich, wobei die Abfrage der historischen Werte nur über SQL und bislang nicht per LINQ möglich ist.

Für Datenbanksichten (Views) und Stored Procedures können in Entity Framework Core im Gegensatz zum klassischen Entity Framework zunächst keine Klassen bzw. Funktionen generiert werden.

Ein einmal mit den Entity Framework Core-Kommandozeilenwerkzeugen generiertes Objektmodell kann man – auf dem bisherigen Stand der Werkzeuge – nicht aktualisieren. Das „Update Model from Database", das es für die Database First-Vorgehensweise gab, ist derzeit nicht realisiert. Man kann lediglich die Generierung neu anstoßen. Wenn es die zu generierenden Klassen schon gibt, meckert das Commandlet Scaffold-DbContext. Mit dem Zusatzparameter -force bringt man das Commandlet dazu, bestehende Dateien zu überschreiben. Alle manuell vorgenommenen Änderungen an den Quellcodedateien sind dann jedoch verloren.

Wenn man bei einem erneuten Scaffold-DbContext nicht mehr alle vorher generierten Tabellen generieren lässt, sondern nur noch einige ausgewählte, dann fehlen in der Kontextklasse die DbSet<T>-Deklarationen und die Fluent-API-Konfigurationen für alle nun nicht mehr generierten Tabellen. Einmal mehr ein Grund, ein reines Generatorprojekt zu haben, von dem aus man dann die generierten Teile, die man benötigt, in ein anderes Projekt kopiert. Microsoft hat aber in [*https://github.com/aspnet/EntityFramework/wiki/Roadmap*] angekündigt, die Werkzeuge zu verbessern und ein „Update Model from Database" anzubieten.

Bis dahin ist es der beste Weg, zumindest die Codegenerierung bei Änderungen auf neue Tabellen zu beschränken; die Änderungen für neue, geänderte oder gelöschte Spalten nimmt man lieber manuell im Quellcode vor. Oder man steigt nach einem Reverse Engineering einer Datenbank um auf Forward Engineering, d.h. man erfasst Änderungen nun im Objektmodell und lässt daraus DDL-Befehle zur Änderung des Datenbankschemas generieren (siehe nächste Kapitel).

11 Forward Engineering für neue Datenbanken

Auch wenn Entity Framework Core das Reverse Engineering bestehender Datenbankmodelle unterstützt, so ist der Idealzustand doch das Forward Engineering, bei dem das Datenbankmodell aus dem Objektmodell generiert wird, da der Entwickler hier das Objektmodell frei nach den Bedürfnissen des Geschäftsfalls gestalten kann

Forward Engineering gibt es im klassischen Entity Framework in den zwei Varianten Model First und Code First. Bei Model First klickt der Softwareentwickler ein Entity Data Model (EDM) grafisch zusammen und lässt sich daraus das Datenbankschema und .NET-Klassen generieren. Bei Code First schreibt der Softwareentwickler direkt Klassen, aus denen dann das Datenbankschema entsteht. Das EDM ist dabei unsichtbar. Im neu gestalteten Entity Framework Core gibt es nur noch die zweite Vorgehensweise, die dort jedoch nicht Code First, sondern Code-based Modeling heißt und gar kein unsichtbares EDM mehr verwendet.

11.1 Zwei Klassentypen beim Forward Engineering

Beim Code-based Modeling in Entity Framework Core geht man wie folgt vor:

- Man schreibt Entitätsklassen, die die zu speichernden Daten im RAM aufnehmen sollen. Man legt dabei Navigationseigenschaften in den Entitätsklassen an, die die Beziehungen zwischen den Entitätsklassen darstellen.

- Man schreibt eine Kontextklasse, die die Verbindung zu den Entitätsklassen herstellt und der Einsprungpunkt für alle Operationen auf der Datenbank sein wird.

Idealerweise realisiert man diese beiden Arten von Klassen in verschiedenen Projekten (DLL-Assemblies), da Entitätsklassen oft in mehreren oder gar allen Schichten der Softwarearchitektur verwendet werden, während die Kontextklasse Teil der Datenzugriffsschicht ist und nur von der darüberliegenden Schicht verwendet werden sollte.

11.2 Beispiele in diesem Kapitel

Dieses Kapitel erstellt eine Vorstufe des World Wide Wings-Objektmodell in der Version 2. Dabei werden zunächst nur die Entität Person, Mitarbeiter, Pilot, Passagier, Flug und Buchung berücksichtigt. Es werden nur die allernotwendigsten Einstellungen vorgenommen, um aus dem Objektmodell überhaupt ein Datenbankschema erzeugen zu können. Das Objektmodell wird dann in den Folgekapiteln ausgebaut und verfeinert. Den Programmcode finden Sie in der Projektmappe "EFC_Forward". Die Entitätsklassen liegen in einem DLL-Projekt mit Namen "EFC_GO" (für Geschäftsobjekte) und die Kontextklasse in einem DLL-Projekt mit Namen "EFC_DZ" (für Datenzugriff). Die Startanwendung ist eine Konsolenanwendung ("EFC_Konsole"). Hier sind der Datenzugriffscode und die Bildschirmausgaben enthalten.

> **Hinweis:** Eine weitere Schichtentrennung mit getrennter Geschäftslogik oder einer dedizierten Datenzugriffsschicht oberhalb der Kontextklasse wurde bewusst nicht vorgenommen, um die Beispiele einfach und konzentriert auf die Benutzung des Entity Framework Core-API zu halten. Dies ist ausdrücklich kein Architekturbeispiel. Architekturbeispiele folgen später in diesem Buch.

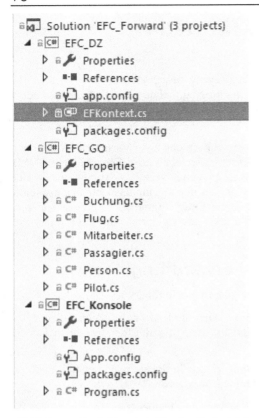

Abbildung: Projektmappe für das Beispiel in diesem Kapitel

11.3   Regeln für die selbsterstellten Entitätsklassen

Die Entitätsklassen sind einfache POCO-Klassen (Plain Old CLR Objects), d.h. sie müssen weder von einer Basisklasse erben noch eine Schnittstelle implementieren. Es muss aber ein parameterloser Konstruktor vorhanden sein, mit dem Entity Framework Core die Instanzen bei der Materialisierung von Datenbanktabellenzeilen erzeugen kann.

> **Hinweis:** Dieses Kapitel beschreibt zunächst nur eine typische Grundkonfiguration. Anpassungen dazu finden Sie im Kapitel Kapitel 12 "Anpassung des Datenbankschemas".

11.3.1   Nuget-Pakete

Für die Implementierung der Entitätsklassen brauchen Sie keine Referenz auf Nuget-Pakete von Entity Framework Core. Der Einsatz von Datenannotationen wie [Key] oder [StringLength] erfordert aber eine Referenz auf die System.ComponentModel.Annotations.dll (im klasischen .NET Framework) bzw. das Nuget-Paket System.ComponentModel.Annotations [https://www.nuget.org/packages/System.ComponentModel.Annotations] in .NET Core und .NET Standard.

11.3.2 Properties

Die in der Datenbanktabelle anzulegenden Spalten sind jeweils durch ein Property zu repräsentieren. Die Properties können automatische Properties mit { get; set; } oder explizite Properties mit Getter- und Setter-Implementierung sein (siehe Property Memo im Klasse Flug). Die Klasse darf auch Fields besitzen; diese werden aber nicht auf Spalten abgebildet, d.h. die Informationen in diesen Fields werden im Standard nicht persistiert. Ebensowenig werden Properties, die keinen Setter haben, persistiert, vgl. Eigenschaft GanzerName in Klasse Person.

11.3.3 Datentypen

Als Datentypen sind die elementaren .NET-Datentypen (String, DateTime, Boolean, Byte, Byte[], Int16, Int32, Int64, Single, Double und Decimal sowie System.Guid) erlaubt. Für die elementaren Datentypen darf mit Nullable<T> angezeigt werden, dass die entsprechende Spalte in der Datenbanktabelle leer ("NULL") bleiben darf. Erlaubt sind auch Aufzählungstypen, siehe "Fluglizenztyp" in der Klasse "Pilot". Die im klassischen Entity Framework seit Version 5.0 unterstützten Datentypen DbGeometry und DbGeography gibt es in Entity Framework Core leider vorerst nicht.

11.3.4 Beziehungen (Master-Detail)

Es darf auch Properties geben, die auf einen anderen Entitätstyp deklariert werden. Diese nennt man Navigationseigenschaften, und sie drücken die Beziehungen zwischen Entitätsklassen aus. Entity Framework Core unterstützt:

- 1:0/1-Beziehungen: Hier wird das Property auf ein Einzelobjekt des in Beziehung stehenden Typs deklariert (siehe Pilot und Copilot in der Klasse Flug). **WICHTIG: Bei Einzelobjekten ist oft semantisch falsch, in der Deklaration der Navigationseigenschaft oder im Konstruktor eine Instanz des in Beziehung stehenden Typs zuzuweisen, da ein OR-Mapper wie Entity Framework Core dann ein neues Enitätsobjekt sieht. Sinn macht diese Instanziierung nur, wenn ein neues Oberobjekt immer auch ein neues Unterobjekt bedingt. Im Fall Flug und Pilot ist dies nicht so, da ja nicht für jeden Flug ein neuer Pilot eingestellt wird.**

- 1:0/N-Beziehungen: Hier wird das Property auf einen Mengentyp des in Beziehung stehenden Typs deklariert (siehe List<Flug> bei FlugAlsPilotSet und FlugeAlsCopilotSet in der Klasse Pilot). Erlaubt ist, dass die Navigationseigenschaft als ICollection oder eine darauf aufbauende andere Schnittstelle (wie IList) oder eine ICollection<T> realisierende Klasse (wie List<T> oder HashSet<T>) deklariert wird. **WICHTIG: Es bietet sich in der Regel an, konkrete Mengentypen in der Deklaration oder im Konstruktor direkt zuzuweisen, damit dies nicht der aufrufende Programmcode erledigen muss. Entity Framework Core erledigt eine Mengenklasseninstanziierung nur im Rahmen des Relationsship Fixup. Da hier ja nur eine leere Liste erzeugt wird, wird Entity Framework Core hier nichts persistieren wollen, solange die Liste nicht gefüllt wird.**

> **HINWEIS:** Entity Framework Core unterstützt bisher keine N:M-Beziehungen. Genauer gesagt: Entity Framework Core unterstützt nicht die Abstraktion, zwei 1:N-Beziehungen mit Zwischentabelle im Objektmodell als N:M darzustellen. Das relationale Datenbankmodell unterstützt ja auch keine N:M-Beziehungen, sondern benötigt eine Zwischentabelle für zwei 1:N-Beziehungen, wobei die Zwischentabelle einen zusammengesetzten Primärschlüssel aus den Primärschlüsseln der zu verbindenden Entitäten enthält. In Entity Framework Core hat man also im Objektmodell hier für die Zwischentabelle eine Zwischenklasse und genau wie im relationalen Modell zwei 1:N-Beziehungen statt einer N:M-Beziehung. Eine solche

Zwischenentitätsklasse sieht man der Klasse Buchung. Sie wird jeweils durch ein BuchungSet in Klasse Flug und Klasse Passagier referenziert.

Die Navigationseigenschaften müssen im klassischen Entity Framework Core als "virtual" gekennzeichnet sein, damit das Lazy Loading funktioniert. Da es in Entity Framework Core 1.x/2.0 bisher kein Lazy Loading gibt, entfällt diese Auflage. Lazy Loading soll in einer späteren Version auch in Entity Framework Core kommen; bisher ist noch ist nicht klar, ob Microsoft virtual dafür wieder als Kennzeichnung erfordern wird. Es schadet aber auch nicht, die Navigationseigenschaften schon heute als virtual zu deklarieren.

Navigationseigenschaften können bidirektional sein, wie Flug und Pilot zeigen. Zu den 0/1-Seiten einer Navigationseigenschaft kann es (muss es aber nicht) explizite Fremdschlüsseleigenschaften geben (siehe PilotId und CopilotId in).

11.3.5   Vererbung

Entitätsklassen können voneinander erben. Dies sieht man bei Klasse Pilot und Passagier, die von der Klasse Person erben. In diesem Fall ist Person eine abstrakte Klasse. Es könnte aber auch eine Klasse sein, von der eigene Instanzen möglich sind.

11.3.6   Primärschlüssel

Eine weitere Voraussetzung bei Entity Framework Core ist, dass jede Entitätsklasse einen Primärschlüssel besitzen muss, der sich aus einer oder mehreren einfachen Properties zusammensetzt. Im einfachsten Fall legt man dafür gemäß einer Konvention ein Property mit Namen ID oder Id oder KlassennameID oder KlassennameId an. Die Groß- und Kleinschreibung von ID und dem Klassennamen ist dabei nicht relevant, auch wenn die immer noch lückenhafte Dokumentation   von   Entity   Framework   Core   in [*http://www.efproject.net/en/latest/modeling/keys.html*] etwas Anderes suggeriert.

> **Hinweis:** Wenn man den Primärschlüssel anders benennen will oder einen zusammengesetzten Primärschlüssel definieren will, dann muss man dies explizit konfigurieren, siehe Kapitel 12 "Anpassung des Datenbankschemas".

11.3.7   Beispiele

Die folgenden Listings geben einen Teil der Entitätsklassen für das World Wide Wings-Beispiel wieder.

Listing: Klasse Flug

```
using System;
using System.Collections.Generic;

namespace GO
{
 public partial class Flug
 {
  // Parameterloser Konstruktor ist immer notwendig für EF!
  public Flug()
  {  }


  public Flug(string abflugort, string zielort)
  {
   this.Abflugort = abflugort;
```

```
  this.Zielort = zielort;
  }


  // --- Primärschlüssel
  public int FlugID { get; set; }
  // --- Einfache Eigenschaften
  public string Abflugort { get; set; }
  public string Zielort { get; set; }
  public System.DateTime Datum { get; set; }
  public bool NichtRaucherFlug { get; set; }
  public short? Plaetze { get; set; }
  public short? FreiePlaetze { get; set; }
  public decimal Preis { get; set; }


  // Explizites Property
  private string memo;
  public string Memo
  {
   get { return this.memo; }
   set { this.memo = value; }
  }


  // Navigationseigenschaften
  public Pilot Pilot { get; set; }
  public Pilot Copilot { get; set; }
  public ICollection<Buchung> BuchungSet { get; set; } = new List<Buchung>();


  // Explizite Fremdschlüsseleigenschaften zu den Navigationseigenschaften
  public int PilotId { get; set; }
  public int CopilotId { get; set; }


  // Methode (ohne Bedeutung für ORM)
  public override string ToString()
  {
   return String.Format($"Flug #{this.FlugID}: von {this.Abflugort} nach {this.Zi
elort} Freie Plätze: {this.FreiePlaetze}");
  }
 }
}
```

Listing: Klasse Person

```
using System;

namespace GO
{
 public partial abstract class Person
 {
  // --- Primärschlüssel
  public int PersonID { get; set; }


  // --- Einfache Eigenschaften
  public string Name { get; set; }
```

```
  public string Vorname { get; set; }
  public Nullable<System.DateTime> Geburtsdatum { get; set; }
  public string Strasse { get; set; }
  public Byte[] Foto { get; set; }
  public string EMail { get; set; }
  public string Stadt { get; set; }
  public string Land { get; set; }

  public virtual string Memo { get; set; }

  // Berechnete Eigenschaft (wird nicht persistiert!)
  public string GanzerName { get { return this.Vorname + " " + this.Name; } }
  // Methode (ohne Bedeutung für ORM)
  public override string ToString()
  {
   return "#" + this.PersonID + ": " + this.GanzerName;
  }
 }
}
```

Listing: Klasse Pilot

```
using System;
using System.Collections.Generic;

namespace GO
{
 public enum Fluglizenztyp
 {
 CPL, PPL, GPL, SPL, LAPL
 }

 public  partial class Pilot : Person
 {
   // Primärschlüssel wird geerbt!

   // --- Weitere Eigenschaften
   public System.DateTime FlugscheinSeit { get; set; }
   public Nullable<int> Flugstunden { get; set; }
   public Fluglizenztyp Fluglizenztyp { get; set; }
   public string Flugschule { get; set; }

   // --- Navigationseigenschaft deklariert auf Schnittstellen mit expliziter
Mengentypinstanziierung
   public List<Flug> FluegeAlsPilot { get; set; } = new List<Flug>();
   // --- Navigationseigenschaft deklariert auf Mengentyp mit expliziter
Mengentypinstanziierung
   public List<Flug> FluegeAlsCopilot { get; set; } = new List<Flug>(); }
 }
```

Listing: Klasse Passagier

```
using System;
using System.Collections.Generic;
```

```
namespace GO
{
 public partial class Passagier : Person
 {
  // Primärschlüssel wird geerbt!

  // --- Einfache Eigenschaften
  public Nullable<System.DateTime> KundeSeit { get; set; }
  public string PassagierStatus { get; set; }

  // --- Navigationseigenschaften deklariert als Mengentyp
  public HashSet<Buchung> BuchungSet { get; set; } = new HashSet<Buchung>();
 }
}
```

Listing: Klasse Buchung

```
namespace GO
{
 /// <summary>
 /// Zwischenklasse, weil EF Core bisher kein N:M unterstützt
 /// </summary>
 public class Buchung
 {
  // --- Primärschlüssel
  public int FlugNr { get; set; }
  public int PassagierId { get; set; }
  // --- Navigationseigenschaften
  public Flug Flug { get; set; }
  public Passagier Passagier { get; set; }
 }
}
```

11.4   Regeln für die selbsterstellte Kontextklasse

Die Kontextklasse ist der Dreh- und Angelpunkt für die Programmierung mit Entity Framework Core, bei deren Implementierung einige Regeln zu befolgen sind.

> **Hinweis:** Dieses Kapitel beschreibt zunächst nur eine typische Grundkonfiguration. Anpassungen dazu finden Sie im Kapitel Kapitel 12 "Anpassung des Datenbankschemas".

11.4.1   Nuget-Pakete

Für die Realisierung der Kontextklasse ist ein Nuget-Paket für das jeweilige Datenbankmanagementsystem notwendig (siehe folgende Tabelle), z.B. gibt man in der Nuget Package Manager-Konsole ein:

```
Install-Package Microsoft.EntityFrameworkCore.SqlServer
```

Oder für SQLite:

```
Install-Package Microsoft.EntityFrameworkCore.Sqlite
```

Oder für Oracle:

```
Install-Package Devart.Data.Oracle.EFCore
```

Während im klassischen Entity Framework einfach nur zwei Assemblies referenziert werden mussten (und man diese Referenzen ggf. auch einmal manuell angelegt hat), zieht das neue Nuget-Paket – im Sinne der Modularisierung der Core-Produkte – einen Wust von 32 Referenzen nach sich (siehe Projekt "DZ"), die man nicht mehr manuell anlegen möchte. Für das Projekt "GO" ist keine Referenz auf eine Entity Framework-DLL notwendig!

Datenbankmanagementsystem	Nuget-Paket
Microsoft SQL Server Express, Standard, Enterprise, Developer, LocalDB ab Version 2008	Microsoft.EntityFrameworkCore.SqlServer
Microsoft SQL Server Compact 3.5	EntityFrameworkCore.SqlServerCompact35
Microsoft SQL Server Compact 4.0	EntityFrameworkCore.SqlServerCompact40
SQLite	Microsoft.EntityFrameworkCore.Sqlite
PostgreSQL	Npgsql.EntityFrameworkCore.PostgreSQL
In-Memory (für Unit Tests)	Microsoft.EntityFrameworkCore.InMemory
MySQL	MySQL.Data.EntityFrameworkCore
Oracle (DevArt)	Devart.Data.Oracle.EFCore

Tabelle: Die auf nuget.org verfügbaren Entity Framework Core-Provider

11.4.2   Basisklasse

Die Kontextklasse ist keine POCO-Klasse. Sie muss zwingend von der Basisklasse Microsoft.EntityFrameworkCore.DbContext abgeleitet sein. Die alternative Basisklasse ObjectContext, die es im klassischen Entity Framework gab, gibt es nicht mehr.

11.4.3   Konstruktor

Die Kontextklasse muss für die Verwendung der Schemamigrationswerkzeuge in Visual Studio oder der Kommandozeile einen parameterlosen Konstruktor besitzen, weil diese Werkzeuge die Kontextklasse zur Entwicklungszeit instanziieren müssen. Sie benötigt keinen parameterlosen Konstruktor, falls das Datenbankschema ausschließlich beim Anwendungsstart erzeugt werden soll. Dann hat der Entwickler die Möglichkeit, die Kontextklasse mit Konstruktorparametern aufzurufen.

> **Hinweis:** Ohne einen expliziten Konstruktor gibt es in C# automatisch einen parameterlosen Konstruktor.

11.4.4   Verweise zu den Entitätsklassen

Der Entwickler muss für jede Entitätsklasse ein Property vom Typ DbSet<Entitätstyp> anlegen, z.B.

```
public DbSet<Flug> FlugSet { get; set; }
public DbSet<Pilot> PilotSet { get; set; }
```

> **Achtung:** Im Standard verwendet Entity Framework Core die hier verwendeten Eigenschaftsnamen für die Tabellennamen im Datenbankschema. Sie erfahren später noch, wie Sie diese Verhalten ändern können.

11.4.5 Provider und Verbindungszeichenfolge

Die Verbindungszeichenfolge für die anzusprechende Datenbank musste im klassischen Entity Framework über den Konstruktor an die dortige Implementierung der Basisklasse DbContext übergeben werden. Entity Framework Core hat dafür einen anderen Weg, nämlich eine neue Methode OnConfiguring(), die es zu überschreiben gilt. Diese Methode wird von Entity Framework Core nach der allerersten Instanziierung des Kontextes in einem Prozess aufgerufen. Die Methode OnConfiguring() erhält dabei als Parameter eine Instanz von DbContextOptionsBuilder. In OnConfiguring() ruft der Softwareentwickler dann auf dieser Instanz von DbContextOptionsBuilder eine Erweiterungsmethode auf, die Datenbankprovider und ggf. Verbindungszeichenfolge festlegt. Die aufzurufende Erweiterungsmethode wird durch den Entity Framework Core-Datenbankprovider bereitgestellt. Im Fall von Microsoft SQL Server heißt sie UseSqlServer() und erwartet als Parameter die Verbindungszeichenfolge. Es obliegt dem Softwareentwickler, die Verbindungszeichenfolge an einen geeigneten Ort (z.B. Konfigurationsdatei) zu speichern und von dort zu laden.

> **Hinweis:** In vielen Listings in diesem Buch wird aus Gründen der Übersichtlichkeit auf die Auslagerung der Verbindungszeichenfolge verzichtet.

Die Verbindungszeichenfolge muss den Zusatz *MultipleActiveResultSets=True* enthalten, da Entity Framework Core sonst in einigen Fällen nicht korrekt arbeiten kann und meldet "There is already an open DataReader associated with this Command which must be closed first."

```
builder.UseSqlServer(@"Server=MeinServer;Database=MeineDB;Trusted_Connection=True
;MultipleActiveResultSets=True");
```

> **ACHTUNG:** Wenn in OnConfiguring() keine UseXY()-Methdode aufgerufen wird, dann kommt es zum Laufzeitfehler "No database provider has been configured for this DbContext. A provider can be configured by overriding the DbContext.OnConfiguring method or by using AddDbContext on the application service provider. If AddDbContext is used, then also ensure that your DbContext type accepts a DbContextOptions<TContext> object in its constructor and passes it to the base constructor for DbContext."

11.4.6 Beispiel

Das folgende Listing zeigt die Kontextklasse des World Wide Wings-Beispiels in einer Grundkonfiguration.

Listing: Kontextklasse
```
using GO;
using Microsoft.EntityFrameworkCore;
using Microsoft.EntityFrameworkCore.Metadata;

namespace DZ
{
 public class EFKontext : DbContext
 {
  protected override void OnConfiguring(DbContextOptionsBuilder builder)
  {
    // Provider und Connectring String festlegen!
```

```
  string connstring = @"Server=.;Database=WWWings_EFForward;Trusted_Connection=T
rue;MultipleActiveResultSets=True;";
  builder.UseSqlServer(connstring);
 }


 public DbSet<Flug> FlugSet { get; set; }
 public DbSet<Pilot> PilotSet { get; set; }
 public DbSet<Passagier> PassagierSet { get; set; }
 public DbSet<Buchung> BuchungSet { get; set; }
 }
}
```

11.4.7   Eigene Verbindungen

UseSqlServer() und andere Treiber können anstelle der Verbindungszeichenfolge auch ein Verbindungsobjekt empfangen (Instanz der Klasse DbConnection). Die Verbindung muss damit NICHT unbedingt vorher geöffnet sein. Sie kann geöffnet sein, dann wird die vorhandene Verbindung verwendet, und der Entity Framework Core-Kontext schließt diese auch nicht. Wenn sie nicht geöffnet ist, öffnet und schließt der Entity Framework Core-Kontext die Verbindung bei Bedarf.

> **BEST PRACTICE:** Grundsätzlich sollten Sie die Verbindungsverwaltung Entity Framework Core überlassen! Nur in Ausnahmefällen, wo dies zwingend notwendig ist (z.B. Transaktionen über mehrere Kontextinstanzen hinweg), sollten Sie die Verbindung selbst vorher öffnen!

11.4.8   Thread-Sicherheit

Die Klasse DbContext ist nicht thread-safe, d.h. die selbst erstellte, von DbContext erbende Kontextklasse darf auf keinen Fall in mehreren verschiedenen Threads verwendet werden. Jeder Thread braucht eine eigene Instanz der Kontextklasse! Wer dies missachtet, riskiert unvorhersehbares Verhalten und kuriose Laufzeitfehler in den Innereien von Entity Framework Core!

11.5   Regeln für die Datenbankschemagenerierung

Aus den Entitätsklassen und der Kontextklasse generiert Entity Framework Code dann ein Datenbankschema, das in der Lage ist, alle Instanzen der Entitätsklassen zu speichern. Der Aufbau des Datenbankschemas erfolgt per Konventionen und Konfigurationen. Dabei gilt das Prinzip Konvention vor Konfiguration.

Es gibt zahlreiche Konventionen. Die wichtigsten sind:

- Aus jeder Entitätsklasse, für die es ein DbSet<T> in der Kontextklasse gibt, entsteht eine Tabelle. Im klassischen Entity Framework wurde dazu im Standard der Klassenname der Entitätsklasse in den Plural gesetzt. Bei Entity Framework Core wird nun im Standard der Name der DbSet<T>-Eigenschaft in der Kontextklasse herangezogen.

- Aus jedem elementaren Property in einer Entitätsklasse wird eine Spalte in der Tabelle.

- Eigenschaften, die ID oder KlassennameID heißen, werden automatisch zu Primärschlüsseln mit Autowerten.

- Für jede 1/0-Seite einer Navigationseigenschaft wird eine zusätzliche Fremdschlüsselspalte angelegt, auch wenn es keine explizite Fremdschlüsseleigenschaft gibt.

- Eigenschaften, die heißen wie eine Navigationseigenschaft plus das Suffix "ID", repräsentieren die sowieso automatisch erzeugten Fremdschlüsselspalten.

- Aus Aufzählungstypen werden int-Spalten in der Datenbank.

> **Hinweis:** Während in vielen Fällen diese Konventionen reichen, um aus einem Objektmodell ein Datenbankschema zu erzeugen, reichen die Konventionen in diesem Fall dafür <u>nicht</u> aus. Das die Konventionen nicht reichen, merkt man leider aber nicht beim Kompilieren, sondern erst beim Ausführen von Programmcode, der die Kontextklasse verwendet.

11.6   Beispiel-Client

Das Programm in nächsten Listing nutzt nun den die erstellte Entity Framework-Kontextklasse und die Entitätsklasse Passagier. Zunächst sorgt das Programm mit dem Aufruf der Methode EnsureCreated() dafür, dass die Datenbank angelegt wird, wenn sie noch nicht existiert. Die aus dem klassischen Entity Framework bekannten Datenbankinitialisierungsklassen gibt es in Entity Framework Core nicht mehr.

Danach erzeugt das Programm einen neuen Passagier, fügt den Passagier an das DbSet<Passagier> an und speichert den neuen Passagier sodann in der Datenbank mit der Methode SaveChanges().

Dann werden zur Kontrolle alle Passagiere geladen und deren Anzahl wird ausgegeben. Zum Schluss folgt eine Ausgabe aller Passagiere mit dem Namen "Schwichtenberg". Diese Filterung erfolgt aber dann im RAM mit LINQ-to-Objects über die zuvor geladenen Passagiere.

> **Hinweis 1**: Die in diesem Beispiel verwendeten Befehle werden in späteren Kapiteln in diesem Buch natürlich ausführlicher beschrieben. Dieser Vorgriff ist hier aber didaktisch notwendig, um die Funktionsfähigkeit der erstellten Entity Framework Core-Kontextklasse zu beweisen.
>
> **Hinweis 2**: Das Beispiel ist leider noch nicht fehlerfrei lauffähig. Warum dies so ist und wie man die Probleme behebt, erfahren Sie im nächsten Unterkapitel.

Listing: Programmcode, der das erstellte Entity Framework Core-Modell nutzt

```
using DZ;
using GO;
using System;
using System.Linq;

namespace EFC_Konsole
{
 class Program
 {
  static void Main(string[] args)
  {
   Console.WriteLine("Start...");
   using (var ctx = new EFKontext())
   {
    // Datenbank anlegen, wenn nicht vorhanden!
    bool e = ctx.Database.EnsureCreated();
    if (e) Console.WriteLine("Datenbank wurde angelegt!");
    // Passagierobjekt erzeugen
    var p = new Passagier();
    p.Vorname = "Holger";
    p.Name = "Schwichtenberg";
    // Passagier an EF-Kontext anfügen
```

```
    ctx.PassagierSet.Add(p);
    // Objekt speichern
    var anz = ctx.SaveChanges();
    Console.WriteLine("Anzahl Änderungen: " + anz);
    // Alle Passagiere einlesen aus Datenbank
    var passagierSet = ctx.PassagierSet.ToList();
    Console.WriteLine("Anzahl Passagiere: " + passagierSet.Count);
    // Filtern mit LINQ-to-Objects
    foreach (var pas in passagierSet.Where(x => x.Name ==
"Schwichtenberg").ToList())
    {
      Console.WriteLine(pas.PersonID + ": " + pas.Vorname + " " + pas.Name);
    }


    }
    Console.WriteLine("Ende!");
    Console.ReadLine();
    }
}
```

11.7   Anpassung per Fluent-API (OnModelCreating())

Wenn man den Programmcode in Listing im vorhergehenden Unterkapitel startet, kommt es bei der Methode EnsureCreated() als erstes zun dem Laufzeitfehler: "Unable to determine the relationship represented by navigation property Flug.Pilot' of type 'Pilot'. Either manually configure the relationship, or ignore this property using the '[NotMapped]' attribute or by using 'EntityTypeBuilder.Ignore' in 'OnModelCreating'."

Entity Framework Core sagt dem Entwickler damit, dass es im Fall der zweifachen Beziehung zwischen Flug und Pilot (Eigenschaften Pilot und Copilot) nicht weiß, welche der beiden Navigationseigenschaften auf der Pilot-Seite (FluegeAlsPilot und FluegeAlsCopilot) den beiden Navigationseigenschaften Pilot und Copilot auf der Flug-Seite entsprechen.

Um dies klarzustellen, gibt es das sogenannte Fluent API in Entity Framework Core, das es auch auch schon bei Code First im klassischen Entity Framework gab. Das Fluent API besteht aus der Methode protected override void OnModelCreating(ModelBuilder modelBuilder), die in der Kontextklasse zu überschreiben ist. Auf dem Objekt modelBuilder nimmt der Entwickler in Aufrufketten von Methoden dann die Konfiguration vor.

```
protected override void OnModelCreating(ModelBuilder builder)
{
...
}
```

Im Fall der doppelten Beziehung zwischen Pilot und Flug sind in OnModelCreating() die beiden nachfolgenden Befehlsketten einzutragen, die Pilot mit FluegeAsPilot und Copilot mit FluegeAsCopilot eindeutig zuordnen:

```
builder.Entity<Pilot>().HasMany(p => p.FluegeAlsPilot)
.WithOne(p => p.Pilot).HasForeignKey(f => f.PilotId).OnDelete(DeleteBehavior.Rest
rict);
builder.Entity<Pilot>().HasMany(p => p.FluegeAlsCopilot)
.WithOne(p => p.Copilot).HasForeignKey(f => f.CopilotId).OnDelete(DeleteBehavior.
Restrict);;
```

Mit .OnDelete(DeleteBehavior.Restrict) schaltet man das kaskadierende Löschen aus, was in diesem Fall aufgrund des Zyklus keinen Sinn macht.

Startet man das Programm danach erneut, kommt nun der Laufzeitfehler "The entity type 'GO.Buchung' requires a key to be defined." Entity Framework Core weiß bei der Zwischenklasse Buchung nicht, was der Primärschüssel sein soll, da es dort kein Property gibt, dass per Konvention der Primärschlüssel sein kann. Hier soll es ja einen zusammengesetzten Primärschlüssel geben. Daher muss man im FluentAPI eintragen:

```
builder.Entity<Buchung>().HasKey(b => new { b.FlugNr, b.PassagierId });
```

Entity Framework ist immer noch nicht zufrieden und beschwert sich beim nächsten Programmstart auch noch über fehlende Primärschlüssel in den Klassen Flug, Passagier und Mitarbeiter. Bei Flug ist dies klar, denn FlugNr entspricht nicht der Konvention (die wäre FlugID). Also ist zu ergänzen:

```
modelBuilder.Entity<Flug>().HasKey(x => x.FlugNr);
```

Bei Passagier und Mitarbeiter aber kann man sich wundern, denn diese erben ja den Primärschlüssel PersonID von der Basisklasse Person. Leider ist Entity Framework Core noch nicht schlau genug, um das zu merken. Daher ist auch noch zu ergänzen:

```
builder.Entity<Mitarbeiter>().HasKey(x => x.PersonID);
builder.Entity<Passagier>().HasKey(x => x.PersonID);
```

Damit ist der Programmcode nun letztendlich lauffähig!

Nun stellt sich noch die Frage, warum Entity Framework Core sich aber nicht beschwert, dass es für "Pilot" keinen Primärschlüssel gibt. Das liegt an der Art, wie Entity Framework Core Vererbung in der Datenbank abbildet. Die Piloten werden von Entity Framework Core nicht in einer eigenständigen Tabellen gespeichert, sondern liegen in der gleichen Tabelle wie die Mitarbeiter. Daher beschwert sich Entity Framework Core nicht für die Piloten.

Das nächste Listing zeigt die verbesserte Version der Kontextklasse. Mit dieser Version ist das Programm nun lauffähig.

Listing: Verbesserte Version der Kontextklasse

```
using GO;
using Microsoft.EntityFrameworkCore;
using Microsoft.EntityFrameworkCore.Metadata;

namespace DZ
{
 public class EFKontext : DbContext
 {
  protected override void OnConfiguring(DbContextOptionsBuilder builder)
  {
   // Provider und Connectring String festlegen!
   string connstring = @"Server=.;Database=WWWings_EFForward;Trusted_Connection=True;MultipleActiveResultSets=True;";
   builder.UseSqlServer(connstring);
  }

  public DbSet<Flug> FlugSet { get; set; }
  public DbSet<Pilot> PilotSet { get; set; }
  public DbSet<Passagier> PassagierSet { get; set; }
  public DbSet<Buchung> BuchungSet { get; set; }

  /// <summary>
  /// Methode zur Aktivierung/Deaktivierung von Konventionen
  /// sowie zur manuellen Konfiguration per Fluent-API
```

```
/// </summary>
protected override void OnModelCreating(ModelBuilder builder)
{
  // Primärschlüssel für erbende Klassen
  builder.Entity<Passagier>().HasKey(x => x.PersonID);
  builder.Entity<Pilot>().HasKey(x => x.PersonID);
  // Zusammengesetzter Primärschlüssel für Zwischenklassen
  builder.Entity<Buchung>().HasKey(b => new { b.FlugNr, b.PassagierId });
  // Beziehungen festlegen und kaskadierendes Löschen ausschalten
builder.Entity<Pilot>().HasMany(p => p.FluegeAlsPilot)
.WithOne(p => p.Pilot).HasForeignKey(f => f.PilotId).OnDelete(DeleteBehavior.Rest
rict);
builder.Entity<Pilot>().HasMany(p => p.FluegeAlsCopilot)
.WithOne(p => p.Copilot).HasForeignKey(f => f.CopilotId).OnDelete(DeleteBehavior.
Restrict);;
  }
}
}
```

```
H:\TFS\Demos\EF\EFC_Forward\EFC_Forward\EFC_Konsole\bin\Debug\EFC_Konsole.exe
Start...
Datenbank wurde angelegt!
Anzahl Änderungen: 1
Anzahl Passagiere: 1
1: Holger Schwichtenberg
Ende!
```

Abbildung: Ausgabe des Beispiel-Clients nach Behebung der Probleme in der Kontextklasse

11.8   Das erzeugte Datenmodell

Die nächste Abbildung zeigt das entstandene Datenbankmodell.

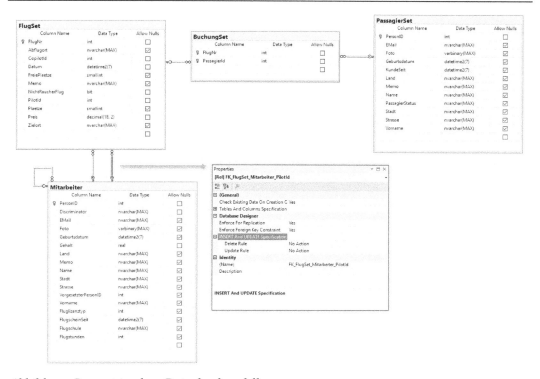

Abbildung: Das entstandene Datenbankmodell

Wie man sieht, erzeugt Entity Framework Core aus den sechs Entitätsklassen (Person, Mitarbeiter, Pilot, Passagier, Flug und Buchung) nur vier Tabellen in der Datenbank. Dabei mischt Entity Framework Core die Vererbungsabbildungsstrategien "Table per Concrete Type" (TPC) und "Table per Hierarchy" (TPH):

- Es gibt keine Tabelle "Person". Alle Eigenschaften der abstrakten Entitätsklasse Person sind in die Tabelle "PassagierSet" und "Mitarbeiter" gewandert.

- Die Tabelle "Mitarbeiter" umfasst nach dem TPH-Prinzip auch die Instanzen der Entitätsklasse "Pilot". Dafür gibt es dort eine Spalte "Discrimnator", die Entity Framework Core automatisch mit den Werten "Pilot" oder "Mitarbeiter" befüllt.

In Entity Framework Core hat man bislang nur sehr wenig Einfluss auf die Vererbungsabbildungsstrategie. Man kann nur indirekt Einfluss auf die Entscheidung zwischen TPC und TPH nehmen. Gäbe es in der Kontextklasse ein DbSet<Person> und DbSet<Mitarbeiter>, hätte Entity Framework Core die Table per Hierarchy (TPH)-Strategie komplett angewendet, also aus Person, Mitarbeiter, Pilot und Passagier nur eine Tabelle gemacht (siehe nachstehende Abbildung). Dann darf keine explizite Schlüsselfestlegung im Fluent API für Mitarbeiter und Passagier erfolgen!

> **Hinweis:** Die Vererbungsabbildungsstrategie "Table-per-Type" (TPT) gibt es noch gar nicht in Entity Framework Core.

Abbildung: So würde das Datenbankschema aussehen, mit kompletter TPH-Strategie

Entity Framework Core benennt im Standard die Tabellen anhand der DbSet<T>-Property-Namen in der Kontextklasse. Ausnahme ist Mitarbeiter, denn für gibt es kein DbSet<T>. Diese Mischung bei der Namensgebung macht wenig Sinn und sollte daher vom Entwickler geändert werden (siehe nächstes Kapitel).

Wie bisher im klassischen Entity Framework legt Entity Framework Core auch Indexe für alle Primär- und Fremdschlüssel an. Wie im klassischen Entity Framework auch legt Entity Framework Core die String-Spalten im Standard als nvarchar(max) an. Dies gilt es noch anzupassen. Besser als beim klassischen Entity Framework ist, dass Entity Framework Core die Datumsspalten mit dem Datentyp DateTime2(7) statt wie bisher mit DateTime anlegt. So kommt es nicht mehr zu dem Problem, dass in .NET gültige Datumsangaben vor dem 1.1.1601 vom SQL Server abgelehnt werden.

12 Anpassung des Datenbankschemas

Entity Framework Core kann beim Forward Engineering in vielen Fällen allein schon auf Basis von Konventionen aus einem Objektmodell ein Datenbankschema erzeugen. Bereits das letzte Kapitel hat aufgezeigt, dass Konventionen nicht immer reichen, um ein gültiges Datenbankschema zu erzeugen. Nachhilfe für den Softwareentwickler war in dem Fall notwendig bei zusammengesetzten Primärschlüsseln, Primärschlüsseln für erbende Klassen sowie dem Deaktivieren des kaskadierenden Löschens, weil es sonst zu zirkulären Löschoperationen kommt.

In anderen Fällen kann Entity Framework Core zwar ein Datenbankschema erstellen, das Ergebnis ist aber unbefriedigend. Beide diese Fälle hat das letzte Kapitel aufgezeigt. Auch dies hat das letzte Kapitel aufgezeigt (vgl. Tabellennamen und Längen der Zeichenkettenspalten).

In diesem Kapitel lernen Sie, wie man in beiden Fällen die Konventionen durch explizite Konfiguration via Datenannotationen in den Entitätsklassen oder Fluent-API in der Methode OnModelCreating() außer Kraft setzt oder ergänzt.

12.1 Beispiele in diesem Kapitel

Während das vorherige Kapitel noch eine Vorstufe des World Wide Wings-Objektmodells Version 2 verwendet hat, behandelt das Buch nun das komplette Objektmodell Version 2. Sie finden den Programmcode in der Projektmappe "EFC_WWWings" in den Projekten "EFC_GO", "EFC_DA" und "EFC_Konsole."

Abbildung: Projektmappe "EFC_WWWings"

12.2 Konvention versus Konfiguration

Die Konfiguration des Datenbankschemas erfolgt bei Entity Framework Core auf zwei Wegen:

- mit Datenannotationen in den Entitätsklassen oder

- dem Fluent-API in der Methode OnModelCreating() in der Kontextklasse.

Es gelten dabei drei Grundregeln:

- Konfiguration per Datenannotationen oder Fluent-API wiegt schwerer als die Konventionen, d.h. Konfiguration setzt Konventionen für einzelne Fälle außer Kraft. Microsoft spricht bei Entity Framework Core von "Konvention vor Konfiguration". Damit ist jedoch gemeint, dass es Ziel ist, durch Konventionen die explizite Konfiguration soweit es geht überflüssig zu machen.

- Wenn es sich widersprechende Datenannotationen und Fluent-API-Aufrufe gibt, wiegt immer der Fluent-API-Aufruf schwerer.

- Man kann alle Konfigurationsmöglichkeiten per Fluent-API ausdrücken. Eine Teilmenge davon ist auch per Datenannotation möglich.

Die folgende Tabelle zeigt Beispiele für Datenannotationen auf Entitätsklassen.

Datenannotation	Bedeutung für das Datenbankschema
[Key]	Der Primärschlüssel der Klasse
[Required]	Pflichtfeld (Non-Nullable)
[Column(Name)]	Festlegung des Spaltennames
[StringLength(Zahl)]	Festlegung der Maximallänge der Zeichenkette
[ForeignKey(Name)]	Festlegung des zu einer Navigationseigenschaft gehörenden Fremdschlüssels

Tabelle: Beispiele für Datenannotationen auf Entitätsklassen

12.3 Persistente versus transiente Klassen

Als persistent bezeichnet man eine Klasse aus dem Objektmodell, deren Instanzen in der Datenbank gespeichert werden. Im Rahmen von Entity Framework Core bezeichnet man persistente Klasse auch als Entitätsklassen. Transiente Klasse haben hingegen nur flüchtige Instanzen, die rein im Hauptspeicher liegen.

Grundsätzlich ist erstmal jede .NET-Klasse transient. Entity Framework Core macht Klassen persistent, für die es

- ein DbSet<Entitätsklasse> in der Kontextklasse gibt oder

- die im Fluent-API per modelBuilder.Entity<Entitätsklasse>() bei Entity Framework Core angemeldet werden oder

- auf die eine andere persistente Klasse per Navigationseigenschaft verweist.

Die zweite Option zu verwenden, macht meist keinen Sinn, denn ohne DbSet<Entitätsklasse> oder eine Navigationseigenschaft steht die Klasse für den Datenzugriff per Entity Framework Core gar nicht zur Verfügung.

Abweichungen von der dritten Regel möchte ein Entwickler manchmal definieren, wenn eine persistente Klasse eine Beziehung zu einer transienten Klasse haben soll. In diesem Fall muss der Entwickler die in Beziehung stehende Klasse, die transient bleiben soll, mit [NotMapped] annotieren oder modelBuilder.Ignore<Klasse>() im Fluent-API verwenden.

[NotMapped] kann man auch auf Ebene von Attributen der Klasse einsetzen, wenn man einzelne Properties einer persistenten Klasse nicht in der Datenbank persistieren möchte, denn im Standard persistiert Entity Framework Core alle Properties einer Entitätsklasse, die einen Getter und Setter haben. Im Fluent-API verwendet man wieder die Ignore()-Methode, dieses Mal jedoch nach dem Aufruf der Methode Entity<T>(): modelBuilder.Entity<Entitätsklasse>().Ignore(x => x.Eigenschaft).

Ein Property einer Entitätsklasse muss insbesondere dann ignoriert werden, wenn das Property einen komplexeren .NET-Datentyp hat, den Entity Framework Core nicht abbilden kann. Dies gilt zum Beispiel für die Klasse System.Xml.XmlDocument. Entity Framework Core scheitert hier beim Generieren des Datenbankschemas mit dem Fehler "The key {'TempId'} contains properties in shadow state and is referenced by a relationship from 'XmlSchemaCompilationSettings' to 'XmlSchemaSet.CompilationSettings'. Configure a non-shadow principal key for this relationship." Grundsätzlich gibt es zwar einen XML-Datentyp in Microsoft SQL Server und anderen Datenbankmanagementsystemen, in Entity Framework Core ist aber eine Abbildung auf die .NET-Klasse System.Xml.XmlDocument bisher nicht realisiert.

12.4   Namen im Datenbankschema

Per Konvention vergibt Entity Framework Core:

- jeder Tabelle den Namen des Properties, der in der Kontextklasse für das DbSet<Entitätsklasse> verwendet wird

- bei Tabellen für Entitätsklassen, für die es kein DbSet<Entitätsklasse>, verwendet Entity Framework Core den Klassennamen als Tabellenname

- jeder Spalte den Namen des Properties in der Entitätsklasse.

Um dies zu ändern, gibt es die folgenden Möglichkeiten, wie sie in nachstehender Tabelle dargestellt werden.

	Datenannotation	**Fluent-API**
Tabellennam e	Vor einer Klasse: [Table("Tabellenname")] oder unter zusätzlicher Angabe des Schemanamens [Table("Tabellenname", Schema = "Schemaname")] Ohne die Schemanamensangabe landet die Tabelle	modelBuilder.Entity<Entitätsklasse>() .ToTable("Tabellenname"); bzw. modelBuilder.Entity<Entitätsklasse>().ToTable("Tabellenname", schema: "Schemaname");

	immer im Standardschema "dbo".	
Spaltenname	Vor einem Property: [Column("Spaltenname ")]	modelBuilder.Entity<Entitätsklasse>().Property(b => b.Property).HasColumnName("Spaltenname");

Tabelle: Ändern der per Konvention festgelegten Tabellen- und Spaltennamen im Datenbankschema

12.5   Reihenfolge der Spalten in einer Tabelle

Entity Framework Core sortiert die Spalten in einer Tabelle wie folgt:

- zuerst die Primärschlüsselspalten in alphabetischer Reihenfolge

- danach alle anderen Spalten in alphabetischer Reihenfolge

- später ergänzte Spalten werden nicht in die Reihenfolge einsortiert, sondern hinten ergänzt.

Anders als das klassische Entity Framework richtet sich Entity Framework Core nicht nach der Reihenfolge der Properties im Quellcode. Microsoft begründet dies in [*https://github.com/aspnet/EntityFramework/issues/2272*] mit "In EF6 we tried having column order match the order of properties in the class. The issue is that reflection can return a different order on different architectures."

Im klassischen Entity Framework war die Festlegung der Reihenfolge mit der Annotation [Column(Order = Zahl)] möglich. Allerdings wirkt dies lediglich beim ersten Anlegen der Tabelle, nicht bei später hinzugefügten Spalten, da das Einsortieren neuer Spalten zwischen bereits bestehende Spalten in vielen Datenbankmanagementsystemen einen Table Rebuild erfordert. "There isn't anyway to do this since SQL Server requires a table rebuild (rename existing table, create new table, copy data, delete old table) to re-order the columns" [*https://github.com/aspnet/EntityFramework/issues/2272*]. Microsoft hat daher in Entity Framework Core darauf verzichtet, die Order-Eigenschaft der Annotation [Column] zu berücksichtigen.

12.6   Spaltentypen/Datentypen

Den Datenbanktyp, der im Datenbankschema für einen .NET-Typ verwendet wird, wählt nicht Entity Framework Core, sondern der Datenbankprovider aus. So zeigt nächste Tabelle exemplarisch auf, was bei Microsoft SQL Server, SQLite und dem Oracle-Treiber von DevArt im Standard gewählt wird.

.NET-Datentyp	Spaltentyp in Microsoft SQL Server	Spaltentyp in SQLite	Spaltentyp in Oracle
Boolean	Bit	INTEGER	NUMBER(1, 0)
Byte	Tinyint	INTEGER	NUMBER(5, 0)
Short	Smalint	INTEGER	NUMBER(5, 0)
Int32	Int	INTEGER	NUMBER(10, 0)
Int64	Bitint	INTEGER	NUMBER(19, 0)

DateTime	DateTime2	TEXT	TIMESTAMP(7)
DateTimeOffset	datetimeoffset	TEXT	TIMESTAMP(7) WITH TIME ZONE
TimeSpan	time	TEXT	INTERVAL DAY(2) TO SECOND(6)
String	nvarchar(MAX)	TEXT	NCLOB
String begrenzter Länge	nvarchar(x)	TEXT	NVARCHAR2(x)
Guid	Uniqueidentifier	BLOB	RAW(16)
Float	Real	REAL	BINARY_FLOAT
Double	Float	REAL	BINARY_DOUBLE
Decimal	decimal(18,2)	TEXT	NUMBER
Byte[]	varbinary(MAX)	BLOB	BLOB
[Timestamp] Byte[]	Rowversion (alias Timestamp)	BLOB	BLOB
Andere Arraytypen wie short[], int[] und string[]	Mapping wird von Entity Framework Core bisher nicht unterstützt (Fehler: "The property 'xy' could not be mapped, because it is of type 'Int16[]' which is not a supported primitive type or a valid entity type. Either explicitly map this property, or ignore it using the '[NotMapped]' attribute or by using 'EntityTypeBuilder.Ignore' in 'OnModelCreating'.")		
Char	Mapping wird von Entity Framework Core bisher nicht unterstützt (Fehler: "The property 'xy' is of type 'char' which is not supported by current database provider. Either change the property CLR type or ignore the property using the '[NotMapped]' attribute or by using 'EntityTypeBuilder.Ignore' in 'OnModelCreating'.")	INTEGER	Mapping wird von Entity Framework Core bisher nicht unterstützt (Fehler: "The property 'xy' is of type 'char' which is not supported by current database provider. Either change the property CLR type or ignore the property using the '[NotMapped]' attribute or by using 'EntityTypeBuilder.Ignore' in 'OnModelCreating'.")
XmlDocument	Mapping wird von EF Core bisher nicht unterstützt (Fehler: "The entity type 'XmlSchemaCompilationSettings' requires a primary key to be defined.")		

Tabelle: Abbildung von .NET-Datentypen auf Spaltentypen

Wenn der Softwareentwickler mit dieser Datentypentsprechung nicht einverstanden ist, muss er die Datenannotation [Column] oder HasColumnType() im Fluent-API verwenden.

Beispiele:

```
Column(TypeName = "varchar(200)")]
modelBuilder.Entity<Entitätsklasse>()
.Property(x => x.Zielort).HasColumnType("varchar(200)")
```

> **ACHTUNG:** Die Klassen DbGeometry und DbGeography, die Entity Framework seit Version 5.0 unterstützt, können in Entity Framework Core noch nicht genutzt werden. Es gibt also bisher keine Abbildung für die SQL Server-Spaltentypen Geometry und Geography.

12.7   Pflichtfelder und optionale Felder

Die Konvention besagt, dass in der Datenbank nur solche Spalten als "nullable" angelegt werden, bei denen der .NET-Typ im Objektmodell auch ein null bzw. (oder nothing in Visual Basic .NET) vertragen kann, also string, byte[] und die expliziten Nullable Value Types, also Nullable<int>, int?, Nullable<DateTime>, DateTime? usw.

Mit der Annotation [Required] bzw. modelBuilder.Entity<Entitätsklasse>().Property(x => x.Eigenschaft).IsRequired() legt der Entwickler für ein Property, das eigentlich null bzw. nothing erlauben würde, fest, dass es in der Datenbank dennoch nicht nullable sein soll. Man kann nicht per Annotation oder Fluent-API eine nullable Spalte erzwingen, da es zu Laufzeitfehlern führt, wenn die Datenbank null-Werte in einer Spalte erlaubt, das korrespondierende Property diese jedoch nicht aufnehmen kann.

12.8   Feldlängen

Eine wesentliche Schwäche in dem erzeugten Datenbankschema im Kapitel "Forward Engineering" war, dass alle Zeichenketten-Spalten mit dem langen Datentyp nvarchar(max) erzeugt wurden. Lediglich bei einer Zeichenketten-Spalte, die Primärschlüssel ist, würde Entity Framework Core im Standard auf 450 Zeichen begrenzen.

Eine Längenbegrenzung definiert der Softwareentwickler mit Annotation [MaxLength(Zahl)] oder [StringLength(zahl)] oder modelBuilder.Entity<Entitätsklasse>().Property(x => x.Eigenschaft).HasMaxLength(Zahl).

12.9   Primärschlüssel

Per Konvention wird zum Primärschlüssel einer Tabelle ein Property mit Namen "ID" oder "Id" oder "KlassennameID" oder "KlassennameId". Die Groß- und Kleinschreibung von ID und Klassennamen ist dabei also nicht relevant. Wenn der Entwickler frevelhafterweise in einer Klasse mehrere von diesen Varianten verwendet (in C# sind alle vier möglich, in Visual Basic .NET wegen der fehlenden Unterscheidung zwischen Groß- und Kleinschreibung nur zwei), dann nimmt Entity Framework Core das erste passende Property in der Reihenfolge, wie es im Programmcode steht. Alle anderen dieser Konvention entsprechenden Properties werden zu normalen Spalten der Tabelle.

Wenn ein anderes Property Primärschlüssel werden soll, muss der Entwickler es mit [Key] annotieren oder im Fluent-API schreiben: modelBuilder.Entity<Entitätsklasse>().HasKey(x => x.Eigenschaft). Zusammengesetzte Primärschlüssel kann man – anders als im klassischen Entity Framework – in Entity Framework Core leider nicht mehr per Datenannotation festlegen, sondern nur   noch   per   Fluent-API: builder.Entity<Buchung>().HasKey(x => new { x.FlugNr, x.PassagierId }).

Für Primärschlüssel, die Ganzzahlen sind (byte, short, int, long), legt Entity Framework Core im Standard Identity-Spalten (alias Autowert-Spalten) im Datenbankschema an. In der

Dokumentation steht "By convention, primary keys that are of an integer or GUID data type will be setup to have values generated on add" [https://docs.microsoft.com/en-us/ef/core/modeling/generated-properties], wobei "Integer" als vermeintlicher Oberbegriff hier irreführend ist (weil der Satz auch für byte, short und long gilt!). Wer keine Autowert-Spalten will, schreibt die Annotation [DatabaseGenerated(DatabaseGeneratedOption.None)] vor das Property oder modelBuilder.Entity<Klasse>().Property(b => b.Eigenschaft).ValueGeneratedNever() in OnModelCreating().

12.10 Beziehungen und Fremdschlüssel

Entity Framework Core behandelt Properties, die auf eine oder mehrere Instanzen einer anderen Entitätsklasse verweisen, automatisch als Navigationseigenschaften. Hiermit kann der Entwickler also Beziehungen zwischen Entitäten (Master-Detail-Beziehungen wie 1:1 und 1:N) herstellen.

Für Mengen kann der Entwickler ICollection oder eine darauf aufbauende andere Schnittstelle (wie IList) wie auch eine ICollection<T> realisierende Klasse (wie List<T> oder HashSet<T>) verwenden. Entity Framework Core erzeugt im Datenbankschema in der Tabelle auf der N-Seite einer 1:N-Beziehung bzw. auf einer Seite einer 1:0/1-Beziehung automatisch eine Fremdschlüsselspalte, die den Namen der Navigationseigenschaft plus den Namen des Primärschlüssels der in Beziehung stehenden Entitätsklasse erhält. Für jede Fremdschlüsselspalte erzeugt Entity Framework Core auch automatisch einen Index in der Datenbank.

Für den Programmcode im nächsten Listing, das die neue Entitätsklasse in demFallbeispiel ergänzt) entsteht somit in der Tabelle Flug die Fremdschlüsselspalte FlugzeugtypTypNr (Typ kommt doppelt vor, weil es sowohl zum Klassennamen gehört als auch zum Namen des Primärschlüssels). Um Entity Framework Core dazu zu bewegen, einen anderen (einfacheren) Namen zu verwenden, nutzt der Entwickler die Annotation [ForeignKey("FlugzeugTypNr")] auf der Navigationseigenschaft. Im Fluent-API ist es etwas komplizierter, denn hier muss man die Kardinalität mit HasOne(), HasMany(), WithOne() und WithMany() erst einmal explizit formulieren, bevor man die Methode HasForeignKey() aufrufen kann, um den Namen der Fremdschlüsselspalte zu setzen.

```
builder.Entity<Flug>().HasOne(f =>
f.Flugzeugtyp).WithMany(t=>t.FlugSet).HasForeignKey("FlugzeugTypNr");
```

Der Entwickler hat dabei die Wahl, zu bestimmen, aus welcher Richtung er die Beziehung formulieren will. Daher ist die folgende Befehlszeile äquivalent zur vorherigen. Beide Befehle im Programmcode zu haben, ist kein Fehler, jedoch unnötig.

```
builder.Entity<Flugzeugtyp>().HasMany(t => t.FlugSet).WithOne(t =>
t.Flugzeugtyp).HasForeignKey("FlugzeugTypNr");
```

Diese Fremdschlüsselspalte kann auch explizit im Objektmodell durch eine Fremdschlüsseleigenschaft abgebildet sein (siehe public byte FlugzeugTypNr { get; set; }). Allerdings ist diese explizite Abbildung keine Pflicht.

Praxistipp: Vorteil der Darstellung der Fremdschlüsselspalte durch ein Property im Objektmodell ist, dass eine Herstellung von Beziehungen über den Fremdschlüssel möglich ist, ohne dass das komplette in Beziehung stehende Objekt geladen sein muss. Per Konvention behandelt Entity Framework Core ein Property automatisch als Fremdschlüsseleigenschaft, wenn es demjenigen Namen entspricht, den Entity Framework Core automatisch für die Fremdschlüsselspalte wählt.

12.11   Optionale Beziehungen und Pflichtbeziehungen

Das nächste Listing führt nun auch die Entitätstypen Flugzeugtyp und Flugzeugtypdetail ein. Ein Flugzeug hat genau einen Flugzeugtyp, ein Flugzeugtyp hat genau ein Flugzeugtypdetail.

Listing: Neue Entitätsklassen Flugzeugtyp und Flugzeugtypdetail mit den relevanten Aussschnittten aus den in Beziehung stehenden Klassen Flug und Pilot

```
public class Flugzeugtyp
{
 [Key]
 public byte TypID { get; set; }
 public string Hersteller { get; set; }
 public string Name { get; set; }
 // Navigationseigenschaft 1:N
 public List<Flug> FlugSet { get; set; }
 // Navigationseigenschaft 1:1
 public Flugzeugtypdetail Detail { get; set; }
}
/// <summary>
/// Flugzeugtypdetail ist ein abhängiges Objekt (1:1) von Flugzeugtyp
/// Flugzeugtypdetail verwendet den gleichen Primärschlüssel wie Flugzeugtyp
/// </summary>
public class Flugzeugtypdetail
{
 [Key]
 public byte TypID { get; set; }
 public byte? Turbinen { get; set; }
 public float? Laenge { get; set; }
 public short? LeergewichtInTonnen { get; set; }
 public string Memo { get; set; }
}
public partial class Flug
  {
   // --- Primärschlüssel
   [Key]
   public int FlugNr { get; set; }
   …
   [ForeignKey("FlugzeugTypNr")]
   public Flugzeugtyp Flugzeugtyp { get; set; } // Navigationseigenschaft
   public byte FlugzeugTypNr { get; set; } // Fremdschlüsseleigenschaft
   // Navigationseigenschaften
   [InverseProperty("FluegeAlsPilot")]
   public Pilot Pilot { get; set; }
   [InverseProperty("FluegeAlsCoPilot")]
   public Pilot Copilot { get; set; }
   public ICollection<Buchung> BuchungSet { get; set; }
   // Explizite Fremdschlüsseleigenschaften zu den Navigationseigenschaften
   public int PilotId { get; set; }
   public int? CopilotId { get; set; }
  }


public  partial class Pilot : Person
  {
```

...

```
// --- Navigationseigenschaften deklariert auf Schnittstellen mit expliziter
Mengentypinstanziierung
  public List<Flug> FluegeAlsPilot { get; set; } = new List<Flug>();
  // --- Navigationseigenschaften deklariert auf Mengentyp
  public List<Flug> FluegeAlsCopilot { get; set; }
}
```

Im Listing ist die Beziehung zwischen Flug und Flugzeugtyp eine Pflichtbeziehung, d.h. jedem Flug muss genau ein Flugzeugtyp zugeordnet werden, denn die Fremdschlüsseleigenschaft FlugzeugTypNr muss mit einem Wert belegt werden.

Um diese Beziehung optional zu gestalten, d.h. Flug-Objekte zuzulassen, die keinen zugeordneten Flugzeugtyp haben, muss das Property für die Fremdschlüsselspalte null bzw. nothing erlauben. In diesem Fall müsste dort also stehen: public byte? FlugzeugTypNr { get; set; }. Der Entwickler kann per Fluent-API auch dann eine Pflichtbeziehung mit IsRequired() im Fluent-API anlegen, wenn die Fremdschlüsselspalte null bzw. nothing erlaubt:

```
builder.Entity<Flug>()
.HasOne(f => f.Flugzeugtyp)
.WithMany(t => t.FlugSet)
.IsRequired()
.HasForeignKey("FlugzeugTypNr");
```

> **Hinweis:** Wenn es keine explizite Fremdschlüsseleigenschaft gibt, ist die Beziehung im Standard optional. Auch hier benötigt man dann den Aufruf der Methode IsRequired(), um eine Pflichtbeziehung zu erzwingen.

Abbildung: Beziehung zwischen Flug und Flugzeugtyp sowie Flugzeugtypdetail

12.12   Uni- und Bidirektionale Beziehungen

Beziehungen zwischen zwei Entitätsklassen können im Objektmodell bidirektional sein; d.h. es gibt Navigationseigenschaften in beide Richtungen, also sowohl von Flug zu Flugzeugtyp (über das Property Flugzeugtyp in Klasse Flug) als auch von Flugzeugtyp zu Flug (über das Property FlugSet in Klasse Flugzeugtyp). Alternativ sind auch unidirektionale Beziehungen erlaubt, die dadurch entstehen, dass der Softwareentwickler in einer der beiden Klassen die Navigationseigenschaft einfach weglässt (siehe Beziehung zwischen Flugzeugtypdetail und Flugzeugtypdetail, die uni-direktional ist). Im Listing im letzten Unterkapitel sieht man, dass Flugzeugtyp eine Navigationseigenschaft mit Namen "Detail" besitzt, die auf ein Flugzeugtypdetail-Objekt verweist. In der Implementierung von Flugzeugtypdetail findet man jedoch keine Navigationseigenschaft zu Flugzeugtyp. Bidirektionale Beziehungen sind aber meist sinnvoll für die komfortable Nutzung des Objektmodells, zumal sie keinen zusätzlichen Platz in der Datenbank und nur minimal mehr Platz im Hauptspeicher verbrauchen.

In bidirektionalen Beziehungen findet Entity Framework Core per Konventionen die beiden zueinander passenden Navigationseigenschaften und deren Kardinalitäten. Wenn also Flug eine Navigationseigenschaft vom Typ Flugzeugtyp und Flugzeugtyp eine Navigationseigenschaft vom Typ List<Flug> besitzt, dann nimmt Entity Framework Core hier automatisch eine 1:N-Beziehung an.

Dieser Automatismus auf Basis einer Konvention ist jedoch für die Beziehungen zwischen Flug und Pilot nicht möglich, denn hier gibt es zwei Navigationseigenschaften vom Typ Pilot (Pilot und Copilot) in der Klasse Flug und zwei Navigationseigenschaften vom Typ List<Flug> (FluegeAlsPilot und FluegeAlsCopilot) in der Klasse Pilot. An dieser Stelle muss der Softwareentwickler dem Entity Framework Core also sachdienliche Hinweise darüber geben, was zusammengehört. Dies erfolgt entweder über die Datenannotation [InverseProperty("FluegeAlsPilot")] bzw. [InverseProperty("FluegeAlsCoPilot")] oder das Fluent-API:

```
builder.Entity<Pilot>().HasMany(p => p.FluegeAlsCopilot)
.WithOne(p => p.Copilot).HasForeignKey(f => f.CopilotId);
builder.Entity<Pilot>().HasMany(p => p.FluegeAlsPilot)
.WithOne(p => p.Pilot).HasForeignKey(f => f.PilotId);
```

Im World Wide Wings-Beispiel ist die Beziehung zwischen Flug und Pilot über die Navigationseigenschaft Pilot eine Pflichtbeziehung; der Copilot ist aber optional. Den Copiloten abzuschaffen und im Notfall die Flugbegleiter das Flugzeug landen zu lassen (wie im Film "Turbulence" aus dem Jahr 1997), war übrigens ein realer Vorschlag von Michael O'Leary, dem Chef der irischen Fluggesellschaft Ryanair im Jahr 2010 (vgl. [http://www.spiegel.de/reise/aktuell/sparmassnahme-ryanair-pilot-will-chef-durch-flugbegleiter-ersetzen-a-717349.html]).

12.13   1:1-Beziehungen

Das letzte große Listing zeigte auch die 1:1-Beziehung zwischen Flugzeugtyp und Flugzeugtypdetail. Hier handelt es sich um eine Pflichtbeziehung, d.h. es muss zu jedem Flugzeugtyp-Objekt genau ein Flugzeugtypdetail-Objekt geben, weil die Beziehung zwischen den Klassen nicht über eine Fremdschlüsselspalte erzeugt wird. Flugzeugtyp und Flugzeugtypdetail haben vielmehr ein Primärschlüsselproperty, das von Namen und Typ her identisch ist. Die Beziehung entsteht also von Flugzeugtyp.TypNr zu Flugzeugtypdetail.TypNr.

Flugzeugtyp.TypNr entsteht als Autowert. Entity Framework Core ist intelligent genug, Flugzeugtypdetail.TypNr dann nicht auch als Autowert anzulegen, denn diese beiden Nummern müssen ja korrespondieren, damit die Beziehung funktioniert.

Wäre Flugzeugtyp.TypNr kein Autowert, würde Entity Framework Core aber Flugzeugtypdetail.TypNr als Autowert anlegen. Das führt zu Problemen: Flugzeugtyp.TypNr hat keinen Autowert, aber Entity Framework Core speichert dennoch nicht den Wert, den man im - Programmcode explizit zugewiesen hat. Entity Framework Core verwendet dann bei Flugzeugtyp.TypNr den Autowert, den Flugzeugtypdetail.TypNr vorgegeben hat. Nur wenn sowohl Flugzeugtyp.TypNr als auch Flugzeugtypdetail.TypNr als ValueGeneratedNever() konfiguriert werden, kann man die Werte wirklich frei setzen. Hier müsste der Softwareentwickler also nachhelfen und die Flugzeugtypdetail.TypNr ebenfalls als Nicht-Autowert konfigurieren:

```
builder.Entity<Flugzeugtypdetail>().Property(x => x.TypNr).ValueGeneratedNever().
```

Besäße die Entitätsklasse Flugzeugtypdetail einen von Name oder Typ her von Flugzeugtyp.TypNr abweichenden Primärschlüssel (z.B. "FlugzeugtypdetailID"), dann hätte Entity Framework Core diese Primärschlüsselspalte als Autowertspalte angelegt und in der Tabelle Flugzeugtyp eine Fremdschlüsselspalte dafür ergänzt (mit Name "DetailFlugzeugtypdetailID"). Diese Beziehung wäre dann eine 1:0/1-Beziehung, sodass es Flugzeugtyp-Objekte ohne Flugzeugtypdetail-Objekt geben dürfte. Dann wären die Werte allerdings nicht mehr so "sprechend", denn dann hätte z. B. Flugzeugtypobjekt 456 das Flugtypdetailobjekt 72 haben können.

Ein DbSet<Flugzeugtypdetail> muss es in diesem Fall in der Kontextklasse nicht geben. Außerdem ist die Beziehung zwischen Flugzeugtyp und Flugzeugtypdetail eine unidirektionale Beziehung, da es lediglich eine Navigationseigenschaft von Flugzeugtyp zu Flugzeugtypdetail, nicht aber von Flugzeugtypdetail zu Flugzeugtyp gibt. Aus der Sicht von Entity Framework Core ist das in Ordnung, und in diesem Fall passt es auch fachlich durchaus, dass Flugzeugtypdetail als ein rein von Flugzeugtyp abhängiges Objekt existiert.

12.14   Indexe festlegen

Entity Framework Core vergibt automatisch einen Index für alle Fremdschlüsselspalten. Darüber hinaus kann der Entwickler selbst mit der Methode HasIndex() (ggf. unter Zusatz von IsUnique() und ForSqlServerIsClustered()) im Fluent-API beliebige Indexe vergeben. Die Syntax ist einfacher als beim klassischen Entity Framework. Allerdings kann man in Entity Framework Core nicht wie im klassischen Entity Framework für eigene Indexe eine Datenannotation verwenden.

Beispiele:

```
// Index über eine Spalte
modelBuilder.Entity<Flug>().HasIndex(x => x.FreiePlaetze).
// Index über zwei Spalten
modelBuilder.Entity<Flug>().HasIndex(f => new { f.Abflugort, f.Zielort });
// Unique Index: Dann könnte es auf jeder Flugroute nur einen Flug geben...
modelBuilder.Entity<Flug>().HasIndex(f => new { f.Abflugort, f.Zielort
}).IsUnique();
// Unique Index und Clustered Index: es darf aber nur einen CI pro Tabelle geben
(normalerweise PK)
modelBuilder.Entity<Flug>().HasIndex(f => new { f.Abflugort, f.Zielort
}).IsUnique().ForSqlServerIsClustered();
```

Entity Framework Core benennt die Indexe in der Datenbank mit der Vorsilbe "IX_".

> Praxistipp: Mit HasName() kann man den Namen eines Index in der Datenbank beeinflussen,
> z.B.   modelBuilder.Entity<Flug>().HasIndex(x   =>
> x.FreiePlaetze).HasName("Index_FreiePlaetze");

In der folgenden Bildschirmabbildung stammen drei Indexe von Fremdschlüsselbeziehungen, und
einer basiert auf dem Primärschlüssel. Die übrigen beiden sind manuell angelegt.

Abbildung: Indexe im SQL Server Management Studio

12.15   Syntaxoptionen für das Fluent-API

Bei größeren Objektmodellen kann die Fluent API-Konfiguration in der Methode
OnModelCreating() in der Entity Framework Core-Kontextklasse sehr umfangreich werden. Entity
Framework Core bietet daher verschiedene Möglichkeiten, anstelle des sequentiellen Aufrufs den
Inhalt anders zu strukturieren.

12.15.1   Sequentielle Konfiguration

Ausgangspunkt für die folgenden Ausführungen soll folgende sequentielle Konfiguration der
Entitätsklasse Flug sein.

Listing: Fluent-API-Aufrufe für die Entitätsklasse Flug ohne Strukturierung

```
// ----------- Schlüssel
modelBuilder.Entity<Flug>().HasKey(f => f.FlugNr);
modelBuilder.Entity<Flug>().Property(b => b.FlugNr).ValueGeneratedNever();


// ----------- Längen und Null-Werte
modelBuilder.Entity<Flug>().Property(f => f.Memo).HasMaxLength(5000);
modelBuilder.Entity<Flug>().Property(f => f.Plaetze).IsRequired();


// ----------- Berechnete Spalte
modelBuilder.Entity<Flug>().Property(p => p.Auslastung)
        .HasComputedColumnSql("100.0-
(([FreiePlaetze]*1.0)/[Plaetze])*100.0");


// ----------- Standardwerte
modelBuilder.Entity<Flug>().Property(x => x.Preis).HasDefaultValue(123.45m);
modelBuilder.Entity<Flug>().Property(x =>
x.Abflugort).HasDefaultValue("(offen)");
modelBuilder.Entity<Flug>().Property(x =>
x.Zielort).HasDefaultValue("(offen)");
modelBuilder.Entity<Flug>().Property(x =>
x.Datum).HasDefaultValueSql("getdate()");


// ----------- Indexe
// Index über eine Spalte
modelBuilder.Entity<Flug>().HasIndex(x =>
x.FreiePlaetze).HasName("Index_FreiePlaetze");
// Index über zwei Spalten
modelBuilder.Entity<Flug>().HasIndex(f => new { f.Abflugort, f.Zielort });
```

12.15.2 Strukturierung durch Statement Lambdas

Bei dieser Strukturierungsform entfällt die stetige Wiederholung von modelBuilder.Entity<Flug>(), indem man bei der Methode Entity() einen Lambda-Ausdruck mit einer Befehlsfolge hereingibt.

Listing: Fluent-API-Aufrufe strukturiert durch Statement Lambdas

```
modelBuilder.Entity<Flug>(f =>
{
// ----------- Schlüssel
f.HasKey(x  => x.FlugNr);
f.Property(x  => x.FlugNr).ValueGeneratedNever();
// ----------- Längen und Null-Werte
f.Property(x  => x.Memo).HasMaxLength(5000);
f.Property(x  => x.Plaetze).IsRequired();
// ----------- Berechnete Spalte
f.Property(x  => x.Auslastung)
        .HasComputedColumnSql("100.0-
(([FreiePlaetze]*1.0)/[Plaetze])*100.0");


// ----------- Standardwerte
f.Property(x  => x.Preis).HasDefaultValue(123.45m);
f.Property(x  => x.Abflugort).HasDefaultValue("(offen)");
f.Property(x  => x.Zielort).HasDefaultValue("(offen)");
```

```
f.Property(x  => x.Datum).HasDefaultValueSql("getdate()");


// ----------- Indexe
// Index über eine Spalte
f.HasIndex(x  => x.FreiePlaetze).HasName("Index_FreiePlaetze");
// Index über zwei Spalten
f.HasIndex(x  => new { x.Abflugort, x.Zielort });
});
```

12.15.3 Strukturierung durch Unterroutinen

Bei dieser Strukturierungsform lagert man die Konfiguration für eine Entitätsklasse in eine
Unterroutine aus.

Listing: Fluent-API-Aufrufe strukturiert durch Unterroutine

```
modelBuilder.Entity<Flug>(ConfigureFlug);


  private static void
ConfigureFlug(Microsoft.EntityFrameworkCore.Metadata.Builders.EntityTypeBuilder<F
lug> f)
  {
  // ----------- Schlüssel
  f.HasKey(x => x.FlugNr);
  f.Property(x => x.FlugNr).ValueGeneratedNever();
  // ----------- Längen und Null-Werte
  f.Property(x => x.Memo).HasMaxLength(5000);
  f.Property(x => x.Plaetze).IsRequired();
  // ----------- Berechnete Spalte
  f.Property(x => x.Auslastung)
               .HasComputedColumnSql("100.0-
(([FreiePlaetze]*1.0)/[Plaetze])*100.0");


  // ----------- Standardwerte
  f.Property(x => x.Preis).HasDefaultValue(123.45m);
  f.Property(x => x.Abflugort).HasDefaultValue("(offen)");
  f.Property(x => x.Zielort).HasDefaultValue("(offen)");
  f.Property(x => x.Datum).HasDefaultValueSql("getdate()");


  // ----------- Indexe
  // Index über eine Spalte
  f.HasIndex(x => x.FreiePlaetze).HasName("Index_FreiePlaetze");
  // Index über zwei Spalten
  f.HasIndex(x => new { x.Abflugort, x.Zielort });
  }
```

12.15.4 Strukturierung durch Konfigurationsklassen

Mit Entity Framework Core 2.0 hat Microsoft eine weitere Strukturierungsmöglichkeit eingeführt:
In Anlehnung an die Auslagerung der Konfiguration in von EntityTypeConfiguration<T>
erbenden Klassen, die es im klassischen Entity Framework gibt, bietet Entity Framework Core nun

die Schnittstelle IEntityTypeConfiguration<Entitätstyp>, mit der man eine getrennte Konfigurationsklasse für einen Entitätstyp implementieren kann.

Listing: Fluent-API-Aufrufe strukturiert durch IEntityTypeConfiguration

```
using GO;
using Microsoft.EntityFrameworkCore;
using Microsoft.EntityFrameworkCore.Metadata.Builders;

namespace DZ
{
  /// <summary>
  /// Konfigurationsklasse für Entitätsklasse Flug
  /// Möglich ab EFC 2.0
  /// </summary>
  class FlugETC : IEntityTypeConfiguration<Flug>
  {
   public void Configure(EntityTypeBuilder<Flug> f)
   {
    // ---------- Schlüssel
    f.HasKey(x => x.FlugNr);
    f.Property(x => x.FlugNr).ValueGeneratedNever();
    // ---------- Längen und Null-Werte
    f.Property(x => x.Memo).HasMaxLength(5000);
    f.Property(x => x.Plaetze).IsRequired();
    // ---------- Berechnete Spalte
    f.Property(x => x.Auslastung)
              .HasComputedColumnSql("100.0-
(([FreiePlaetze]*1.0)/[Plaetze])*100.0");
    // ---------- Standardwerte
    f.Property(x => x.Preis).HasDefaultValue(123.45m);
    f.Property(x => x.Abflugort).HasDefaultValue("(offen)");
    f.Property(x => x.Zielort).HasDefaultValue("(offen)");
    f.Property(x => x.Datum).HasDefaultValueSql("getdate()");
    // ---------- Indexe
    // Index über eine Spalte
    f.HasIndex(x => x.FreiePlaetze).HasName("Index_FreiePlaetze");
    // Index über zwei Spalten
    f.HasIndex(x => new { x.Abflugort, x.Zielort });
   }
  }
}
```

Diese Konfigurationsklasse wird dann mit modelBuilder.ApplyConfiguration<Entitätstyp>(Konfigurationsobjekt) in OnModelCreating() eingebunden:

```
modelBuilder.ApplyConfiguration<Flug>(new FlugETC());
```

12.16   Massenkonfiguration mit dem Fluent-API

Eine weitere Option im Fluent-API ist, nicht einzelne Entitätsklassen zu konfigurieren, sondern mehrere auf einmal. Das Unterobjekt "Model" des übergebenen ModelBuilder-Objekts liefert über GetEntityTypes() eine Liste aller Entitätsklassen in Form von Objekten mit der Schnittstelle

IMutableEntityType. Diese Schnittstelle bietet wiederum Zugang zu allen Konfigurationsoptionen für eine Entitätsklasse. Das Beispiel im folgenden Listing zeigt, wie man

- die Konventionen aushebelt, dass alle Tabellennamen heißen wie die DbSet<Entitätsklasse>-Eigenschaft in der Kontextklasse. Mit entity.Relational().TableName = entity.DisplayName() erhalten wieder alle Tabellen den Namen der Entitätsklasse selbst. Ausgenommen davon werden nur die Klassen, die eine [Table]-Annotation besitzen, sodass der Entwickler die Möglichkeit hat, individuelle Abweichungen von der Regel festzulegen.

- erreicht, dass Properties, die auf die Buchstaben "Nr" enden, automatisch zum Primärschlüssel werden und es für diese Primärschlüssel keine Autowerte gibt.

Listing: Massenkonfiguration im Fluent-API

```
protected override void OnModelCreating(ModelBuilder builder)
{
  ...
  // Konfiguration über Model-Klasse
  foreach (IMutableEntityType entity in builder.Model.GetEntityTypes())
  {
    // Alle Tabellennanmen=Klassennamen (wie bei EF 6.x),
    // außer den Klassen, die [Table]-Annotation besitzen
    var annotation = entity.ClrType.GetCustomAttribute<TableAttribute>();
    if (annotation == null)
    {
      entity.Relational().TableName = entity.DisplayName();
    }
    // Spalten, die auf Nr enden, werden Primärschlüssel ohne Autowerte
    var propNr = entity.GetProperties().FirstOrDefault(x => x.Name.EndsWith("Nr"));
    if (propNr != null)
    {
      entity.SetPrimaryKey(propNr);
      propNr.ValueGenerated = ValueGenerated.Never;
    }
  }
}
```

13 Datenbankschemamigrationen

Entity Framework Core enthält Werkzeuge, um aus einem Objektmodell die Datenbank zur Entwicklungszeit oder Laufzeit der Anwendung zu anzulegen oder auch das Schema einer bestehenden Datenbank ändern (in einfachen Fällen ohne Datenverlust).

Im Standard geht Entity Framework Core beim Start davon aus, dass die anzusprechende Datenbank vorhanden ist und in der korrekten Schemaversion vorliegt. Es erfolgt keinerlei Prüfung, ob dies wirklich so ist. Wenn zum Beispiel eine Tabelle oder Spalte fehlt bzw. eine Beziehung nicht wie vorgesehen vorhanden ist, kommt es in dem Moment zum Laufzeitfehler (z.B. "Invalid object name 'Flugzeugtyp'"), in dem ein Zugriff darauf erfolgt.

13.1 Anlegen der Datenbank zur Laufzeit

Der Entwickler kann zu Programmstart die Methode EnsureCreated() im Unterobjekt Database der Kontextklasse aufrufen (siehe nächstes Listing); sie legt die komplette Datenbank im Sinne des Forward Engineering an, wenn Sie nicht vorhanden ist, und erzeugt die Tabellen mit zugehörigen Schlüsseln und Indexen.

Sofern die Datenbank jedoch bereits vorhanden ist, ist dies aus der Sicht von EnsureCreated() kein Fehler. Allerdings prüft die Methode EnsureCreated() dann nicht, ob das Datenbankschema korrekt ist, d.h. mit dem aktuellen Objektmodell korrespondiert. Vielmehr prüft EnsureCreated() mit dem Befehl

```
IF EXISTS (SELECT * FROM INFORMATION_SCHEMA.TABLES WHERE TABLE_TYPE = 'BASE
TABLE') SELECT 1 ELSE SELECT 0
```

lediglich, ob es überhaupt irgendeine Tabelle in der Datenbank gibt. Wenn es keine Tabelle gibt, werden alle Tabellen angelegt. Sobald es jedoch schon irgendeine Tabelle in der Datenbank gibt, passiert nichts und das Programm fällt zur Laufzeit auf die Nase. Mehr "Intelligenz" bekommt der Softwareentwickler mit Schemamigrationen.

Listing: Nutzung von EnsureCreated

```
using DZ;
using ITVisions;
using Microsoft.EntityFrameworkCore;
using System;

namespace EFC_Konsole.Migrations
{
 class CreateDatabaseAtRuntime
 {
  public static void DBZurLaufzeitErzeugen()
  {
   CUI.MainHeadline("---------- Datenbank erstellen");
   using (var ctx = new WWWingsContext())
   {
    // GetDbConnection() requires using Microsoft.EntityFrameworkCore !
    CUI.Print("Datenbank: " + ctx.Database.GetDbConnection().ConnectionString);
    var e = ctx.Database.EnsureCreated();
    if (e)
    {
     CUI.Print("Datenbank wurde neu erzeugt!");
    }
    else
```

```
     {
       CUI.Print("Datenbank war vorhanden!");
     }
   }
 }
}
}
```

13.2   Schemamigrationen zur Entwicklungszeit

Im klassischen Entity Framework in Version 4.3 führte Microsoft die Schemamigrationen ein. Diese Schemamigrationen gibt es nun – in veränderter Form – auch in Entity Framework Core.

Schemamigrationen ermöglichen:

- das Datenbankenschema unter Beibehaltung der bereits vorhandenen Daten nachträglich zu ändern

- Änderungen bei Bedarf auch wieder rückgängig zu machen

- die Migration wahlweise zur Entwicklungszeit oder beim Start der Anwendung auszuführen.

13.3   Befehle für die Schemamigrationen

Wie im klassischen Entity Framework steht für die Migrationen keine grafische Benutzeroberfläche bereit. Vielmehr führt der Softwareentwickler alle Aktionen per Kommandozeilenbefehl aus - entweder via PowerShell-Commandlet innerhalb der Package Manager-Konsole von Visual Studio oder über das externe Kommandozeilenwerkzeug dotnet.exe (bzw. dotnet auf anderen Betriebssystemen).

Zur Nutzung dieser Befehle ist ein Nuget-Paket zu installieren:

```
Install-Package Microsoft.EntityFrameworkCore.Tools
```

Leider bringt dieses Paket eine Vielzahl neuer Assembly-Referenzen in das Projekt, die später zur Laufzeit überhaupt nicht mehr gebraucht werden. Da die Nuget-Pakete jedoch nur in dem Startprojekt der Anwendung und nicht in anderen Projekten gebraucht werden, bietet sich eine einfache Lösung an, um das eigentliche Startprojekt nicht aufzublähen:

- Man legt ein neues Konsolenanwendungsprojekt an, z.B. mit Namen "Werkzeuge".

- Man installiert dort das Entity Framework Core-Tools-Paket (Microsoft.EntityFrameworkCore.Tools).

- Man referenziert von dem "Werkzeuge"-Projekt dasjenige Projekt, in dem sich die Kontextklasse befindet.

- Man macht dieses "Werkzeuge"-Projekt zum Startprojekt.

- Man führt hier nun die benötigen Migrationsbefehle aus.

- Danach kann man das Startprojekt wieder ändern.

Auf die Änderung des Startprojekts kann der Softwareentwickler außerdem noch verzichten, wenn er bei den Commandlets per Parameter -StartupProject angibt, was das "Startprojekt" sein soll.

> **Hinweis:** Das "Werkzeug"-Projekt muss später nicht an die Nutzer ausgeliefert werden.

Die Vorgehensweise zum Anlegen und Nutzen von Schemamigrationen hat Microsoft in Entity Framework Core gegenüber dem klassischen Entity Framework in einigen Details geändert. Den Befehl Enable-Migrations muss der Softwareentwickler zu Beginn nicht mehr ausführen, er kann direkt mit Add-Migration loslegen. Das Commandlet Enable-Migrations gibt es zwar noch, es liefert aber nur die Meldung "Enable-Migrations is obsolete. Use Add-Migration to start using Migrations." Automatische Migrationen – ohne Aufruf von Add-Migration – gibt es in Entity Framework Core gar nicht mehr. Die Aktualisierung der Datenbank erfolgt wie bisher mit Update-Database. Wer lieber ein SQL-Skript zur eigenen Ausführung will, erhält dies nun mit Script-Migration statt wie bisher mit Update-Database -script (siehe nachstehende Abbildung).

© Dr. Holger Schwichtenberg, www.IT-Visions.de, 2016

Abbildung: Ablauf der Schemamigration bei Entity Framework Core

13.4   ef.exe

Die PowerShell-Commandlets verwenden intern ein klassisches Kommandozeilenwerkzeug mit Namen ef.exe (Entity Framework Core Command Line Tools), das sich im Nuget-Paket "Microsoft.EntityFrameworkCore.Tools" im Ordner "Tools" befindet.

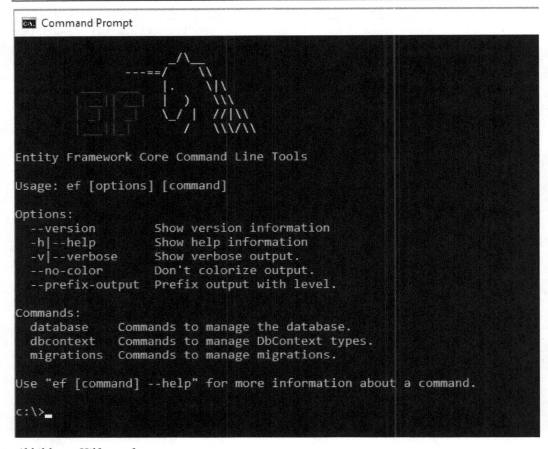

Abbildung: Hilfe zu ef.exe

13.5   Add-Migration

Bei Entity Framework Core startet der Entwickler eine Schemamigration (auch die allererste) in
Visual Studio mit dem PowerShell-Commandlet Add-Migration, wobei er darauf achten muss,
dass in der Nuget Package Manager-Konsole (PMC)

- des aktuellen Startprojekts die Entity Framework Core-Tools installiert sind (s.o.) und

- als "Default Projekt" das Projekt gewählt ist, in dem sich die Kontextklasse befindet, und

- sich alle Projekte in der Projektmappe übersetzen lassen.

Die Groß- und Kleinschreibung des Befehls ist wie bei allen PowerShell-Commandlets nicht
relevant. Man sollte in jedem Projekt nur eine Kontextklasse haben. Die Entity Framework Core-
Werkzeuge wissen sonst nicht, welche Kontextklasse gemeint ist ("More than one DbContext was
found. Specify which one to use. Use the '-Context' parameter for PowerShell commands and the
'--context' parameter for dotnet commands."), und man muss dies immer lösen, indem man bei
jedem Befehl den Zusatzparameter -Context angibt.

Wie bei beim klassischen Entity Framework ist bei Add-Migration ein frei wählbarer Name
anzugeben, z.B. Add-Migration v1. Durch die Ausführung dieses Befehls in der Package Manager-

Konsole entsteht in dem Projekt der Kontextklasse ein Ordner "Migrations" mit drei Dateien und zwei Klassen (siehe nächste Abbildung):

- eine Klasse, die so heißt wie der bei Add-Migration angegebene Name. Diese Klasse erstreckt sich über zwei Dateien, eine davon mit dem Zusatz .designer. Diese Dateien tragen zusätzlich den Zeitstempel im Namen, wobei dieser den Zeitpunkt aufweist, an dem die Migration angelegt wurde. Diese Klasse erbt von Microsoft.EntityFrameworkCore.Migrations.Migration. Sie wird im Folgenden als Migrationsklasse bezeichnet.

- Eine Klasse, die den Namen der Kontextklasse mit dem Zusatz "ModelSnapshot" übernimmt und von Microsoft.EntityFrameworkCore.Infrastructure.ModelSnapshot erbt. Diese Klasse wird im Folgenden als Snapshot-Klasse bezeichnet.

Die Migrationsklasse umfasst drei Methoden: Die Methode Up() überführt das Datenbankschema in den neuen Zustand (falls es noch keine vorherige Migration gibt, entsteht der Programmcode, der die Datenbank in ihrem Grundzustand anlegt), und die Methode Down() macht die Änderung wieder rückgängig. Die Methode BuildTargetModel() gibt den Zustand des Objektmodells zum Zeitpunkt des Anlegens der Migration wieder. BuildTargetModel() verwendet dafür eine von Entity Framework Core übergebene Instanz von ModelBuilder – genau wie die Methode OnModelCreating() in der Kontextklasse.

Im klassischen Entity Framework hatte Microsoft den aktuellen Zustand des Objektmodells in einer XML-Ressourcendatei (.resx) mit binärer Repräsentation des aktuellen Zustandes in einem eingebetteten BLOB gespeichert. Solch eine binäre Repräsentation war jedoch nicht für Vergleiche in Versionsverwaltungssystemen geeignet und führte daher zu Herausforderungen, wenn mehrere Entwickler Schemamigrationen angelegt haben. Mit Entity Framework Core kann es in Teamumgebungen zwar immer auch noch zu Konflikten kommen, diese lassen sich nun aber über das Versionsverwaltungssystem einfacher lösen, da das Versionsverwaltungssystem hilft, die komplett in C# (oder Visual Basic .NET) gehaltenen Klassen für den Snapshot und die Migrationsschritte abzugleichen.

Abbildung: Nach der Ausführung von Add-Migration

Die Snapshot-Klasse enthält eine Methode BuildModel(), die bei der ersten Migration den gleichen Programmcode enthält wie BuildTargetModel(). Die Snapshot-Klasse gibt immer den letzten Zustand des Objektmodells wieder, während BuildTargetModel() sich auf den Zeitpunkt des Anlegens der Migration bezieht. Beiden Methoden ist gemein, dass sie das komplette Objektmodell in Fluent-API-Syntax ausdrücken, also nicht nur den Inhalt von OnModelCreating() wiedergeben, sondern auch die Konventionen und die Datenannotationen per Fluent-API formulieren. Spätestens hier erkennt man, dass das Fluent-API alle Konfigurationsmöglichkeiten von Entity Framework Core bietet (vgl. [*http://www.n-tv.de/mediathek/videos/wirtschaft/Ryanair-will-Co-Piloten-abschaffen-article1428656.html*]).

Der Entwickler kann die Up()- und Down()-Methoden selbst erweitern und hier eigene Schritte ausführen. Zur Verfügung stehen stehen dabei neben CreateTable(), DropTable(), AddColumn() und DropColumn() weitere Operationen wie CreateIndex(), AddPrimaryKey(), AddForeignKey(), DropTable(), DropIndex(), DropPrimaryKey(), DropForeignKey(), RenameColumn(), RenameTable(), MoveTable() und Sql(). Mit der letzteren Operation kann der Entwickler einen beliebigen SQL-Befehl ausführen, z. B. um Werte zu aktualisieren oder Datensätze zu erzeugen. Eine Seed()-Methode zum Befüllen der Datenbanktabellen wie im klassischen Entity Framework gibt es in Entity Framework Core bislang nicht.

Abbildung: Inhalt von BuildModel() versus BuildTargetModel() bei der ersten Migration

Add-Migration legt keine Datenbank an und nimmt auch keinen Kontakt zur Datenbank auf. Add-Migration entscheidet allein anhand der aktuellen Snapshot-Klasse, was zu tun ist. Somit kann der Softwareentwickler in Entity Framework Core mehrere Migrationen nacheinander anlegen, ohne zwischendurch die Datenbank tatsächlich aktualisieren zu müssen.

Im klassischen Entity Framework war dies anders: Hier hat Add-Migration immer zuerst in der Datenbank nachgeschaut, ob diese auf dem aktuellen Stand war. War sie es nicht, kam der Fehler: "Unable to generate an explicit migration because the following explicit migrations are pending". Das bedeutete leider: Man konnte nicht mehrere Schemamigrationen nacheinander anlegen, ohne die eigene Datenbank zwischendurch zu aktualisieren, obwohl es ratsam ist, Schemamigrationen in kleinen Schritten anzulegen und man dabei nicht immer wieder zwangsweise die Datenbank aktualisieren will.

> **ACHTUNG:** Die Fehlermeldung "No DbContext was found in assembly. Ensure that you're using the correct assembly and that the type is neither abstract nor generic." kann nicht nur bedeuten, dass Sie die falsche Assembly gewählt haben für die Ausführung von Add-Migration, sondern auch, dass es eine (kleine) Inkonsistenz bei den Versionsnummern gibt. Wenn z.B. die Kontextklasse Entity Framework Core 2.0 verwendet wird, aber im EFC_Tools-Projekt die Version 2.0.1 der Werkzeuge installiert ist, kommt es leider zu dieser irreführenden Fehlermeldung.

Das nächste Listing zeigt die Migration "v2", die angelegt wurde nach "v1", und nachdem der Entwickler das in der Klasse Persondetail vergessene Property "Plz" ergänzt hat. Up() ergänzt die Spalte mit AddColumn(), und Down() löscht sie wieder mit DropColumn().

Listing: Die Migration "v2" ergänzt die Spalte "Plz" in der Tabelle "Persondetail".

```
using Microsoft.EntityFrameworkCore.Migrations;
namespace DZ.Migrations
{
    public partial class v2 : Migration
    {
        protected override void Up(MigrationBuilder migrationBuilder)
```

```
        {
            migrationBuilder.AddColumn<string>(
                name: "Plz",
                table: "Persondetail",
                maxLength: 8,
                nullable: true);
        }
        protected override void Down(MigrationBuilder migrationBuilder)
        {
            migrationBuilder.DropColumn(
                name: "Plz",
                table: "Persondetail");
        }
    }
}
```

13.6   Update-Database

Das Commandlet Update-Database bringt dann die Datenbank zum gewünschten Zeitpunkt in den Zustand, den die Migrationsschritte beschreiben. Dabei ist es wichtig, dass nun, in der OnConfiguring()-Methode der Kontextklasse, die korrekte Verbindungszeichenfolge zu der gewünschten Datenbank an den Entity Framework Core-Treiber per UseSqlServer(Verbindungszeichenfolge) übergeben wird. Denn Update-Database wird die Kontextklasse instanziieren und OnConfiguring() sie ausführen. Update-Database legt die in der Verbindungszeichenfolge festelegte Datenbank an (wenn sie noch nicht existiert) und alle Tabellen gemäß den Vorgaben der Up()-Methoden aller noch nicht ausgeführten Schemamigrationen durch. In der nächsten Abbildung sieht man, dass direkt zwei Schemamigrationen (v1 und v2) zur Ausführung kommen.

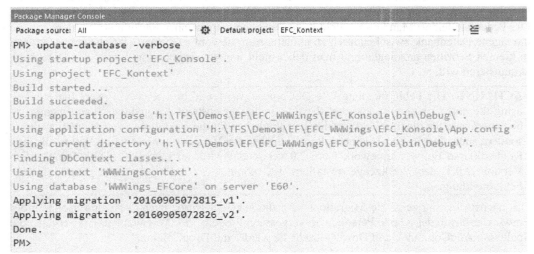

Abbildung: Ausführung von Update-Database: Mit dem Zusatz -verbose sieht man einige Details.

Update-Database legt in der Datenbank außerdem eine zusätzliche Tabelle __EFMigrationsHistory mit den Spalten MigrationId und ProductVersion an. MigrationId entspricht dabei dem Dateinamen der Migrationsklasse ohne die Dateinamenserweiterung (z.B. 20160905072815_v1), und ProductVersion ist die Versionsnummer von Entity Framework Core (z.B. 2.0.1-rtm-125). Im klassischen Entity Framework hieß die Tabelle __MigrationHistory und enthielt ebenfalls ein BLOB des Objektmodellzustandes.

	MigrationId	ProductVersion
1	20171219200937_v1	2.0.1-rtm-125
2	20171222091949_v2	2.0.1-rtm-125

Abbildung: Inhalte der Tabelle __EFMigrationsHistory nach der Ausführung von zwei Migrationen

Wenn die Datenbank bereits vorhanden ist, schaut Entity Framework Core nach, ob es die Tabelle __EFMigrationsHistory ebenfalls schon gibt. Wenn es die Tabelle gibt und dort alle Migrationsschritte verzeichnet sind, passiert nichts. Die wiederholte Ausführung bei Update-Database ist kein Fehler (die Ausführung ist idempotent). Entity Framework Core prüft also nicht, ob das tatsächliche Datenbankschema passt. Wenn also jemand eine Tabelle gelöscht hat (via SQL Management Studio o.ä.), fällt das Problem erst auf, wenn das Programm läuft und auf die Tabelle zugreifen will.

Wenn die Tabelle __EFMigrationsHistory nicht existiert, legt Entity Framework Core diese an, geht dann aber gleichzeitig auch davon aus, dass das Datenbankschema noch nicht vorhanden ist, und führt alle Migrationsschritte aus. Wenn es Tabellen mit den besagten Namen allerdings schon gibt, scheitert Update-Database (z.B. "There is already an object named 'xy' in the database."). Wenn jemand also die Tabelle __EFMigrationsHistory löscht, weil er sie für überflüssig hält, dann zerstört er damit die Möglichkeit, weitere Schemamigrationen einzuspielen.

13.7 Script-Migration

Mit Script-Migration entsteht ein SQL-Data Definition Language (DDL)-Skript mit den Migrationsaktionen. Script-Migration schaut nicht in der Datenbank nach und weiß daher nicht, auf welchem Stand dieses ist. Das Commandlet erstellt im Standard ohne weitere Angabe von Parametern immer ein SQL-Skript für alle Migrationsschritte seit dem allerersten. Wer nur einzelne Migrationsschritte als SQL-Skript will, muss dies mit -from und -to angeben, z.B.

```
Script-Migration -from 20160905085855_v2 -to 20160905090511_v3
```

Dabei sind zwei "Nickeligkeiten" in dieses Commandlet eingebaut:

- Es sind nicht die selbst vergebenen Namen (z.B. v2) anzugeben, sondern die kompletten Namen inklusive des von Entity Framework Core vergebenen Zeitstempels. Die Angabe "0" ist bei -from ein feststehender Ausdruck für den Ausgangszustand.

- Der bei -from angegebene Migrationsschritt wird ebenfalls ausgeführt. Der obige Befehl erstellt also kein SQL-Skript mit den Unterschieden zwischen v2 und v3, sondern ein SQL-Skript mit den Unterschieden zwischen v1 und v3.

13.8 Weitere Migrationsschritte

Auch nach dem Einspielen von einem oder mehreren Migrationsschritten kann der Softwareentwickler jederzeit weitere Migrationsschritte anlegen. Update-Database stellt fest, wenn ein Migrationsschritt noch nicht eingespielt ist, und führt diesen Migrationsschritt dann aus.

13.9   Migrationsszenarien

Es stellt sich die Frage, für welche Arten von Schemaänderungen Entity Framework Core automatisch passende Schemamigrationen erzeugen kann. Unkritisch sind Schemaänderungen, die Tabellen oder Spalten ergänzen. Hierbei werden Spalten immer am Ende der Tabelle ergänzt, unabhängig von der sonst angewendeten alphabetischen Reihenfolge (da sonst die ganze Tabelle gelöscht und neu angelegt werden müsste - hierzu wäre es allerdings notwendig, dass die Daten vorher in eine temporäre Tabelle gesichert werden).

Beim Anlegen von Migrationsschritten, die Tabellen oder Spalten löschen, warnt Add-Migration mit "An operation was scaffolded that may result in the loss of data. Please review the migration for accuracy."

Nicht immer möchte man nur Tabellen und Spalten hinzufügen. Beim Umbenennen einer Tabelle oder Spalte etwa muss der Softwareentwickler bereits manuell eingreifen. Hier erzeugt Add-Migration dann einen Programmcode, der die alte Tabelle bzw. Spalte löscht und eine neue Tabelle bzw. Spalte erzeugt, da es kein Merkmal einer .NET-Klasse oder eines Properties gibt, das beim Umbenennen bewahrt bleibt. Die Daten gingen bei dieser Migration also verloren. Der Entwickler muss hier, in der Migrationsklasse, also durch eigenes Zutun aus einem DropTable() und CreateTable() ein RenameTable() bzw. aus DropColumn() und CreateColumn() ein RenameColumn() machen.

> **Hinweis:** Seit Entity Framework Core Version 2.0 fasst Entity Framework eine das Löschen eines Property und das Hinzufügen eines Property bei gleichbleibenden Datentyp und gleichbleibender Länge als Umbenennung auf und erzeugt also im Mirgationsschritt ein RenameColumn(). Das kann richtig sein, es kann aber tatsächlich sich auch um das Löschen einer Spalte und das Anlegen einer neuen Spalte handeln. Auch hier muss der Entwickler sorgfältig die erzeugten Migrationsklassen prüfen.

Beim Ändern eines Datentyps, zum Beispiel der Reduzierung einer nvarchar-Spalte von acht auf fünf Zeichen, bricht die Migration bei Update-Database ab, wenn es längere Zeichenketten in der Datenbank gibt (Fehlermeldung: "String or binary data would be truncated."). In diesem Fall muss der Entwickler zuvor die Daten selbst zurechtstutzen, z.B. beim Verkürzen der Spalte Plz von acht auf fünf Zeichen durch das Vorschalten der Anweisung

```
migrationBuilder.Sql("update Persondetail set Plz = left(plz, 5)")
```
in der Up()-Methode vor der Anweisung

```
migrationBuilder.AlterColumn<string>(name: "Plz", table: "Persondetail",
maxLength: 5, nullable: true).
```

Schwierig sind Schemamigrationen, die Kardinalitäten ändern, zum Beispiel: Der Softwareentwickler muss aus der 1:0/1-Beziehung zwischen Passagier und Persondetail plötzlich eine 1:N-Beziehung machen, weil die Anforderung sich dahingehend geändert hat, dass jeder Passagier nun mehrere Adressen haben kann. Bei dieser Kardinalitätsänderung kann Entity Framework Core keinen konsistenten Datenzustand mehr erhalten. Während es vorher in der Tabelle Passagier eine Spalte DetailID gab, die auf einen Datensatz in der Tabelle Persondetail verwies, muss es nach dem Schemaumbau in Persondetail eine Spalte PersonID geben, die auf einen Passagiere verweist. Entity Framework Core löscht zwar die eine Spalte und legt die andere neue an, aber es füllt die neue Spalte nicht mit passenden Werten. Hier muss der Entwickler in der Migrationsklasse unter Verwendung der Methode Sql() die Werte manuell umkopieren.

Die Entity Framework Core-Werkzeuge erzeugen zum allgemeinen Verdruss leider ebenfalls Migrationscode, der erst die Spalte DetailID löscht und dann die PersonID in der Tabelle Persondetails neu anlegt. Hier kann ein Erhalt der Daten natürlich nicht klappen. Das nächste

Listing zeigt die korrekte Lösung mit geänderter Reihenfolge und unter Einsatz der Methode Sql() zum Umkopieren der Schlüssel.

Listing: Up()-Methode der Migrationsklasse für eine Kardinalitätsänderung von 1:0/1 zu 1:N

```
namespace DZ.Migrations
{
 public partial class v4 : Migration
  {
  protected override void Up(MigrationBuilder migrationBuilder)
   {
   // Erst neue Spalte auf der N-Seite anlegen
     migrationBuilder.AddColumn<int>(
        name: "PassagierPersonID",
        table: "Persondetail",
        nullable: true);
   // Nun die Werte von der 1-Seite umkopieren
   migrationBuilder.Sql("update Persondetail set PassagierPersonID =
Passagier.PersonID FROM Passagier INNER JOIN Persondetail ON Passagier.DetailID =
Persondetail.ID");
   // Dann erst die Spalte auf der 1-Seite löschen
   migrationBuilder.DropForeignKey(
        name: "FK_Passagier_Persondetail_DetailID",
        table: "Passagier");
   migrationBuilder.DropIndex(
        name: "IX_Passagier_DetailID",
        table: "Passagier");
   migrationBuilder.DropColumn(
        name: "DetailID",
        table: "Passagier");
   // Dann Index und FK anlegen für neue Spalte
   migrationBuilder.CreateIndex(
        name: "IX_Persondetail_PassagierPersonID",
        table: "Persondetail",
        column: "PassagierPersonID");
   migrationBuilder.AddForeignKey(
        name: "FK_Persondetail_Passagier_PassagierPersonID",
        table: "Persondetail",
        column: "PassagierPersonID",
        principalTable: "Passagier",
        principalColumn: "PersonID",
        onDelete: ReferentialAction.Restrict);
   } }
}
```

13.10   Weitere Möglichkeiten

Mit Update-Database kann der Softwareentwickler auch zu einem vorherigen Zustand des Datenbankschemas zurückkehren: Z.B. kann er nach dem Einspielen von Version 3 mit dem Befehl

```
Update-Database -Migration v2
```

zu Version 2 zurückkehren. Update-Database nutzt dafür die Down()-Methode der Migrationsklasse. Mit Script-Migration kann der Entwickler auch ein Skript für dem "Down"-Fall anlegen, z.B.

```
Script-Migration -from v3 -to v2.
```

Mit Remove-Migration kann der Softwareentwickler die Migrationsklasse für den jeweils letzten Migrationsschritt wieder aus Visual Studio entfernen.

> **Praxishinweis:** Die Migrationsklasse sollte man nicht händisch löschen, da die Snapshotklasse dann nicht mehr zum aktuellen Stand passt. Folglich würden beim nächsten Erstellen einer Migration die händisch gelöschten Migrationsschritte unberücksichtigt bleiben. Wer also die Migrationsklasse händisch löscht, muss auch die Snapshotklasse händisch anpassen.

Remove-Migration prüft, ob der letzte Migrationsschritt schon in der Datenbank angewendet wurde. Wenn dies der Fall ist, unterbleibt das Löschen der Migrationsklasse sowie das Ändern der Snapshotklasse. Die Fehlermeldung ist dann: "The migration has already been applied to the database. Unapply it and try again. If the migration has been applied to other databases, consider reverting its changes using a new migration." Diese Prüfung kann der Entwickler durch den Parameter -force umgehen. Ohne manuellen Eingriff in das Datenbankschema wird es dem Entwickler dann aber ggf. nicht mehr gelingen, neue Migrationsschritte in der Datenbank anzulegen. Denn es besteht die Gefahr, dass diese wieder versuchen, bereits vorher erstellte Tabellen oder Spalten erneut anzulegen.

Add-Migration, Remove-Migration, Update-Database und Script-Migration haben jeweils noch drei Parameter für Einstellungen:

- Parameter -StartupProject: legt das Visual Studio-Projekt fest, in dem sich die Entity Framework Core-Werkzeug-Pakete befinden, wenn der Softwareentwickler nicht das Startprojekt ändern möchte

- Parameter -Project: legt das Visual Studio-Projekt fest, in dem sich die Kontextklasse befindet

- Parameter -Context: legt die Kontextklasse fest (mit Namensraum), wenn sich in dem Visual Studio-Projekt mehrere Kontextklassen befinden

Beispiel:

```
Update-Database v2 -StartupProject EFC_Tools -Project EFC_DZ -Context
WWWingsContext
```

Um die wiederholte Verwendung dieser Parameter in Commandlets zu vermeiden, kann man diese Werte mit dem Commandlet Use-DbContext setzen und somit erreichen, dass alle folgenden Commandlet-Aufrufe diese Werte verwenden:

```
Use-DbContext -StartupProject EFC_Tools -Project EFC_DZ -Context WWWingsContext
```

13.11   Probleme bei der Schemamigration in Verbindung mit TFS

In Verbindung mit dem Versionsverwaltungssystem des Team Foundation Server (TFS) – zumindest in der klassischen Variante, die mit Schreibschutz auf Dateien arbeitet – haben die Werkzeuge von Entity Framework Core Schwierigkeiten. Sie melden, dass ein Ändern der Dateien im Migrations-Ordner nicht möglich sei (Access to the path ...\Migrations\20160905090511_v3.cs' is denied). In diesem Fall ist vor der Ausführung des Befehls der Migrations-Ordner mit "Check Out for Edit" zu entsperren.

Ein weiteres Problem: Remove-Migration löscht Dateien auf der Festplatte, aber nicht aus der TFS-Versionsverwaltung. Der Entwickler muss hier manuell "Undo" im Fenster "Pending Changes" wählen.

13.12   Schemamigrationen zur Laufzeit

Anders als das klassische Entity Framework prüft Entity Framework Core während der Laufzeit einer Anwendung beim ersten Datenbankzugriff nicht, ob das Schema aktuell ist. Das Programm läuft also ggf. auf einen Fehler (z.B. "Invalid column name 'Plz'"). Mit dem Aufruf der Methode Migrate() in dem Objekt Database der Kontextklasse kann der Softwareentwickler zum Programmstart sicherstellen, dass das Datenbankschema aktuell ist (siehe Listing). Migrate() führt ggf. fehlende Migrationsschritte aus, was möglich ist, da sich die Migrationsklassen bekanntlich in dem Kompilat des Projekts befinden, in dem auch die Kontextklasse liegt.

> **Hinweis:** Für eine Schemamigration zur Laufzeit wird das "Nuget-Paket "Microsoft.EntityFrameworkCore.Tools" nicht benötigt.

Listing: Ausführung von Schemamigration im Programmablauf mit der Methode Migrate()

```
using (var ctx = new WWWingsContext())
{
    ctx.Database.Migrate();
}
```

Verboten ist die Verwendung von EnsureCreated() und Migrate() zusammen. Bereits der Tooltip von Migrate() warnt davor. Wer es dennoch ausprobieren will, kassiert den wenig aussagenden Laufzeitfehler "An item with the same key has already been added."

14   Daten lesen mit LINQ

Genau wie das klassische Entity Framework unterstützt auch Entity Framework Core die Formulierung von Datenbankenabfragen mit der Language Integrated Query (LINQ).

LINQ ist eine allgemeine Abfragesprache für unterschiedliche Datenspeicher, die im Jahr 2007 in .NET Framework 3.5 eingeführt wurde und die es auch in .NET Core sowie Mono und Xamarin gibt. Microsoft verwendet auch im klassischen Entity Framework von Anfang an LINQ. Dort spricht Microsoft von "LINQ-to-Entities". Diesen Begriff verwendet Microsoft in Entity Framework Core nicht mehr; hier redet Microsoft nur noch von "LINQ". Die Syntax und die Vorgehensweise sind aber grundsätzlich sehr ähnlich, einige Unterschiede liegen im Detail. Im Detail gibt es aber einige positive und negative Unterschiede bei der LINQ-Ausführung zwischen klassischen Entity Framework und Entity Framework Core.

14.1   Kontextklasse

Ausgangspunkt für alle LINQ-Abfragen bei Entity Framework Core ist die Kontextklasse, die der Softwareentwickler entweder im Rahmen des Reverse Engineering einer bestehenden Datenbank erzeugen lässt oder manuell erstellt beim Forward Engineering. Die Kontextklasse erbt bei Entity Framework Core in jedem Fall von der Basisklasse Microsoft.EntityFrameworkCore.DbContext. Die alternative Basisklasse ObjectContext, die es im klassischen Entity Framework noch gibt, wurde bei Entity Framework Core gestrichen. Dementsprechend gibt es nur noch das API von DbContext für alle LINQ-Befehle. Aber auch die Basisklasse DbContext hat in Entity Framework Core inzwischen etwas verändert.

Geblieben ist, dass die Klasse DbContext die Schnittstelle IDisposable implementiert. Im Rahmen der Dispose()-Methode gibt der DbContext alle allokierten Ressourcen wieder frei, dazu gehören auch Verweise auf alle mit Änderungsverfolgung geladenen Objekte.

> **Praxistipp:** Daher ist es wichtig, dass der Nutzer der Kontextklasse immer Dispose() aufruft, sobald die Arbeit erledigt ist. Am besten verwendet man einen using(){ … }-Block!

14.2   LINQ-Abfragen

Nach der Instanziierung der Kontextklasse kann der Softwareentwickler eine LINQ-Abfrage formulieren. Diese wird aber noch nicht sofort ausgeführt, sie liegt zunächst in Form eines Objekts mit Schnittstelle IQueryable<T> vor. Im Sinne der sogenannten "verzögerten Ausführung" (Deferred Execution) wird die LINQ-Abfrage ausgeführt, wenn das Ergebnis tatsächlich gebraucht wird, z.B. in einer foreach-Schleife. Die Ausführung der Abfrage erzwingen kann der Softwareentwickler mit einem LINQ-Konvertierungsoperator, also ToList(), ToArray(), ToLookup(), ToDictionary(), Single(), SingleOrDefault(), First(), FirstOrDefault(), bzw. einem Aggregatoperator, wie Count(), Min(), Max() und Sum().

Da IQueryable<T> ein Untertyp von IEnumerable<T> ist, kann man eine foreach-Schleife über ein Objekt mit IQueryable<T> starten. Dadurch wird die Abfrage dann aber sofort ausgeführt. Zudem hält Entity Framework Core die Datenbankverbindung so lange offen, bis das letzte Objekt abgeholt wurde, was zu unerwünschten Nebeneffekten führen kann. Man sollte daher immer explizit einen der o.g. Konvertierungs- oder Aggregatoperatoren verwenden, denn in diesem Fall schließt Entity Framework Core die Datenbankverbindung wieder. Da Entity Framework Core auf ADO.NET basiert, wird die Datenbankverbindung jedoch nicht tatsächlich sofort geschlossen, sondern an den Verbindungspool von ADO.NET zurückgegeben. Auch Datenbindung an ein Objekt mit Schnittstelle IQueryable<T> löst einen Abruf der Daten aus.

Das nächste Schaubild zeigt den internen Ablauf bei einer LINQ-Anfrage: Die LINQ-Abfrage wird zunächst in einen Expression Tree verwandelt. Aus dem Expression Tree entsteht ein SQL-Befehl, den Entity Framework Core mit Hilfe eines Command-Objekts von ADO.NET zum Datenbankmanagementsystem sendet. Entity Framework Core besitzt einen Cache für die SQL-Befehle, um zu verhindern, dass stets derselbe große Aufwand für die Umwandlung von LINQ in SQL für die gleichen Befehle entsteht.

Das Datenbankmanagementsystem analysiert die Abfrage und prüft, ob es dafür schon einen geeigneten Ausführungsplan gibt. Wenn im Cache keiner vorhanden ist, wird dieser angelegt. Danach führt das Datenbankmanagementsystem die Abfrage aus und liefert Entity Framework Core ein Resultset. Entity Framework Core verwendet zum Einlesen des Resultset ein DataReader-Objekt, das der Benutzercode jedoch nicht zu Gesicht bekommt, denn Entity Framework Core materialisiert die DataReader-Zeilen in Objekte. Außer im No-Tracking-Modus schaut Entity Framework Core nach, ob sich die zu materialisierenden Objekte bereits im First Level Cache des Entity Framework Core-Kontextes befinden. Sofern die Objekte dort vorhanden sind, entfällt die Materialisierung. Dies bedeutet jedoch zugleich, dass, wenn sich ein Objekt im RAM befindet, der Benutzer trotz der erneuten Ausführung eines SQL-Befehls nicht den aktuellen Stand des Datensatzes aus der Datenbank erhält, sondern das Objekt aus dem Cache.

Abbildung: Interna zur Ausführung eines LINQ-Befehls durch Entity Framework Core

Das nächste Listing zeigt eine einfache LINQ-Abfrage, die alle noch nicht ausgebuchten Flüge von einem Abflugort liefert – sortiert nach Datum und Abflugort. Mit ToList() wird IQueryable<Flug> in eine List<Flug> mit Schnittstelle IEnumerable<T> verwandelt. Anstelle des konkreten Typnamens wird in der Praxis aber häufig das Schlüsselwort var im Programmcode verwendet.

Listing: LINQ-Abfrage, die alle nicht ausgebuchten Flüge von einem Abflugort liefert

```
var ort = "Berlin";
// Kontext instanziieren
using (var ctx = new WWWingsContext())
    {
```

```
// Abfragen definieren, aber noch nicht ausführen
var IQueryable<Flug> abfrage = (from x in ctx.FlugSet
                where x.Abflugort == ort &&
                    x.FreiePlaetze > 0
                orderby x.Datum, x.Abflugort
                select x);

// Abfrage jetzt ausführen
List<Flug> flugSet = abfrage.ToList();
// Geladene Objekte zählen
var anzahl = flugSet.Count;
Console.WriteLine("Anzahl der geladenen Flüge: " + anzahl);
// Ergebnis ausgeben
foreach (var f in flugSet)
{
  Console.WriteLine($"Flug Nr {f.FlugNr} von {f.Abflugort} nach {f.Zielort}
hat {f.FreiePlaetze} freie Plätze!");
}
}// Ende using-Block -> Dispose() wird aufgerufen
```

Die prägnantere Formulierung in der Methodensyntax von LINQ ist möglich:

```
var abfrage = ctx.FlugSet.Where(x => x.Abflugort == ort && x.FreiePlaetze > 0)
.OrderBy(x=>x.Datum).ThenBy(x=>x.Abflugort);
```

Es ist natürlich ebenfalls möglich, den Aufruf von ToList() mit der Definition der LINQ-Abfrage zusammenzufassen und damit die LINQ-Abfrage sofort auszuführen:

```
var flugSet = (from x in ctx.FlugSet
                where x.Abflugort == ort && x.FreiePlaetze > 0
                orderby x.Datum, x.Abflugort
                select x).ToList();
```

Der Vorteil der getrennten Schreibweise wie ist jedoch, dass man vor der Ausführung der Abfrage noch weitere Operationen anhängen kann.

> **ACHTUNG:** Theoretisch kann man hier anstelle der Eigenschaft flugSet.Count auch die Methode abfrage.Count() aufrufen. Damit produziert man allerdings eine erneute Datenbankabfrage, die die Anzahl der Datensätze liefert. Das ist überflüssig, denn die Objekte sind ja bereits materialisiert und können im RAM schnell gezählt werden. Ein Zugriff auf das DBMS mit abfrage.Count() macht nur Sinn, wenn man ermitteln will, ob sich die Anzahl der Datensätze in der Datenbank inzwischen geändert hat.

14.3   Schrittweises Zusammensetzung von LINQ-Abfragen

Das nächste Beispiel zeigt, wie man an die Grundabfrage FreiePlaetze > 0 fallweise eine Restriktion auf Abflugort und/oder Zielort anhängt, wenn die Variablen für die Werte nicht null oder einen Leerstring enthalten. Dies ist das typische Szenario von durch den Benutzer gesetzten Filtern. Wenn er in einem Filterfeld nichts eingibt, dann will er ja nicht diejenigen Datensätze sehen, in denen der Wert leergeblieben ist, sondern er will, dass dieser Filter bei der Abfrage ignoriert wird.

Listing: LINQ-Abfrage, die alle nicht ausgebuchten Flüge auf einer Flugroute liefert, wobei sowohl Abflugort und / oder Zielort optional sein dürfen

```
var abflugort = "";
var zielort = "Rom";
// Kontext instanziieren
using (var ctx = new WWWingsContext())
{
  // Abfragen definieren, aber noch nicht ausführen
  var abfrage = from x in ctx.FlugSet
                where x.FreiePlaetze > 0
                select x;
  // Bedingtes Anfügen weiterer Bedingungen
  if (!String.IsNullOrEmpty(abflugort)) abfrage = abfrage.Where(x =>
x.Abflugort == abflugort);
  if (!String.IsNullOrEmpty(zielort)) abfrage = abfrage.Where(x => x.Zielort ==
zielort);
  // jetzt Sortierung anwenden, da sonst Probleme mit Typ (IQueryable<Flug> vs.
IOrderedQueryable<Flug>)
  var abfrageSortiert = from x in abfrage
                        orderby x.Datum, x.Abflugort
                        select x;
  // Abfrage jetzt ausführen
  List<Flug> flugSet = abfrageSortiert.ToList();

  // Geladene Objekte zählen
  long anzahl = flugSet.Count;
  Console.WriteLine("Anzahl der geladenen Flüge: " + anzahl);
  // Ergebnis ausgeben
  foreach (var f in flugSet)
  {
    Console.WriteLine($"Flug Nr {f.FlugNr} von {f.Abflugort} nach {f.Zielort}
hat {f.FreiePlaetze} freie Plätze!");
  }
} // Ende using-Block -> Dispose() wird aufgerufen
```

14.4   Einsatz von var

In vielen Listings wird gezeigt, dass man anstelle der konkreten Typnamen wie IQueryable<Flug> beim Einsatz von LINQ in der Praxis meist das Schlüsselwort var verwendet. Über den Einsatz des Schlüsselwortes var (bzw. Dim ohne Typ in Visual Basic .NET) wird auch heute noch unter Entwicklern stets viel gestritten (vgl. [*http://www.heise.de/developer/artikel/Die-Diskussionen-um-das-Schluesselwort-var-in-C-gibt-es-immer-noch-2583227.html*]). In Verbindung mit LINQ vereinfacht var oft die Schreibweise sehr. Im Code ändert sich der Rückgabetyp, wenn man orderby verwendet. Ohne orderby erhält man ein Objekt, das IQueryable<Flug> realisiert. Mit orderby ist es ein IOrderedQueryable<Flug>. So muss man oft bei der Veränderung von LINQ-Abfragen den Variablentyp ändern. Das entfällt bei der Verwendung des Schlüsselwortes var.

14.5   Repository-Pattern

Eine IQueryable<T> kann auch als Rückgabewert einer Methode verwendet werden, sodass auch der Aufrufer der Methode die Abfrage noch erweitern kann. Dies macht aber nur Sinn, wenn die Kontextinstanz nach Ende der Methode noch weiterlebt und die Abfrage auch noch ausführen kann. Daher muss man dafür die Kontextinstanz als Attribut der Klasse halten und mit der

IDisposable-Schnittstelle für die spätere Vernichtung der Kontextinstanz beim Aufruf von Dispose() sorgen (siehe nächstes Listing mit der Klasse "FlugManager" im Repository-Stil). Der Aufrufer kann die Abfrage dann erweitern und sollte die Klasse FlugManager mit einem using()-Block verwenden, um den Aufruf von Dispose() sicherzustellen.

Listing: Realisierung einer Repository-Klasse, deren Methode ein IQuerable<Flug> liefert

```
class FlugManager : IDisposable
{
 private WWWingsContext ctx = new WWWingsContext();
 public IQueryable<Flug> GetBasisabfrage()
 {

  var abfrage = (from x in ctx.FlugSet
                 where x.FreiePlaetze > 0
                 select x);
  return abfrage;
 }

 public void Dispose()
 {
  ctx.Dispose();
 }
}
```

Listing: Nutzung der Repository-Klasse dem vorherigen Listing

```
using (var fm = new FlugManager())
{
 var abfrage = fm.GetBasisabfrage();
 // Basisabfrage nun erweitern
 abfrage = abfrage.Where(f => f.Abflugort == "Rom");
 // jetzt erst die Abfrage ausführen
 var liste = abfrage.ToList();
 Console.WriteLine(liste.Count + " gefundene Flüge!");
}
```

14.6   LINQ-Abfragen mit Paging

Paging bedeutet, dass aus einer Ergebnismenge nur ein bestimmter Teilbereich geliefert werden soll, z. B. die Datensätze 51 bis 60. Dies realisiert man in LINQ mit den Methoden Skip() und Take() (bzw. den Sprachelementen Skip und Take in Visual Basic .NET).

Das nächste Listing zeigt eine komplexere LINQ-Abfrage. Es werden diejenigen Flüge gesucht, bei denen

- es mindestens einen freien Platz gibt und

- es mindestens eine Buchung gibt und

- es einen Passagier mit Namen "Müller" gibt und

- der Pilot vor dem 1.1.1972 geboren ist und

- es einen Copiloten gibt.

Von dem Resultset werden dann durch Paging im Datenbankmanagementsystem die ersten 50 Datensätze übersprungen und nur die darauffolgenden 10 Datensätze geliefert, also die Datensätze 51 bis 60.

Listing: Komplexere LINQ-Abfrage

```
string name = "Müller";
// Kontext instanziieren
using (var ctx = new WWWingsContext())
{
  // Abfrage definieren und ausführen
  var flugSet = (from f in ctx.FlugSet
    where f.FreiePlaetze > 0 &&
        f.Buchungen.Count > 0 &&
        f.Buchungen.Any(p => p.Passagier.Name == name) &&
        f.Pilot.Geburtsdatum < new DateTime(1972, 1, 1) &&
        f.Copilot != null
    select f).Skip(50).Take(10).ToList();
  // Geladene Objekte zählen
  var anzahl = flugSet.Count;
  Console.WriteLine("Anzahl der geladenen Flüge: " + anzahl);
  // Ergebnis ausgeben
  foreach (var f in flugSet)
  {
    Console.WriteLine($"Flug Nr {f.FlugNr} von {f.Abflugort} nach {f.Zielort}
hat {f.FreiePlaetze} freie Plätze!");
  }
} // Ende using-Block -> Dispose() wird aufgerufen
```

Der nachstehende SQL-Befehl ist der im Listing abgesendete SQL-Befehl, der deutlich komplexer ist als sein LINQ-Pendant. Dieser Befehl wurde an einen Microsoft SQL Server 2017 gesendet und mit Hilfe des bei SQL Server mitgelierten Werkzeugs "SQL Server Profiler" abgegriffen. Die Erwähnung der SQL Server-Version ist hierbei tatsächlich wichtig, denn die Row Limiting Clauses mit den Schlüsselwörtern OFFSET, FETCH FIRST und FETCH NEXT aus dem SQL-ANSI-Standard des Jahres 2008 (ISO/IEC 9075:2008, siehe [*http://www.iso.org/iso/home/store/catalogue_tc/catalogue_tc_browse.htm?commid=45342*]) unterstützt Microsoft SQL Server erst seit Version 2012 (erschienen am 2.4.2012). Oracle bietet es seit Version 12c (erschienen am 1.7.2013) an. Für DBMS, die diese neue Syntax nicht unterstützen, muss Entity Framework Core zur Realisierung von Skip() eine noch wesentlich komplexere Abfrage mit rownumber()-Funktion und Sub-Selects erzeugen.

> **Hinweis:** Eine schöne Verbesserung in Entity Framework Core ist die Verwendung der Variablennamen aus der LINQ-Abfrage (hier: f und b) auch im SQL-Befehl. Im bisherigen Entity Framework wurden stattdessen Namen wie extend1, extend2, extend3 usw. verwendet. Wenn Entity Framework Core in SQL für eine Tabelle mehrfach einen Alias braucht, hängt der ORM an den Variablennamen eine Zahl an (siehe "[b0]" in nachstehendem SQL-Code).

```
exec sp_executesql N'SELECT [f].[FlugNr], [f].[Abflugort], [f].[Bestreikt],
[f].[CopilotId], [f].[FlugDatum], [f].[Fluggesellschaft], [f].[FlugzeugTypNr],
[f].[FreiePlaetze], [f].[LetzteAenderung], [f].[Memo], [f].[NichtRaucherFlug],
[f].[PilotId], [f].[Plaetze], [f].[Preis], [f].[Timestamp], [f].[Zielort]
FROM [Flug] AS [f]
INNER JOIN [Mitarbeiter] AS [f.Pilot] ON [f].[PilotId] = [f.Pilot].[PersonID]
WHERE (((([f].[FreiePlaetze] > 0) AND ((
    SELECT COUNT(*)
    FROM [Buchung] AS [b]
```

```
        WHERE [f].[FlugNr] = [b].[FlugNr]
) > 0)) AND EXISTS (
        SELECT 1
        FROM [Buchung] AS [b0]
        INNER JOIN [Passagier] AS [b.Passagier] ON [b0].[PassagierId] =
[b.Passagier].[PersonID]
        WHERE ([b.Passagier].[Name] = @__name_0) AND ([f].[FlugNr] = [b0].[FlugNr])))
AND ([f.Pilot].[Geburtsdatum] < ''1972-01-01T00:00:00.000'')) AND [f].[CopilotId]
IS NOT NULL
        ORDER BY @@ROWCOUNT
OFFSET @__p_1 ROWS FETCH NEXT @__p_2 ROWS ONLY',N'@__name_0 nvarchar(4000),@__p_1
int,@__p_2 int',@__name_0=N'Müller',@__p_1=5,@__p_2=10
```

14.7   Projektionen

Als Projektion wird in relationalen Datenbanken die Beschränkung auf ausgewählte Spalten bezeichnet (vgl. Mengenlehre). Es ist oft ein schwerer Performance-Fehler, alle Spalten einer Tabelle zu laden, wenn gar nicht alle Spalten gebraucht werden. Die bisher gezeigten LINQ-Abfragen laden und materialisieren tatsächlich immer alle Spalten der Flug-Tabelle.

Das nächste Listing zeigt eine Projektion mit select new Flug() und der Angabe der gewünschten Spalten. Nach der Ausführung der Methode ToList() erhält der Entwickler eine Liste von Flug-Objekten, die zwar alle Properties besitzen (da die Klasse ja so definiert ist), von denen aber lediglich die angegebenen Properties befüllt sind.

Listing: LINQ-Abfrage mit Projektion

```
using (var ctx = new WWWingsContext())
    {
        CUI.Headline("Projektion - nur lesend");
        var abfrage = from f in ctx.FlugSet
         where f.FlugNr > 100
         orderby f.FlugNr
         select new Flug()
         {
          FlugNr = f.FlugNr,
          Datum = f.Datum,
          Abflugort = f.Abflugort,
          Zielort = f.Zielort,
          FreiePlaetze = f.FreiePlaetze
         };
        var flugSet = abfrage.ToList();
        foreach (var f in flugSet)
        {
         Console.WriteLine($"Flug Nr {f.FlugNr} von {f.Abflugort} nach {f.Zielort}
hat {f.FreiePlaetze} freie Plätze!");
        }
    }
```

Die folgende SQL-Ausgabe des obigen Listings beweist, dass Entity Framework Core in der Tat allein die gewünschten Spalten beim Datenbankmanagementsystem anfordert.

```
SELECT [f].[FlugNr], [f].[FlugDatum], [f].[Abflugort], [f].[Zielort],
[f].[FreiePlaetze]
FROM [Flug] AS [f]
WHERE [f].[FlugNr] > 100
ORDER BY [f].[FlugNr]
```

> **Hinweis:** Die direkte Unterstützung von Projektionen ist ein wesentlicher Vorteil von Entity Framework Core gegenüber dem klassischen Entity Framework. Im klassischen Entity Framework waren Projektionen nicht aber auf die Entitätsklassen und komplexe Typen möglich, nur anonyme Typen und Nicht-Entitätsklassen konnte man bei der Projektion verwenden. Da man anonyme Typen aber nur begrenzt verwenden kann (z.B. nicht in Methoden als Rückgabewert), war in der Regel ein Umkopieren in Instanzen der Entitätsklasse erforderlich. Hilfe bot dort die Paket AutoMapper.EF6 [*https://github.com/AutoMapper/AutoMapper.EF6*] mit der Erweiterungsmethode ProjectTo<T>().

14.8   Abfrage nach Einzelobjekten

Die sprachintegrierte Suchsprache LINQ (Language Integrated Query) bietet vier Operationen, um das erste bzw. einzige Element einer Menge zu wählen:

- First(): Das erste Element einer Menge. Wenn mehrere Elemente in der Menge sind, werden alle anderen bis auf das erste verworfen. Wenn es kein Element gibt, tritt ein Laufzeitfehler auf.

- FirstOrDefault(): Das erste Element einer Menge oder ein Standardwert (bei Referenztypen null bzw. Nothing), wenn die Menge leer ist. Wenn mehrere Elemente in der Menge sind, werden alle anderen bis auf das erste verworfen.

- Single(): Das einzige Element einer Menge. Wenn es kein Element gibt oder wenn mehrere Elemente in der Menge sind, tritt ein Laufzeitfehler auf.

- SingleOrDefault(): Das einzige Element einer Menge. Wenn es kein Element gibt, wird der Standardwert (bei Referenztypen null oder Nothing) geliefert. Wenn mehrere Elemente in der Menge sind, tritt ein Laufzeitfehler auf.

First() und FirstOrDefault() beschränken die Ausgabemenge datenbankseitig mit dem SQL-Operator TOP(1). Single() und SingleOrDefault() verwenden ein Top(2) und stellen damit fest, ob es mehr als ein Element gibt, was dann zum Laufzeitfehler führt.

Listing: LINQ-Abfrage nach einem Einzelobjekt mit SingleOrDefault()

```
using (var ctx = new WWWingsContext())
{
 var flugNr = 101;
 var f = (from x in ctx.FlugSet
          where x.FlugNr == flugNr
          select x).SingleOrDefault();
 if (f != null)
 {
  Console.WriteLine($"Flug Nr {f.FlugNr} von {f.Abflugort} nach {f.Zielort}
hat {f.FreiePlaetze} freie Plätze!");
 }
 else
 {
  Console.WriteLine("Flug nicht gefunden!");
 }
} // Ende using-Block -> Dispose() wird aufgerufen
```

14.9   Laden anhand des Primärschlüssels mit Find()

Die DbSet<T>-Klasse im klassischen Entity Framework bietet als Alternative zum Laden eines Objekts anhand des Primärschlüssels mit LINQ eine Methode Find() an. Bei Find() übergibt man den Wert des Primärschlüssels. Wenn es einen mehrteiligen Primärschlüssel gibt, kann man auch mehrere Werte übergeben, z.B. Find("DE","NRW",12345), wenn der Primärschlüssel aus zwei Zeichenketten und einer Zahl besteht.Find() war in Entity Framework Core Version 1.0 nicht verfügbar, wurde aber bereits in Version 1.1 nachgerüstet.

> **Hinweis:** Find() hat die besondere Verhaltensweise, dass es nach einem Objekt zuerst im First Level Cache des Entity Framework Core-Kontextes sucht und nur eine Datenbankabfrage startet, wenn das Objekt dort nicht enthalten ist. Die Methoden Single(), SingleOrDefault(), First() und FirstOrDefault() fragen hingegen immer die Datenbank, auch wenn das Objekt im lokalen Cache vorhanden ist!

Listing: LINQ-Abfrage nach einem Einzelobjekt mit Find

```
public static void LINQ_EinObjekt_Find_v11()
 {
  using (var ctx = new WWWingsContext())
  {
   ctx.FlugSet.ToList(); // Caching aller Flüge im Kontext (hier nur als Beispiel!)
    var flugNr = 101;
   var f = ctx.FlugSet.Find(flugNr); // Flug wird aus Cache geladen!
   if (f != null)
   {
    Console.WriteLine($"Flug Nr {f.FlugNr} von {f.Abflugort} nach {f.Zielort} hat
 {f.FreiePlaetze} freie Plätze!");
   }
   else
   {
    Console.WriteLine("Flug nicht gefunden!");
   }
  } // Ende using-Block -> Dispose() wird aufgerufen
 }
```

14.10   LINQ im RAM statt in der Datenbank (Client Evaluation)

Das nächste Listing zeigt eine LINQ-Abfrage mit Gruppierung unter Einsatz des LINQ-Gruppierungsoperators (group by bzw. GroupBy()). Diese Abfrage liefert zwar das gewünschte Ergebnis (Anzahl der Flüge pro Abflugort), aber die Abfrage benötigt bei großen Datenmengen extrem viel Zeit. Bei der Ursachenforschung stößt man schnell darauf, dass in dem zum Datenbankmanagementsystem gesendeten SQL-Befehl die Gruppierung völlig fehlt: Entity Framework Core hat alle Datensätze geladen und im RAM gruppiert, was ein schlechtes und unerwartetes Verhalten ist.

> **ACHTUNG:** Tatsächlich unterstützt Entity Framework Core in der Version 1.x und 2.0 nicht die Übersetzung einer LINQ-Gruppierung in die GROUP BY-Syntax von SQL, was eine sehr erschreckende Lücke in Entity Framework Core ist (siehe Kapitel "Umgehung für das GroupBy-Problem"). Geplant ist eine Verbesserung erst für Version 2.1 von Entity Framework Core.

Listing: Ermittele die Anzahl der Flüge pro Abflugort.

```
// Ermittele die Anzahl der Flüge pro Abflugort
using (var ctx = new WWWingsContext())
{
  var gruppen = from p in ctx.FlugSet
                orderby p.FreiePlaetze
                group p by p.Abflugort into g
                select new { Ort = g.Key, Anzahl = g.Count() };
  Console.WriteLine("Anzahl: " + gruppen.Count());
  // Ausgabe
  foreach (var g in gruppen.ToList())
  {
    Console.WriteLine(g.Ort + ": " + g.Anzahl);
  }
}
```

Das obige Listing sendet folgenden SQL-Befehl zum Datenbankmanagementsystem (zweimal, einmal für Count() und einmal für ToList()):

```
SELECT [p].[FlugNr], [p].[Abflugort], [p].[Bestreikt], [p].[CopilotId],
[p].[FlugDatum], [p].[Fluggesellschaft], [p].[FlugzeugTypNr], [p].[FreiePlaetze],
[p].[LetzteAenderung], [p].[Memo], [p].[NichtRaucherFlug], [p].[PilotId],
[p].[Plaetze], [p].[Preis], [p].[Timestamp], [p].[Zielort]
FROM [Flug] AS [p]
ORDER BY [p].[Abflugort]
```

Leider gibt es eine Reihe weiterer Fälle, in denen Entity Framework Core die Operationen im RAM statt in der Datenbank ausführt.

Bei der Abfrage

```
var q2 = from f in ctx.FlugSet
         where f.FlugNr > 100
         && f.FreiePlaetze.ToString().Contains("1")
         orderby f.FlugNr
         select f;
```

fand in Entity Framework Core 1.x nur das Filtern über die FlugNr in der Datenbank statt. ToString().Contains() konnte Entity Framework Core offenbar nicht übersetzen und führt diese Bedingung im RAM aus. In Version 2.0 wird der ganze LINQ-Befehl in SQL übersetzt.

Die Abfrage

```
var q3 = from f in ctx.FlugSet
         where f.FreiePlaetze > 0 &&
         f.Datum > DateTime.Now.AddDays(10)
         orderby f.FlugNr
         select f;
```

konnte in Entity Framework Core 1.x AddDays() nicht übersetzt werden, sodass nur der Filter über die freien Plätze, nicht aber der Datumsfilter im Datenbankmanagementsystem stattfanden. In Entity Framework Core 2.0 ist auch dies behoben.

Die folgende Abfrage mit dem LINQ-Operator Union() findet leider auch in Entity Framework Core 2.0 noch im RAM statt:

```
var alleOrte = (from f in ctx.FlugSet select f.Abflugort).Union(from f in
ctx.FlugSet select f.Zielort).Count();
```

Obwohl hier ja nur eine Zahl gebraucht wird, wird von Entity Framework Core im Datenbankmanagementsystem ausgeführt:

```
SELECT [f].[Abflugort]
FROM [Flug] AS [f]
SELECT [f0].[Zielort]
FROM [Flug] AS [f0]
```

> **Hinweis:** Nicht unerwähnt sein soll, dass einige der hier dargestellten LINQ-Abfragen im klassischen Entity Framework überhaupt nicht lauffähig waren. Sie wurden zwar kompiliert, führten aber zu Laufzeitfehlern. Man kann nun darüber streiten, ob die neue Lösung in Entity Framework Core eine bessere Lösung ist. Zwar sind die Befehle jetzt möglich, es lauert aber eine große Falle. Immerhin hat Microsoft angekündigt (siehe [https://github.com/aspnet/EntityFrameworkCore/wiki/Roadmap]), in zukünftigen Versionen von Entity Framework Core mehr Operationen im Datenbankmanagementsystem ausführen zu wollen.
>
> Bei der Ausführung im RAM drohen jeweils erhebliche Performanceprobleme, weil viel zu viele Datensätze geladen werden. Entwickler können in eine schwere Falle laufen, wenn sie eine solche Abfrage verwenden und dann nicht mit einer großen Menge Datensätze testen, sodass das Performanceproblem erst beim Benutzer in der Praxis auftritt. Dies ist um so verwunderlicher, da Microsoft stets von "Big Data" redet, dann aber mit dem LINQ in Entity Framework Core ein Werkzeug zur Verfügung stellt, das in einigen Punkten gerade nicht Big Data-fähig ist.
>
> Möglich sind solche RAM-Operationen in Entity Framework Core überhaupt erst durch eine neue Provider-Architektur, die dem Provider die Entscheidung überlässt, bestimmte Operationen im RAM auszuführen. Microsoft nennt dies "Client-Evaluation".

Vor diesen Performanceproblemen können sich Softwareentwickler schützen, indem sie die Client-Evaluation abschalten. Dies ist mit der Methode ConfigureWarnings() möglich, die das DbContextOptionsBuilder-Objekt bereitstellt, das der Entwickler in der OnConfiguring()-Methode erhält. Durch die nachstehende Konfiguration löst jede Client-Evaluation einen Laufzeitfehler (siehe Abbildung) aus. Im Standard protokolliert Entity Framework Core die Client-Evaluation nur (siehe Kapitel "Protokollierung").

```
protected override void OnConfiguring(DbContextOptionsBuilder builder)
  {
    builder.UseSqlServer(connstring);
    builder.ConfigureWarnings(warnings => warnings.Throw(RelationalEventId.QueryCl
ientEvaluationWarning));
}
```

Abbildung: Laufzeitfehler, der bei einer Client-Evaluation ausgelöst wird, wenn diese deaktiviert wurde

14.11   Falsche Befehlsreihenfolge

Manchmal verursachen Softwareentwickler aber auch selbst den Fehler, dass Operationen im RAM statt im Datenbankmanagementsystem stattfinden. Im folgenden Listing wird zu früh ToList() aufgerufen. Daher finden die Filter nach Abflugort und Zielort sowie die Sortierung im RAM mit LINQ-to-Object statt.

Praxishinweis: LINQ verwendet für Abfragen im RAM (LINQ-to-Objects) und LINQ in Entity Framework/Entity Framework Core die gleiche Syntax. Daher kann man einer Programmcodezeile nicht ansehen, ob sie im RAM oder im Datenbankmanagementsystem ausgeführt wird. Das hängt immer vom Datentyp der Grundmenge (also dem, was nach "in" in der LINQ-Abfrage steht) ab.

Listing: ToList() wird zu früh eingesetzt und führt zur Ausführung der folgenden Abfragen im RAM

```csharp
public static void LINQ_CompositionWrongOrder()
{
  CUI.MainHeadline(nameof(LINQ_Composition));

  var departure = "";
  var destination = "Rome";

  // Create context instance
  using (var ctx = new WWWingsContext())
  {
  // Define query, but do not execute yet
  var query = (from x in ctx.FlightSet
   where x.FreeSeats > 0
   select x).ToList();

  // Conditional addition of further conditions
    if (!String.IsNullOrEmpty(departure)) query = query.Where(x => x.Departure ==
departure).ToList();
    if (!String.IsNullOrEmpty(destination)) query = query.Where(x =>
x.Destination == destination).ToList();

  // Sorting
  var querySorted = from x in query
   orderby x.Date, x.Departure
   select x;

  // The query shoud execute here, but it is already executed
  List<Flight> flightSet = querySorted.ToList();

  // Count loaded objects
  long c = flightSet.Count;
  Console.WriteLine("Number of loaded flights: " + c);

  // Print result
  foreach (var f in flightSet)
  {
    Console.WriteLine($"Flight Nr {f.FlightNo} from {f.Departure} to
{f.Destination} has {f.FreeSeats} free seats!");
  }
  } // End using-Block -> Dispose()
  }
```

14.12   Eigene Funktionen in LINQ

Durch diese neue Provider-Architektur in Entity Framework Core erschließt sich auch die
Möglichkeit, eigene Funktionen in LINQ-Abfragen einzubauen; ausgeführt wird dieser Teil der
Abfrage dann aber natürlich im RAM. Die folgende Abfrage bindet die eigene Methode GetTage()
ein. Auch in diesem Fall wird nur der Filter über die freien Plätze in der Datenbank ausgeführt.

> **Hinweis:** Lokale Funktionen, die es seit C# 6.0 gibt, dürfen nicht in LINQ-Befehlen aufgerufen
> werden.

Listing: Eigene Funktionen in LINQ einbinden

```
public static int GetTage(DateTime t)
{
 return (t - DateTime.Now).Days;
}
...
public static void LINQ_CustomFunction()
{
...
var q4 = from p3 in ctx.FlugSet
            where p3.FreiePlaetze > 0 &&
            GetTage(p3.Datum) > 10
            orderby p3.FlugNr
            select p3;
}
```

14.13   Umgehung für das GroupBy-Problem

Die in Entity Framework Core 1.x und 2.0 fehlende Umsetzung von LINQ-Gruppierungen in SQL
und die an dieser Stelle von Microsoft realisierte Gruppierung der Datensätze im RAM ist für viele
Praxisszenarien absolut inakzeptabel.

Für die Praxis wird eine Lösung benötigt, die die Gruppierung in dem jeweiligen
Datenbankmanagementsystem ausführt. Mit LINQ läßt sich dies in Entity Framework Core 1.x
und 2.0 leider nicht umsetzen. Aber auch die Verwendung von SQL birgt eine Herausforderung,
denn Entity Framework Core unterstützt bisher ebenfalls nicht die Abbildung von Ergebnissen von
SQL-Abfragen auf beliebige Typen, sondern nur auf Entitätsklassen.

14.13.1   Mapping auf Nicht-Entitätstypen

Der Programmcode im nächsten Listing unter Verwendung von FromSql() ist leider keine Lösung.
Er scheitert bei der Ausführung von FromSql() am Laufzeitfehler "Cannot create a DbSet for
'Gruppe' because this type is not included in the model for the context." Die Fehlermeldung suggeriert
aber einen anderen Trick, der funktioniert (siehe nächstes Unterkapitel).

Listing: Keine Lösung für das GroupBy-Problem

```
class Gruppe
{
 public string Abflugort { get; set; }
 public int AnzahlFluege { get; set; }
}
```

```
/// <summary>
/// geht auch noch nicht. Geplant später
/// https://github.com/aspnet/EntityFramework/issues/1862
/// "Message=Cannot create a DbSet for 'Gruppe' because this type is not
included in the model for the context."
/// </summary>
public static void Demo_Operatoren_GroupBy_SQL()
{


  // Ermittele die Anzahl der Flüge pro Abflugort
  using (var ctx = new WWWingsContext())
  {
   Console.WriteLine(ctx.Database.GetType().FullName);
   ctx.Log();
   var sql = "SELECT Abflugort, COUNT(FlugNr) AS AnzahlFluege FROM Flug GROUP BY
Abflugort";
   // FEHLER!!! Cannot create a DbSet for 'Gruppe' because this type is not
included in the model for the context."
   var gruppen = ctx.Set<Gruppe>().FromSql(sql);
   // Ausgabe
   foreach (var g in gruppen)
   {
    Console.WriteLine(g.Abflugort + ": " + g.AnzahlFluege);
   }
  }
}
```

14.13.2   Entitätsklasse für die Datenbanksicht anlegen

Weil das Mapping mit FromSql() auf Nicht-Entitätstypen nicht nicht realisiert ist, müssen Sie eine eine Pseudo-Entitätsklasse für das Ergebnis der Gruppierung anzulegen, deren Attribute von Name und Typ den Spalten des Gruppierungsergebnisses entsprechen müssen. Wichtig ist, dass auch diese Entitätsklasse einen Primärschlüssel benötigt, der Konvention (ID oder KlassennameID) entspricht oder der mit [Key] oder per Fluent-API HasKey() festzulegen ist.

Listing: Entitätsklasse mit zwei Properties für das Gruppierungsergebnis
```
public class AbflugortGruppierung
{
  [Key] // muss einen Key haben
  public string Abflugort { get; set; }
  public int AnzahlFluege { get; set; }
}
```

14.13.3   Einbinden der Entitätsklasse in die Kontextklasse

Die Pseudo-Entitätsklasse für das Gruppierungsergebnis wird nun wie eine Entitätsklasse für eine Tabelle in die Kontextklasse per DbSet<T> eingebunden.

Listing: Einbinden der Entitätsklasse für die Datenbanksicht in die Kontextklasse
```
public class WWWingsContext : DbContext
{
  #region Tabellen
  public DbSet<Flug> FlugSet { get; set; }
  public DbSet<Pilot> PilotSet { get; set; }
```

```
public DbSet<Passagier> PassagierSet { get; set; }
public DbSet<Flughafen> FlughafenSet { get; set; }
public DbSet<Buchung> BuchungSet { get; set; }
public DbSet<Flugzeugtyp> FlugzeugtypSet { get; set; }
#endregion

#region Gruppierungsergebnisse (Pseudo-Entitäten)
public DbSet<AbflugortGruppierung> AbflugortGruppierungSet { get; set; } // für
die Gruppierung
#endregion …
}
```

14.13.4   Verwendung der Pseudo-Entitätsklasse

Die Entitätsklasse AbflugortGruppierung wird nun bei FromSQL() als Rückgabetyp eingesetzt.

Listing: Verwendung der Pseudo-Entitätsklasse

```
using (var ctx = new WWWingsContext())
{
  Console.WriteLine(ctx.Database.GetType().FullName);
  ctx.Log();

  var sql = "SELECT Abflugort, COUNT(FlugNr) AS AnzahlFluege FROM Flug GROUP BY
Abflugort";
  var gruppen = ctx.Set<AbflugortGruppierung>().FromSql(sql);

  // Ausgabe
  foreach (var g in gruppen)
  {
    Console.WriteLine(g.Abflugort + ": " + g.AnzahlFluege);
  }
}
```

```
Berlin: 10
Dallas: 10
Essen/Mülheim: 18
Frankfurt: 11
Hamburg: 6
Kapstadt: 7
Köln/Bonn: 11
London: 14
Madrid: 16
Mailand: 17
Moskau: 8
München: 8
New York: 10
Oslo: 12
Paris: 14
Prag: 12
Rom: 7
Seattle: 11
```

Abbildung: Ausgabe des obigen Listings

14.13.5   Herausforderung: Migrationen

Die vorherigen Ausführungen haben einige manuelle Arbeiten aufgezeigt, die zur Nutzung des Gruppierungsergebnisses notwendig sind. Leider gibt es über die Tipparbeit hinaus noch eine weitere Herausforderung bei den Datenbankschemamigrationen.

Wenn man nach dem Anlegen der Datenbanksicht in der Kontextklasse eine Schemamigration angelegt, stellt man fest, dass Entity Framework Core nun unerwünschterweise eine Tabelle für die Pseudo-Entitätsklasse in der Datenbank anlegen möchte (siehe CreateTable() im nächsten Listing). Das ist insofern korrekt, als dass wir ja Entity Framework Core vorgegaukelt haben, dass "AbflugortGruppierung" eine Tabelle wäre. Gewünscht ist ein Anlegen einer Tabelle für das Gruppierungsergebnis aber nicht.

Listing: Entity Framework Core legt in der Schemamigration ein CreateTable() für die Pseudo-Entität an, was nicht erwünscht ist.

```
using Microsoft.EntityFrameworkCore.Migrations;
using System;
using System.Collections.Generic;


namespace DZ.Migrations
{
    public partial class v5_Gruppierungsergebnis : Migration
    {
        protected override void Up(MigrationBuilder migrationBuilder)
        {
            migrationBuilder.CreateTable(
                name: "AbflugortGruppierung",
                columns: table => new
                {
                    Abflugort = table.Column<string>(type: "nvarchar(450)",
nullable: false),
                    AnzahlFluege = table.Column<int>(type: "int", nullable:
false)
                },
                constraints: table =>
                {
                    table.PrimaryKey("PK_AbflugortGruppierung", x =>
x.Abflugort);
                });
        }

        protected override void Down(MigrationBuilder migrationBuilder)
        {
            migrationBuilder.DropTable(
                name: "AbflugortGruppierung");
        }
    }
}
```

Es gibt in dieser Situation drei Lösungsmöglichkeiten:

▪   Man läßt die Tabelle anlegen und verwendet sie einfach nicht.

- Man löscht das CreateTable() in der Up()-Methode und das korrespondierende DropTable() in Down() manuell aus der Migrationsklasse.

- Man trickst Entity Framework Core aus, sodass es beim Anlegen des Migrationsschrittes zur Entwicklungszeit die Entitätsklasse AbflugortStatistik ignoriert, zur Laufzeit aber nicht.

TRICK: Der Trick ist in dem folgenden Codefragment realisiert. Entity Framework Core instanziiert im Rahmen des Anlegens oder Löschens einer Schemamigration die Kontextklasse und ruft OnModelCreating() auf. Dies geschieht aber zur Entwicklungszeit nicht über den eigentlichen Startpunkt der Anwendung (dann würde ja die Anwendung starten), sondern über das Hosten der DLL mit der Kontextklasse in dem Kommandozeilenwerkzeug ef.exe. In OnModelCreating() prüft man daher, ob der aktuelle Prozess den Namen "ef" hat. Wenn ja, dann befinden wir uns nicht in der Laufzeit der Anwendung, sondern in der Entwicklungsumgebung und wollen die Datenbanksicht mit Ignore() ignorieren. Zur Laufzeit der Anwendung aber wird das Ignore() dann nicht ausgeführt und folglich ist eine Verwendung der Datenbanksicht über die Entitätsklasse möglich.

Listing: Entity Framework Core soll nur zur Entwicklungszeit die Entitätsklasse für die Datenbanksicht ignorieren

```
protected override void OnModelCreating(ModelBuilder modelBuilder)
{
    // Trick: die Pseudo-Entitätsklasse verbergen vor dem EF Migration Tool, damit
es dafür keine neue Tabelle anlegen will
    if (System.Diagnostics.Process.GetCurrentProcess().ProcessName.ToLower() ==
"ef")
    {
      modelBuilder.Ignore<AbflugortGruppierung>();
    }…
}
```

ALTERNATIVER TRICK: Wem die Abfrage des Prozessnamens zu unsicher ist, weil Microsoft diesen Namen ja einmal ändern könnte, kann stattdessen auch einen Schalter in die Kontextklasse in Form eines statischen Attributs (z.B. IsRuntime) einbauen. Im Standard steht dieses IsRuntime auf false und sorgt für die Ignorierung der Pseudo-Entitätsklasse. Zur Laufzeit setzt man aber die Anwendung IsRuntime vor der ersten Instanziierung der Kontextklasse auf true.

14.13.6 Gruppierungen mit Datenbanksichten

Eine Modifikation der Lösung des GroupBy-Problems in Entity Framework Core 1.x und 2.0 ist die Verwendung von Datenbanksichten (Views). Hierbei definiert man eine Datenbanksicht, die die Gruppierung vornimmt und das Gruppierungsergebnis liefert.

Da diese Versionen von Entity Framework Core aber auch keine Datenbankviews unterstützen, ist immer noch der gleiche Trick mit einer Entitätsklasse anzuwenden, die dann das Datenbanksicht-Ergebnis repräsentiert. Wichtig ist dabei, dass man dann bei der Schemamigration nicht mehr die Option hat, die Tabelle anlegen zu lassen, denn es gibt ja schon eine Datenbanksicht mit diesem Namen, was zu einem Namenskonflikt führen würde.

Details zur Nutzung von Datenbanksichten finden Sie im Kapitel "Abbildung von Datenbanksichten (Views)".

14.14   Kurzübersicht über die LINQ-Syntax

In diesem Kapitel werden kurz die wichtigsten Befehle der Language Integrated Query (LINQ) anhand von aussagekräftigen Beispielen vorgestellt. Alle Abfragen werden auf dem nachstehend dargestellten Objektmodell ausgeführt. Zu jeder dieser Klassen gibt es eine korrespondierende, gleichnamige Tabelle in der Datenbank.

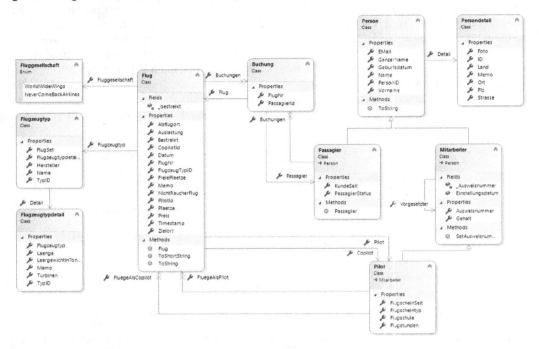

Abbildung: Objektmodell für die folgenden LINQ-Beispiele

Alle Befehle gehen von der vorherigen Instanziierung des Entity Framework Core-Kontextes aus

```
WWWingsContext ctx = new WWWingsContext();
```

Es wird jeweils neben dem LINQ-Befehl auch die alternative Lambda-Schreibweise sowie der resultierende SQL-Befehl dargestellt. Der resultierende SQL-Befehl ist immer gleich für die LINQ- und die Lambda-Schreibweise; er wird daher hier nur einmal abgedruckt.

> **Tipp:** Eine ausführlichere Beispielsammlung von 101 LINQ-Befehlen finden Sie hier:
> *https://code.msdn.microsoft.com/101-LINQ-Samples-3fb9811b*

14.14.1   Einfache SELECT-Befehle (Alle Datensätze)

Zur Umwandlung einer Abfrage in eine Objektmenge unterstützt Entity Framework Core ToArray(), ToList() und ToDictionary() sowie ToLookup().

```
CUI.Headline("Alle Datensätze als Array<T>");
Flug[] flugSet0a = (from f in ctx.FlugSet select f).ToArray();
Flug[] flugSet0b = ctx.FlugSet.ToArray();


CUI.Headline("Alle Datensätze als List<T>");
List<Flug> flugSet1a = (from f in ctx.FlugSet select f).ToList();
```

```
List<Flug> flugSet1b = ctx.FlugSet.ToList();


CUI.Headline("Alle Datensätze als Dictionary<T, T>");
Dictionary<int, Flug> flugSet2a = (from f in ctx.FlugSet select
f).ToDictionary(f=>f.FlugNr, f=>f);
Dictionary<int, Flug> flugSet2b = ctx.FlugSet.ToDictionary(f => f.FlugNr, f =>
f);


CUI.Headline("Alle Datensätze als ILookup<T, T>");
ILookup<int, Flug> flugSet2c = (from f in ctx.FlugSet select f).ToLookup(f =>
f.FlugNr, f => f);
ILookup<int, Flug> flugSet2d = ctx.FlugSet.ToLookup(f => f.FlugNr, f => f);
```

In allen acht Fällen wird zum Datenbankmanagementsystem gesendet:

```
SELECT [f].[FlugNr], [f].[Abflugort], [f].[Auslastung], [f].[Bestreikt],
[f].[CopilotId], [f].[FlugDatum], [f].[Fluggesellschaft], [f].[FlugzeugTypID],
[f].[FreiePlaetze], [f].[LetzteAenderung], [f].[Memo], [f].[NichtRaucherFlug],
[f].[PilotId], [f].[Plaetze], [f].[Preis], [f].[Timestamp], [f].[Zielort]
FROM [Flug] AS [f]
```

14.14.2   Bedingungen (where)

```
List<Flug> flugSet3a = (from f in ctx.FlugSet
                              where f.Abflugort == "Essen/Mülheim" &&
                              (f.Zielort.StartsWith("Rom") ||
f.Zielort.Contains("Paris"))
                              && f.FreiePlaetze > 0
                              select f)
                              .ToList();
List<Flug> flugSet3b = ctx.FlugSet.Where(f => f.Abflugort == "Essen/Mülheim" &&
                              (f.Zielort.StartsWith("Rom") ||
f.Zielort.Contains("Paris"))
                              && f.FreiePlaetze > 0)
                              .ToList();
SELECT [f].[FlugNr], [f].[Abflugort], [f].[Auslastung], [f].[Bestreikt],
[f].[CopilotId], [f].[FlugDatum], [f].[Fluggesellschaft], [f].[FlugzeugTypID],
[f].[FreiePlaetze], [f].[LetzteAenderung], [f].[Memo], [f].[NichtRaucherFlug],
[f].[PilotId], [f].[Plaetze], [f].[Preis], [f].[Timestamp], [f].[Zielort]
FROM [Flug] AS [f]
WHERE ((([f].[Abflugort] = N'Essen/Mülheim') AND (([f].[Zielort] LIKE N'Rom' +
N'%' AND (LEFT([f].[Zielort], LEN(N'Rom')) = N'Rom')) OR (CHARINDEX(N'Paris',
[f].[Zielort]) > 0))) AND ([f].[FreiePlaetze] > 0)
```

14.14.3   Bedingungen mit Mengen (in)

```
List<string> Orte = new List<string>() { "Berlin", "Hamburg", "Köln",
"Essen/Mülheim" };
List<Flug> flugSet4a = (from f in ctx.FlugSet
                              where Orte.Contains(f.Abflugort)
                              select f)
                              .ToList();
List<Flug> flugSet4b = ctx.FlugSet.Where(f =>
Orte.Contains(f.Abflugort)).ToList();
SELECT [f].[FlugNr], [f].[Abflugort], [f].[Auslastung], [f].[Bestreikt],
[f].[CopilotId], [f].[FlugDatum], [f].[Fluggesellschaft], [f].[FlugzeugTypID],
[f].[FreiePlaetze], [f].[LetzteAenderung], [f].[Memo], [f].[NichtRaucherFlug],
[f].[PilotId], [f].[Plaetze], [f].[Preis], [f].[Timestamp], [f].[Zielort]
```

```
FROM [Flug] AS [f]
WHERE [f].[Abflugort] IN (N'Berlin', N'Hamburg', N'Köln', N'Essen/Mülheim')
```

14.14.4   Sortierungen (orderby)

```
List<Flug> flugSet5a = (from f in ctx.FlugSet
                        where f.Abflugort == "Essen/Mülheim"
                        orderby f.Datum, f.Zielort, f.FreiePlaetze descending
                        select f).ToList();
List<Flug> flugSet5b = ctx.FlugSet.Where(f => f.Abflugort == "Essen/Mülheim")
                        .OrderBy(f => f.Datum)
                        .ThenBy(f => f.Zielort)
                        .ThenByDescending(f => f.FreiePlaetze)
                        .ToList();
SELECT [f].[FlugNr], [f].[Abflugort], [f].[Auslastung], [f].[Bestreikt],
[f].[CopilotId], [f].[FlugDatum], [f].[Fluggesellschaft], [f].[FlugzeugTypID],
[f].[FreiePlaetze], [f].[LetzteAenderung], [f].[Memo], [f].[NichtRaucherFlug],
[f].[PilotId], [f].[Plaetze], [f].[Preis], [f].[Timestamp], [f].[Zielort]
FROM [Flug] AS [f]
WHERE [f].[Abflugort] = N'Essen/Mülheim'
ORDER BY [f].[FlugDatum], [f].[Zielort], [f].[FreiePlaetze] DESC
```

14.14.5   Paging (Skip() und Take())

```
List<Flug> flugSet6a = (from f in ctx.FlugSet
                        where f.Abflugort == "Essen/Mülheim"
                        orderby f.Datum
                        select f).Skip(100).Take(10).ToList();
List<Flug> flugSet6b = ctx.FlugSet.Where(f => f.Abflugort == "Essen/Mülheim")
                        .OrderBy(f => f.Datum)
                        .Skip(100).Take(10).ToList();
```

Paging wird auf neueren Datenbankmanagementsystemen umgesetzt in Row Limiting Clauses. Für ältere Datenbankmanagementsysteme entstehen komplexere Abfrage mit rownumber()-Funktion.

```
SELECT [f].[FlugNr], [f].[Abflugort], [f].[Auslastung], [f].[Bestreikt],
[f].[CopilotId], [f].[FlugDatum], [f].[Fluggesellschaft], [f].[FlugzeugTypID],
[f].[FreiePlaetze], [f].[LetzteAenderung], [f].[Memo], [f].[NichtRaucherFlug],
[f].[PilotId], [f].[Plaetze], [f].[Preis], [f].[Timestamp], [f].[Zielort]
FROM [Flug] AS [f]
WHERE [f].[Abflugort] = N'Essen/Mülheim'
ORDER BY [f].[FlugDatum]
OFFSET @__p_0 ROWS FETCH NEXT @__p_1 ROWS ONLY
```

14.14.6   Projektion

```
List<Flug> flugSet7a = (from f in ctx.FlugSet
                        where f.Abflugort == "Essen/Mülheim"
                        orderby f.Datum
                        select new Flug()
                        {
                        FlugNr = f.FlugNr,
                        Datum = f.Datum,
                        Abflugort = f.Abflugort,
                        Zielort = f.Zielort,
                        FreiePlaetze = f.FreiePlaetze,
```

```
                            Timestamp = f.Timestamp
                        }).ToList();


List<Flug> flugSet7b = ctx.FlugSet
                        .Where(f => f.Abflugort == "Essen/Mülheim")
                        .OrderBy(f => f.Datum)
                        .Select(f => new Flug()
                        {
                        FlugNr = f.FlugNr,
                        Datum = f.Datum,
                        Abflugort = f.Abflugort,
                        Zielort = f.Zielort,
                        FreiePlaetze = f.FreiePlaetze,
                        Timestamp = f.Timestamp
                        }).ToList();
SELECT [f].[FlugNr], [f].[FlugDatum] AS [Datum], [f].[Abflugort], [f].[Zielort],
[f].[FreiePlaetze], [f].[Timestamp]
FROM [Flug] AS [f]
WHERE [f].[Abflugort] = N'Essen/Mülheim'
ORDER BY [Datum]
```

14.14.7   Aggregatfunktionen (Count(), Min(), Max(), Average(), Sum())

```
int agg1a = (from f in ctx.FlugSet select f).Count();
int? agg2a = (from f in ctx.FlugSet select f).Sum(f => f.FreiePlaetze);
int? agg3a = (from f in ctx.FlugSet select f).Min(f => f.FreiePlaetze);
int? agg4a = (from f in ctx.FlugSet select f).Max(f => f.FreiePlaetze);
double? agg5a = (from f in ctx.FlugSet select f).Average(f => f.FreiePlaetze);

int agg1b = ctx.FlugSet.Count();
int? agg2b = ctx.FlugSet.Sum(f => f.FreiePlaetze);
int? agg3b = ctx.FlugSet.Min(f => f.FreiePlaetze);
int? agg4b = ctx.FlugSet.Max(f => f.FreiePlaetze);
double? agg5b = ctx.FlugSet.Average(f => f.FreiePlaetze);
SELECT COUNT(*)
FROM [Flug] AS [f]


SELECT SUM([f].[FreiePlaetze])
FROM [Flug] AS [f]


SELECT MIN([f].[FreiePlaetze])
FROM [Flug] AS [f]


SELECT MAX([f].[FreiePlaetze])
FROM [Flug] AS [f]


SELECT AVG(CAST([f].[FreiePlaetze] AS float))
FROM [Flug] AS [f]
```

14.14.8   Gruppierungen (GroupBy)

```
var group1a = (from f in ctx.FlugSet
```

```
                    group f by f.Abflugort into g
                    select new { Ort = g.Key, Anzahl = g.Count(), Sum = g.Sum(f =>
f.FreiePlaetze), Avg = g.Average(f => f.FreiePlaetze) })
                    .ToList();

var group1b = ctx.FlugSet
                    .GroupBy(f => f.Abflugort)
                    .Select(g => new
                    {
                    Ort = g.Key,
                    Anzahl = g.Count(),
                    Sum = g.Sum(f => f.FreiePlaetze),
                    Avg = g.Average(f => f.FreiePlaetze)
                    }).ToList();
```

> **Hinweis:** LINQ-Gruppierungen werden in Entity Framework Core auch in Version 2.0 noch im RAM ausgeführt. Erst in der kommenden Version 2.1 sollen diese korrekt in SQL übersetzt werden. Gruppierungen sollte man daher in den Versionen 1.0 bis 2.0 direkt in SQL formulieren (siehe Kapitel "Umgehung für das GroupBy-Problem").

Das Datenbankmanagementsystem erhält daher aktuell folgenden Befehl:

```
SELECT [f0].[FlugNr], [f0].[Abflugort], [f0].[Auslastung], [f0].[Bestreikt],
[f0].[CopilotId], [f0].[FlugDatum], [f0].[Fluggesellschaft],
[f0].[FlugzeugTypID], [f0].[FreiePlaetze], [f0].[LetzteAenderung], [f0].[Memo],
[f0].[NichtRaucherFlug], [f0].[PilotId], [f0].[Plaetze], [f0].[Preis],
[f0].[Timestamp], [f0].[Zielort]
FROM [Flug] AS [f0]
ORDER BY [f0].[Abflugort]
```

14.14.9   Einzelobjekte (SingleOrDefault(), FirstOrDefault())

```
Flug flug1a = (from f in ctx.FlugSet select f).SingleOrDefault(f => f.FlugNr ==
101);
Flug flug1b = ctx.FlugSet.SingleOrDefault(f => f.FlugNr == 101);
SELECT TOP(2) [f].[FlugNr], [f].[Abflugort], [f].[Auslastung], [f].[Bestreikt],
[f].[CopilotId], [f].[FlugDatum], [f].[Fluggesellschaft], [f].[FlugzeugTypID],
[f].[FreiePlaetze], [f].[LetzteAenderung], [f].[Memo], [f].[NichtRaucherFlug],
[f].[PilotId], [f].[Plaetze], [f].[Preis], [f].[Timestamp], [f].[Zielort]
FROM [Flug] AS [f]
WHERE [f].[FlugNr] = 101
Flug flug2a = (from f in ctx.FlugSet
                    where f.FreiePlaetze > 0
                    orderby f.Datum
                    select f).FirstOrDefault();
Flug flug2b = ctx.FlugSet
                    .Where(f => f.FreiePlaetze > 0)
                    .OrderBy(f => f.Datum)
                    .FirstOrDefault();
SELECT TOP(1) [f].[FlugNr], [f].[Abflugort], [f].[Auslastung], [f].[Bestreikt],
[f].[CopilotId], [f].[FlugDatum], [f].[Fluggesellschaft], [f].[FlugzeugTypID],
[f].[FreiePlaetze], [f].[LetzteAenderung], [f].[Memo], [f].[NichtRaucherFlug],
[f].[PilotId], [f].[Plaetze], [f].[Preis], [f].[Timestamp], [f].[Zielort]
FROM [Flug] AS [f]
WHERE [f].[FreiePlaetze] > 0
ORDER BY [f].[FlugDatum]
```

14.14.10 Verbundene Objekte (Include())

```
List<Flug> flugDetailsSet1a = (from f in ctx.FlugSet
                    .Include(f => f.Pilot)
                    .Include(f => f.Buchungen).ThenInclude(b => b.Passagier)
                    where f.Abflugort == "Essen/Mülheim"
                    orderby f.Datum
                    select f)
                    .ToList();


List<Flug> flugDetailsSet1b = ctx.FlugSet
                    .Include(f => f.Pilot)
                    .Include(f => f.Buchungen).ThenInclude(b => b.Passagier)
                    .Where(f => f.Abflugort == "Essen/Mülheim")
                    .OrderBy(f => f.Datum)
                        .ToList();
```

Hinweis: Entity Framework Core führt hier direkt nacheinander zwei SQL-Befehle aus, um Joins zu vermeiden.

```
SELECT [f].[FlugNr], [f].[Abflugort], [f].[Auslastung], [f].[Bestreikt],
[f].[CopilotId], [f].[FlugDatum], [f].[Fluggesellschaft], [f].[FlugzeugTypID],
[f].[FreiePlaetze], [f].[LetzteAenderung], [f].[Memo], [f].[NichtRaucherFlug],
[f].[PilotId], [f].[Plaetze], [f].[Preis], [f].[Timestamp], [f].[Zielort],
[f.Pilot].[PersonID], [f.Pilot].[Ausweisnummer], [f.Pilot].[DetailID],
[f.Pilot].[Discriminator], [f.Pilot].[EMail], [f.Pilot].[Geburtsdatum],
[f.Pilot].[Gehalt], [f.Pilot].[Name], [f.Pilot].[VorgesetzterPersonID],
[f.Pilot].[Vorname], [f.Pilot].[FlugscheinSeit], [f.Pilot].[Flugscheintyp],
[f.Pilot].[Flugschule], [f.Pilot].[Flugstunden]
FROM [Flug] AS [f]
INNER JOIN [Mitarbeiter] AS [f.Pilot] ON [f].[PilotId] = [f.Pilot].[PersonID]
WHERE (([f.Pilot].[Discriminator] = N'Pilot') AND ([f].[Abflugort] =
N'Essen/Mülheim')
ORDER BY [f].[FlugDatum], [f].[FlugNr]


SELECT [f.Buchungen].[FlugNr], [f.Buchungen].[PassagierId],
[b.Passagier].[PersonID], [b.Passagier].[DetailID], [b.Passagier].[EMail],
[b.Passagier].[Geburtsdatum], [b.Passagier].[KundeSeit], [b.Passagier].[Name],
[b.Passagier].[PassagierStatus], [b.Passagier].[Vorname]
FROM [Buchung] AS [f.Buchungen]
INNER JOIN [Passagier] AS [b.Passagier] ON [f.Buchungen].[PassagierId] =
[b.Passagier].[PersonID]
INNER JOIN (
    SELECT DISTINCT [f0].[FlugNr], [f0].[FlugDatum]
    FROM [Flug] AS [f0]
    INNER JOIN [Mitarbeiter] AS [f.Pilot0] ON [f0].[PilotId] =
[f.Pilot0].[PersonID]
    WHERE (([f.Pilot0].[Discriminator] = N'Pilot') AND ([f0].[Abflugort] =
N'Essen/Mülheim')
) AS [t] ON [f.Buchungen].[FlugNr] = [t].[FlugNr]
ORDER BY [t].[FlugDatum], [t].[FlugNr]
```

14.14.11   Inner Join (Join)

Explizite Join-Operationen sind nicht notwendig, wenn es Navigationsbeziehungen gibt (vgl. "Verbundene Objekte"). Im nachfolgenden Beispiel werden, um einen Fall ohne Navigationsbeziehung zu konstruieren, alle Flüge gesucht, die die gleiche ID wie ein Pilot haben.

```
var flugDetailsSet2a = (from f in ctx.FlugSet
                        join p in ctx.PilotSet
                        on f.FlugNr equals p.PersonID
                        select new { Nr = f.FlugNr, Flug = f, Pilot = p })
                              .ToList();


var flugDetailsSet2b = ctx.FlugSet
                       .Join(ctx.PilotSet, f => f.FlugNr, p => p.PersonID,
                            (f, p) => new { Nr = f.FlugNr, Flug = f, Pilot = p
})
                              .ToList();
SELECT [f].[FlugNr], [f].[Abflugort], [f].[Auslastung], [f].[Bestreikt],
[f].[CopilotId], [f].[FlugDatum], [f].[Fluggesellschaft], [f].[FlugzeugTypID],
[f].[FreiePlaetze], [f].[LetzteAenderung], [f].[Memo], [f].[NichtRaucherFlug],
[f].[PilotId], [f].[Plaetze], [f].[Preis], [f].[Timestamp], [f].[Zielort],
[p].[PersonID], [p].[Ausweisnummer], [p].[DetailID], [p].[Discriminator],
[p].[EMail], [p].[Geburtsdatum], [p].[Gehalt], [p].[Name],
[p].[VorgesetzterPersonID], [p].[Vorname], [p].[FlugscheinSeit],
[p].[Flugscheintyp], [p].[Flugschule], [p].[Flugstunden]
FROM [Flug] AS [f]
INNER JOIN [Mitarbeiter] AS [p] ON [f].[FlugNr] = [p].[PersonID]
WHERE [p].[Discriminator] = N'Pilot'
```

14.14.12   Cross Join (Kartesisches Produkt)

```
var flugDetailsSet3a =(from f in ctx.FlugSet
                       from b in ctx.BuchungSet
                       from p in ctx.PassagierSet
                       where f.FlugNr == b.FlugNr
                           && b.PassagierId == p.PersonID && f.Abflugort == "Rom"
                       select new { Flug = f, Passagiere = p })
                             .ToList();


var flugDetailsSet3b = ctx.FlugSet
      .SelectMany(f => ctx.BuchungSet, (f, b) => new  { f = f,  b = b})
      .SelectMany(z => ctx.PassagierSet, (x, p) => new {x = x, p = p})
      .Where(y => ((y.x.f.FlugNr == y.x.b.FlugNr) &&
            (y.x.b.PassagierId == y.p.PersonID)) && y.x.f.Abflugort == "Rom")
      .Select(z => new {Flug = z.x.f, Passagiere = z.p } )
      .ToList();
SELECT [f].[FlugNr], [f].[Abflugort], [f].[Auslastung], [f].[Bestreikt],
[f].[CopilotId], [f].[FlugDatum], [f].[Fluggesellschaft], [f].[FlugzeugTypID],
[f].[FreiePlaetze], [f].[LetzteAenderung], [f].[Memo], [f].[NichtRaucherFlug],
[f].[PilotId], [f].[Plaetze], [f].[Preis], [f].[Timestamp], [f].[Zielort],
[p].[PersonID], [p].[DetailID], [p].[EMail], [p].[Geburtsdatum], [p].[KundeSeit],
[p].[Name], [p].[PassagierStatus], [p].[Vorname]
FROM [Flug] AS [f]
CROSS JOIN [Buchung] AS [b]
CROSS JOIN [Passagier] AS [p]
```

```
WHERE ((([f].[FlugNr] = [b].[FlugNr]) AND ([b].[PassagierId] = [p].[PersonID]))
AND ([f].[Abflugort] = N'Rom')
```

14.14.13   Join mit Gruppierung

```
var flugDetailsSet4a = (from b in ctx.BuchungSet
        join f in ctx.FlugSet on b.FlugNr equals f.FlugNr
        join p in ctx.PassagierSet on b.PassagierId equals p.PersonID
        where f.Abflugort == "Berlin"
        group b by b.Flug into g
        select new { Flug = g.Key, Passagiere = g.Select(x => x.Passagier) })
        .ToList();


var flugDetailsSet4b = ctx.BuchungSet
        .Join(ctx.FlugSet, b => b.FlugNr, f => f.FlugNr, (b, f) => new { b = b, f
= f })
        .Join(ctx.PassagierSet, x => x.b.PassagierId, p => p.PersonID, (x, p)
            => new { x = x, p = p })
        .Where(z => (z.x.f.Abflugort == "Berlin"))
        .GroupBy(y => y.x.b.Flug, y => y.x.b)
        .Select(g => new { Flug = g.Key,
            Passagiere = g.Select(x => x.Passagier) })
        .ToList();
SELECT [b0].[FlugNr], [b0].[PassagierId], [b.Flug0].[FlugNr],
[b.Flug0].[Abflugort], [b.Flug0].[Auslastung], [b.Flug0].[Bestreikt],
[b.Flug0].[CopilotId], [b.Flug0].[FlugDatum], [b.Flug0].[Fluggesellschaft],
[b.Flug0].[FlugzeugTypID], [b.Flug0].[FreiePlaetze], [b.Flug0].[LetzteAenderung],
[b.Flug0].[Memo], [b.Flug0].[NichtRaucherFlug], [b.Flug0].[PilotId],
[b.Flug0].[Plaetze], [b.Flug0].[Preis], [b.Flug0].[Timestamp],
[b.Flug0].[Zielort], [f0].[FlugNr], [f0].[Abflugort], [f0].[Auslastung],
[f0].[Bestreikt], [f0].[CopilotId], [f0].[FlugDatum], [f0].[Fluggesellschaft],
[f0].[FlugzeugTypID], [f0].[FreiePlaetze], [f0].[LetzteAenderung], [f0].[Memo],
[f0].[NichtRaucherFlug], [f0].[PilotId], [f0].[Plaetze], [f0].[Preis],
[f0].[Timestamp], [f0].[Zielort], [p0].[PersonID], [p0].[DetailID], [p0].[EMail],
[p0].[Geburtsdatum], [p0].[KundeSeit], [p0].[Name], [p0].[PassagierStatus],
[p0].[Vorname]
FROM [Buchung] AS [b0]
INNER JOIN [Flug] AS [b.Flug0] ON [b0].[FlugNr] = [b.Flug0].[FlugNr]
INNER JOIN [Flug] AS [f0] ON [b0].[FlugNr] = [f0].[FlugNr]
INNER JOIN [Passagier] AS [p0] ON [b0].[PassagierId] = [p0].[PersonID]
ORDER BY [b.Flug0].[FlugNr]
```

14.14.14 Unter-Abfragen (Sub-Select)

> **Achtung:** Unterabfragen werden sowohl bei Entity Framework als auch Entity Framework Core einzeln für jeden Ergebnisdatensatz der Hauptabfrage zum Datenbankmanagementsystem gesendet! Dies kann zu erheblichen Leistungsproblemen führen!

```
List<Flug> flugDetailsSet5a = (from f in ctx.FlugSet
        where f.FlugNr == 101
        select new Flug()           {
         FlugNr = f.FlugNr,
         Datum = f.Datum,
         Abflugort = f.Abflugort,
         Zielort = f.Zielort,
```

```
        Pilot = (from p in ctx.PilotSet where
                  p.PersonID == f.PilotId select p)
                .FirstOrDefault(),
        Copilot = (from p in ctx.PilotSet where
                    p.PersonID == f.CopilotId select p)
                  .FirstOrDefault(),
    }).ToList();

List<Flug> flugDetailsSet5b = ctx.FlugSet
    .Where(f => f.FlugNr == 101)
    .Select(f =>new Flug()             {
        FlugNr = f.FlugNr,
        Datum = f.Datum,
        Abflugort = f.Abflugort,
        Zielort = f.Zielort,
        Pilot = ctx.PilotSet
                .Where(p => (p.PersonID == f.PilotId))
                .FirstOrDefault(),
        Copilot = ctx.PilotSet
                .Where(p => (p.PersonID) == f.CopilotId)
                .FirstOrDefault()
    }).ToList();
SELECT [f].[FlugNr], [f].[FlugDatum] AS [Datum], [f].[Abflugort], [f].[Zielort],
[f].[FreiePlaetze], [f].[Timestamp], [f].[PilotId], [f].[CopilotId]
FROM [Flug] AS [f]
WHERE [f].[FlugNr] = 101


SELECT TOP(1) [p].[PersonID], [p].[Ausweisnummer], [p].[DetailID],
[p].[Discriminator], [p].[EMail], [p].[Geburtsdatum], [p].[Gehalt], [p].[Name],
[p].[VorgesetzterPersonID], [p].[Vorname], [p].[FlugscheinSeit],
[p].[Flugscheintyp], [p].[Flugschule], [p].[Flugstunden]
FROM [Mitarbeiter] AS [p]
WHERE (([p].[Discriminator] = N'Pilot') AND ([p].[PersonID] = @_outer_PilotId)


SELECT TOP(1) [p0].[PersonID], [p0].[Ausweisnummer], [p0].[DetailID],
[p0].[Discriminator], [p0].[EMail], [p0].[Geburtsdatum], [p0].[Gehalt],
[p0].[Name], [p0].[VorgesetzterPersonID], [p0].[Vorname], [p0].[FlugscheinSeit],
[p0].[Flugscheintyp], [p0].[Flugschule], [p0].[Flugstunden]
FROM [Mitarbeiter] AS [p0]
WHERE (([p0].[Discriminator] = N'Pilot') AND ([p0].[PersonID] = @_outer_CopilotId)
```

15 Objektbeziehungen und Ladestrategien

Ein Objektmodell beschreibt Beziehungen zwischen Instanzen verschiedener Klassen (z.B. zwischen Flug und Pilot) oder auch zu anderen Instanzen der gleichen Klasse (siehe z.B. das Property Vorgesetzter in der Klasse Mitarbeiter). Die Frage, wann und wie in Beziehung stehende Objekte geladen werden, ist nicht nur entscheidend für den Komfort des Softwareentwicklers, sondern auch für die Perfomanz der Anwendung.

15.1 Überblick über die Ladestrategien

Das klassische Entity Framework unterstützt vier Strategien für das Laden verbundener Objekte: Lazy Loading automatisch, explizites Laden (Explicit Loading), Eager Loading und Preloading v Relationship Fixup (siehe Abbildung). In Entity Framework Core 1.0 gab es nur Eager Loading und Preloading. In Entity Framework Core 1.1 wurde das explizite Laden eingeführt. Lazy Loading gibt es bislang nicht in Entity Framework Core.

© Dr. Holger Schwichtenberg, www.IT-Visions.de, 2013-2017

Abbildung: Ladestrategien im Entity Framework 1.0 bis 6.x. Entity Framework Core unterstützt bislang nur drei Strategien; Lazy Loading fehlt.

15.2 Standardverhalten

Entity Framework Core beschränkt sich in der Standardeinstellung bei einer Abfrage (wie das bisherige Entity Framework auch) darauf, die tatsächlich angeforderten Objekte zu laden und lädt verbundene Objekte nicht automatisch mit.

Eine LINQ-Abfrage wie

```
List<Flug> liste = (from x in ctx.FlugSet
                where x.Abflugort == ort &&
                    x.FreiePlaetze > 0
                orderby x.Datum, x.Abflugort
                select x).ToList();
```

lädt in Bezug auf das in der nächsten Abbildung dargestellte Objektmodell also wirklich nur Instanzen der Klasse Flug. Damit in der Datenbank verbundene Piloten-, Buchungen- oder Flugzeugtypen-Datensätze werden nicht automatisch mitgeladen. Das Mitladen verbundener

Datensätze (in der Fachsprache "Eager Loading" genannt) wäre auch keine gute Idee für die Standardeinstellung, denn hier würden dann ggf. Daten geladen, die später gar nicht gebraucht werden. Zudem haben die verbundenen Datensätze bekanntlich selbst wieder Beziehungen, z.B. Buchungen zu Passagieren. Passagiere haben aber auch Buchungen auf anderen Flügen. Wenn man rekursiv alle diese in Beziehungen stehenden Datensätze mitladen würde, dann würde man im Beispiel des Objektmodells in der nächsten Abbildung mit großer Wahrscheinlichkeit fast alle Datensätze ins RAM laden, denn viele Passagiere sind über gemeinsame Flüge mit anderen Passagieren verbunden. Eager Loading wäre als Standardeinstellung also nicht gut.

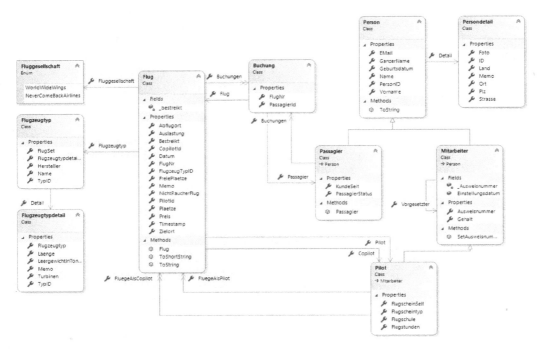

Abbildung: Objektmodell für die Verwaltung von Flügen und in Beziehung stehenden Daten

Auch wenn man mit Find() einzelne Objekt lädt, werden keine verbundenen Datensätze mitgeladen.

Listing: Vergeblicher Versuch des Zugriffs auf verbundene Objekte in Entity Framework Core

```
/// <summary>
/// Liefert keine Pilot-, Buchungs- und Passagierinformationen
/// </summary>
public static void Demo_LazyLoading()
{
 CUI.Headline(nameof(Demo_LazyLoading));

 using (var ctx = new WWWingsContext())
 {
   // Lade nur den Flug
   var f = ctx.FlugSet.SingleOrDefault(x => x.FlugNr == 101);
```

```
    Console.WriteLine($"Flug Nr {f.FlugNr} von {f.Abflugort} nach {f.Zielort} hat
{f.FreiePlaetze} freie Plätze!");
    if (f.Pilot != null) Console.WriteLine($"Pilot: {f.Pilot.Name} hat {f.Pilot.F
luegeAlsPilot.Count} Flüge als Pilot!");
    else Console.WriteLine("Kein Pilot zugewiesen!");
    if (f.Copilot != null) Console.WriteLine($"Copilot: {f.Copilot.Name} hat {f.C
opilot.FluegeAlsCopilot.Count} Flüge als Copilot!");
    else Console.WriteLine("Kein Copilot zugewiesen!");

    Console.WriteLine("Anzahl Passagiere auf diesem Flug: " + f.Buchungen.Count);

    Console.WriteLine("Passagiere auf diesem Flug:");
    foreach (var b in f.Buchungen)
    {
     Console.WriteLine("- Passagier #{0}: {1} {2}", b.Passagier.PersonID, b.Passa
gier.Vorname, b.Passagier.Name);
    }
}
```

15.3   Kein Lazy Loading

Das vorherige Beispiel würde beim bisherigen Entity Framework im ersten Schritt nur den explizit angeforderten Flug laden, dann aber in den folgenden Programmcodezeilen via Lazy Loading auch die Piloten- und Copiloteninformation (mit jeweils auch deren anderen Flügen) sowie die Buchungen mit den Passagierdaten laden. Entity Framework würde hier nacheinander eine Vielzahl von SELECT-Befehlen zur Datenbank senden. Wie viele es genau sind, hängt von der Anzahl der Passagiere auf diesem Flug ab.

Bei Entity Framework Core liefert obiger Programmcode aber weder Pilot, Copilot noch Passagiere. Es wird bei "Anzahl Passagiere auf diesem Flug" eine 0 angezeigt. Microsoft hat das Lazy Loading für Entity Framework Core noch nicht implementiert.

Lazy Loading beinhaltet eine besondere Implementierungsherausforderung, denn der OR-Mapper muss jeglichen Zugriff auf alle Objektreferenzen abfangen, um hier bei Bedarf die verbundenen Objekte nachladen zu können. Dieses Abfangen erfolgt durch die Verwendung bestimmter Klassen für Einzelreferenzen und Mengenklassen.

Im klassischen Entity Framework gibt es sowohl die Möglichkeit, Lazy Loading durch Verwendung bestimmter Lazy Loading-fähiger Klassen als auch durch meist unsichtbare Runtime Proxy-Objekte zu realisieren. Beides ist in Entity Framework Core noch nicht vorgesehen.

Lazy Loading wird man in Entity Framework Core aber gerade dann vermissen, wenn es keinen Sinn macht, verbundene Datensätze schon vorab zu laden. Typisches Beispiel ist eine Master-Detail-Ansicht auf dem Bildschirm. Wenn es viele Master-Datensätze gibt, wäre es verschwendete Zeit, zu jedem Master-Datensatz auch schon die Detail-Datensätze zu laden. Vielmehr wird man immer nur die Detail-Datensätze zu dem Master-Datensatz, den der Benutzer gerade angeklickt hat, anfordern. Während man an dieser Stelle im bisherigen Entity Framework Core die Master-Detail-Darstellung via Lazy Loading ohne weiteren Programmcode beim Anklicken des Master-Datensatzes realisieren konnte, muss man in Entity Framework Core das Klicken abfangen und die Detail-Datensätze explizit laden.

15.4   Explizites Nachladen (Explicit Loading)

In Entity Framework Core Version 1.1, das am 16.11.2016 erschienen ist, hat Microsoft das explizite Nachladen nachgerüstet. Hier gibt der Softwareentwickler mit Hilfe der Methoden Reference() (für Einzelobjekte), Collection() (für Mengen) und einem danach folgenden Load() an, dass in Beziehung stehende Objekte jetzt zu laden sind.

Diese Methoden stehen aber nicht auf dem Entitätsobjekt selbst zur Verfügung, sondern sind Teil der Klasse EntityEntry<T>, die man durch die Methode Entry() in der Klasse DbContext erhält (siehe Listing). Mit IsLoaded() kann man prüfen, ob das Objekt schon geladen wurde. IsLoaded() liefert auch dann true, wenn es kein passendes Objekt in der Datenbank gab. Es zeigt also nicht an, ob eine Navigationsbeziehung ein Gegenobjekt hat, sondern ob in der aktuellen Kontextinstanz schon einmal versucht wurde, ein passendes Objekt dafür zu laden. Wenn also im nächsten Listing der Flug 101 zwar bereits einen zugewiesenen Piloten (Herrn Koch), aber noch keinen Copiloten hat, führt dies zur Ausgabe in der nächsten Abbildung. Man muss sich bewusst sein, dass jede Ausführung von Load() zu einem expliziten Absenden eines SQL-Befehls zum Datenbankmanagementsystem führt.

Listing: Durch das explizite Nachladen sendet Entity Framework Core sehr viele einzelne SQL-Befehle zur Datenbank

```
/// <summary>
/// Liefert Pilot-, Buchungs- und Passagierinformationen via explizitem Laden
/// </summary>
public static void Demo_ExplizitLoading_v11()
{
  CUI.Headline(nameof(Demo_ExplizitLoading_v11));

  using (var ctx = new WWWingsContext())
  {
    // Lade nur den Flug
    var f = ctx.FlugSet
         .SingleOrDefault(x => x.FlugNr == 101);

    Console.WriteLine($"Flug Nr {f.FlugNr} von {f.Abflugort} nach {f.Zielort} hat {f.FreiePlaetze} freie Plätze!");

    // Lade nur den Pilot und Copilot nach
    if (!ctx.Entry(f).Reference(x => x.Pilot).IsLoaded)
      ctx.Entry(f).Reference(x => x.Pilot).Load();
    if (!ctx.Entry(f).Reference(x => x.Copilot).IsLoaded)
      ctx.Entry(f).Reference(x => x.Copilot).Load();

    // Prüfung, ob geladen
    if (ctx.Entry(f).Reference(x => x.Pilot).IsLoaded) Console.WriteLine("Pilot ist geladen!");
    if (ctx.Entry(f).Reference(x => x.Copilot).IsLoaded) Console.WriteLine("Co-Pilot ist geladen!");


    if (f.Pilot != null) Console.WriteLine($"Pilot: {f.Pilot.Name} hat {f.Pilot.FluegeAlsPilot.Count} Flüge als Pilot!");
    else Console.WriteLine("Kein Pilot zugewiesen!");
    if (f.Copilot != null) Console.WriteLine($"Copilot: {f.Copilot.Name} hat {f.Copilot.FluegeAlsCopilot.Count} Flüge als Copilot!");
```

```
  else Console.WriteLine("Kein Copilot zugewiesen!");

  // Lade nur die Buchungsliste nach
  if (!ctx.Entry(f).Collection(x => x.Buchungen).IsLoaded)
   ctx.Entry(f).Collection(x => x.Buchungen).Load();

  Console.WriteLine("Anzahl Passagiere auf diesem Flug: " + f.Buchungen.Count);
  Console.WriteLine("Passagiere auf diesem Flug:");
  foreach (var b in f.Buchungen)
  {

   // Lade nur den Passagier für diese Buchung nach
   if (!ctx.Entry(b).Reference(x => x.Passagier).IsLoaded)
    ctx.Entry(b).Reference(x => x.Passagier).Load();

   Console.WriteLine("- Passagier #{0}: {1} {2}", b.Passagier.PersonID, b.Passa
gier.Vorname, b.Passagier.Name);
  }
 }
}
```

```
Demo_EagerLoading
WWWingsContext: OnConfiguring
WWWingsContext: OnModelCreating
Flug Nr 101 von Seattle nach Moskau hat 129 freie Plätze!
Pilot: Koch hat 10 Flüge als Pilot!
Copilot: Stoiber hat 6 Flüge als Copilot!
Anzahl Passagiere auf diesem Flug: 8
Passagiere auf diesem Flug:
- Passagier #12: Niklas Bauer
- Passagier #15: Jan Schäfer
- Passagier #17: Leon Klein
- Passagier #47: Lukas Schneider
- Passagier #59: Laura Wagner
- Passagier #67: Marie Weber
- Passagier #87: Leonie Schäfer
- Passagier #98: Anna Schmidt
```

Abbildung: Ausgabe zum obigem Listing

15.5   Eager Loading

Genau wie das bisherige Entity Framework unterstützt auch Entity Framework Core das Eager Loading. Die Syntax hat sich jedoch ein wenig geändert.

Im bisherigen Entity Framework konnte man bei Include() in der ersten Version nur eine Zeichenkette mit dem Namen einer Navigationseigenschaften angeben; die Zeichenkette wurde nicht vom Compiler geprüft. Ab der dritten Version (Versionsnummer 4.1) kam dann die Möglichkeit hinzu, eines robusteren, weil vom Compiler geprüften Lambda-Audrucks für die Navigationseigenschaften anstelle der Zeichenkette anzugeben. Für Ladepfade über mehrere Ebenen musste man die Lambda-Ausdrücke verschachteln und auch die Select()-Methode verwenden.

In Entity Framework Core gibt es weiterhin Zeichenketten und Lambda-Ausdrücke, jedoch wurde die Syntax für die Lambda-Ausdrücke etwas modifiziert: Anstelle der Verschachtelung mit Select() tritt ThenInclude() analog zu OrderBy() und ThenOrderBy() für die Sortierung über mehrere Spalten. Das nächste Listing zeigt das Eager Loading eines Flugs mit folgenden verbundenen Daten:

- Buchungen und zu jeder Buchung den Passagierinformationen: Include(b => b.Buchungen).ThenInclude(p => p.Passagier)

- Pilot und zu dem Pilot die Liste seiner weiteren Flüge als Pilot: Include(b => b.Pilot).ThenInclude(p => p.FluegeAlsPilot)

- Copilot und zu dem Copilot die Liste seiner weiteren Flüge als Copilot: Include(b => b.Copilot).ThenInclude(p => p.FluegeAlsCopilot)

Listing: Mit Eager Loading kann man in Entity Framework Core die verbundenen Objekte nutzen.

```
/// <summary>
/// Liefert Pilot-, Buchungs- und Passagierinformationen
/// </summary>
public static void Demo_EagerLoading()
{
  CUI.Headline("Demo_EagerLoading");

  using (var ctx = new WWWingsContext())
  {
    // Lade den Flug und einige verbundene Objekte via Eager Loading
    var f = ctx.FlugSet
         .Include(b => b.Buchungen).ThenInclude(p => p.Passagier)
         .Include(b => b.Pilot).ThenInclude(p => p.FluegeAlsPilot)
         .Include(b => b.Copilot).ThenInclude(p => p.FluegeAlsCopilot)
         .SingleOrDefault(x => x.FlugNr == 101);

    Console.WriteLine($"Flug Nr {f.FlugNr} von {f.Abflugort} nach {f.Zielort} hat
{f.FreiePlaetze} freie Plätze!");
    if (f.Pilot != null) Console.WriteLine($"Pilot: {f.Pilot.Name} hat {f.Pilot.F
luegeAlsPilot.Count} Flüge als Pilot!");
    else Console.WriteLine("Kein Pilot zugewiesen!");
    if (f.Copilot != null) Console.WriteLine($"Copilot: {f.Copilot.Name} hat {f.C
opilot.FluegeAlsCopilot.Count} Flüge als Copilot!");
    else Console.WriteLine("Kein Copilot zugewiesen!");

    Console.WriteLine("Anzahl Passagiere auf diesem Flug: " + f.Buchungen.Count);
    Console.WriteLine("Passagiere auf diesem Flug:");
    foreach (var b in f.Buchungen)
    {
      Console.WriteLine("- Passagier #{0}: {1} {2}", b.Passagier.PersonID, b.Passa
gier.Vorname, b.Passagier.Name);
    }
  }
}
```

Das Listing liefert die Ausgabe in der nächsten Bildschirmabbildung: Sowohl die Informationen zu Pilot und Copilot als auch die Liste der gebuchten Passagiere steht zur Verfügung.

ACHTUNG: Der Compiler prüft bei Include() und ThenInclude() nur, ob die Klasse ein entsprechendes Property oder Field besitzt. Er prüft nicht, ob es sich dabei auch um eine Navigationseigenschaft zu einer anderen Entitätsklasse handelt. Wenn es keine Navigationseigenschaft ist, kommt es erst zur Laufzeit zum Fehler: "The property xy is not a navigation property of entity type 'ab'. The 'Include(string)' method can only be used with a '.' separated list of navigation property names."

```
Demo_EagerLoading
WWWingsContext: OnConfiguring
WWWingsContext: OnModelCreating
Flug Nr 101 von Seattle nach Moskau hat 129 freie Plätze!
Pilot: Koch hat 10 Flüge als Pilot!
Copilot: Stoiber hat 6 Flüge als Copilot!
Anzahl Passagiere auf diesem Flug: 8
Passagiere auf diesem Flug:
- Passagier #12: Niklas Bauer
- Passagier #15: Jan Schäfer
- Passagier #17: Leon Klein
- Passagier #47: Lukas Schneider
- Passagier #59: Laura Wagner
- Passagier #67: Marie Weber
- Passagier #87: Leonie Schäfer
- Passagier #98: Anna Schmidt
```

Abbildung: Ausgabe des Listings

Allerdings gibt es noch einen entscheidenden Unterschied zum bisherigen Entity Framework: Während Entity Framework in den Versionen 1.0 bis 6.x hier nur einen einzigen, sehr großen SELECT-Befehl zum Datenbankmanagementsystem gesendet hätte, entscheidet sich Entity Framework Core, die Abfrage in vier Teile zu teilen (siehe nächste Abbildung):

- Erst wird der Flug geladen mit Join auf die Mitarbeiter-Tabelle, in der sich auch die Pilotinformation befindet (ein Table per Hierarchy-Mapping).

- Im zweiten Schritt lädt Entity Framework Core die sechs anderen Flüge des Copiloten.

- Im dritten Schritt lädt Entity Framework Core die zehn anderen Flüge des Piloten.

- Im letzten Schritt lädt Entity Framework Core die achten gebuchten Passagiere.

Diese Strategie kann schneller sein, als einen großen SELECT-Befehl auszuführen, der ein großes Resultset, in dem Datensätze doppelt vorkommen, liefert und das der OR-Mapper dann auseinandernehmen und von den Duplikaten bereinigen muss. Die Strategie getrennter SELECT-Befehle von Entity Framework Core kann aber auch langsamer sein, da jeder Rundgang zum Datenbankmanagementsystem Zeit kostet. Im bisherigen Entity Framework hatte der Softwareentwickler die freie Wahl, wie groß er eine Eager Loading-Anweisung zuschneiden will und wo er getrennt laden will. In Entity Framework Core wird der Softwareentwickler an dieser Stelle bevormundet und verliert dabei die Kontrolle über die Anzahl der Rundgänge zum Datenbankmanagementsystem.

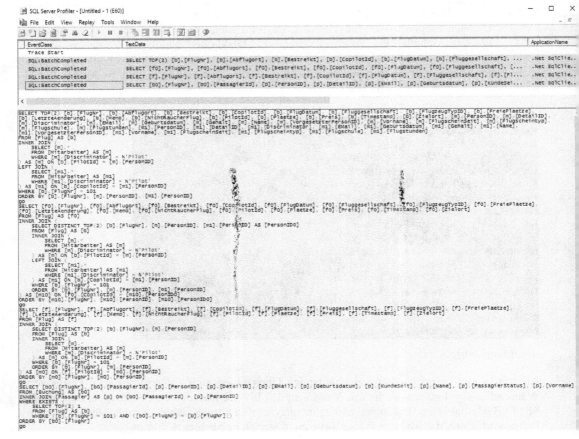

Abbildung: Der SQL Server-Profiler zeigt die vier SQL-Befehle, die das Easger Loading-Beispiel in Entity Framework Core auslöst.

15.6   Relationship Fixup

Relationship Fixup ist ein Mechanismus von Entity Framework Core, den es auch schon im klassischen Entity Framework gab. Das Relationship Fixup erledigt zwischen zwei Objekten im RAM folgendes:

- **Fall 1**: Wenn zwei Objekte aus der Datenbank, die in der Datenbank per Fremdschlüssel in Beziehung stehen, unabhängig voneinander geladen werden, stellt Entity Framework Core die Beziehung zwischen den beiden Objekt über deren definierten Navigationseigenschaften her.

- **Fall 2:** Wenn ein Objekt im RAM angelegt oder so geändert wird, dass es mit einem anderen Objekt im RAM per Fremdschlüssel in Beziehung steht, stellt Entity Framework Core die Beziehung zwischen den beiden über deren definierte Navigationseigenschaften her.

- **Fall 3a:** Wenn ein Objekt im RAM mit einem anderen Objekt im RAM per Navigationseigenschaft verbunden wird und es auch eine bidirektionale Beziehung mit Navigationseigenschaft in die andere Richtung gibt, so aktualisiert Entity Framework Core auch die andere Navigationseigenschaft.

- **Fall 3b:** Wenn ein Objekt im RAM mit einem anderen Objekt im RAM per Fremdschlüsseleigenschaft verbunden wird, so aktualisiert Entity Framework Core die andere Navigationseigenschaften auf den beiden Objekten.

> **WICHTIG:** In den Fällen Fall 3a und Fall 3b wird das Relationship Fixup erst ausgeführt, wenn ctx.ChangeTracker.DetectChanges() aufgerufen wird. Anders als dass klassische Entity Framework führt Entity Framework Core den Aufruf von DetectChanges() nicht mehr automatisch bei fast allen API-Funktionen des ORM aus, was eine Leistungsbremse war. Entity Framework Core führt DetectChanges() nur noch aus bei ctx.SaveChanges(), ctx.Entry() und ctx.Entries() sowie der DbSet<T>().Add()-Methode.

15.6.1   Beispiel für Fall 1

In dem folgenden Beispiel wird zunächst ein Flug in die Variable flug geladen. Dann wird für den Flug die Pilot-ID des Piloten ausgegeben und das Pilot-Objekt selbst. Es ist aber zu diesem Zeitpunkt noch nicht verfügbar, weil es nicht zusammen mit dem Flug geladen wurde und Entity Framework Core in der bis zum Reaktionsschluß dieses Buchs verfügbaren Version kein Lazy Loading unterstützt.

Danach wird der Pilot zu dem Flug anhand der ID einzeln geladen in die Variable pilot. Das Pilot-Objekt und das Flug-Objekt wäre normalerweise nun losgelöst voneinander. Die erneute Ausgabe von flug.Pilot zeigt aber, dass Entity Framework Core die Beziehung via Relationship Fixup hergestellt hat. Ebenso ist die rückwärtige Beziehung erfasst worden: in der Liste pilot.FluegeAlsPilot erscheint nur der zuvor geladene Flug.

> **ACHTUNG**: Weitere, ggf. in der Datenbank enthaltene Flüge dieses Piloten können hier nicht in der Liste erscheinen, weil diese nicht geladen wurden.

Listing: Relationship Fixup im Fall 1

```
public static void RelationshipFixUp_Case1()
   {
    CUI.MainHeadline(nameof(RelationshipFixUp_Case1));

    using (var ctx = new WWWingsContext())
    {

     int flugNr = 101;

     // 1. Lade nur den Flug selbst
     var flug = ctx.FlugSet.Find(flugNr);

     // 2. Ausgabe des Piloten zu dem Flug
     Console.WriteLine(flug.PilotId + ": " + (flug.Pilot != null ?
flug.Pilot.ToString() : "Pilot nicht geladen!"));

     // 3. Lade nun den Piloten dazu einzeln
     var pilot = ctx.PilotSet.Find(flug.PilotId);

     // 4. Ausgabe des Piloten zu dem Flug: Pilot nun verbunden
     Console.WriteLine(flug.PilotId + ": " + (flug.Pilot != null ?
flug.Pilot.ToString() : "Pilot nicht geladen!"));
```

```
    // 5. Ausgabe der Flüge des Piloten
    foreach (var f in pilot.FluegeAlsPilot)
    {

     Console.WriteLine(f);

    }


   }
  }
```

Wie beim klassischen Entity Framework erfolgt bei Entity Framework Core im Rahmen des Relationship Fixup auch eine Zuweisung einer Instanz eines Mengentyps zu der Navigationseigenschaft, wenn die Navigationseigenschaft den Wert null hat.

Dieser Automatismus ist gegeben, unabhängig davon, ob der Softwareentwickler bei der Deklaration der Navigationseigenschaft als Typ eine Schnittstelle oder eine Klasse verwendet hat. Wenn eine Mengeklasse verwendet wird, instanziiert Entity Framework Core die Mengenklasse selbst. Im Fall der Deklaration der Navigationseigenschaft mit einem Schnittstellentyp wählt Entity Framework Core selbst eine geeignete Mengenklasse. Bei ICollection<T> wird HashSet<T> gewählt, bei IList<T> eine List<T>.

15.6.2   Beispiel für Fall 2

Im Beispiel für Fall 2 wird ein Pilot geladen. Zunächst sind keine Flüge von ihm im RAM. Dann wird ein neuer Flug angelegt und diesem Flug die Pilot-ID des geladenen Piloten zugewiesen. Bei dem Aufruf von ctx.FlugSet.Add() führt Entity Framework Core ein Relationship Fixup durch, sodass nun die Navigationseigenschaften FlugeAlsPilot des Pilot-Objekts und die Navigationseigenschaft flug.Pilot gefüllt ist.

Listing: Relationship Fixup im Fall 2

```
public static void RelationshipFixUp_Case2()
  {

   CUI.MainHeadline(nameof(RelationshipFixUp_Case2));
   void PrintPilot(Pilot pilot)
   {
    CUI.PrintSuccess(pilot.ToString());
    if (pilot.FluegeAlsPilot != null)
    {
     Console.WriteLine("Flüge dieses Piloten:");
     foreach (var f in pilot.FluegeAlsPilot)
     {
      Console.WriteLine(f);
     }
    }
    else
    {
     CUI.PrintWarning("Keine Flüge!");
    }
   }

   using (var ctx = new WWWingsContext())
   {
    // Lade einen Pilot
    var pilot = ctx.PilotSet.FirstOrDefault();
```

```
    // Ausgabe der Flüge des Piloten
    PrintPilot(pilot);
    // Erstelle einen neuen Flug
    var flug = new Flug();
    flug.Abflugort = "Essen/Mülheim";
    flug.Zielort = "Berlin";
    flug.Datum = DateTime.Now.AddDays(10);
    flug.FlugNr = ctx.FlugSet.Max(x => x.FlugNr) + 1;
    flug.PilotId = pilot.PersonID;
    ctx.FlugSet.Add(flug);

    // Pilot ausgeben
    PrintPilot(pilot);

    // Pilot des neuen Flugs
    Console.WriteLine(flug.Pilot);

  }
}
```

15.6.3 Beispiel für Fall 3

Das folgende Beispiel umfasst wahlweise Fall 3a und 3b (siehe Auskommentierung). Im Beispiel zunächst wird ein Flug geladen. Dann wird ein beliebiger Pilot geladen und dem Flug per Pilot-ID oder Navigationseigenschaft zugewiesen. Hier führt aber Entity Framework Core das Relationship Fixup nicht automatisch aus. Im Fall 3a sind flug.Pilot und pilot.FluegeAlsPilot leer. Dies ändert sich erst mit dem Aufruf ctx.ChangeTracker.DetectChanges(). Im Fall 3b ist flug.Pilot ja manuell gefüllt und pilot.FluegeAlsPilot wird nach ctx.ChangeTracker.DetectChanges() gefüllt.

	Fall 3a	**Fall 3b**
Zuweisung	flug.Pilot = pilot	flug.PilotId = pilot.PersonID
flug.Pilot	gefüllt	Gefüllt nach DetectChanges()
flug.PilotID	gefüllt	gefüllt
pilot.FluegeAlsPilot	Gefüllt nach DetectChanges()	Gefüllt nach DetectChanges()

Tabelle: Das Verhalten von Fall 3a und 3b im Vergleich

Listing: Relationship Fixup im Fall 3

```
public static void RelationshipFixUp_Case3()
{
  CUI.MainHeadline(nameof(RelationshipFixUp_Case3));

  // Inline-Hilfsroutine zur Ausgabe (ab C# 7.0)
  void PrintFlugPilot(Flug flug, Pilot pilot)
  {
    CUI.PrintSuccess(flug);
    Console.WriteLine(flug.PilotId + ": " + (flug.Pilot != null ?
flug.Pilot.ToString() : "Pilot nicht geladen!"));
    CUI.PrintSuccess(pilot.ToString());
```

```
  if (pilot.FluegeAlsPilot != null)
  {
   Console.WriteLine("Flüge dieses Piloten:");
   foreach (var f in pilot.FluegeAlsPilot)
   {
    Console.WriteLine(f);
   }
  }
  else
  {
   CUI.PrintWarning("Keine Flüge!");
  }
 }

 using (var ctx = new WWWingsContext())
 {
  int flugNr = 101;

  CUI.Headline("Flug laden");

  var flug = ctx.FlugSet.Find(flugNr);
  Console.WriteLine(flug);
  // Ausgabe des Piloten zu dem Flug
  Console.WriteLine(flug.PilotId + ": " + (flug.Pilot != null ?
flug.Pilot.ToString() : "Pilot nicht geladen!"));

  CUI.Headline("Pilot laden");
  var pilot = ctx.PilotSet.FirstOrDefault();
  Console.WriteLine(pilot);

  CUI.Headline("Zuweisung des neuen Pilots");
  // Verbinde den Flug mit dem Piloten
  flug.Pilot = pilot;  // Fall 3a
  //flug.PilotId = pilot.PersonID; // Fall 3b

  // Feststellen, welche Beziehungen es gibt
  PrintFlugPilot(flug, pilot);

  // hier muss man das Relationshop Fixup selbst auslösen
  CUI.Headline("DetectChanges...");
  ctx.ChangeTracker.DetectChanges();

  // Feststellen, welche Beziehungen es gibt
  PrintFlugPilot(flug, pilot);
 }
}
```

15.7   Preloading mit Relationship Fixup

Entity Framework Core unterstützt wie das bisherige Entity Framework eine weitere Ladestrategie: das Preloading in Verbindung mit dem Relationship Fixup im RAM. Dabei schickt der Softwareentwickler mehrere LINQ-Befehle für die verbundenen Objekte explizit ab, und der OR-

Mapper setzt die jeweils neu hinzukommenden Objekte bei ihrer Materialisierung mit denjenigen Objekten zusammen, die sich bereits im RAM befinden. Nach der Befehlsfolge

```
var flug = ctx.FlugSet.SingleOrDefault(x => x.FlugNr == 101);
ctx.PilotSet.Where(p => p.FluegeAlsPilot.Any(x => x.FlugNr == 101) || p.FluegeAls
Copilot.Any(x => x.FlugNr == 101)).ToList();
```

findet man im RAM beim Zugriff auf flug.Pilot und flug.Copilot tatsächlich das entsprechende Pilot- und Copilotobjekt von Flug 101. Entity Framework Core erkennt beim Laden der beiden Piloten, dass es im RAM bereits ein Flug-Objekt gibt, das diese beiden Piloten als Pilot bzw. Copilot braucht. Es setzt dann im RAM das Flug-Objekt mit den beiden Piloten-Objekten zusammen (via Relationship Fixup, siehe gleichnamiges Unterkapitel).

Während in den beiden obigen Zeilen gezielt Pilot und Copilot für den Flug 101 geladen wurden, kann der Softwareentwickler das Relationship Fixup auch für die Optimierung durch Caching verwenden. Das nächste Listing zeigt, dass alle Piloten geladen werden und danach einige Flüge. Zu jedem geladenen Flug stehen danach Pilot- und Copilot-Objekt zur Verfügung. Wie immer beim Caching braucht man hier natürlich etwas mehr RAM, da auch Pilot-Objekte geladen werden, die niemals gebraucht werden. Außerdem muss man sich bewusst sein, dass man ein Aktualitätsproblem haben kann, weil die abhängigen Daten auf dem gleichen Stand sind wie die Hauptdaten. Aber das verhält sich beim Caching bekanntlich stets auf diese Weise. Allerdings spart man Rundgänge zum Datenbankmanagementsystem, und damit verbessert man die Geschwindigkeit.

Das obige Codefragment zeigt beim Laden der beiden Piloteninformationen auch sehr schön, dass man den Join-Operator in Entity Framework Core vermeiden kann, wenn man die Navigationseigenschaften und die Any()-Methode verwendet. Any() prüft, ob es mindestens einen Datensatz gibt, der eine Bedingung erfüllt oder nicht erfüllt. Im obigen Fall reicht es, dass der Pilot einmal für den gesuchten Flug als Pilot oder Copilot zugeteilt wurde. In anderen Fällen kann man die LINQ-Methode All() einsetzen: Wenn man eine Menge von Datensätzen ansprechen will, die alle eine Bedingung erfüllen oder nicht erfüllen.

Hinweis: Bemerkenswert ist, dass weder beim obigen Laden der beiden Piloten noch beim Laden aller Piloten in dem folgenden Beispiel das Ergebnis der LINQ-Abfrage einer Variablen zugewiesen wird. Dies ist tatsächlich nicht notwendig, denn Entity Framework Core enthält (genau wie das bisherige Entity Framework) in seinem First-Level-Cache einen Verweis im RAM auf alle Objekte, die jemals in eine bestimmte Instanz der Kontextklasse geladen wurden. Das Relationship Fixup funktioniert daher auch ohne Speicherung in einer Variablen. Die Zuweisung zu einer Variablen (List<Pilot> allePiloten = ctx.PilotSet.ToList()) ist freilich nicht schädlich, sondern kann sinnvoll sein, wenn man im Programmablauf eine Liste aller Piloten braucht. Zu beachten ist auch, dass das Relationship Fixup nicht kontextinstanzübergreifend funktioniert. Ein dafür notwendiger Second-Level-Cache ist in Entity Framework Core bisher nicht vorhanden, aber als Zusatzkomponente verfügbar (siehe Kapitel "Zusatzkomponenten").

Listing: Caching der Piloten. Egal, welchen Flug man danach lädt, Pilot- und Copilot-Objekt sind vorhanden.

```
public static void Demo_PreLoadingPilotenCaching()
{
  CUI.MainHeadline(nameof(Demo_PreLoadingPilotenCaching));

  using (var ctx = new WWWingsContext())
  {
```

```
// 1. Lade ALLE Piloten
ctx.PilotSet.ToList();


// 2. Lade nur mehrere Flüge. Für alle werden die Pilotinformationen
vorhanden sein!
var flugNrListe = new List<int>() { 101, 117, 119, 118 };
foreach (var flugNr in flugNrListe)
{
 var f = ctx.FlugSet
   .SingleOrDefault(x => x.FlugNr == flugNr);


  Console.WriteLine($"Flug Nr {f.FlugNr} von {f.Abflugort} nach {f.Zielort}
hat {f.FreiePlaetze} freie Plätze!");
  if (f.Pilot != null) Console.WriteLine($"Pilot: {f.Pilot.Name} hat
{f.Pilot.FluegeAlsPilot.Count} Flüge als Pilot!");
  else Console.WriteLine("Kein Pilot zugewiesen!");
  if (f.Copilot != null)
   Console.WriteLine($"Copilot: {f.Copilot.Name} hat
{f.Copilot.FluegeAlsCopilot.Count} Flüge als Copilot!");
  else Console.WriteLine("Kein Copilot zugewiesen!");
 }
 }
 }
```

Das nächste Listing zeigt die Neufassung der ursprünglichen Aufgabe, alle Pilot- und Passagierdaten zu einem flug zu laden; dieses dieses Mal mit Preloading und Relationship Fixup statt Eager Loading. Hier werden Flug, Piloten, deren andere Flüge, Buchungen und Passagiere einzeln geladen. Der Programmcode sendet also fünf SELECT-Befehle zum Datenbankmanagementsystem (im Gegensatz zu den vier SELECT-Befehlen, die die Lösung mit Eager Loading sendet), vermeidet dabei aber einige Joins.

Listing: Laden von Flug, Piloten, Buchungen und Passagieren in getrennten LINQ-Befehlen. Entity Framework Core setzt die getrennt geladenen Objekte im RAM zusammen.

```
/// <summary>
/// Liefert Pilot-
, Buchungs- und Passagierinformationen via Preloading / RelationshipFixup
/// </summary>
public static void Demo_PreLoading()
{
 CUI.Headline("Demo_PreLoading");
 using (var ctx = new WWWingsContext())
 {
   int flugNr = 101;

   // 1. Lade nur den Flug
   var f = ctx.FlugSet
        .SingleOrDefault(x => x.FlugNr == flugNr);

   // 2. Lade beide Piloten
   ctx.PilotSet.Where(p => p.FluegeAlsPilot.Any(x => x.FlugNr == flugNr) || p.Fl
uegeAlsCopilot.Any(x => x.FlugNr == flugNr)).ToList();

   // 3. Lade andere Flüge der Piloten
```

```
    ctx.FlugSet.Where(x => x.PilotId == f.PilotId || x.CopilotId == f.CopilotId).
ToList();


    // 4. Lade Buchungen
    ctx.BuchungSet.Where(x => x.FlugNr == flugNr).ToList();


    // 5. Lade Passagiere
    ctx.PassagierSet.Where(p => p.Buchungen.Any(x => x.FlugNr == flugNr)).ToList(
);


    // nicht notwendig: ctx.ChangeTracker.DetectChanges();


    Console.WriteLine($"Flug Nr {f.FlugNr} von {f.Abflugort} nach {f.Zielort} hat
 {f.FreiePlaetze} freie Plätze!");
    if (f.Pilot != null) Console.WriteLine($"Pilot: {f.Pilot.Name} hat {f.Pilot.F
luegeAlsPilot.Count} Flüge als Pilot!");
    else Console.WriteLine("Kein Pilot zugewiesen!");
    if (f.Copilot != null) Console.WriteLine($"Copilot: {f.Copilot.Name} hat {f.C
opilot.FluegeAlsCopilot.Count} Flüge als Copilot!");
    else Console.WriteLine("Kein Copilot zugewiesen!");


    Console.WriteLine("Anzahl Passagiere auf diesem Flug: " + f.Buchungen.Count);
    Console.WriteLine("Passagiere auf diesem Flug:");
    foreach (var b in f.Buchungen)
    {
     Console.WriteLine("- Passagier #{0}: {1} {2}", b.Passagier.PersonID, b.Passa
gier.Vorname, b.Passagier.Name);
    }
  }
}
```

Abbildung: Der SQL Server-Profiler zeigt die fünf SQL-Befehle, die das obige Listing

Der Relationship Fixup-Trick wirkt sich positiv aus, wenn eine oder mehrere der folgenden Bedingungen erfüllt sind:

- Die Ergebnismenge der Hauptdaten ist groß und die Menge der abhängigen Daten ist klein.

- Es gibt mehrere verschiedene abhängige Datenmengen, die vorab geladen werden können.

- Die vorab geladenen Objekte sind selten veränderliche (Stamm-)Daten.

- Man führt in einer einzigen Kontextinstanz mehrere Abfragen aus, die die gleichen abhängigen Daten besitzen.

Im Geschwindigkeitsvergleich zeigt sich auch bei dem hier besprochenen Szenario des Ladens eines Flugs mit Piloten und Passagieren bereits ein Geschwindigkeitsvorteil für das Preloading. Die Messung, die in nachstehenden Abbildung dargestellt ist, wurde zur Vermeidung von Messabweichungen mit 51 Durchläufen ermittelt, wobei der erste Durchlauf (Kaltstart für den Entity Framework Core-Kontext und ggf. auch die Datenbank) jeweils nicht berücksichtigt wurde. Zudem wurden alle Bildschirmausgaben ausgebaut.

Selbstverständlich kann man Eager Loading und Preloading beliebig mischen. In der Praxis muss man jedoch für jeden einzelnen Fall das optimale Verhältnis finden.

Abbildung: Geschwindigkeitsvergleich von Eager Loading und Preloading

16 Einfügen, Löschen und Ändern

An vielen Stellen ist das API und die Vorgehensweise für das Einfügen, Löschen und Ändern von Datensätzen in Entity Framework Core im Vergleich zu bisherigen Entity Framework gleich geblieben. Im Detail gibt es aber ein paar Änderungen, insbesondere beim Zusammenfassen von mehreren Änderungen zu einem Batch-Rundgang zum Datenbankmanagementsystem.

Der Entwickler kann jederzeit schreibend auf die aus der Datenbank geladenen Entitätsobjekte zugreifen. Er muss diese dabei weder vor der Schreiboperation "ankündigen" noch sie nachher "anmelden". Die Kontextklasse von Entity Framework Core (genauer gesagt: der dort eingebaute **Change Tracker**) verfolgt im Standard alle Änderungen an den Objekten (Change Tracking). Die Änderungsverfolgung findet jedoch nicht statt, wenn die Objekte im speziell (z.B. mit AsNoTracking()) zu aktivierenden No-Tracking-Modus geladen wurden oder die Kontextinstanz inzwischen vernichtet wurde.

16.1   Speichern mit SaveChanges()

Das nächste Listing zeigt das Laden eines Flug-Objekts mit SingleOrDefault(). In diesem Flug-Objekt wird dann die Anzahl der freien Plätze um zwei Plätze reduziert. Außerdem wird ein Text in das Memo-Attribut des Flug-Objekts geschrieben.

Die Methode SaveChanges() dient der Speicherung von Änderungen in der Datenbank. Sie ist in der Basisklasse DbContext realisiert und wird von dort auf die Kontextklasse vererbt, die der Entwickler beim Reverse Engineering erzeugen lässt bzw. beim Forward Engineering selbst erstellt.

Die Methode SaveChanges() speichert alle Änderungen (neue Datensätze, geänderte Datensätze, gelöschte Datensätze) seit dem Laden bzw. dem letzten SaveChanges() an allen Objekten, die in die Kontextinstanz geladen wurden. SaveChanges() sendet dafür jeweils einen INSERT-, UPDATE- oder DELETE-Befehl zur Datenbank.

> **HINWEIS:** Auch in Entity Framework Core ist es leider nicht möglich, nur einzelne Änderungen von mehreren erfolgten abzuspeichern.

SaveChanges() speichert freilich nur die geänderten Objekte und für die geänderten Objekte auch nur die geänderten Attribute. Das beweist die SQL-Ausgabe: Im SET-Teil des UPDATE-Befehls kommen nur FreiePlaetze und Memo vor. Man sieht auch, dass der UPDATE-Befehl die Anzahl der geänderten Datensätze zurückliefert. Diese Anzahl erhält der Aufrufer von SaveChanges() als Rückgabewert (siehe Ausgabe in Abbildung).

Der UPDATE-Befehl enthält in der WHERE-Bedingung nur die FlugNr, d.h. es findet hier keine Prüfung statt, ob das Objekt mittlerweile von einem anderen Benutzer oder Hintergrundprozess geändert wurde. Im Standard gilt bei Entity Framework Core das Prinzip: Der letzte gewinnt. Dieses Standardverhalten kann der Entwickler jedoch ändern (siehe Kapitel "Datenänderungskonflikte"). Einen Laufzeitfehler vom Typ DbConcurrencyException bekommt der Aufrufer im Standard lediglich dann, wenn der zu ändernde Datensatz in der Datenbank zwischenzeitlich gelöscht wurde. Dann liefert der UPDATE-Befehl vom Datenbankmanagementsystem zurück, dass "0" Datensätze von der Änderung betroffen waren, was Entity Framework Core als Indiz für einen Änderungskonflikt nimmt.

Das nächste Listing gibt dreimal (vor der Änderung, nach der Änderung, nach dem Speichern) einige Informationen über das Flug-Objekt aus. Neben der FlugNr (Primärschlüssel) und der Flugroute (Abflugort und Zielort) werden die Anzahl der freien Plätze und der aktuelle Zustand des Objekts aus der Sicht von Entity Framework Core ausgegeben. Den Zustand kann man nicht von dem Entitätsobjekt selbst ermitteln, sondern nur über die Entry()-Methode der Kontextklasse mit ctx.Entry(obj).State.

Listing: Die Anzahl der freien Plätze in dem Flug-Objekt wird um zwei Plätze reduziert.

```
public static void EinfacheUpdate()
{
 Console.WriteLine("--- Flug ändern");
 int FlugNr = 101;
 using (WWWingsContext ctx = new WWWingsContext())
 {
  var f = ctx.FlugSet.SingleOrDefault(x => x.FlugNr == FlugNr);
  Console.WriteLine($"Nach dem Laden: Flug #{f.FlugNr}: {f.Abflugort}-
>{f.Zielort} hat {f.FreiePlaetze} freie Plätze! Zustand es Flug-Objekts: " +
ctx.Entry(f).State);
  f.FreiePlaetze -= 2;  // Änderung 1
  f.Memo = $"Letzte Änderung durch Benutzer {System.Environment.UserName} am
{DateTime.Now}."; ;  // Änderung 2
  Console.WriteLine($"Nach der Änderung: Flug #{f.FlugNr}: {f.Abflugort}-
>{f.Zielort} hat {f.FreiePlaetze} freie Plätze! Zustand des Flug-Objekts: " +
ctx.Entry(f).State);
  try
  {
   var anz = ctx.SaveChanges();
   if (anz == 0) Console.WriteLine("Problem: Keine Änderung gespeichert!");
   else Console.WriteLine("Anzahl gespeicherter Änderungen: " + anz);
   Console.WriteLine($"Nach dem Speichern: Flug #{f.FlugNr}: {f.Abflugort}-
>{f.Zielort} hat {f.FreiePlaetze} freie Plätze! Zustand des Flug-Objekts: " +
ctx.Entry(f).State);
  }
  catch (Exception ex)
  {
   Console.WriteLine("Fehler: " + ex.ToString());
  }
 }
}
```

Die nächste Abbildung zeigt, wie sich der Objektzustand aus der Sicht von Entity Framework Core verändert: Nach dem Laden ist er Unchanged. Nach der Änderung ist er Modified, d.h. Entity Framework Core weiß, dass sich das Objekt geändert hat. Und nach dem Speichern mit SaveChanges() ist er wieder Unchanged, d.h. der Zustand im RAM entspricht nun wieder dem Zustand in der Datenbank.

Bei der Ausführung der Methode SaveChanges() sind Fehler wahrscheinlich (z.B. die DbConcurrencyException, s.o.). Daher gibt es im obigen Listing das explizite Try-Catch um SaveChanges(). Ein weiterer typischer Laufzeitfehler bei SaveChanges() entsteht, wenn aus der Sicht von .NET erlaubte, aber aus der Sicht der Datenbank unerlaubte Werte geschrieben werden. Dies wäre z.B. bei dem Attribut Memo möglich, wenn diese Spalte in der Datenbank eine Längenbegrenzung hätte. Da die Zeichenketten in .NET grundsätzlich von der Länge her unbegrenzt sind, wäre es möglich, dem Attribut Memo eine aus der Sicht der Datenbank zu lange Zeichenkette zuzuweisen. Anders als das klassische Entity Framework gibt es bei Entity Framework Core bisher keine Validierung vor dem Speichern bei SaveChanges(), d.h. ungültige Werte fallen erst dem Datenbankmanagementsystem selbst auf. Im konkreten Fall entsteht dann der Laufzeitfehler "Microsoft.EntityFrameworkCore.DbUpdateException: An error occurred while updating the entries. See the inner exception for details." Und das innere Exception-Objekt liefert dann die eigentliche Fehlerquelle: "System.Data.SqlClient.SqlException: String or binary data would be truncated."

```
Flug ändern
Vor der Änderung: Flug #101: Prag->München hat 82 freie Plätze! Zustand des Flug-Objekts: Unchanged
Nach der Änderung: Flug #101: Prag->München hat 80 freie Plätze! Zustand des Flug-Objekts: Modified
Anzahl gespeicherter Änderungen: 1
Nach dem Speichern: Flug #101: Prag->München hat 80 freie Plätze! Zustand des Flug-Objekts: Unchanged
```

Abbildung: Ausgabe des obigen Listings

Nachstehend ist der SQL-Befehl, der von Entity Framework Core bei SaveChanges() im vorgehenden Listing gesendet wird:

```
exec sp_executesql N'SET NOCOUNT ON;
UPDATE [flug] SET [FreiePlaetze] = @p0
WHERE [FlugNr] = @p1;
SELECT @@ROWCOUNT;
',N'@p1 int,@p0 smallint',@p1=101,@p0=80'
```

16.2   Änderungsverfolgung auch für Unterobjekte

Die Änderungsverfolgung (engl. Change Tracking) funktioniert in Entity Framework Core (wie beim Vorgänger) auch für geänderte Unterobjekte. Im nächsten Listing wird der Flug zusammen mit seinem Piloten geladen. Es werden nicht nur Änderungen im Flug-Objekt, sondern auch im verbundenen Pilot-Objekt vorgenommen (die Flugstunden des Piloten werden erhöht). Der Zustand des Pilot-Objekts ändert sich anlog zum Flug-Objekt von Unchanged zu Modified und nach der Ausführung von SaveChanges() wieder zu Unchanged.

Listing: Änderungen in Unterobjekten

```
public static void UpdateAufHauptUndUnterobjekt()
 {
  Console.WriteLine("--- Flug und Pilot ändern");
  int FlugNr = 101;
  using (WWWingsContext ctx = new WWWingsContext())
  {
   var f = ctx.FlugSet.Include(x => x.Pilot).SingleOrDefault(x => x.FlugNr == Flu
gNr);

   Console.WriteLine($"Nach dem Laden: Flug #{f.FlugNr}: {f.Abflugort}-
>{f.Zielort} hat {f.FreiePlaetze} freie Plätze! Zustand des Flug-
Objekts: " + ctx.Entry(f).State + " Zustand des Pilot-
Objekts: " + ctx.Entry(f.Pilot).State);
   f.FreiePlaetze -= 2;   // Änderung 1
   f.Pilot.Flugstunden = (f.Pilot.Flugstunden ?? 0) + 10;
   f.Memo = $"Letzte Änderung durch Benutzer {System.Environment.UserName} am {Da
teTime.Now}."; ;   // Änderung 2

   Console.WriteLine($"Nach der Änderung: Flug #{f.FlugNr}: {f.Abflugort}-
>{f.Zielort} hat {f.FreiePlaetze} freie Plätze! Zustand des Flug-
Objekts: " + ctx.Entry(f).State + " Zustand des Pilot-
Objekts: " + ctx.Entry(f.Pilot).State);

   try
   {
    var anz = ctx.SaveChanges();
```

```
  if (anz == 0) Console.WriteLine("Problem: Keine Änderung gespeichert!");
  else Console.WriteLine("Anzahl gespeicherter Änderungen: " + anz);
  Console.WriteLine($"Nach dem Speichern: Flug #{f.FlugNr}: {f.Abflugort}-
>{f.Zielort} hat {f.FreiePlaetze} freie Plätze! Zustand des Flug-
Objekts: " + ctx.Entry(f).State + " Zustand des Pilot-
Objekts: " + ctx.Entry(f.Pilot).State);
  }
  catch (Exception ex)
  {
  Console.WriteLine("Fehler: " + ex.ToString());
  }
  }
}
```

Nachstehend ist der SQL-Befehl, der von Entity Framework Core bei SaveChanges() gesendet wird; er zeigt, dass entsprechend zwei UPDATE-Befehle zum Datenbankmanagementsystem gesendet werden.

```
exec sp_executesql N'SET NOCOUNT ON;
UPDATE [Flug] SET [FreiePlaetze] = @p0, [Memo] = @p1
WHERE [FlugNr] = @p2;
SELECT @@ROWCOUNT;
UPDATE [Mitarbeiter] SET [Flugstunden] = @p3
WHERE [PersonID] = @p4;
SELECT @@ROWCOUNT;
',N'@p2 int,@p0 smallint,@p1 nvarchar(4000),@p4 int,@p3
int',@p2=101,@p0=117,@p1=N'Letzte Änderung durch Benutzer HS am 17.09.2016
16:53:17.',@p4=44,@p3=20
```

16.3   Das Foreach-Problem

Beim Entity Framework ist es nicht notwendig, eine Abfrage vor einer Iteration mit einem Konvertierungsoperator wie ToList() explizit zu materialisieren. Eine Foreach-Schleife über ein Objekt mit IQueryable-Schnittstelle genügt, um die Datenbankabfrage auszulösen. In diesem Fall jedoch bleibt die Datenbankverbindung geöffnet, solange die Schleife läuft, und die Datensätze werden von dem Iterator der IQueryable-Schnittstelle einzeln abgeholt. Das führt dazu, dass ein Aufruf von SaveChanges() innerhalb einer datenabrufenden Foreach-Schleife zum Laufzeitfehler führt, was das folgende Listing und die folgende Abbildung belegen.

Es gibt zwei Lösungen:

- Die beste Lösung ist, die Abfrage vor Beginn der Schleife mit ToList() komplett zu materialisieren.

- Alternativ dazu kann man hier SaveChangesAsync() statt SaveChanges() einsetzen, vgl. Kapitel "Asynchrone Programmierung".

PRAXISTIPP: Verwenden Sie die explizite Materialisierung mit ToList().

Listing: SaveChanges() funktioniert nicht innerhalb einer Foreach-Schleife, wenn man die Datensätze nicht vorher materialisiert hat.

```
public static void Demo_ForeachProblem()
{
  CUI.Headline("Start Demo_ForeachProblem");
  WWWingsContext ctx = new WWWingsContext();
  // Abfrage definieren
```

```
    var abfrage = (from f in ctx.FlugSet.Include(p => p.Buchungen).ThenInclude(b
=> b.Passagier) where f.Abflugort == "Rom" && f.FreiePlaetze > 0 select
f).Take(1);
    // Abfrage nicht explizit, sondern durch foreach ausführen
    foreach(var flug in abfrage)
    {
      // Ergebnisse ausgeben
      CUI.Print("Flug: " + flug.FlugNr + " von " + flug.Abflugort + " nach " +
flug.Zielort + " hat " + flug.FreiePlaetze + " freie Plätze");

      foreach (var p in flug.Buchungen)
      {
        CUI.Print(" Passagier   " + p.Passagier.Vorname + " " + p.Passagier.Name);
      }


      // Änderung an jedem Flug-Objekt speichern innerhalb der Schleife
      CUI.Print(" Start Speichern");
      flug.FreiePlaetze--;
      ctx.SaveChanges();
      CUI.Print(" Ende Speichern");
    }
  }
```

```
16
17          // Änderung an jedem Flug-Objekt speichern innerhalb der Schleife
18          CUI.Print(" Start Speichern");
19          flug.FreiePlaetze--;
50          ctx.SaveChanges();  ⊗
51          CUI.Print(" Ende Spe chern"):
52        }              Exception Unhandled                              ⯆ ✕
53
54                       System.Data.SqlClient.SqlException: 'New transaction is not allowed
55        }              because there are other threads running in the session.'
```

Abbildung: Fehler, auf das obige Listing läuft

16.4   Objekte hinzufügen mit Add()

Zum Anfügen eines neuen Datensatzes (in SQL: INSERT) führt der Entwickler bei Entity Framework Core folgende Schritte aus:

- Instanziierung des Objekts mit dem New-Operator (wie gewohnt in .NET). Eine Create()-Fabrikmethode wie im klassischen Entity Framework gibt es in Entity Framework Core nicht.

- Befüllen des Objekts, insbesondere aller Pflichteigenschaften aus der Sicht des Datenbankschemas.

- Anfügen des Objekts an den Kontext entweder über die Add()-Methode in der Kontextklasse oder in der passenden DbSet<Entitätsklasse> in der Kontextklasse.

- Aufruf von SaveChanges().

Das nächste Listing zeigt das Erstellen eines Flug-Objekts. Pflichteigenschaften sind die FlugNr (der Primärschlüssel ist hier kein Autowert und muss daher manuell gesetzt werden), Fluggesellschaft, Abflugort, Zielort und Datum sowie die Beziehung zu einem Piloten. Der Copilot ist hingegen optional. Auch wenn die Fluggesellschaft ein Pflichtfeld ist, so würde der

Programmcode auch ohne explizite Zuweisung eines Enumerationswertes funktionieren, denn Entity Framework Core würde hier den Standardwert 0 verwenden.

Alternativ zum vorherigen Laden des Pilot-Objekts und dann folgenden Zuweisen an den Flug könnte man die Aufgabe auch effizienter implementieren, indem man die Fremdschlüsseleigenschaft PilotId in dem Flug-Objekt verwendet und dort den Primärschlüssel des Pilot-Objekts direkt zuweist: f.PilotId = 234. Hier sieht man den Vorteil einer expliziten Fremdschlüsseleigenschaft: Man spart hier einen Rundgang zur Datenbank.

Listing: Erzeugen eines neuen Flugs

```csharp
public static void EinfachesAdd()
{
  Console.WriteLine("--- Flug hinzufügen");
  using (WWWingsContext ctx = new WWWingsContext())
  {
   var p = ctx.PilotSet.SingleOrDefault(x => x.PersonID == 234);
   // Flug im RAM anlegen
   var f = new Flug();
   f.FlugNr = 123456;
   f.Fluggesellschaft = Fluggesellschaft.WorldWideWings;
   f.Pilot = p;
   f.Abflugort = "Essen";
   f.Zielort = "Sydney";
   f.Copilot = null; // kein Copilot :-(
   f.Plaetze = 100;
   f.FreiePlaetze = 100;
   Console.WriteLine($"Vor dem Anfügen: Flug #{f.FlugNr}: {f.Abflugort}-
>{f.Zielort} hat {f.FreiePlaetze} freie Plätze! Zustand des Flug-Objekts: " +
ctx.Entry(f).State);
   // Flug dem Kontext hinzufügen
   ctx.FlugSet.Add(f);
   //oder: ctx.Add(f);
   Console.WriteLine($"Nach dem Anfügen: Flug #{f.FlugNr}: {f.Abflugort}-
>{f.Zielort} hat {f.FreiePlaetze} freie Plätze! Zustand des Flug-Objekts: " +
ctx.Entry(f).State);
   try
   {
    var anz = ctx.SaveChanges();
    if (anz == 0) Console.WriteLine("Problem: Keine Änderung gespeichert!");
    else Console.WriteLine("Anzahl gespeicherter Änderungen: " + anz);
    Console.WriteLine($"Nach dem Speichern: Flug #{f.FlugNr}: {f.Abflugort}-
>{f.Zielort} hat {f.FreiePlaetze} freie Plätze! Zustand des Flug-Objekts: " +
ctx.Entry(f).State);
   }
   catch (Exception ex)
   {
    Console.WriteLine("Fehler: " + ex.ToString());
   }
  }
}
```

Die Abfolge der Objektzustände ist in diesem Fall (siehe nächste Abbildung): Detached (vor dem Ausführen von Add() kennt der Entity Framework Core-Kontext die neue Flug-Instanz ja noch gar nicht und betrachtet sie daher als transientes Objekt), Added (nach dem Add()) und dann nach dem

Speichern Unchanged. Entity Framework Core betrachtet übrigens den mehrmaligen Aufruf von Add() nicht als Fehler. Add() braucht aber nicht mehr als einmal aufgerufen werden.

HINWEIS: Man kann nur ein Objekt mit einem Primärschlüsselwert hinzufügen, den es noch nicht in der aktuellen Kontextinstanz gibt. Will man ein Objekt löschen und dann unter dem gleichen Primärschlüsselwert ein neues Objekt anlegen, muss man nach dem Remove() und vor dem Add() erst einmal SaveChanges() ausführen, sonst beschwert sich Entity Framework Core mit der Fehlermeldung *"System.InvalidOperationException: The instance of entity type 'Flug' cannot be tracked because another instance with the same key value for {'FlugNr'} is already being tracked"*.

```
Flug hinzufügen
Vor dem Anfügen: Flug #123456: Essen->Sydney hat 100 freie Plätze! Zustand des Flug-Objekts: Detached
Nach dem Anfügen: Flug #123456: Essen->Sydney hat 100 freie Plätze! Zustand des Flug-Objekts: Added
Anzahl gespeicherter Änderungen: 1
Nach dem Speichern: Flug #123456: Essen->Sydney hat 100 freie Plätze! Zustand des Flug-Objekts: Unchanged
```

Abbildung: Ausgabe von des obigen Listing (Erzeugen eines Flug-Objekts)

16.5 Verbundene Objekte anlegen

Die Methode Add() betrachtet nicht nur das als Parameter übergebene Objekt, sondern auch mit diesem Objekt verbundene Objekte. Wenn sich darunter Objekte im Zustand "Detached" befinden, werden diese automatisch auch an den Kontext angefügt und sind dann im Zustand "Added".

Das Herstellen einer Beziehung im Fall 1:N erfolgt auf der 1-er-Seite durch die Manipulation der Liste mit den listenspezifischen Methoden für das Hinzufügen und Löschen, meist mit den Methoden Add() und Remove(). Bei bidirektionalen Beziehungen kann die Änderungen wahlweise auf der 1-er-Seite oder der N-Seite erfolgen. Im konkreten Fall der bidiretionalen Beziehung zwischen Flug und Pilot (siehe nächste Abbildung) gibt es drei äquivalente Möglichkeiten, die Beziehung herzustellen:

- Über die Navigationseigenschaft der 1-er-Seite, also Pilot in Flug:
  flug.Pilot = pilot;

- Über das Fremdschlüssel-Property PersonID in Flug:
  flug.PersonID = 123;

- Über die Navigationseigenschaft der N-Seite, also FluegeAlsPilot auf der Pilot-Seite:
  pilot.FluegeAlsPilot.Add(flug);

Abbildung: Beziehung zwischen Flug und Pilot

Das folgende Listing zeigt das Anlegen eines neuen Flugs mit neuem Pilot, neuem Flugzeugtyp und neuen Flugzeugtypdetails. Es reicht dafür die Ausführung von Add() für das Flug-Objekt. Entity Framework Core sendet dann bei SaveChanges() fünf INSERT-Befehle zur Datenbank, jeweils einen für die Tabellen Flugzeugtyp, Persondetail, Flugzeugtypdetail, Mitarbeiter (gemeinsame Tabelle für Instanzen der Klassen Mitarbeiter und Pilot im Sinne des Table per Hierarchy-Mapping) und Flug.

Listing: Anlegen eines neuen Flugs mit neuem Piloten mit Personendetail, neuem Flugzeugtyp und Flugzeugtypdetails

```
public static void Demo_BeziehungenAnlegen()
{
 CUI.Headline("Demo_BeziehungenAnlegen");
```

```
using (var ctx = new WWWingsContext())

{
  ctx.Database.ExecuteSqlCommand("Delete from Buchung where FlugNr = 456789");
  ctx.Database.ExecuteSqlCommand("Delete from Flug where FlugNr = 456789");

  var p = new Pilot();
  p.Vorname = "Holger";
  p.Name = "Schwichtenberg";
  p.Einstellungsdatum = DateTime.Now;
  p.FlugscheinSeit = DateTime.Now;
  var pd = new Persondetail();
  //pd.Planet = "Erde";
  p.Detail = pd;

  // bei Änderung auf 1:N
  //p.Detail.Add(pd);

  var fzt = new Flugzeugtyp();
  fzt.Hersteller = "Airbus";
  fzt.Name = "A380-800";

  var fztd = new Flugzeugtypdetail();
  fztd.Turbinen = 4;
  fztd.Laenge = 72.30f;
  fztd.LeergewichtInTonnen = 275;
  fzt.Detail = fztd;

  var f = new Flug();
  f.FlugNr = 456789;
  f.Pilot = p;
  f.Copilot = null;
  f.Plaetze = 850;
  f.FreiePlaetze = 850;
  f.Flugzeugtyp = fzt;

  // Ein Add() für Flug reicht für alle verbundenen Objekte!
  ctx.FlugSet.Add(f);
  ctx.SaveChanges();

  CUI.Print("Flüge: " + ctx.FlugSet.Count());
  CUI.Print("Piloten: " + ctx.PilotSet.Count());

}
}
```

Die nächste Abbildung zeigt Ausschnitter diese fünf INSERT-Befehle.

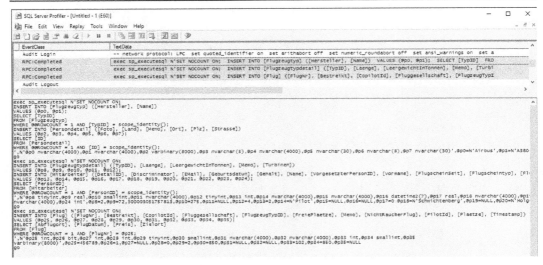

Abbildung: Durch Batch Updating erfolgen nur drei Rundgänge für fünf INSERT-Befehle.

16.6   Verbundene Objekte ändern / Relationship Fixup

Entity Framework Core erkennt auch Beziehungsänderungen zwischen Entitätsobjekten und speichert diese bei SaveChanges() automatisch ab. Wie beim Erstanlegen eines Flugs mit Pilot gibt es auch bei einer Beziehungsänderung im Idealfall (bidirektionale Beziehungen mit Fremdschlüssel-Property) drei Möglichkeiten:

- Über die Navigationseigenschaft Pilot in Flug:
  flug.Pilot = pilot;

- Über das Fremdschlüssel-Property PilotId in Flug:
  flug.PersonID = 123;

- Über die Navigationseigenschaft FluegeAlsPilot auf der Pilot-Seite:
  pilot.FluegeAlsPilot.Add(flug);

In allen drei Fällen sendet Entity Framework Core bei SaveChanges() zur Datenbank. Durch die Ausführung von SaveChanges() nimmt Entity Framework Core korrekterweise in der Datenbank keine Änderung in der Pilot-Tabelle vor, sondern in der Flug-Tabelle, denn hier befindet sich der Fremdschlüssel, der die Beziehung zwischen Pilot und Flug herstellt.

```
exec sp_executesql N'SET NOCOUNT ON;
UPDATE [Flug] SET [PilotId] = @p0
WHERE [FlugNr] = @p1;
SELECT @@ROWCOUNT;
',N'@p1 int,@p0 int',@p1=101,@p0=123
```

> **PRAXISTIPP:** Zum Entfernen einer Beziehung kann der Entwickler einfach null bzw. nothing zuweisen.

Das nächste Listing zeigt die Zuweisung eines neuen Piloten zu einem Flug. Diese Zuweisung erfolgt jedoch nicht über flug101.Pilot = pilotNeu (1-er-Seite), sondern auf der Pilotseite (N-Seite) über pilotNeu.FluegeAlsPilot.Add(flug101). Spannend ist die Ausgabe dieses Listings. Man sieht, dass zu Beginn beide Piloten einen Flug haben. Nach der Zuweisung hat der neue Pilot zwei Flüge und der alte Pilot immer noch nur einen Flug, was aber falsch ist. Außerdem verweist flug101.Pilot immer noch auf den alten Piloten, was ebenfalls falsch ist.

Nach der Ausführung von SaveChanges() sind die Objektbeziehungen allerdings korrigiert: Jetzt hat der alte Pilot keinen Flug mehr, und der neue Pilot hat zwei Flüge. Zudem verweist flug101.Pilot auf den neuen Piloten. Diese Funktion von Entity Framework Core nennt man **Relationship Fixup**. Im Rahmen des Relationship Fixup prüft Entity Framework Core alle Beziehungen zwischen den Objekten, die sich derzeit im RAM befinden, und ändert diese auch auf der gegenüberliegenden Seite, wenn sich Änderungen auf seiner Seite ergeben haben. Entity Framework Core führt das Relationship Fixup beim Speichern mit SaveChanges() aus.

Der Softwareentwickler kann das Relationship Fixup jederzeit mit der Ausführung der Methode ctx.ChangeTracker.DetectChanges() erzwingen. Wenn viele Objekte in eine Kontextinstanz geladen wurden, kann DetectChanges() viele Millisekunden dauern. Microsoft verzichtet daher in Entity Framework Core darauf, DetectChanges() automatisch an vielen Stellen aufzurufen, und überlässt es dem Entwickler, zu entscheiden, wann er einen konsistenten Zustand der Objektbeziehungen braucht und mit DetectChanges() herstellen möchte.

Listing: Herstellen einer 1:N-Beziehung über die 1-er-Seite

```
public static void Demo_Beziehungen1NRelationhipFixup()
  {
    CUI.Headline("Demo_Beziehungen1NRelationhipFixup");
    using (var ctx = new WWWingsContext())
    {
      // Lade einen Flug
      var flug101 = ctx.FlugSet.SingleOrDefault(x=>x.FlugNr==101);
      Console.WriteLine($"Flug Nr {flug101.FlugNr} von {flug101.Abflugort} nach {fl
ug101.Zielort} hat {flug101.FreiePlaetze} freie Plätze!");
      // Laden des Piloten für diesen Flug mit der Liste seiner Flüge
      var pilotAlt = ctx.PilotSet.Include(x => x.FluegeAlsPilot).SingleOrDefault(x
=> x.PersonID == flug101.PilotId);
      Console.WriteLine("Pilot: " + pilotAlt.PersonID + ": " + pilotAlt.Vorname + "
 " + pilotAlt.Name + " hat " + pilotAlt.FluegeAlsPilot.Count + " Flüge als Pilot!
");

      // Nächsten Pilot in der Liste laden mit der Liste seiner Flüge
      var pilotNeu = ctx.PilotSet.Include(x=>x.FluegeAlsPilot).SingleOrDefault(x =>
 x.PersonID == flug101.PilotId-10);
      Console.WriteLine("Geplanter Pilot: " + pilotNeu.PersonID + ": " + pilotNeu.V
orname + " " + pilotNeu.Name + " hat " + pilotNeu.FluegeAlsPilot.Count + " Flüge
als Pilot!");

      // Zuweisen an Flug
      CUI.Print("Zuweisung des Flugs zum geplanten Piloten...", ConsoleColor.Cyan);
      pilotNeu.FluegeAlsPilot.Add(flug101);

      // optional: dRelationship Fixup erzwingen
      // ctx.ChangeTracker.DetectChanges();

      CUI.Print("Kontrollausgabe vor dem Speichern: ", ConsoleColor.Cyan);
      Console.WriteLine("Alter Pilot: " + pilotAlt.PersonID + ": " + pilotAlt.Vorna
me + " " + pilotAlt.Name + " hat " + pilotAlt.FluegeAlsPilot.Count + " Flüge als
Pilot!");
```

```
    Console.WriteLine("Neuer Pilot: " + pilotNeu.PersonID + ": " + pilotNeu.Vorna
me + " " + pilotNeu.Name + " hat " + pilotNeu.FluegeAlsPilot.Count + " Flüge als
Pilot!");
    var pilotAktuell = flug101.Pilot; // Aktueller Pilot aus der Sicht des Flug-
Objekts
    Console.WriteLine("Pilot für Flug " + flug101.FlugNr + " ist derzeit: " + pil
otAktuell.PersonID + ": " + pilotAktuell.Vorname + " " + pilotAktuell.Name);

    // Speichern mit SaveChanges()
    CUI.Print("Speichern... ", ConsoleColor.Cyan);
    var anz = ctx.SaveChanges();
    CUI.Headline("Anzahl gespeicherter Änderungen: " + anz);

    CUI.Print("Kontrollausgabe nach dem Speichern: ", ConsoleColor.Cyan);
    Console.WriteLine("Alter Pilot: " + pilotAlt.PersonID + ": " + pilotAlt.Vorna
me + " " + pilotAlt.Name + " hat " + pilotAlt.FluegeAlsPilot.Count + " Flüge als
Pilot!");
    Console.WriteLine("Neuer Pilot: " + pilotNeu.PersonID + ": " + pilotNeu.Vorna
me + " " + pilotNeu.Name + " hat " + pilotNeu.FluegeAlsPilot.Count + " Flüge als
Pilot!");
    pilotAktuell = flug101.Pilot; // Aktueller Pilot aus der Sicht des Flug-
Objekts
    Console.WriteLine("Pilot für Flug " + flug101.FlugNr + " ist jetzt: " + pilot
Aktuell.PersonID + ": " + pilotAktuell.Vorname + " " + pilotAktuell.Name);
    }
```

```
Demo_Beziehungen1NRelationhipFixup
WWWingsContext: OnConfiguring
WWWingsContext: OnModelCreating
Flug Nr 101 von Seattle nach Moskau hat 129 freie Plätze!
Pilot: 89: Frank-Walter Stoiber hat 1 Flüge als Pilot!
Geplanter Pilot: 99: Oskar Merkel hat 1 Flüge als Pilot!
Zuweisung des Flugs zum geplanten Piloten...
Kontrollausgabe vor dem Speichern:
Alter Pilot: 89: Frank-Walter Stoiber hat 1 Flüge als Pilot!
Neuer Pilot: 99: Oskar Merkel hat 2 Flüge als Pilot!
Pilot für Flug 101 ist derzeit: 89: Frank-Walter Stoiber
Speichern...
Anzahl gespeicherter Änderungen: 1
Kontrollausgabe nach dem Speichern:
Alter Pilot: 89: Frank-Walter Stoiber hat 0 Flüge als Pilot!
Neuer Pilot: 99: Oskar Merkel hat 2 Flüge als Pilot!
Pilot für Flug 101 ist jetzt: 99: Oskar Merkel
```

Abbildung: Ausgabe zu obigem Listing: Das Relationsship Fixup funktioniert

16.7   Widersprüchliche Beziehungen

Wenn es, wie vorgehend erläutert, bis zu drei Möglichkeiten gibt, eine Beziehung zwischen Objekten herzustellen, was passiert dann, wenn mehrere Möglichkeiten parallel angewendet werden und dabei wiedersprüchliche Daten enthalten sind?

Das nächste Listing in Verbindung mit der Ausgabe in der folgenden Abbildung zeigt, dass die Priorität wie folgt ist:

- Höchste Priorität hat der Wert aus der Objektmenge auf der 1-er-Seite, also im Fall der Beziehung Pilot<->Flug (1:N) der Wert aus Pilot.FluegeAlsPilot.

- Zweithöchste Priorität hat der Wert aus dem Einzelobjekt auf der N-Seite, also im Fall Pilot<->Flug (1:N) der Wert aus Flug.Pilot

- Erst dann wird das Fremdschlüsselproperty auf der N-Seite berücksichtigt, also im Fall Pilot<->Flug (1:N) der Wert aus Flug.PersonID.

Listing: Vier Testszenarien für die Frage, welcher Wert Priorität hat, wenn die Beziehung widersprüchlich gesetzt wird.

```
/// <summary>
/// Vier Testszenarien für die Frage, welcher Wert Priorität hat, wenn die
Beziehung widersprüchlich gesetzt wird
/// </summary>
[EFCBuch("3.1")]
public static void Demo_WiderspruechlicheBeziehungen()
{
  CUI.MainHeadline(nameof(Demo_WiderspruechlicheBeziehungen));
  Versuch1();
  Versuch2();
  Versuch3();
  Versuch4();
}

private static void Versuch1()
{
  using (var ctx = new WWWingsContext())
  {
    CUI.MainHeadline("Versuch 1: Erst Zuweisung per Navigation Property, dann per
Fremdschlüsselproperty");
    CUI.PrintStep("Lade einen Flug...");
    var flug101 = ctx.FlugSet.Include(f => f.Pilot).SingleOrDefault(x => x.FlugNr
== 101);
    Console.WriteLine($"Flug Nr {flug101.FlugNr} von {flug101.Abflugort} nach
{flug101.Zielort} hat {flug101.FreiePlaetze} freie Plätze!");
    CUI.Print("Pilot-Objekt: " + flug101.Pilot.PersonID + " PilotId: " +
flug101.PilotId);

    CUI.PrintStep("Lade einen anderen Piloten...");
    var pilotNeu2 = ctx.PilotSet.Find(GetPilotIdEinesFreienPiloten()); //
nächster Pilot
    CUI.PrintStep($"Zuweisen des neuen Piloten #{pilotNeu2.PersonID} per
Navigation Property...");
    flug101.Pilot = pilotNeu2;
    CUI.Print($"PilotId: {flug101.PilotId} Pilot-Objekt:
{flug101.Pilot?.PersonID}");

    CUI.PrintStep("Wieder Zuweisen eines neuen Piloten per
Fremdschlüsselproperty...");
    var neuePilotID = GetPilotIdEinesFreienPiloten();
    CUI.PrintStep($"Zuweisen eines neuen Piloten #{neuePilotID} per
Fremdschlüsselproperty...");
    flug101.PilotId = neuePilotID;
    CUI.Print($"PilotId: {flug101.PilotId} Pilot-Objekt:
{flug101.Pilot?.PersonID}");

    CUI.PrintStep("Speichern mit SaveChanges()");
```

```
   var anz2 = ctx.SaveChanges();
   CUI.PrintSuccess("Anzahl gespeicherter Änderungen: " + anz2);


   CUI.PrintStep("Kontrollausgabe nach dem Speichern: ");
   CUI.Print($"PilotId: {flug101.PilotId} Pilot-Objekt:
{flug101.Pilot?.PersonID}");
  }
 }
 private static void Versuch2()
 {
  using (var ctx = new WWWingsContext())
  {
   CUI.MainHeadline("Versuch 2: Erst Zuweisung per Fremdschlüsselproperty, dann
Navigation Property");
   CUI.PrintStep("Lade einen Flug...");
   var flug101 = ctx.FlugSet.Include(f => f.Pilot).SingleOrDefault(x => x.FlugNr
== 101);
   Console.WriteLine($"Flug Nr {flug101.FlugNr} von {flug101.Abflugort} nach
{flug101.Zielort} hat {flug101.FreiePlaetze} freie Plätze!");
   CUI.Print("Pilot-Objekt: " + flug101.Pilot.PersonID + " PilotId: " +
flug101.PilotId);


   var neuePilotID2 = GetPilotIdEinesFreienPiloten();
   CUI.PrintStep($"Zuweisen eines neuen Piloten #{neuePilotID2} per
Fremdschlüsselproperty...");
   flug101.PilotId = neuePilotID2;
   CUI.Print($"PilotId: {flug101.PilotId} Pilot-Objekt:
{flug101.Pilot?.PersonID}");


   CUI.PrintStep("Lade einen anderen Piloten...");
   var pilotNeu1 = ctx.PilotSet.Find(GetPilotIdEinesFreienPiloten()); //
nächster Pilot
   CUI.PrintStep($"Zuweisen des neuen Piloten #{pilotNeu1.PersonID} per
Navigation Property...");
   flug101.Pilot = pilotNeu1;
   CUI.Print($"PilotId: {flug101.PilotId} Pilot-Objekt:
{flug101.Pilot?.PersonID}");


   CUI.PrintStep("Speichern mit SaveChanges()");
   var anz2 = ctx.SaveChanges();
   CUI.PrintSuccess("Anzahl gespeicherter Änderungen: " + anz2);


   CUI.PrintStep("Kontrollausgabe nach dem Speichern: ");
   CUI.Print($"PilotId: {flug101.PilotId} Pilot-Objekt:
{flug101.Pilot?.PersonID}");
  }
 }
 private static void Versuch3()
 {
  using (var ctx = new WWWingsContext())
  {
   CUI.MainHeadline("Versuch 3: Zuweisung per FK, dann Navigation Property bei
Flug, dann Navigation Property bei Pilot ");
   CUI.PrintStep("Lade einen Flug...");
```

```
      var flug101 = ctx.FlugSet.Include(f => f.Pilot).SingleOrDefault(x => x.FlugNr
== 101);
      Console.WriteLine($"Flug Nr {flug101.FlugNr} von {flug101.Abflugort} nach
{flug101.Zielort} hat {flug101.FreiePlaetze} freie Plätze!");
      CUI.Print("Pilot-Objekt: " + flug101.Pilot.PersonID + " PilotId: " +
flug101.PilotId);

      var neuePilotID3 = GetPilotIdEinesFreienPiloten();
      CUI.PrintStep($"Zuweisen eines neuen Piloten #{neuePilotID3} per
Fremdschlüsselproperty...");
      flug101.PilotId = neuePilotID3;
      CUI.Print("flug101.PilotId=" + flug101.PilotId);
      CUI.Print($"PilotId: {flug101.PilotId} Pilot-Objekt:
{flug101.Pilot?.PersonID}");

      CUI.PrintStep("Lade einen anderen Piloten...");
      var pilotNeu3a = ctx.PilotSet.Find(GetPilotIdEinesFreienPiloten()); //
nächster Pilot
      CUI.PrintStep($"Zuweisen des neuen Piloten #{pilotNeu3a.PersonID} per
Navigation Property bei Flug...");
      flug101.Pilot = pilotNeu3a;
      CUI.Print($"PilotId: {flug101.PilotId} Pilot-Objekt:
{flug101.Pilot?.PersonID}");

      CUI.PrintStep("Lade noch einen anderen Piloten...");
      var pilotNeu3b = ctx.PilotSet.Include(p =>
p.FluegeAlsPilot).SingleOrDefault(p => p.PersonID ==
GetPilotIdEinesFreienPiloten()); // nächster Pilot
      CUI.PrintStep($"Zuweisen des neuen Piloten #{pilotNeu3b.PersonID} per
Navigation Property bei Pilot...");
      pilotNeu3b.FluegeAlsPilot.Add(flug101);
      CUI.Print($"PilotId: {flug101.PilotId} Pilot-Objekt:
{flug101.Pilot?.PersonID}");

      CUI.PrintStep("Speichern mit SaveChanges()");
      var anz3 = ctx.SaveChanges();
      CUI.PrintSuccess("Anzahl gespeicherter Änderungen: " + anz3);

      CUI.PrintStep("Kontrollausgabe nach dem Speichern: ");
      CUI.Print($"PilotId: {flug101.PilotId} Pilot-Objekt:
{flug101.Pilot?.PersonID}");

    }
  }
  private static void Versuch4()
  {
    using (var ctx = new WWWingsContext())
    {
      CUI.MainHeadline("Versuch 4: Erst Zuweisung per FK, dann Navigation Property
bei Pilot, dann Navigation Property bei Flug ");
      CUI.PrintStep("Lade einen Flug...");
      var flug101 = ctx.FlugSet.Include(f => f.Pilot).SingleOrDefault(x => x.FlugNr
== 101);
      Console.WriteLine($"Flug Nr {flug101.FlugNr} von {flug101.Abflugort} nach
{flug101.Zielort} hat {flug101.FreiePlaetze} freie Plätze!");
```

```
    CUI.Print("Pilot-Objekt: " + flug101.Pilot.PersonID + " PilotId: " +
flug101.PilotId);


    var neuePilotID4 = GetPilotIdEinesFreienPiloten();
    CUI.PrintStep($"Zuweisen eines neuen Piloten #{neuePilotID4} per
Fremdschlüsselproperty...");
    flug101.PilotId = neuePilotID4;
    CUI.Print("flug101.PilotId=" + flug101.PilotId);
    CUI.Print($"PilotId: {flug101.PilotId} Pilot-Objekt:
{flug101.Pilot?.PersonID}");


    CUI.PrintStep("Lade einen anderen Piloten...");
    var pilotNeu4b = ctx.PilotSet.Include(p =>
p.FluegeAlsPilot).SingleOrDefault(p => p.PersonID ==
GetPilotIdEinesFreienPiloten()); // nächster Pilot
    CUI.PrintStep($"Zuweisen des neuen Piloten #{pilotNeu4b.PersonID} per
Navigation Property bei Pilot...");
    pilotNeu4b.FluegeAlsPilot.Add(flug101);
    CUI.Print($"PilotId: {flug101.PilotId} Pilot-Objekt:
{flug101.Pilot?.PersonID}");


    CUI.PrintStep("Lade noch einen anderen Piloten...");
    var pilotNeu4a = ctx.PilotSet.Find(GetPilotIdEinesFreienPiloten()); //
nächster Pilot
    CUI.PrintStep($"Zuweisen des neuen Piloten #{pilotNeu4a.PersonID} per
Navigation Property bei Flug...");
    flug101.Pilot = pilotNeu4a;
    CUI.Print($"PilotId: {flug101.PilotId} Pilot-Objekt:
{flug101.Pilot?.PersonID}");


    CUI.PrintStep("Speichern mit SaveChanges()");
    var anz4 = ctx.SaveChanges();
    CUI.PrintSuccess("Anzahl gespeicherter Änderungen: " + anz4);


    CUI.PrintStep("Kontrollausgabe nach dem Speichern: ");
    CUI.Print($"PilotId: {flug101.PilotId} Pilot-Objekt:
{flug101.Pilot?.PersonID}");
    }

  }
```

```
H:\TFS\Demos\EF\EFC_WWWings\EFC_Konsole\bin\Debug\EFC_Konsole.exe
Versuch 1: Erst Zuweisung per Navigation Property, dann per Fremdschlüsselproperty
Lade einen Flug...
Flug Nr 101 von Prag nach München hat 122 freie Plätze!
Pilot-Objekt: 20 PilotId: 20
Lade einen anderen Piloten...
Zuweisen des neuen Piloten #12 per Navigation Property...
PilotId: 20 Pilot-Objekt: 12
Wieder Zuweisen eines neuen Piloten per Fremdschlüsselproperty...
Zuweisen eines neuen Piloten #13 per Fremdschlüsselproperty...
PilotId: 13 Pilot-Objekt: 12
Speichern mit SaveChanges()
Anzahl gespeicherter Änderungen: 1
Kontrollausgabe nach dem Speichern:
PilotId: 12 Pilot-Objekt: 12
Versuch 2: Erst Zuweisung per Fremdschlüsselproperty, dann Navigation Property
Lade einen Flug...
Flug Nr 101 von Prag nach München hat 122 freie Plätze!
Pilot-Objekt: 12 PilotId: 12
Zuweisen eines neuen Piloten #14 per Fremdschlüsselproperty...
PilotId: 14 Pilot-Objekt: 12
Lade einen anderen Piloten...
Zuweisen des neuen Piloten #15 per Navigation Property...
PilotId: 14 Pilot-Objekt: 15
Speichern mit SaveChanges()
Anzahl gespeicherter Änderungen: 1
Kontrollausgabe nach dem Speichern:
PilotId: 15 Pilot-Objekt: 15
Versuch 3: Zuweisung per FK, dann Navigation Property bei Flug, dann Navigation Property bei Pilot
Lade einen Flug...
Flug Nr 101 von Prag nach München hat 122 freie Plätze!
Pilot-Objekt: 15 PilotId: 15
Zuweisen eines neuen Piloten #16 per Fremdschlüsselproperty...
flug101.PilotId=16
PilotId: 16 Pilot-Objekt: 15
Lade einen anderen Piloten...
Zuweisen des neuen Piloten #17 per Navigation Property bei Flug...
PilotId: 16 Pilot-Objekt: 17
Lade noch einen anderen Piloten...
Zuweisen des neuen Piloten #18 per Navigation Property bei Pilot...
PilotId: 16 Pilot-Objekt: 17
Speichern mit SaveChanges()
Anzahl gespeicherter Änderungen: 1
Kontrollausgabe nach dem Speichern:
PilotId: 18 Pilot-Objekt: 18
Versuch 4: Erst Zuweisung per FK, dann Navigation Property bei Pilot, dann Navigation Property bei Flug
Lade einen Flug...
Flug Nr 101 von Prag nach München hat 122 freie Plätze!
Pilot-Objekt: 18 PilotId: 18
Zuweisen eines neuen Piloten #19 per Fremdschlüsselproperty...
flug101.PilotId=19
PilotId: 19 Pilot-Objekt: 18
Lade einen anderen Piloten...
Zuweisen des neuen Piloten #20 per Navigation Property bei Pilot...
PilotId: 19 Pilot-Objekt: 18
Lade noch einen anderen Piloten...
Zuweisen des neuen Piloten #21 per Navigation Property bei Flug...
PilotId: 19 Pilot-Objekt: 21
Speichern mit SaveChanges()
Anzahl gespeicherter Änderungen: 1
Kontrollausgabe nach dem Speichern:
PilotId: 20 Pilot-Objekt: 20
```

Abbildung: Ausgabe des obigen Listings

16.8   Zusammenfassen von Befehlen (Batching)

Entity Framework Core schickt im Gegensatz zum bisherigen Entity Framework nicht jeden INSERT-, UPDATE- oder DELETE_Befehl in einem eigenen Rundgang zum Datenbankmanagementsystem, sondern fasst die Befehle zu insgesamt größeren Rundgängen zusammen. Diese Funktion nennt Microsoft "Batching".

Entity Framework Core entscheidet selbst über die Größe der Zusammenfassung von Befehlen zu einem Rundgang. In einem Test beim Masseneinfügen von Flug-Datensätzen kam es bei 300 Datensätzen zu zwei Rundgängen, bei 1000 zu sechs Rundgängen, bei 2000 zu 11 und bei 5000 zu 27 Rundgängen zum Datenbankmanagementsystem.

Neben der Add()-Methode gibt es sowohl auf der Kontextklasse als auch auf der Klasse DbSet<Entitätsklasse> eine Methode AddRange(), der man eine Liste von anzufügenden Objekten übergeben kann. Während im bisherigen Entity Framework AddRange() deutlich schneller war als Add(), weil damit wiederholte Prüfungsvorgänge des Change Trackers von Entity Framework entfielen, ist es in Entity Framework Core kein Leistungsunterschied mehr, ob man Add() in einer Schleife 1000x aufruft oder einmal AddRange() mit einer Menge von 1000 Objekten als Parameter. Ein in nächsten Abbildung deutlich sichtbarer Leistungsvorteil entsteht durch das Batching. Wenn man aber nach Add() immer direkt SaveChanges() aufruft, ist kein Batching möglich (siehe dritter Balken in der nächsten Abbildung).

Abbildung: Leistungsmessung beim Masseneinfügen

16.9   Objekte löschen mit Remove()

Um ein Objekt zu löschen, muss der Softwareentwickler die Methode Remove() aufrufen, die es genau wie Add() sowohl direkt auf der Kontextklasse (geerbt von DbContext) oder der DbSet<Entitätsklasse>-Eigenschaft in der Kontextklasse gibt (siehe nächstes Listing). Durch den Aufruf von Remove() wechselt das geladene Flug-Objekt vom Zustand Unchanged in den Zustand Delete (siehe folgende Abbildung). Es ist aber dann jedoch noch nicht in der Datenbank gelöscht. Erst durch den Aufruf der Methode SaveChanges() erfolgt das Senden eines DELETE-Befehls zum Datenbankmanagementsystem.

Listing: Löschen eines Flug-Datensatzes

```
public static void EinfachesDelete()
  {
    Console.WriteLine("--- Flug löschen");

    using (WWWingsContext ctx = new WWWingsContext())
    {
      var f = ctx.FlugSet.SingleOrDefault(x=>x.FlugNr==123456);
```

```
    Console.WriteLine($"Nach dem Laden: Flug #{f.FlugNr}: {f.Abflugort}-
>{f.Zielort} hat {f.FreiePlaetze} freie Plätze! Zustand des Flug-
Objekts: " + ctx.Entry(f).State);

    // Flug löschen
    ctx.FlugSet.Remove(f);
    // oder: ctx.Remove(f);

    Console.WriteLine($"Nach dem Löschen: Flug #{f.FlugNr}: {f.Abflugort}-
>{f.Zielort} hat {f.FreiePlaetze} freie Plätze! Zustand des Flug-
Objekts: " + ctx.Entry(f).State);

    try
    {
     var anz = ctx.SaveChanges();
     if (anz == 0) Console.WriteLine("Problem: Keine Änderung gespeichert!");
     else Console.WriteLine("Anzahl gespeicherter Änderungen: " + anz);
     Console.WriteLine($"Nach dem Speichern: Flug #{f.FlugNr}: {f.Abflugort}-
>{f.Zielort} hat {f.FreiePlaetze} freie Plätze! Zustand des Flug-
Objekts: " + ctx.Entry(f).State);
    }
    catch (Exception ex)
    {
     Console.WriteLine("Fehler: " + ex.ToString());
    }

   }
  }
```

```
Flug löschen
Nach dem Laden: Flug #123456: Essen->Sydney hat 100 freie Plätze! Zustand des Flug-Objekts: Unchanged
Nach dem Löschen: Flug #123456: Essen->Sydney hat 100 freie Plätze! Zustand des Flug-Objekts: Deleted
Anzahl gespeicherter Änderungen: 1
Nach dem Speichern: Flug #123456: Essen->Sydney hat 100 freie Plätze! Zustand des Flug-Objekts: Detached
```

Abbildung: Ausgabe des obigen Listings

Das ist sind die SQL-Befehle, die durch das obige Listing von Entity Framework Core abgesetzt werden:

```
SELECT TOP(2) [x].[FlugNr], [x].[Abflugort], [x].[Bestreikt], [x].[CopilotId],
[x].[FlugDatum], [x].[Fluggesellschaft], [x].[FlugzeugTypNr], [x].[FreiePlaetze],
[x].[Memo], [x].[NichtRaucherFlug], [x].[PilotId], [x].[Plaetze], [x].[Preis],
[x].[Timestamp], [x].[Zielort]
FROM [Flug] AS [x]
WHERE [x].[FlugNr] = 123456
exec sp_executesql N'SET NOCOUNT ON;
DELETE FROM [Flug]
WHERE [FlugNr] = @p0;
SELECT @@ROWCOUNT;
',N'@p0 int',@p0=123456
```

16.10   Löschen mit einem Attrappen-Objekt

In vorhergehenden Listing ist es ineffizient, dass man das Flug-Objekt komplett laden muss, nur um dann einen Löschbefehl abzusenden. Das Nächste Listing zeigt eine Lösung, bei der dieser Rundgang zum Datenbankmanagementsystem vermieden wird, indem ein Flug-Objekt im RAM erzeugt wird, bei dem nur der Primärschlüssel auf das zu löschende Objekt gesetzt wird. Dieses Attrappen-Objekt fügt man dann mit Attach() an den Kontext an. Dadurch wechselt das Objekt den Zustand von "Detached" zu "Unchanged". Danach führt man schließlich Remove() und SaveChanges() aus. Der Trick funktioniert, weil das Entity Framework zum Löschen im Standard nur den Primärschlüssel kennen muss.

Wichtig für diesen Trick ist,

- dass hier die Methode Attach(), nicht Add() aufgerufen wird, sonst würde Entity Framework Core das Attrappen-Objekt als neues Objekt betrachten.

- dass der Trick nur funktioniert, wenn keine Konfliktprüfungen in Entity Framework Core konfiguriert wurden. Wenn das Modell aber so eingestellt ist, dass beim Speichern der Wert anderer Spalten verglichen werden soll, müssen auch diese im Attrappen-Objekt mit den aktuellen Werten befüllt werden – sonst kann das Objekt nicht gelöscht werden, und es kommt zu einer DbConcurrenyException.

Listing: Effizienteres Löschen eines Flug-Datensatzes mit einem Attrappen-Objekt

```
public static void EinfachesDeleteNurMitKey()
 {
   Console.WriteLine("--- Flug löschen");

   using (WWWingsContext ctx = new WWWingsContext())
   {
    // Attrappen-Objekt erzeugen
    var f = new Flug();
    f.FlugNr = 123456;

    Console.WriteLine($"Nach Erzeugen: Flug #{f.FlugNr}: {f.Abflugort}-
>{f.Zielort} hat {f.FreiePlaetze} freie Plätze! Zustand des Flug-
Objekts: " + ctx.Entry(f).State);

    // Attrappen-Objekt an Kontext anfügen
    ctx.Attach(f);

    Console.WriteLine($"Nach Attach: Flug #{f.FlugNr}: {f.Abflugort}-
>{f.Zielort} hat {f.FreiePlaetze} freie Plätze! Zustand des Flug-
Objekts: " + ctx.Entry(f).State);

    // Flug löschen
    ctx.FlugSet.Remove(f);
    // oder: ctx.Remove(f);

    Console.WriteLine($"Nach dem Löschen: Flug #{f.FlugNr}: {f.Abflugort}-
>{f.Zielort} hat {f.FreiePlaetze} freie Plätze! Zustand des Flug-
Objekts: " + ctx.Entry(f).State);

    try
    {
     var anz = ctx.SaveChanges();
     if (anz == 0) Console.WriteLine("Problem: Keine Änderung gespeichert!");
     else Console.WriteLine("Anzahl gespeicherter Änderungen: " + anz);
     Console.WriteLine($"Nach dem Speichern: Flug #{f.FlugNr}: {f.Abflugort}-
>{f.Zielort} hat {f.FreiePlaetze} freie Plätze! Zustand des Flug-
Objekts: " + ctx.Entry(f).State);
```

```
    }
    catch (Exception ex)
    {
     Console.WriteLine("Fehler: " + ex.ToString());
    }
  }
 }
```

16.11   Massenlöschen

Die Remove()-Methode eignet sich nicht für ein Massenlöschen im Sinne von "Delete from Flug where FlugNr > 10000", da Entity Framework Core in jedem Fall pro Objekt einen DELETE-Befehl erzeugen wird. Entity Framework Core kann nicht erkennen, dass man viele DELETE-Befehle zu einem Befehl zusammenfassen kann. In diesem Fall sollte man immer auf klassische Techniken (SQL oder Stored Procedures) zurückgreifen, da der Einsatz von Remove() hier ein Vielfaches langsamer wäre. Eine weitere Option ist die Erweiterung "EFPlus", siehe Kapitel "Zusatzkomponenten".

16.12   Datenbanktransaktionen

Das Wichtigste zuerst:

- Bei der Ausführung von SaveChanges() macht Entity Framework Core automatisch immer eine Transaktion, d.h. es werden alle im Kontext erfassten Änderungen persistiert oder keine.

- Wenn man über mehrere Aufrufe der Methode SaveChanges() hinweg eine Transaktion benötigt, so muss der Entwickler dies mit ctx.Database.BeginTransaction() sowie Commit() und Rollback() steuern.

- Transaktionen mit System.Transactions.TransactionScope unterstützt Entity Framework Core im Gegensatz zum klassischen Entity Framework nicht.

> **BEST PRACTICE:** Die beste Transaktion ist eine Transaktion, die man vermeidet. Transaktionen beeinträchtigen immer negativ die Performance, Skalierbarkeit und Robustheit einer Anwendung.

Beispiel 1

Das folgende Beispiel zeigt eine Transaktion über zwei Änderungen an einem Flug, die jeweils eigenständig mit SaveChanges() persistiert werden.

```
using (var ctx = new WWWingsContext())
   {
    // Transaktion eröffnen. Standard ist
System.Data.IsolationLevel.ReadCommitted
    using (var t =
ctx.Database.BeginTransaction(System.Data.IsolationLevel.ReadCommitted))
      {
       // Ausgabe des Isolationslevels
       RelationalTransaction rt = t as RelationalTransaction;
       DbTransaction dbt = rt.GetDbTransaction();
       Console.WriteLine("Transaktion mit Level: " + dbt.IsolationLevel);

       // Daten lesen
       int flugNr = ctx.FlugSet.OrderBy(x => x.FlugNr).FirstOrDefault().FlugNr;
       var f = ctx.FlugSet.Where(x => x.FlugNr == flugNr).SingleOrDefault();

       Console.WriteLine("VORHER: " + f.ToString());

       // Daten ändern und speichern
       f.FreiePlaetze--;
       var anz1 = ctx.SaveChanges();
       Console.WriteLine("Änderungen gespeichert: " + anz1);

       // Noch mal Daten ändern und speichern
       f.Memo = "zuletzt geändert am " + DateTime.Now.ToString();
       var anz2 = ctx.SaveChanges();
       Console.WriteLine("Änderungen gespeichert: " + anz2);

       Console.WriteLine("Commit oder Rollback? 1 = Commit, anderes = Rollback");
       var eingabe = Console.ReadKey().Key;
       if (eingabe == ConsoleKey.D1)
       { t.Commit(); Console.WriteLine("Commit erledigt!"); }
```

```
      else
      { t.Rollback(); Console.WriteLine("Rollback erledigt!"); }

      Console.WriteLine("NACHHER im RAM: " + f.ToString());
      ctx.Entry(f).Reload();
      Console.WriteLine("NACHHER im DB: " + f.ToString());
    }
  }
```

Beispiel 2

Das folgende Beispiel zeigt eine Transaktion über eine Änderung an der Tabelle Buchung (Buchung einfügen) und an der Tabelle Flug (Anzahl der freien Pätze reduzieren). Hier erfolgt die Transaktion über zwei verschiedene Kontextinstanzen einer Kontextklasse. Möglich wäre auch eine Transaktion über zwei verschiedene Kontextklassen, wenn sich diese auf die gleiche Datenbank beziehen.

Wichtig in diesem Szenario ist, dass

- die Datenbankverbindung getrennt erstellt und geöffnet wird

- die Transaktion auf dieser Verbindung geöffnet wird

- die Kontextinstanzen keine eigene Verbindung öffnen, sondern die offene Verbindung verwenden. Dafür wird das Datenbankverbindungsobjekt in den Konstruktor der Kontextklasse hineingereicht, wo dieser dann gemerkt wird. In OnConfiguring() muss dieses Datenbankverbindungsobjekt dann bei UseSqlServer() o.ä. anstelle der Verbindungszeichenfolge als Parameter übergeben werden!

- nach der Instanziierung das Transaktionsobjekt an ctx.Database.UseTransaction() übergeben wird.

WICHTIG: Wenn man die Verbindung nicht vorab öffnet und an die beteiligten Kontextinstanzen übergibt, kommt es zum Laufzeitfehler: "The specified transaction is not associated with the current connection. Only transactions associated with the current connection may be used."

```
public static void TransactionDemoZweiKontextinstanzen()
{
  Console.WriteLine("---------- TransactionDemo über zwei Kontextinstanzen");

  // Gemeinsame Verbindung öffnen
  using (var connection = new SqlConnection(Program.CONNSTRING))
  {
    connection.Open();
    // Transaktion eröffnen. Standard ist
System.Data.IsolationLevel.ReadCommitted
    using (var t =
connection.BeginTransaction(System.Data.IsolationLevel.ReadCommitted))
    { // Ausgabe des Isolationslevels
      Console.WriteLine("Transaktion mit Level: " + t.IsolationLevel);

      var FlugNr = 199;

      using (var ctx = new WWWingsContext(connection))
```

```
  {
    ctx.Database.UseTransaction(t);
    var PassNr = ctx.PassagierSet.FirstOrDefault().PersonID;

    // Buchung erstellen und persistieren
    var b = new GO.Buchung();
    b.FlugNr = FlugNr;
    b.PassagierId = PassNr;
    ctx.BuchungSet.Add(b);
    var anz1 = ctx.SaveChanges();
    Console.WriteLine("Buchungen gespeichert: " + anz1);
  }


using (var ctx = new WWWingsContext(connection))
{
    ctx.Database.UseTransaction(t);

    // Freie Pläze ändern und persistieren
    var f = ctx.FlugSet.Find(FlugNr);
    Console.WriteLine("VORHER: " + f.ToString());
    f.FreiePlaetze--;
    f.Memo = "Zuletzt geändert am " + DateTime.Now.ToString();
    Console.WriteLine("NACHHER: " + f.ToString());
    var anz2 = ctx.SaveChanges();
    Console.WriteLine("Flugänderungen gespeichert: " + anz2);

    Console.WriteLine("Commit oder Rollback? 1 = Commit, anderes = Rollback");
    var eingabe = Console.ReadKey().Key;
    Console.WriteLine();
    if (eingabe == ConsoleKey.D1)
    { t.Commit(); Console.WriteLine("Commit erledigt!"); }
    else
    { t.Rollback(); Console.WriteLine("Rollback erledigt!"); }

    Console.WriteLine("NACHHER im RAM: " + f.ToString());
    ctx.Entry(f).Reload();
    Console.WriteLine("NACHHER im DB: " + f.ToString());
  }
}
}
```

```
---------- TransactionDemo über zwei Kontextinstanzen
Transaktion mit Level: ReadCommitted
WWWingsContext # 1: ctor
WWWingsContext #01: OnConfiguring
Server=E66;Database=WWWings_EFCDemos;Trusted_Connection=True;MultipleActiveResultSets=True;App=Entit
yframework
WWWingsContext #01: OnModelCreating
Buchungen gespeichert: 1
WWWingsContext # 2: ctor
WWWingsContext #02: OnConfiguring
Server=E66;Database=WWWings_EFCDemos;Trusted_Connection=True;MultipleActiveResultSets=True;App=Entit
yframework
VORHER: Flug #199: von Madrid nach Frankfurt: 172 Freie Plätze.
NACHER: Flug #199: von Madrid nach Frankfurt: 171 Freie Plätze.
Flugänderungen gespeichert: 1
Commit oder Rollback? 1 = Commit, anderes = Rollback
2
Rollback erledigt!
NACHHER im RAM: Flug #199: von Madrid nach Frankfurt: 171 Freie Plätze.
NACHHER im DB: Flug #199: von Madrid nach Frankfurt: 172 Freie Plätze.
```

Abbildung: Ausgabe des obigen Listings

16.13 Change Tracker abfragen

Den in Entity Framework Core eingebauten Change Tracker, der Änderungen an allen mit dem Entity Framework Core-Kontext verbundenen Objekten überwacht, kann man jederzeit per Programmcode abfragen.

16.13.1 Zustand eines Objekts

Da Entity Framework Core mit POCOs (Plain Old CLR Objects) arbeitet, die Entitätsobjekte, also keine Basisklasse, besitzen und eine Schnittstelle implementieren, kennen die Entitätsobjekte weder ihre Kontextklasse noch ihren Zustand.

Zur Abfrage des Objektzustandes fragt man also nicht das Entitätsobjekt selbst, sondern das ChangeTracker-Objekt der Kontextklasse. Das ChangeTracker-Objekt besitzt eine Methode Entry(), die für ein übergebenes Entitätsobjekt ein dazuzugehöriges EntryObject<Entitätstyp> liefert. Dieses Objekt besitzt

- eine Eigenschaft State vom Typ EntityState, einen Aufzählungstyp mit den Werten Added, Deleted, Detached, Modified und Unchanged

- In Properties findet man eine Liste aller Eigenschaften des Entitätsobjekts in Form von PropertyEntry-Objekten. Die PropertyEntry-Objekte besitzen jeweils eine Eigenschaft IsModified, die anzeigt, ob die Eigenschaft geändert ist, sowie den alten (OriginalValue) und den neuen Wert (CurrentValue).

- Über das EntryObject<Entitätstyp> kann der Entwickler mit der Methode Property unter Angabe eines Lambda-Ausdrucks auch direkt ein bestimmtes PropertyEntry-Objekt bekommen.

- Über GetDatabaseValues() kann man den aktuellen Zustand des Objekts aus der Datenbank erhalten.

Beispiel: Die folgende Unterroutine lädt einen Flug (den ersten) und modifiziert dieses Flug-Objekt. Zu Beginn der Routine wird nicht nur eine Variable für das Flug-Objekt selbst, sondern auch eine Variable entryObj für EntryObject<Flug> und propObj für ein PropertyEntry-Objekt erzeugt.

Nach dem Laden von Flug werden entryObj und propObj erstmals mit Objekten des ChangeTracker-Objekts befüllt. Das Entitätsobjekt ist im Zustand "Unchanged", und die Eigenschaft FreiePlaetze liefert bei IsModified "False". Dann wird das Objekt in der Eigenschaft FreiePlaetze geändert. Das Entitätsobjekt ist nun im Zustand "Modified", und IsModified für FreiePlaetze liefert "True".

WICHTIG: Wichtig ist, dass hier die Informationen von dem ChangeTracker-Objekt des Kontextes erneut abgerufen werden mussten; die Instanzen von EntryObject<Flug> und PropertyEntry aktualisieren sich nicht automatisch mit der Veränderung des Entitätsobjekts mit, sondern geben nur den jeweils zum Abrufzeitpunkt aktuellen Zustand wieder.

Daher muss man diese Objekte auch nach dem SaveChanges() zum dritten Mal vom ChangeTracker-Objekt anfordern. Nach SaveChanges() ist der Zustand des Entitätsobjekts wieder "Unchanged", und die Eigenschaft FreiePlaetze liefert bei IsModified "False".

Die Routine gibt zudem per Schleife über die Properties-Eigenschaft von EntryObject<Flug> alle geänderten Eigenschaften des Entitätsobjekts mit altem und neuen Wert aus sowie den aktuellen Wert der Datenbank. Diesen Wert kann man über die Methode GetDatabaseValues() im EntryObject<Flug> ermitteln. GetDatabaseValues() löst eine Abfrage der Datenbank aus und befüllt eine PropertyValues-Liste mit allen aktuellen Werten in der Datenbank. Diese Werte in der Datenbank können von den Werten, die Entity Framework Core kennt und die es in den OriginalValue-Eigenschaften sichtbar macht, abweichen, wenn ein anderer Prozess (oder ein anderer Entity Framework Core-Kontext im gleichen Prozess!) inzwischen eine Änderung an dem Datensatz persistiert hat. Dies ist dann ein **Datenänderungskonflikt** (siehe gleichnamiges Kapitel in diesem Buch).

Listing: Abfrage des Change Trackers für ein geändertes Objekt

```
public static void ChangeTracking_EinObjekt()
{
  CUI.MainHeadline(nameof(ChangeTracking_EinObjekt));

  Flug flug;
  EntityEntry<GO.Flug> entryObj;
  PropertyEntry propObj;

  using (var ctx = new WWWingsContext())
  {
   CUI.Headline("Lade Objekt...");
   flug = (from y in ctx.FlugSet select y).FirstOrDefault();

   // Zugriff auf Objekte des Change Trackers
   entryObj = ctx.Entry(flug);
   propObj = entryObj.Property(f => f.FreiePlaetze);
   Console.WriteLine(" Objektzustand: " + entryObj.State);
   Console.WriteLine(" Ist die Eigenschaft freie Plaetze geändert: " +
propObj.IsModified);

   CUI.Headline("Ändere Objekt...");
   flug.FreiePlaetze--;

   // Aktualisieren der Objekte des Change Trackers
   entryObj = ctx.Entry(flug);
   propObj = entryObj.Property(f => f.FreiePlaetze);
   Console.WriteLine(" Objektzustand: " + entryObj.State);
```

```
      Console.WriteLine(" Ist die Eigenschaft freie Plaetze geändert: " +
propObj.IsModified);

      // alle alten und neuen Werte ausgeben
      if (entryObj.State == EntityState.Modified)
      {
        foreach (PropertyEntry p in entryObj.Properties)
        {
          if (p.IsModified) Console.WriteLine(" " + p.Metadata.Name + ": " +
p.OriginalValue + "->" + p.CurrentValue + " / Datenbankzustand: " +
entryObj.GetDatabaseValues()[p.Metadata.Name]);
        }
      }

      CUI.Headline("Speichern...");
      int anz = ctx.SaveChanges();
      Console.WriteLine(" Anzahl der Änderungen: " + anz);

      // Aktualisieren der Objekte des Change Trackers
      entryObj = ctx.Entry(flug);
      propObj = entryObj.Property(f => f.FreiePlaetze);
      Console.WriteLine(" Objektzustand: " + entryObj.State);
      Console.WriteLine(" Ist die Eigenschaft freie Plaetze geändert: " +
propObj.IsModified);
    }
  }
```

```
ChangeTracking_EinObjekt
Lade Objekt...
 Objektzustand: Unchanged
 Ist die Eigenschaft freie Plaetze geändert: False
Ändere Objekt...
 Objektzustand: Modified
 Ist die Eigenschaft freie Plaetze geändert: True
 FreiePlaetze: 211->210 / Datenbankzustand: 211
Speichern...
 Anzahl der Änderungen: 1
 Objektzustand: Unchanged
 Ist die Eigenschaft freie Plaetze geändert: False
```

Abbildung: Ausgabe des obigen Listings

16.13.2 Liste aller geänderten Objekte

Das Change Tracker-Objekt kann nicht nur Auskunft zu einem einzelnen Objekt geben, sondern über seine Methode Entries() eine Liste aller von ihm überwachten Entitätsobjekte liefern. Der Entwickler kann dann Entitätsobjekte nach dem gewünschten Zustand herausfiltern.

Beispiel: Die folgende Routine modifiziert drei Flüge und legt dann einen Flug mit der Nummer 123456 an, wenn es ihn noch nicht gibt. Falls es den Flug schon gibt, wird er gelöscht. Danach fragt die Routine das ChangeTracker-Objekt getrennt nach den neuen, den geänderten und den gelöschten Objekten. Alle drei Mengen liefert Entries(). Die Menge wird mit dem Where()-Operator aus LINQ-to-Objects gefiltert. In allen drei Fällen wird die Hilfsroutine PrintChangedProperties() aufgerufen. Aber nur im Fall der geänderten Objekte liefert sie eine

Ausgabe. Wenn das Objekt hinzugefügt oder gelöscht wurde, gelten die einzelnen Eigenschaften als unverändert.

Listing: Abfrage des Change Trackers für mehrere geänderte Objekte

```csharp
public static void ChangeTracking_MehrereObjekte()
{
  CUI.MainHeadline(nameof(ChangeTracking_MehrereObjekte));

  using (var ctx = new WWWingsContext())
  {
   var FlugQuery = (from y in ctx.FlugSet select y).OrderBy(f4 =>
f4.FlugNr).Take(3);
   foreach (var flug in FlugQuery.ToList())
   {
    flug.FreiePlaetze -= 2;
    flug.Memo = "Geändert am " + DateTime.Now;
   }

   var flugNeu = ctx.FlugSet.Find(123456);
   if (flugNeu != null) { ctx.Remove(flugNeu); }
   else
   {
    flugNeu = new Flug();
    flugNeu.FlugNr = 123456;
    flugNeu.Abflugort = "Essen";
    flugNeu.Zielort = "Sydney";
    flugNeu.Fluggesellschaft = Fluggesellschaft.WorldWideWings;
    flugNeu.PilotId = ctx.PilotSet.FirstOrDefault().PersonID;
    flugNeu.Plaetze = 100;
    flugNeu.FreiePlaetze = 100;
    ctx.FlugSet.Add(flugNeu);
   }
   CUI.Headline("Neue Objekte");
   IEnumerable<EntityEntry> neueObjekte = ctx.ChangeTracker.Entries().Where(x =>
x.State == EntityState.Added);
   if (neueObjekte.Count() == 0) Console.WriteLine("Keine");
   foreach (EntityEntry entry in neueObjekte)
   {
    CUI.Print("Objekt " + entry.Entity.ToString() + " ist im Zustand " +
entry.State, ConsoleColor.Cyan);
    ITVisions.EFCore.EFC_Util.PrintChangedProperties(entry);
   }

   CUI.Headline("Geänderte Objekte");
   IEnumerable<EntityEntry> geaenderteObjekte =
ctx.ChangeTracker.Entries().Where(x => x.State == EntityState.Modified);
   if (geaenderteObjekte.Count() == 0) Console.WriteLine("Keine");
   foreach (EntityEntry entry in geaenderteObjekte)
   {
    CUI.Print("Objekt " + entry.Entity.ToString() + " ist im Zustand " +
entry.State, ConsoleColor.Cyan);
    ITVisions.EFCore.EFC_Util.PrintChangedProperties(entry);
   }
```

```
   CUI.Headline("Gelöschte Objekte");
   IEnumerable<EntityEntry> geloeschteObjekte =
ctx.ChangeTracker.Entries().Where(x => x.State == EntityState.Deleted);
   if (geloeschteObjekte.Count() == 0) Console.WriteLine("Keine");
   foreach (EntityEntry entry in geloeschteObjekte)
   {
    CUI.Print("Objekt " + entry.Entity.ToString() + " ist im Zustand " +
entry.State, ConsoleColor.Cyan);
   }
   Console.WriteLine("Änderungen: " + ctx.SaveChanges());
  }
 }
```

Listing: Hilfsroutine zur Abfrage des Change Trackers

```
/// <summary>
/// Listet die geänderten Eigenschaften eines Objekts auf inkl. aktuellem
Datenbankzustand
/// </summary>
/// <param name="entry"></param>
public static void PrintChangedProperties(EntityEntry entry)
{
 PropertyValues dbZustand = entry.GetDatabaseValues();
 foreach (PropertyEntry prop in entry.Properties.Where(x => x.IsModified))
 {
  var s = "- " + prop.Metadata.Name + ": " +
   prop.OriginalValue + "->" +
   prop.CurrentValue +
   " Datenbankzustand: " + dbZustand[prop.Metadata.Name];
  Console.WriteLine(s);
 }
}
```

```
ChangeTracking_MehrereObjekte
Neue Objekte
Objekt Flug #123456: von Essen nach Sydney: 100 Freie Plätze. ist im Zustand Added
Geänderte Objekte
Objekt Flug #100: von London nach Prag: 262 Freie Plätze. ist im Zustand Modified
 - FreiePlaetze: 264->262 Datenbankzustand: 264
 - Memo: Geändert am 15/07/2017 19:00:17->Geändert am 15/07/2017 19:01:25 Datenbankzustand: Geändert am 15/07/2017 19:00:17
Objekt Flug #101: von Oslo nach Köln/Bonn: 119 Freie Plätze. ist im Zustand Modified
 - FreiePlaetze: 121->119 Datenbankzustand: 121
 - Memo: Geändert am 15/07/2017 19:00:17->Geändert am 15/07/2017 19:01:25 Datenbankzustand: Geändert am 15/07/2017 19:00:17
Objekt Flug #102: von Essen/Mülheim nach New York: 45 Freie Plätze. ist im Zustand Modified
 - FreiePlaetze: 47->45 Datenbankzustand: 47
 - Memo: Geändert am 15/07/2017 19:00:17->Geändert am 15/07/2017 19:01:25 Datenbankzustand: Geändert am 15/07/2017 19:00:17
Gelöschte Objekte
Keine
```

Abbildung: Erster Durchlauf der Routine: Flug 123456 wird ergänzt.

```
ChangeTracking_MehrereObjekte
Neue Objekte
Keine
Geänderte Objekte
Objekt Flug #100: von London nach Prag: 259 Freie Plätze. ist im Zustand Modified
 - FreiePlaetze: 261->259 Datenbankzustand: 261
 - Memo: Geändert am 15/07/2017 19:01:25->Geändert am 15/07/2017 19:01:52 Datenbankzustand: Geändert am 15/07/2017 19:01:25
Objekt Flug #101: von Oslo nach Köln/Bonn: 117 Freie Plätze. ist im Zustand Modified
 - FreiePlaetze: 119->117 Datenbankzustand: 119
 - Memo: Geändert am 15/07/2017 19:01:25->Geändert am 15/07/2017 19:01:52 Datenbankzustand: Geändert am 15/07/2017 19:01:25
Objekt Flug #102: von Essen/Mülheim nach New York: 43 Freie Plätze. ist im Zustand Modified
 - FreiePlaetze: 45->43 Datenbankzustand: 45
 - Memo: Geändert am 15/07/2017 19:01:25->Geändert am 15/07/2017 19:01:52 Datenbankzustand: Geändert am 15/07/2017 19:01:25
Gelöschte Objekte
Objekt Flug #123456: von Essen nach Sydney: 100 Freie Plätze. ist im Zustand Deleted
Änderungen: 4
```

Abbildung: Zweiter Durchlauf der Routine: Flug 123456 wird wieder gelöscht.

17   Datenänderungskonflikte (Concurrency)

In vielen Praxisszenarien können mehrere Menschen und/oder automatische Hintergrundaufgaben zur gleichen Zeit auf die gleichen Datensätze zugreifen. Dadurch können Änderungskonflikte entstehen, bei denen sich widersprechende Datenänderungen erfolgen. Dieses Kapitel zeigt, wie man solche Konflikte bei Entity Framework Core erkennen und auflösen kann.

17.1   Rückblick

Vorweg eine zentrale Information zu einem immer wiederkehrenden Nutzerwunsch: Entity Framework Core unterstützt genau wie der Vorgänger Entity Framework und die darunterliegende Basistechnik ADO.NET nicht das Sperren von Datensätzen für den Lesezugriff durch andere Prozesse. Dies ist eine bewusste Entscheidung von Microsoft seit .NET 1.0 im Jahr 2002, da solche Sperren sehr viele Performanceprobleme verursachen. In der Alpha-Version von .NET 2.0 (Jahr 2005) gab es einmal einen Prototypen einer solchen Sperrfunktion in der damals neuen Klasse SqlResultSet; diese Klasse hat Microsoft dann aber doch nicht veröffentlicht.

Daher gibt es in .NET und darauf aufbauenden Frameworks wie Entity Framework und Entity Framework Core nur das sogenannte "optimistische Sperren". Optimistisches Sperren ist ein Euphemismus, denn tatsächlich wird dabei im Datenbankmanagementsystem und im RAM nichts gesperrt. Es wird lediglich dafür gesorgt, dass Änderungskonflikte nachträglich auffallen. Der erste Prozess, der eine Änderung schreiben will, gewinnt. Alle weiteren Prozesse können nicht schreiben und bekommen eine Fehlermeldung. Um dies zu erreichen, werden bei UPDATE- und DELETE-Befehlen in die WHERE-Bedingung einzelne oder mehrere Werte aus dem Ursprungsdatensatz aufgenommen.

Das DataSet in Verbindung mit dem DataAdapter und einem CommandBuilder-Objekt fragt dazu in der WHERE-Bedingung eines UPDATE- oder DELETE-Befehls nicht nur den oder die Primärschlüsselspalten ab, sondern alle Spalten mit ihrem alten Wert aus der Sicht des aktuellen Prozesses, also den Werten, die der Prozess beim Lesen des Datensatzes erhalten hat (siehe Listing). Wenn zwischenzeitlich ein anderer Prozess einzelne Spalten geändert hat, führt der UPDATE- oder DELETE-Befehl zwar nicht zu einem Laufzeitfehler im Datenbankmanagementsystem, jedoch zu dem Ergebnis, dass "0" Datensätze betroffen waren. Daran kann der Datenadapter erkennen, dass es einen Änderungskonflikt gab.

Listing: Update-Befehl, wie ihn ein SqlCommandBuilder für die Tabelle "Flug" mit dem Primärschlüssel "FlugNr" erzeugt.

```
UPDATE [dbo].[Flug]
SET [FlugNr] = @p1, [Abflugort] = @p2, [Bestreikt] = @p3, [CopilotId] = @p4,
[FlugDatum] = @p5, [Fluggesellschaft] = @p6, [FlugzeugTypID] = @p7,
[FreiePlaetze] = @p8, [LetzteAenderung] = @p9, [Memo] = @p10, [NichtRaucherFlug]
= @p11, [PilotId] = @p12, [Plaetze] = @p13, [Preis] = @p14, [Timestamp] = @p15,
[Zielort] = @p16
WHERE ((([FlugNr] = @p17) AND ((@p18 = 1 AND [Abflugort] IS NULL) OR ([Abflugort]
= @p19)) AND ((@p20 = 1 AND [Bestreikt] IS NULL) OR ([Bestreikt] = @p21)) AND
((@p22 = 1 AND [CopilotId] IS NULL) OR ([CopilotId] = @p23)) AND ([FlugDatum] =
@p24) AND ([Fluggesellschaft] = @p25) AND ((@p26 = 1 AND [FlugzeugTypID] IS NULL)
OR ([FlugzeugTypID] = @p27)) AND ((@p28 = 1 AND [FreiePlaetze] IS NULL) OR
([FreiePlaetze] = @p29)) AND ([LetzteAenderung] = @p30) AND ((@p31 = 1 AND
[NichtRaucherFlug] IS NULL) OR ([NichtRaucherFlug] = @p32)) AND ([PilotId] =
@p33) AND ([Plaetze] = @p34) AND ((@p35 = 1 AND [Preis] IS NULL) OR ([Preis] =
@p36)) AND ((@p37 = 1 AND [Zielort] IS NULL) OR ([Zielort] = @p38)))
```

17.2   Im Standard keine Konflikterkennung

Soweit der historische Rückblick. Bei Entity Framework Core gibt es genau wie beim Entity Framework in der Standardeinstellung gar kein Sperren, also nicht einmal ein optimistisches Sperren. Im Standard gilt einfach "der Letzte, der schreibt, gewinnt" - das war's. Das nächste Listing zeigt das Ändern eines Flugobjekts im RAM und persistieren der Änderung mit SaveChanges() via Entity Framework Core. Dieser Programmcode sendet folgenden SQL-Befehl zum Datenbankmanagementsystem:

```
UPDATE [Flug] SET [FreiePlaetze] = @p0
WHERE [FlugNr] = @p1;
SELECT @@ROWCOUNT;
```

Man sieht, dass hier in der WHERE-Bedingung nur der Primärschlüssel "FlugNr" erscheint, nicht aber der alte Wert der Spalte "FreiePlaetze" oder anderer Spalten. Somit wird der Wert persistiert, auch wenn andere Prozesse den Wert mittlerweile geändert haben. Bei einer Fluggesellschaft kann es so zu Überbuchungen von Flügen kommen. Wenn es zum Beispiel nur noch zwei freie Plätze gibt und zwei Prozesse laden (fast) gleichzeitig diese Information, kann jeder der beiden Prozesse für sich zwei Plätze von diesem Restkontingent abziehen. Der Stand in der Spalte "FreiePlaetze" ist dann nachher in der Datenbank "0". Tatsächlich wurden aber vier Passagiere auf die zwei Plätze gesetzt. Das kann eng im Flugzeug werden.

SaveChanges() öffnet zwar eine Transaktion, diese gilt aber nur für den einen Speichervorgang selbst und schützt daher nicht vor Datenänderungskonflikten. Das Ignorieren von Konflikten ist jedoch in der Praxis oft kein gangbarer und für die Nutzer akzeptabler Weg. Zum Glück kann man Entity Framework Core umkonfigurieren – ähnlich wie dies auch bei Code First im Vorgänger Entity Framework ging.

Der einzige Änderungskonflikt, der Entity Framework Core im Standard auffallen würde, wäre ein Löschen des Datensatzes durch einen anderen Prozess. Denn in diesem Fall würde der UPDATE-Befehl zurückliefern, dass "0" Datensätze geändert wurden, und dann würde Entity Framework Core einen Fehler vom Typ DbUpdateConcurrencyException auslösen.

Listing: Änderung eines Flug-Objekts
```
int flugNr = 101;
using (FluggesellschaftContext ctx = new FluggesellschaftContext())
  {

    // Flug laden
    var f = ctx.Fluege.Where(x => x.FlugNr == flugNr).SingleOrDefault();

    // Ausgaben
    Console.WriteLine(f);

    Console.WriteLine("Flug " + flugNr + ": " + DateTime.Now.ToLongTimeString() +
": Freie Plätze VORHER: " + f.FreiePlaetze);

    // Flug ändern
    f.FreiePlaetze -= 2;

    // Änderungen speichern
    try
    {
     var anz = ctx.SaveChanges();
```

```
    Console.WriteLine("Anzahl gespeicherter Änderungen: " + ctx.SaveChanges());
    Console.WriteLine(DateTime.Now.ToLongTimeString() + ": Freie Plätze NEU: " +
f.FreiePlaetze);
    }
    catch (Exception ex)
    {
     Console.WriteLine("FEHLER beim Speichern: " + ex.ToString());
    }
```

17.3   Optimistisches Sperren / Konflikterkennung

Erreicht werden sollte, dass Entity Framework Core zumindest folgenden SQL-Befehl zum Datenbankmanagementsystem sendet:

```
UPDATE [Flug] SET [FreiePlaetze] = @p0
WHERE [FlugNr] = @p1 AND [FreiePlaetze] = @p2;
SELECT @@ROWCOUNT;
```

Hierbei erfolgt nun neben der Abfrage des Primärschlüssels "FlugNr" auch eine Abfrage des alten Wertes (Ursprungswert, den es beim Lesen gab) der Spalte "FreiePlaetze". Um diese Konflikterkennung zu implementieren, ist nicht der Programmcode zu ändern, sondern das Entity Framework Core-Modell.

Es gibt zwei Möglichkeiten, das Modell entsprechend zu konfigurieren:

- per Datenannotation [ConcurrencyCheck]

- per IsConcurrencyToken() im Fluent-API

Das nächste Listing zeigt einen Ausschnitt aus der Entitätsklasse "Flug". Hier wurde nun "FreiePlaetze" mit [ConcurrencyCheck] annotiert, wodurch Entity Framework Core bei allen UPDATE- und DELETE-Befehlen automatisch den alten Wert in der WHERE-Bedingung abfragt. Gleiches wird erreicht durch den Aufruf von IsConcurrencyToken() auf dem entsprechend PropertyBuilder-Objekt in OnModelCreating() in der Entity Framework Core-Kontextklasse.

Listing: Einsatz der Datenannotation [ConcurrencyCheck]

```
public class Flug
 {

  [Key]
  public int FlugNr { get; set; }

  [ConcurrencyCheck]
  public short? FreiePlaetze {get; set;}


  [ConcurrencyCheck]
 public decimal? Preis { get; set; }

// Ohne Prüfung
  public short? Plaetze {get; set;}

  ...

}
```

Listing: Einsatz von IsConcurrencyToken() im Fluent-API

```
public class WWWingsContext : DbContext
{
  public DbSet<Flug> FlugSet { get; set; }
...
  protected override void OnModelCreating(ModelBuilder builder)
  {
    builder.Entity<Flug>().Property(f => f.FreiePlaetze).IsConcurrencyToken();
...
  }
}
```

Nun kann es sinnvoll sein, die Konfliktprüfung über mehrere Spalten zu führen, z.B. die Konfliktprüfung auch über die Spalte "Preis" des Flugs auszuüben. Inhaltlich würde das bedeuten: Wenn sich der Preis des Flugs mittlerweile geändert hat, kann man die Platzanzahl nicht ändern, weil diese Buchung dem Benutzer dann ja zum alten Preis angezeigt worden wäre. Man kann dafür dann die Eigenschaft "Preis" auch mit [ConcurrencyCheck] annotieren oder im Fluent-API ergänzen:

```
builder.Entity<Flug>().Property(f => f.Preis).IsConcurrencyToken();
```

Dann entsteht aus dem Listing folgender SQL-Befehl mit drei Teilen in der WHERE-Bedingung:

```
SET NOCOUNT ON;
UPDATE [Flug] SET [FreiePlaetze] = @p0
WHERE [FlugNr] = @p1 AND [FreiePlaetze] = @p2 AND [Preis] = @p3;
SELECT @@ROWCOUNT;
```

17.4   Konflikterkennung für alle Eigenschaften

Nun kann es sehr lästig werden, für alle Entitätsklassen, und dort für alle persistenten Eigenschaften, diese Konfiguration per Datenannotation oder Fluent-API vorzunehmen. Zum Glück erlaubt Entity Framework Core auch eine Massenkonfiguration. Das nächste Listing zeigt, wie man in OnModelCreating() aus dem ModelBuilder-Objekt per Model.GetEntityTypes() eine Liste aller Entitätsklassen bekommt, um dort in jeder Entitätsklasse jeweils per GetProperties() eine Liste aller Eigenschaften zu erhalten, damit dort dann jeweils IsConcurrencyToken = true gesetzt wird.

Listing: Massenkonfiguration des ConcurrencyToken für alle Eigenschaften in allen Entitätsklassen

```
public class WWWingsContext : DbContext
{
  public DbSet<Flug> FlugSet { get; set; }
...
  protected override void OnModelCreating(ModelBuilder builder)
  {
      // hole alle Entitätsklassen
    foreach (IMutableEntityType entity in builder.Model.GetEntityTypes())
    {
    // hole alle Eigenschaften
     foreach (var prop in entity.GetProperties())
     {
      prop.IsConcurrencyToken = true;
     }
    }
```

```
...
   }
 }
```

Aus dem Listing entsteht dann nun ein SQL-Befehl, der alle Spalten in der WHERE-Bedingung umfasst:

```
SET NOCOUNT ON;
UPDATE [Flug] SET [FreiePlaetze] = @p0
WHERE [FlugNr] = @p1 AND [Abflugort] = @p2 AND [Bestreikt] = @p3 AND [CopilotId]
= @p4 AND [FlugDatum] = @p5 AND [Fluggesellschaft] = @p6 AND [FlugzeugTypID] IS
NULL AND [FreiePlaetze] = @p7 AND [LetzteAenderung] = @p8 AND [Memo] = @p9 AND
[NichtRaucherFlug] IS NULL AND [PilotId] = @p10 AND [Plaetze] = @p11 AND [Preis]
= @p12 AND [Zielort] = @p13;
SELECT @@ROWCOUNT;
```

17.5 Konflikteinstellung per Konvention

Vielleicht möchte der Entwickler dennoch einzelne Spalten ausschließen, auch das ist möglich. Hier bietet es sich an, dafür eine eigene Annotation [ConcurrencyNoCheckAttribute] (siehe Listing) zu definieren, mit der dann alle diejenigen persistenten Properties der Entitätsklasse annotiert werden, für die Entity Framework Core keine Konfliktprüfung ausführen soll. Das nächste Listing zeigt die Erweiterung des Beispiels, dass die Annotation [ConcurrencyNoCheck] berücksichtigt. Wichtig ist dabei der Null-Propagating-Operator ?. nach PropertyInfo, denn der Entwickler kann in Entity Framework Core sogenannte "Shadow Properties" definieren, die nur im Entity Framework Core-Modell existieren, aber nicht in der Entitätsklasse. Diese haben dann kein PropertyInfo-Objekt, sodass es im Fall eines Shadow Property ohne den Null-Propagating-Operator zum beliebten "Null-Reference"-Laufzeitfehler käme. Mit dem ConcurrencyNoCheckAttribute kann der Entwickler bei Bedarf einzelne Eigenschaften auf elegante Weise von der Konfliktprüfung ausschließen.

Listing: Annotation für Entitätsklassen-Properties, für die Entity Framework Core keinen ConcurrencyCheck ausführen soll

```
using System;
namespace GO
{
 /// <summary>
 /// Annotation für EFC-Entitätsklassen-Properties, für die EFC keinen
ConcurrencyCheck ausführen soll
 /// </summary>
 [AttributeUsage(AttributeTargets.Property | AttributeTargets.Class,
AllowMultiple = false)]
 public class ConcurrencyNoCheckAttribute : Attribute
 {
 }
}
```

Listing: Massenkonfiguration des ConcurrencyToken für alle Eigenschaften in allen Entitätsklassen, außer den Eigenschaften, die mit [ConcurrencyNoCheck] annotiert sind

```
public class WWWingsContext : DbContext
 {
  public DbSet<Flug> FlugSet { get; set; }
...
  protected override void OnModelCreating(ModelBuilder builder)
```

```
{
  // hole alle Entitätsklassen
  foreach (IMutableEntityType entity in builder.Model.GetEntityTypes())
  {
    // hole alle Eigenschaften
    foreach (var prop in entity.GetProperties())
    {
      // Suche Annotation [ConcurrencyNoCheck]
      var annotation =
      prop.PropertyInfo?.GetCustomAttribute<ConcurrencyNoCheckAttribute>();
      if (annotation == null)
      {
        prop.IsConcurrencyToken = true;
      }
      else
      {
        Console.WriteLine("Kein Concurrency Check für " + prop.Name);
      }
    }
  }
  ...
}
}
```

17.6   Fallweise Konflikteinstellung

Manchmal entsteht in der Praxis der Wunsch, die Konfliktprüfung fallweise bei einzelnen Änderungen für einzelne Eigenschaften zu aktivieren oder zu deaktivieren. Dieser Wunsch lässt sich aber leider nicht erfüllen, da die Datenannotationen hineinkompiliert werden und auch OnModelCreating() nur einmalig pro Prozess ausgerufen wird. Leider kann man das Entity Framework Core-Modell nach Ende von OnModelCreating() nicht mehr ändern. Zwar bietet die Klasse DbContext genau wie die Klasse ModelBuilder ein Property Model, aber während bei ModelBuilder das Property Model den Typ IMutalModel (veränderbar, wie der Name sagt) besitzt, bekommt man von DbContext nur den Typ IModel, und dort ist IsConcurrencyToken wie viele andere Eigenschaften "Read-Only" (also unveränderbar). Wer also fallweise die Spalten für das optimistische Sperren ändern will, muss (über Entity Framework Core oder anderen Wegen) selbst UPDATE- und DELETE-Befehle zum Datenbankmanagementsystem senden.

17.7   Zeitstempel (Timestamp)

Anstelle des Ursprungswertevergleichs auf Ebene der einzelnen Datenspalten ist es auch möglich, eine zusätzliche Zeitstempel-Spalte einzuführen. Eine solche Spalte, die man in Microsoft SQL Server mit dem Typ rowversion [*https://docs.microsoft.com/en-us/sql/t-sql/data-types/rowversion-transact-sql*] (alias timestamp, siehe nächste Abbildung) anlegt, wird vom Datenbankmanagementsystem selbst bei jeder einzelnen Datensatzänderung vollautomatisch vom Wert erhöht. Folglich ist bei einem UPDATE- oder DELETE-Befehl nur noch zu prüfen, ob der Zeitstempelwert noch auf dem vorherigen Wert, den es beim Laden gab, steht. Wenn ja, ist der gesamte Datensatz also unverändert. Wenn nicht, hat ein anderer Prozess zumindest einen Teil des Datensatz mittlerweile verändert. Allerdings kann man mit einer Zeitstempelspalte nicht mehr differenzieren zwischen Spalten, an denen Änderungen relevant sind, und solchen, an denen Änderungen nicht relevant sind. Das Datenbankmanagementsystem passt den Zeitstempel bei jeder Änderung irgendeiner Spalte an, Ausnahmen sind nicht möglich.

Abbildung: Eine Zeitstempelspalte für einen Datensatz in Microsoft SQL Server: Während SQL Server Management Studio (SSMS) auch in der aktuellen Version 2017 (v17.3) hier noch die alte Bezeichnung "timestamp" anzeigt, zeigen die SQL Server Data Tools in Visual Studio 2017 (v15.5) das aktuelle "rowversion" an.

Für die Verwendung von Zeitstempeln zur Änderungskonflikterkennung fügt der Softwareentwickler bei Entity Framework Core eine Spalte des Typs Byte-Array (byte[]) in die Entitätsklasse ein und annotiert diese mit [Timestamp]. Der Name der Spalte ist Entity Framework Core dabei egal:

```
[Timestamp]
public byte[] Timestamp { get; set; }
```

Alternativ dazu kann man dies auch wieder per Fluent-API festlegen, damit ist jedoch etwas mehr im Programmcode zu tun:

```
builder.Entity<Flug>()
            .Property(p => p.Timestamp)
            .ValueGeneratedOnAddOrUpdate()
            .IsConcurrencyToken();
```

Seit Version 1.1 von EFC kann man alternativ auch IsRowVersion() verwenden:

```
modelBuilder.Entity<Flug>().Property(x => x.Timestamp).IsRowVersion();
```

> **ACHTUNG:** Es darf pro Tabelle nur eine Timestamp-/Rowversion-Spalte geben. Die Fehlermeldung: „A table can only have one timestamp column." tritt aber leider erst auf, wenn man Update-Database aufruft, nicht schon bei Add-Migration.

Mehr muss der Entwickler dann für die Zeitstempel-Unterstützung selbst nicht implementieren. Wenn es eine solche Eigenschaft im Objektmodell und die korrespondiere Spalte in der Datenbanktabelle gibt, bezieht sich Entity Framework Core bei allen DELETE- und UPDATE-Befehlen in der WHERE–Bedingung stets auf den vorherigen Zeitstempelwert, z.B.

```
SET NOCOUNT ON;
UPDATE [Flug] SET [FreiePlaetze] = @p0
WHERE [FlugNr] = @p1 AND [Timestamp] IS NULL;
SELECT [Timestamp]
FROM [Flug]
```

```
WHERE @@ROWCOUNT = 1 AND [FlugNr] = @p1;
```

Wie man sieht, sorgt Entity Framework Core auch mit SELECT [Timestamp] dafür, nach einem UPDATE den dann vom Datenbankmanagementsystem geänderten Zeitstempel wieder zu laden, um das Objekt im RAM entsprechend zu aktualisieren. Würde das nicht passieren, dann würde eine zweite Aktualisierung eines Objekts nicht möglich sein, denn dann würde der Zeitstempel im RAM nicht mehr aktuell sein und Entity Framework Core würde immer einen Änderungskonflikt melden, auch wenn es keinen gab, weil ja die eigene erste Änderung den Zeitstempel in der Datenbanktabelle geändert hat.

Auch die Timestamp-Konfiguration kann man per Konventionen automatisieren. Die im nächsten Listing gezeigte Massenkonfiguration macht alle Properties, die den Namen "Timestamp" tragen, automatisch zu Zeitstempeln für die Konflikterkennung.

Listing: Diese Massenkonfiguration macht alle Properties, die Timestamp heißen, automatisch zu Zeitstempeln für die Konflikterkennung

```
public class WWWingsContext : DbContext
{
  public DbSet<Flug> FlugSet { get; set; }
  …

  protected override void OnModelCreating(ModelBuilder builder)
  {
   // Get all entity classes
   foreach (IMutableEntityType entity in modelBuilder.Model.GetEntityTypes())
   {
   // Get all properties
   foreach (var prop in entity.GetProperties())
   {
    if (prop.Name == "Timestamp")
    {
    prop.ValueGenerated = ValueGenerated.OnAddOrUpdate;
    prop.IsConcurrencyToken = true;
    }

   }
   }
   …
  }
}
```

17.8   Konflikte auflösen

Zur Prüfung der Konflikterkennung kann man das nächste Beispiel in Verbindung verwenden. Die Abbildung zeigt eine beispielhafte Ausgabe des Programms, wenn es zweimal gestartet wird. Zuerst wird der Prozess mit der ID 6216 gestartet, dann der Prozess 17244. Beide lesen den Flug mit der Nummer 101, in dem es aktuell 20 Plätze gibt. Der Prozess 6216 reduziert dann die Anzahl der Plätze um 5 und persistiert die 15 in der Spalte "FreiePlaetze". Nun nimmt Prozess 17244 eine Buchung für zwei Personen vor, kommt also im RAM auf 18 freie Plätze. Prozess 17244 kann aber nicht persistieren, da Entity Framework Core aufgrund der Konflikterkennung für die Spalte "FreiePlaetze" oder auf Basis einer Timestamp-Spalte einen Fehler des Typs DbUpdateConcurrencyException ausgelöst hat. Der Benutzer in Prozess 17244 erhält die Wahl, entweder die Änderungen des anderen Benutzers zu übernehmen oder aber zu überschreiben oder die beiden Änderungen miteinander zu verrechnen, was im speziellen vorliegenden Fall Sinn machen kann.

Abbildung: Konflikterkennung und Konfliktlösung

Das nächste Listing zeigt die Implementierung. Bei SaveChanges() wird die DbUpdateConcurrencyException abgefangen. In der Fehlerbehandlung wird mit Hilfe der Hilfsfunktion PrintChangedProperties() ausgebeben, welche Eigenschaften des Flugs in diesem Prozess geändert wurden und wie der aktuelle Datenbankzustand ist. Den aktuellen Zustand der Datenbank bekommt der Entwickler durch die Methode GetDatabaseValues(), die eine entsprechende SQL-Abfrage zum Datenbankmanagementsystem sendet. Danach muss sich der Benutzer entscheiden. Entscheidet er sich für das Übernehmen der Änderungen des anderen Prozesses, so wird die Methode Reload() im Entity Framework Core-API aufgerufen, was das geänderte Objekt im RAM verwirft und es neu aus der Datenbank lädt. Entscheidet er sich für das Überschreiben der Änderungen des anderen Prozesses, so ist der Programmcode ein wenig komplizierter und indirekter. Die Befehlskette lädt den aktuellen Zustand aus der Datenbank und setzt diesen im Change Tracker von Entity Framework Core auf die ursprünglichen Werte des Objekts: ctx.Entry(flug).OriginalValues.SetValues(ctx.Entry(flug).GetDatabaseValues()). Danach wird SaveChanges() erneut aufgerufen, was nun funktioniert, da die in der WHERE-Bedingung verwendeten Originalwerte bzw. der dort verwendete Zeitstempel dem aktuellen Zustand des Datensatzes in der Datenbank entsprechen bzw. entspricht. Theoretisch kann dabei aber wieder ein Konflikt auftreten, wenn in der kurzen Zeit zwischen GetDatabaseValues() und SaveChanges() wieder ein anderer Prozess den Datensatz in der Datenbanktabelle verändert. Man sollte also SaveChanges() und die zugehörige Fehlerbehandlung kapseln, was aber hier aus didaktischen Gründen nicht passiert ist, damit der Ablauf besser veranschaulicht werden kann.

In der obigen Abbildung hat sich der Benutzer für die dritte Option, das Verrechnen der beiden Änderungen, entschieden. Dazu benötigt der Prozess 17244 neben seinem Ursprungswert und seinem aktuellen Wert auch den aktuellen Datenbankwert der Spalte "FreiePlaetze". Das Ergebnis ist dann korrekter Weise "13". Die Verrechnung geht aber davon aus, dass beide Prozesse vom gleichen Ursprungswert gestartet sind. Ohne eine Inter-Prozess-Kommunikation kann Prozess 17244 nicht den Ursprungswert von Prozess 6216 kennen. Die Verrechnung funktioniert also nur in speziellen Fällen.

Natürlich ist es auch möglich, dem Benutzer in einer (grafischen) Benutzeroberfläche den Konflikt lösen zu lassen, indem er sich nicht für die ein oder andere Seite entscheidet, sondern selbst Werte eingibt. Implementierungstechnisch entspricht die Verrechnung genau wie die Eingabe eines anderen Werts dann dem zweiten Fall, also Überschreiben der Änderungen des anderen Prozesses. Vor Aufruf von SaveChanges() setzt man einfach die Werte in das Objekt, die man nachher in der Datenbank haben möchte (siehe case ConsoleKey.D3 im Listing).

Listing: Konflikterkennung und Konfliktlösung mit Entity Framework Core

```
public static void EF_Konflikt_BeiFlug()
{
  CUI.MainHeadline(nameof(EF_Konflikt_BeiFlug));
  Console.WriteLine("Prozess.ID=" +
System.Diagnostics.Process.GetCurrentProcess().Id);
  Console.Title = nameof(EF_Konflikt_BeiFlug) + ": Prozess-ID=" +
System.Diagnostics.Process.GetCurrentProcess().Id;
  int flugNr = 151;

  // Kontext instanziieren
  using (WWWingsContext ctx = new WWWingsContext())
  {
   // --- Flug laden
   Flug flug = ctx.FlugSet.SingleOrDefault(x => x.FlugNr == flugNr);
   Console.WriteLine(DateTime.Now.ToLongTimeString() + ": Freie Plätze VORHER: "
+ flug.FreiePlaetze);

   short zuBuchendePlaetze = 0;
   string eingabe = "";
   do
   {
    Console.WriteLine("Wieviele Plätze?");
    eingabe = Console.ReadLine(); // Warten (zum Starten eines zweiten
Prozesses!)
   } while (!short.TryParse(eingabe, out zuBuchendePlaetze));

   // --- Änderung
   flug.FreiePlaetze -= zuBuchendePlaetze;
   Console.WriteLine(DateTime.Now.ToLongTimeString() + ": Freie Plätze NEU: " +
flug.FreiePlaetze);

   try
   {
    // --- Speicherversuch
    ITVisions.EFCore.EFC_Util.PrintChangedProperties(ctx.Entry(flug));
    var anz = ctx.SaveChanges();
    Console.WriteLine("SaveChanges: Gespeicherte Änderungen: " + anz);
   }
   catch (DbUpdateConcurrencyException ex)
   {
    Console.ForegroundColor = ConsoleColor.Red;
    CUI.PrintError(DateTime.Now.ToLongTimeString() + ": Fehler: Ein anderer
Benutzer hat bereits den Datensatz geändert!");

    CUI.Print("Konflikte bei folgenden Eigenschaften:");
    ITVisions.EFCore.EFC_Util.PrintChangedProperties(ex.Entries.Single());
```

```
    // --- Frage beim Benutzer nach
    Console.WriteLine("Was möchten Sie tun?");
    Console.WriteLine("Taste 1: Werte des anderen Benutzers übernehmen");
    Console.WriteLine("Taste 2: Werte des anderen Benutzers überschreiben");
    Console.WriteLine("Taste 3: Werte für 'FreiePlaetze' verrechnen");

    ConsoleKeyInfo key = Console.ReadKey();
    switch(key.Key)
    {
     case ConsoleKey.D1: // Werte des anderen Benutzers übernehmen
     {
      Console.WriteLine("Sie haben gewählt: Option 1: übernehmen");
      ctx.Entry(flug).Reload();
      break;
     }
     case ConsoleKey.D2: // Werte des anderen Benutzers überschreiben
     {
      Console.WriteLine("Sie haben gewählt: Option 2: überschreiben");

ctx.Entry(flug).OriginalValues.SetValues(ctx.Entry(flug).GetDatabaseValues());
      // wie RefreshMode.ClientWins bei ObjectContext
      ITVisions.EFCore.EFC_Util.PrintChangeInfo(ctx);
      int anz = ctx.SaveChanges();
      Console.WriteLine("SaveChanges: Gespeicherte Änderungen: " + anz);
      break;
     }
     case ConsoleKey.D3: // Werte verrechnen
     {
      Console.WriteLine("Sie haben gewählt: Option 3: verrechnen");
      var freiePlaetzeOrginal =
ctx.Entry(flug).OriginalValues.GetValue<short?>("FreiePlaetze");
      var freiePlaetzeNun = flug.FreiePlaetze.Value;
      var freiePlaetzeInDB =
ctx.Entry(flug).GetDatabaseValues().GetValue<short?>("FreiePlaetze");
      flug.FreiePlaetze = (short) (freiePlaetzeOrginal -
                           (freiePlaetzeOrginal - freiePlaetzeNun) -
                           (freiePlaetzeOrginal - freiePlaetzeInDB));
      ITVisions.EFCore.EFC_Util.PrintChangeInfo(ctx);

ctx.Entry(flug).OriginalValues.SetValues(ctx.Entry(flug).GetDatabaseValues());
      int anz = ctx.SaveChanges();
      Console.WriteLine("SaveChanges: Gespeicherte Änderungen: " + anz);
      break;
     }
    }
   }
   Console.WriteLine(DateTime.Now.ToLongTimeString() + ": Freie Plätze NACHHER:
" + flug.FreiePlaetze);

   // --- Gegenprobe des nun gültigen Zustandes
   using (WWWingsContext ctx2 = new WWWingsContext())
   {
    var f = ctx.FlugSet.Where(x => x.FlugNr == flugNr).SingleOrDefault();
```

```
      Console.WriteLine(DateTime.Now.ToLongTimeString() + ": Freie Plätze
GEGENPROBE: " + f.FreiePlaetze);


   } // Ende using-Block -> Dispose() wird aufgerufen
  }
 }
```

Listing: Hilfsroutinen für das vorherige Listing

```
/// <summary>
/// Listet die geänderten Eigenschaften einer Objekts auf inkl. aktueller
Datenbankzustand
/// </summary>
public static void PrintChangedProperties(EntityEntry entry)
{
 var dbObj = entry.GetDatabaseValues();

 foreach (PropertyEntry prop in entry.Properties.Where(x => x.IsModified))
 {
  var s = "- " + prop.Metadata.Name + ": " +
   entry.OriginalValues[prop.Metadata.Name] + "->" +
   entry.CurrentValues[prop.Metadata.Name] +
   " Datenbankzustand: " + dbObj[prop.Metadata.Name];
  Console.WriteLine(s);
 }
}


/// <summary>
/// Ausgabe aller geänderten Objekte und dazu die geänderten Properties
/// </summary>
/// <param name="ctx"></param>
public static void PrintChangeInfo(DbContext ctx)
{
 foreach (EntityEntry entry in ctx.ChangeTracker.Entries())
 {
  if (entry.State == EntityState.Modified)
  {
   CUI.Print(entry.Entity.ToString() + ": ist im Zustand " + entry.State,
ConsoleColor.Yellow);
   IReadOnlyList<IProperty> listProp = entry.OriginalValues.Properties;
   PrintChangedProperties(entry);
  }
 }
}
```

17.9   Pessimistisches Sperren bei Entity Framework Core

Obwohl Microsoft in .NET und .NET Core bewusst keine Klasse realisiert hat mit der man Datensätze für den Lesezugriff durch andere sperren kann, erlebt der Autor dieses Beitrags immer wieder Kunden, die dies trotzdem unbedingt möchten, um Konflikte von vornherein auszuschließen. Mit einem LINQ-Befehl ist eine Lesesperre nicht realisierbar, auch nicht mit einer Aktivierung einer Transaktion. Man benötigt eine Transaktion und zusätzlich einen

Datenbankmanagementsystem-spezifischen SQL-Befehl. In Microsoft SQL Server ist dies der Query Hint "SELECT … WITH (UPDLOCK)" in Verbindung mit einer Transaktion. Dieser Query Hint sorgt dafür, dass ein gelesener Datensatz bis zum Abschluss der Transaktion gesperrt ist. Er wirkt nur innerhalb einer Transaktion, daher findet man im nächsten Listing ein ctx.Database.BeginTransaction() und später den Aufruf von Commit(). Das Listing zeigt auch den Einsatz der von Entity Framework Core bereitgestellten Methode FromSql(), mit der der Entwickler einen eigenen SQL-Befehl zum Datenbankmanagementsystem senden sowie das Ergebnis in Entitätsobjekte materialisieren kann.

Listing: Schon beim Lesen des Datensatzes wird eine Sperre eingerichtet.

```
public static void EinfachesUpdateMitLeseSperre()
{
  Console.WriteLine("--- Flug ändern");
  int flugNr = 101;
  using (WWWingsContext ctx = new WWWingsContext())
  {
   try
   {
    ctx.Database.SetCommandTimeout(10); // 10 Sekunden
    // Transaktion starten
    IDbContextTransaction t = ctx.Database.BeginTransaction(); // Standard ist
System.Data.IsolationLevel.ReadCommitted
    Console.WriteLine("Transaktion im Modus " +
t.GetDbTransaction().IsolationLevel);

    // Flug laden mit Lesesperre
    Console.WriteLine("Lese Datensatz...");
    Flug f = ctx.FlugSet.FromSql("SELECT * FROM dbo.Flug WITH (UPDLOCK) WHERE
flugNr = {0}", flugNr).SingleOrDefault();
    // statt Flug flugDieser = ctx.FlugSet.SingleOrDefault(x => x.FlugNr ==
flugNr);

    Console.WriteLine($"Vor der Änderung: Flug #{f.FlugNr}: {f.Abflugort}-
>{f.Zielort} hat {f.FreiePlaetze} freie Plätze! Zustand des Flug-Objekts: " +
ctx.Entry(f).State);

    Console.WriteLine("Warte auf EINGABE...");
    Console.ReadLine();

    // Objekt im RAM ändern
    Console.WriteLine("Objekt ändern...");
    f.FreiePlaetze -= 2;

    Console.WriteLine($"Nach der Änderung: Flug #{f.FlugNr}: {f.Abflugort}-
>{f.Zielort} hat {f.FreiePlaetze} freie Plätze! Zustand des Flug-Objekts: " +
ctx.Entry(f).State);

    // Änderungen persistieren
    Console.WriteLine("Änderung speichern...");
    var anz = ctx.SaveChanges();
    t.Commit();
    if (anz == 0)
    {
     Console.WriteLine("Problem: Keine Änderung gespeichert!");
```

```
      }
      else
      {
        Console.WriteLine("Anzahl gespeicherter Änderungen: " + anz);
        Console.WriteLine($"Nach dem Speichern: Flug #{f.FlugNr}: {f.Abflugort}-
>{f.Zielort} hat {f.FreiePlaetze} freie Plätze! Zustand des Flug-Objekts: " +
ctx.Entry(f).State);
      }
    }
    catch (Exception ex)
    {
      CUI.PrintError("Fehler: " + ex.ToString());
    }
  }
}
```

Die folgende Abbildung liefert den Beweis, dass tatsächlich ein Lesen des Flug-Objekts mit der Flugnummer 101 durch einen zweiten Prozess nicht möglich ist, solange der erste Prozess seine Transaktion noch nicht beendet hat. In diesem Beispielcode wartet die Verarbeitung mitten in der Transaktion auf eine Benutzereingabe. Eine Benutzereingabe in einer Transaktion ist natürlich "Worst Practices" und sollte niemals in produktivem Programmcode vorkommen. Hier im Beispielcode ist es aber ein sehr geeignetes Instrument, um eine Laufzeit einer Transaktion über mehrere Sekunden zu simulieren, bis der andere Prozess in die Zeitüberschreitung läuft.

Neben diesem Hinweis muss unbedingt auch noch angemerkt werden, dass eine solche Datensatzsperre im Datenbankmanagementsystem an sich schon zu den "Worst Practices" gehört. Sperren, insbesondere Lesesperren, bremsen Anwendungen aus und führen auch schnell zu Deadlocks, wo Prozesse gegenseitig aufeinander warten, sodass keine Verarbeitung mehr stattfinden kann. Mit solchen Praktiken schädigt man also Performance, Skalierbarkeit und Stabilität einer Software. Warum wurde es dann in diesem Beitrag überhaupt gezeigt? Weil der Autor eben einige Entwickler kennt, die es dennoch wollen.

Die bessere Alternative zu Datensatzsperren im Datenbankmanagementsystem sind übrigens Sperren auf Anwendungsebene, bei denen die Anwendung die Sperren verwaltet – ggf. auch unter Einsatz einer selbstdefinierten Sperrtabelle im RAM. Dies hat den Vorteil, dass die Anwendung dem Benutzer genau präsentieren kann, wer einen Datensatz in Bearbeitung hat. So kann bei Benutzer Müller auf dem Bildschirm stehen: "Dieser Datensatz ist noch für 4 Minuten und 29 Sekunden zur exklusiven Bearbeitung durch Sie verfügbar." Und bei Frau Meier steht: "Dieser Datensatz wird derzeit von Herrn Müller bearbeitet. Er hat noch 4 Minuten und 29 Sekunden den Datensatz zu speichern. Während dieser Zeit können Sie keine Änderungen an diesem Datensatz vornehmen". Dies bietet viele weitere Möglichkeiten, z.B. die Schaltfläche "Ich bin ein Star und möchte Herrn Müller jetzt sofort aus dem Datensatz rauswerfen" usw. In Entity Framework Core gibt es aber keinen vordefinierten Mechanismus für ein Sperren auf Anwendungsebene. Hier ist die eigene Entwicklerkreativität gefragt!

Abbildung: Wenn der obige Programmcode zweimal parallel läuft, kommt es in dem zweiten Prozess nach der eingestellten Wartezeit zum "Execution Timeout Expired" beim Lesezugriff auf den Flug-Datensatz.

18 Protokollierung (Logging)

Im klassischen Entity Framework gibt es zwei einfache Möglichkeiten, sich die SQL-Befehle ausgeben zu lassen, die der OR-Mapper zur Datenbank sendet:

- Aufruf von ToString() auf einem Abfrageobjekt (IQueryable<T>)

- das Log-Attribut (seit Entity Framework Version 6.0): ctx.Database.Log = Console.WriteLine;

Leider gibt es beide Möglichkeiten in Entity Framework Core so nicht.

Der Befehl

```
var abfrage = ctx.FlugSet.Where(x => x.FlugNr > 300).OrderBy(x =>
x.Datum).Skip(10).Take(5);
Console.WriteLine(abfrage.ToString());
```

liefert   nur   die   Ausgabe:
"Microsoft.EntityFrameworkCore.Query.Internal.EntityQueryable`1[GO.Flug]".

Und das ctx.Database-Objekt besitzt in Entity Framework Core kein Log-Attribut.

18.1   Verwendung der Erweiterungsmethode Log()

Die Protokollierung in Entity Framework Core ist möglich, aber wesentlich komplizierter als beim Vorgänger. Daher hat der Autor dieses Buches eine Erweiterung für das Database-Objekt geschaffen in Form der Methode Log() für die Klasse DbContext. Es ist eine Methode und kein Attribut, da es ja in .NET leider nur Erweiterungsmethoden und keine Erweiterungsattribute gibt.

> **HINWEIS:** Die Log()-Methode wird in einigen Listings in diesem Buch verwendet.

Diese Methode Log() verwendet man so:

```
using (var ctx1 = new WWWingsContext())
   {
     var abfrage1 = ctx1.FlugSet.Where(x => x.FlugNr > 300).OrderBy(x =>
x.Datum).Skip(10).Take(5);
     ctx1.Log(Console.WriteLine);
     var flugset1 = abfrage1.ToList();
     flugset1.ElementAt(0).FreiePlaetze--;
     ctx1.SaveChanges();
   }
```

Als Parameter ist analog zu dem Log-Attribut bei Entity Framework auch bei der Log()-Methode eine Methode ohne Rückgabewert anzugeben, die als einzigen Parameter eine Zeichenkette erwartet. Anders als beim klassischen Entity Framework kann man hier auch den Parameter bei Log() weglassen. Dann erfolgt die Ausgabe automatisch an Console.WriteLine() in der Farbe Cyan:

```
using (var ctx2 = new WWWingsContext())
   {
     var abfrage2 = ctx2.FlugSet.Where(x => x.FlugNr < 3000).OrderBy(x =>
x.Datum).Skip(10).Take(5);
     ctx2.Log();
     var flugset2 = abfrage2.ToList();
     flugset2.ElementAt(0).FreiePlaetze--;
     ctx2.SaveChanges();
   }
```

```
Logging-Demo
WWWingsContext #01: OnModelCreating
001:Debug #200100 Microsoft.EntityFrameworkCore.Database.Command.CommandExecuting:Executing DbCommand [Parameters=[@__p_
0='?', @__p_1='?'], CommandType='Text', CommandTimeout='30']
SELECT [x].[FlugNr], [x].[Abflugort], [x].[Bestreikt], [x].[CopilotId], [x].[FlugDatum], [x].[Fluggesellschaft], [x].[Fl
ugzeugTypID], [x].[FreiePlaetze], [x].[LetzteAenderung], [x].[Memo], [x].[NichtRaucherFlug], [x].[PilotId], [x].[Plaetze
], [x].[Preis], [x].[Timestamp], [x].[Zielort]
FROM [Flug] AS [x]
WHERE [x].[FlugNr] < 3000
ORDER BY [x].[FlugDatum]
OFFSET @__p_0 ROWS FETCH NEXT @__p_1 ROWS ONLY
002:Debug #200100 Microsoft.EntityFrameworkCore.Database.Command.CommandExecuting:Executing DbCommand [Parameters=[@p1='
?', @p0='?', @p2='?' (Size = 8)], CommandType='Text', CommandTimeout='30']
SET NOCOUNT ON;
UPDATE [Flug] SET [FreiePlaetze] = @p0
WHERE [FlugNr] = @p1 AND [Timestamp] IS NULL;
SELECT [Timestamp]
FROM [Flug]
WHERE @@ROWCOUNT = 1 AND [FlugNr] = @p1;
```

Abbildung: Standardprotokollierung bei der Methode Log()

Soll die Protokollierung in eine Datei gehen, lässt sich das realisieren, indem man selbst eine Methode mit einem String-Parameter und ohne Rückgabewert schreibt und bei Log() übergibt.

```
using (var ctx3 = new WWWingsContext())
  {
    var abfrage3 = ctx3.FlugSet.Where(x => x.FlugNr > 300).OrderBy(x =>
x.Datum).Skip(10).Take(5);
    ctx3.Log(LogToFile);
    var flugset3 = abfrage3.ToList();
    flugset3.ElementAt(0).FreiePlaetze--;
    ctx3.SaveChanges();
  }
...
  public static void LogToFile(string s)
  {
  Console.WriteLine(s);
  var sw = new StreamWriter(@"c:\temp\log.txt");
  sw.WriteLine(DateTime.Now+ ": " + s);
  sw.Close();
  }
```

Die Log()-Methode protokolliert im Standard nur die zum DBMS gesendeten Befehle. Durch weitere Parameter der Log()-Methode kann man den Umfang der Protokollierung beeinflussen:

- Parameter 2 ist eine Liste von Protokollkategorien (Zeichenketten)

- Parameter 3 ist eine Liste von Ereignisnummern (Zahlen)

So greift man alle Protokollausgaben von Entity Framework Core auf (das wird eine sehr umfangreiche Bildschirmausgabe für jeden Befehl):

```
ctx1.Log(Console.WriteLine, new List<string>(), new List<int>());
```

So protokolliert man nur bestimmte Protokollkategorien und Ereignisnummer:

```
ctx1.Log(Console.WriteLine, new List<string>() {
"Microsoft.EntityFrameworkCore.Database.Command" }, new List<int>() { 20100,
20101});
```

Ereignis 20100 ist "Executing" und 20101 ist "Executed".

> **ACHTUNG:** Da Entity Framework Core die intern verwendeten Logger Factory-Klassen nicht einer Kontextinstanz, sondern allen Kontextinstanzen zuordnet, gilt eine eine eingerichtete Protokollierung auf einer Instanz auch für andere Instanzen der gleichen Kontextklasse.

18.2   Implementierung der Log()-Erweiterungsmethode

Die Implementierung der Erweiterungsmethode Log() zeigt das folgende Listing:

- Die Log()-Erweiterungsmethode fügt dem Dienst ILoggerFactory eine Instanz eines Logger Providers hinzu.

- Ein Logger Provider ist eine Klasse, die ILoggerProvider realisiert. In dieser Klasse ruft Entity Framework Core für jede Protokollierungskategorie einmal CreateLogger() auf.

- CreateLogger() muss dann für jede Protokollierungskategorie eine Logger-Instanz liefern.

- Ein Logger ist eine Klasse, die ILogger realisiert.

- Im folgenden Listing gibt es eine Klasse FlexLogger, die an die bei Log() angegebene Methode eine Zeichenkette sendet. Wenn keine Methode angegeben wurde, wird ConsoleWriteLineColor() aufgerufen.

- Eine zweite Logger-Klasse ist der NullLogger, der für alle Protokollierungskategorien, die nichts mit der SQL-Ausgabe zu tun haben, die Protokollausgabe verwirft.

Listing: Erweiterungen für Entity Framework Core zur einfachen Protokollierung

```
// Logging for EF Core
// (C) Dr. Holger Schwichtenberg, www.IT-Visions.de 2016-2017

using Microsoft.EntityFrameworkCore;
using Microsoft.EntityFrameworkCore.Infrastructure;
using Microsoft.Extensions.DependencyInjection;
using Microsoft.Extensions.Logging;
using System;
using System.Collections.Generic;
using System.Reflection;


namespace ITVisions.EFCore
{
 /// <summary>
 /// Enhancement for the DbContext class for easy logging of the SQL commands
 /// sent by EF Core to a method that expects a string (C) Dr. Holger Schwichtenberg,
 /// www.IT-Visions.de
 /// </summary>
 public static class DbContextExtensionLogging
 {
  public static Dictionary<string, ILoggerProvider> loggerFactories = new
Dictionary<string, ILoggerProvider>();

  public static bool DoLogging = true;
  public static bool DoVerbose = true;
  private static Version VERSION = new Version(4, 0, 0);

  private static List<string> DefaultCategories = new List<string>
  {
```

```
      "Microsoft.EntityFrameworkCore.Storage.IRelationalCommandBuilderFactory", //
  für EFCore 1.x
      "Microsoft.EntityFrameworkCore.Database.Sql", // für EFCore 2.0Preview1
      "Microsoft.EntityFrameworkCore.Database.Command", // für EFCore >= 2.0Preview2
    };

    private static List<int> DefaultEventIDs = new List<int>
    {
      20100 // 20100 = "Executing"
    };

    public static void ClearLog(this DbContext ctx)
    {
      var serviceProvider = ctx.GetInfrastructure<IServiceProvider>();
      // Add Logger-Factory
      var loggerFactory = serviceProvider.GetService<ILoggerFactory>();
      (loggerFactory as LoggerFactory).Dispose();
    }


    /// <summary>
    /// Extension Method for Logging to a method expecting a string
    /// </summary>
    /// <example>Log() or Log(Console.WriteLine) for console logging</example>
    public static void Log(this DbContext ctx, Action<string> logMethod = null,
  List<string> categories = null, List<int> eventsIDs = null, bool verbose = false)
    {
      DbContextExtensionLogging.DoVerbose = verbose;
      if (eventsIDs == null) eventsIDs = DefaultEventIDs;
      if (categories == null) categories = DefaultCategories;
      var methodName = logMethod?.Method?.Name?.Trim();
      if (string.IsNullOrEmpty(methodName)) methodName = "Default
  (Console.WriteLine)";

      if (DbContextExtensionLogging.DoVerbose)
      {
        Console.WriteLine("FLEXLOGGER EFCore " + VERSION.ToString() + " (C) Dr.
  Holger Schwichtenberg 2016-2017 " + methodName);
        Console.WriteLine("FLEXLOGGER Start Logging to " + methodName);
        Console.WriteLine("FLEXLOGGER Event-IDs: " + String.Join(";", eventsIDs));
        Console.WriteLine("FLEXLOGGER Categories: " + String.Join(";", categories));
      }
      // Make sure we only get one LoggerFactory for each LogMethod!
      var id = ctx.GetType().FullName + "_" + methodName.Replace(" ", "");
      if (!loggerFactories.ContainsKey(id))
      {
        if (verbose) Console.WriteLine("New Logger Provider!");
        var lp = new FlexLoggerProvider(logMethod, categories, eventsIDs);
        loggerFactories.Add(id, lp);
        // Get ServiceProvider
        var serviceProvider = ctx.GetInfrastructure();
        // Get Logger-Factory
        var loggerFactory = serviceProvider.GetService<ILoggerFactory>();
```

```csharp
    // Add Provider to Factory
    loggerFactory.AddProvider(lp);
   }
  }
}


/// <summary>
/// LoggerProvider for FlexLogger (C) Dr. Holger Schwichtenberg www.IT-
Visions.de
/// </summary>
public class FlexLoggerProvider : ILoggerProvider
{

 public Action<string> _logMethod;
 public List<int> _eventIDs = null;
 public List<string> _categories = null;

  public FlexLoggerProvider(Action<string> logMethod = null, List<string>
categories = null, List<int> eventIDs = null)
  {
   _logMethod = logMethod;
   _eventIDs = eventIDs;
   _categories = categories;
   if (_eventIDs == null) _eventIDs = new List<int>();
   if (_categories == null) _categories = new List<string>();
  }


 /// <summary>
 /// Constructor is called for each category. Here you have to specify which
logger should apply to each category
 /// </summary>
 /// <param name="categoryName"></param>
 /// <returns></returns>
 public ILogger CreateLogger(string categoryName)
 {
   if (_categories == null || _categories.Count == 0 ||
_categories.Contains(categoryName))
   {
    if (DbContextExtensionLogging.DoVerbose) Console.WriteLine("FLEXLOGGER
CreateLogger: " + categoryName + ": Yes");
    return new FlexLogger(this._logMethod, this._eventIDs);
   }
   if (DbContextExtensionLogging.DoVerbose) Console.WriteLine("FLEXLOGGER
CreateLogger: " + categoryName + ": No");
   return new NullLogger(); // return NULL nicht erlaubt :-(
 }

 public void Dispose()
 { }


 /// <summary>
 /// Log output to console or custom method
 /// </summary>
 private class FlexLogger : ILogger
```

```csharp
{
  private static int count = 0;

  readonly Action<string> logMethod;
  readonly List<int> _EventIDs = null;
  public FlexLogger(Action<string> logMethod, List<int> eventIDs)
  {
    count++;
    this._EventIDs = eventIDs;
    if (logMethod is null) this.logMethod = ConsoleWriteLineColor;
    else this.logMethod = logMethod;
  }

  private static void ConsoleWriteLineColor(object s)
  {
    var farbeVorher = Console.ForegroundColor;
    Console.ForegroundColor = ConsoleColor.Cyan;
    Console.WriteLine(s);
    Console.ForegroundColor = farbeVorher;
  }

  public bool IsEnabled(LogLevel logLevel) => true;

  private static long Count = 0;

  public void Log<TState>(LogLevel logLevel, EventId eventId, TState state,
Exception exception, Func<TState, Exception, string> formatter)
  {
    if (!DbContextExtensionLogging.DoLogging) return;

    if
(Assembly.GetAssembly(typeof(Microsoft.EntityFrameworkCore.DbContext)).GetName().
Version.Major == 1 || (this._EventIDs != null &&
(this._EventIDs.Contains(eventId.Id) || this._EventIDs.Count == 0)))
    {
      Count++;
      string text = $"{Count:000}:{logLevel} #{eventId.Id}
{eventId.Name}:{formatter(state, exception)}";
      // Call log method now
      logMethod(text);
    }
  }

  public IDisposable BeginScope<TState>(TState state)
  {
    return null;
  }
}

/// <summary>
/// No Logging
/// </summary>
private class NullLogger : ILogger
{
```

```
  public bool IsEnabled(LogLevel logLevel) => false;

  public void Log<TState>(LogLevel logLevel, EventId eventId, TState state,
Exception exception, Func<TState, Exception, string> formatter)
  { }

  public IDisposable BeginScope<TState>(TState state) => null;
  }
 }
}
```

18.3   Protokollierungskategorien

Microsoft hat die Namen der Protokollierungskategorien zwischen Entity Framework Core Version 1.x und 2.0 leider geändert.

Die Protokollierungskategorien in Entity Framework Core 1.x sind:

- Microsoft.EntityFrameworkCore.DbContext

- Microsoft.EntityFrameworkCore.Storage.Internal.SqlServerConnection

- Microsoft.EntityFrameworkCore.Storage.IExecutionStrategy

- Microsoft.EntityFrameworkCore.Internal.RelationalModelValidator

- Microsoft.EntityFrameworkCore.Query.Internal.SqlServerQueryCompilationContextFactory

- Microsoft.EntityFrameworkCore.Query.ExpressionTranslators.Internal.SqlServerComposite MethodCallTranslator

- Microsoft.EntityFrameworkCore.Storage.IRelationalCommandBuilderFactory

- Microsoft.EntityFrameworkCore.Query.Internal.QueryCompiler

Die Protokollierungskategorien in Entity Framework Core 2.0 sind:

- Microsoft.EntityFrameworkCore.Infrastructure

- Microsoft.EntityFrameworkCore.Update

- Microsoft.EntityFrameworkCore.Database.Transaction

- Microsoft.EntityFrameworkCore.Database.Connection

- Microsoft.EntityFrameworkCore.Model.Validation

- Microsoft.EntityFrameworkCore.Query

- Microsoft.EntityFrameworkCore.Database.Command

Die Implementierung der Erweiterungsmethode Log() berücksichtigt dies, ebenso wie die Tatsache, dass es in der Kategorie Microsoft.EntityFrameworkCore.Query zwei Ereignisse "Executing" (Event-ID 20100) und "Executed" (Event-ID 20101) gibt. Log() gibt im Standard nur die Event-ID 20100 aus. Kategorien und Event-IDs sind jedoch über die Parameter von Log() steuerbar.

19 Asynchrone Programmierung

Seit .NET Framework 4.5 unterstützt .NET die vereinfachte asynchrone, Task-basierte Programmierung mit async und await. Im klassischen ADO.NET Entity Framework gibt es zugehörige asynchrone Operationen seit Version 6.0. In Entity Framework Core gibt es asynchrone Operationen seit Version 1.0.

19.1 Asynchrone Erweiterungsmethoden

Entity Framework Core ermöglicht sowohl das Lesen als auch das Schreiben von Daten mit dem asynchronen Entwurfsmuster. Dazu hat Microsoft in der Klasse Microsoft.EntityFrameworkCore. EntityFrameworkQueryableExtensions die LINQ-Konversions- und Aggregat-Operatoren, die eine Ergebnismenge liefern, mit asynchronen Varianten erweitert. So gibt es jetzt zum Beispiel die Erweiterungsmethoden ToListAsync() und ToArrayAsync() sowie SingleAsync(), FirstAsync(), SingleOrDefaultAsync() und FirstOrDefaultAsync(), aber auch Aggregatfunktionen wie CountAsync(), AllAsync(), AnyAsync(), AverageAsync(), MinAsync(), MaxAsync() und SumAsyn(). Zum Speichern dient die Methode SaveChangesAsync(). Ein *using Microsoft.EntityFrameworkCore* ist unabdingbare Voraussetzung, um diese Erweiterungsmethoden nutzen zu können.

19.2 ToListAsync()

Das folgende Listing zeigt den Einsatz von ToListAsync(). Unterschiede zu einem synchronen Aufruf mit gleicher Ergebnismenge gibt es nur in zwei Zeilen:

- Die Unterprozedur DatenLesenAsync() ist mit async deklariert.

- Statt abfrage.ToList() wird await abfrage.ToListAsync() aufgerufen.

Dass mit diesen marginalen Änderungen Datenbankabfrage und Materialisierung der Objekte durch Entity Framework Core tatsächlich asynchron erfolgen, beweist die Abbildung unten. Hier zeigt sich, dass das Hauptprogramm schon wieder auf eine Eingabe wartet, bevor der erste Flug ausgegeben wird. Die Ausgabe „Start Datenbankabfrage" erfolgt noch in Thread 10. Dann kehrt dieser zum Hauptprogramm zurück, während die Datenbankabfrage und der Rest der Prozedur DatenLesenAsync() nun in Thread 13 weiterlaufen.

Listing: Einsatz von ToListAsync()

```
public static async void DatenLesenAsync()
{
  CUI.MainHeadline("Start DatenLesenAsync");
  using (var ctx = new WWWingsContext())
  {
    // Abfrage definieren
    var abfrage = (from f in ctx.FlugSet.Include(p => p.Buchungen).ThenInclude(b
=> b.Passagier) where f.Abflugort == "Rom" && f.FreiePlaetze > 0 select
f).Take(1);
    // Abfrage asynchron ausführen
    CUI.PrintWithThreadID("Start Datenbankabfrage");
    var fluege = await abfrage.ToListAsync();
    CUI.PrintWithThreadID("Ende Datenbankabfrage");
    // Ergebnisse ausgeben
    foreach (Flug flug in fluege)
    {
```

```
    CUI.PrintWithThreadID("Flug: " + flug.FlugNr + " von " + flug.Abflugort + "
nach " +
        flug.Zielort + " hat " + flug.FreiePlaetze + " freie Plätze");

    foreach (var p in flug.Buchungen.Take(5))
    {
        CUI.PrintWithThreadID(" Passagier:   " + p.Passagier.Vorname + " " +
p.Passagier.Name);
    }
    }
    CUI.Headline("Ende DatenLesenAsync");
    }
}
```

```
H:\TFS\Demos\EF\EFC_WWWings\EFC_Konsole\bin\Debug\EFC_Konsole.exe          —   □   ×
============= Start ==============
Start DatenLesenAsync
WWWingsContext #01: OnConfiguring
Server=.;Database=WWWings_EFCDemos;Trusted_Connection=True;MultipleActiveResultSets=T
rue;App=Entityframework
WWWingsContext #01: OnModelCreating
Thread #01 09:42:46: Start Datenbankabfrage
!!!!!!!!!!!!!!!!!!! Hauptprogramm wartet auf Eingabe !!!!!!!!!!!!!!!!!!
Thread #05 09:42:47: Ende Datenbankabfrage
Thread #05 09:42:47: Flug: 128 von Rom nach Prag hat 144 freie Plätze
Thread #05 09:42:47:  Passagier:  Sarah Richter
Thread #05 09:42:47:  Passagier:  Lukas Hoffmann
Thread #05 09:42:47:  Passagier:  Lukas Schulz
Thread #05 09:42:47:  Passagier:  Anna Fischer
Thread #05 09:42:47:  Passagier:  Marie Neumann
Ende DatenLesenAsync
```

Abbildung: Ausgabe des obigen Listings

19.3   SaveChangesAsync()

Auch zum Speichern gibt es eine asynchrone Operation. Das folgende Listing zeigt in der Verbindung mit der Bildschirmaufnahme der Ausgabe gut, wie die Threads nach ToList() und SaveChangesAsync() wechseln.

Listing: Einsatz von SaveChangesAsync()

```
public static async void DatenÄndernAsync()
    {
    CUI.MainHeadline("Start DatenÄndernAsync");
    using (var ctx = new WWWingsContext())
    {
    // Abfrage definieren
    var abfrage = (from f in ctx.FlugSet.Include(p => p.Buchungen).ThenInclude(b
=> b.Passagier) where f.Abflugort == "Rom" && f.FreiePlaetze > 0 select
f).Take(1);
    // Abfrage asynchron ausführen
    CUI.PrintWithThreadID("Start Datenbankabfrage");
    var fluege = await abfrage.ToListAsync();
    CUI.PrintWithThreadID("Ende Datenbankabfrage");
    // Ergebnisse ausgeben
    foreach (Flug flug in fluege)
```

```
    {
      CUI.PrintWithThreadID("Flug: " + flug.FlugNr + " von " + flug.Abflugort + "
nach " +
        flug.Zielort + " hat " + flug.FreiePlaetze + " freie Plätze");

      foreach (var p in flug.Buchungen.Take(5))
      {
        CUI.PrintWithThreadID(" Passagier:  " + p.Passagier.Vorname + " " +
p.Passagier.Name);
        CUI.PrintWithThreadID("   Start Speichern");
        b.Passenger.Status = "A";
        var anz = await ctx.SaveChangesAsync();
        CUI.PrintWithThreadID($"    {anz} Änderungen gespeichert!");
      }
    }
    CUI.Headline("Ende DatenLesenAsync");
  }
}
```

Abbildung: Ausgabe des obigen Listings

19.4   ForeachAsync()

Beim Entity Framework ist es nicht notwendig, eine Abfrage vor einer Iteration mit einem Konvertierungsoperator wie ToList() explizit zu materialisieren. Eine foreach-Schleife über ein

Objekt mit IQueryable-Schnittstelle genügt, um die Datenbankabfrage auszulösen. In diesem Fall jedoch bleibt die Datenbankverbindung geöffnet, solange die Schleife läuft, und die Datensätze werden von dem Iterator der IQueryable-Schnittstelle einzeln abgeholt.

Auch dieses Konstrukt kann man asynchron ausführen mit der Methode ForEachAsync(), die eine Ergebnismenge schrittweise abruft und über alle Elemente der Menge jeweils den Methodenrumpf einer Methode (im nachstehenden Listing eine anonyme Methode in Form eines Lambda-Ausdrucks) ausführt.

Auch hier gilt, was im Kapitel "Einfügen/Löschen und Ändern/Das Foreach-Problem" schon gesagt wurde: Man muss SaveChangesAsync() statt SaveChanges() verwenden, damit es nicht zu einem Transaktionsproblem zwischen der noch laufenden Leseoperation und der Schreiboperation kommt.

> **WICHTIG**: Es kommt dann wieder zum Laufzeitfehler (""New transaction is not allowed because there are other threads running in the session."), wenn Sie das Ergebnis von SaveChangesAsync() nutzen wollen: var anz = await ctx.SaveChangesAsync(). Die beste Lösung ist: Sie verzichten auf ForEachAsync() und verwenden ToListAsync()!

Listing: Einsatz von ForEachAsync()

```
public static async void Demo_AsyncForeach()
   {
   CUI.MainHeadline("Start Demo_AsyncForeach");
   WWWingsContext ctx = new WWWingsContext();
   // Abfrage definieren
   var abfrage = (from f in ctx.FlugSet.Include(p => p.Buchungen).ThenInclude(b
=> b.Passagier) where f.Abflugort == "Rom" && f.FreiePlaetze > 0 select
f).Take(1);
   // Abfrage asynchron ausführen im Rahmen von foreForEachAsyncachasync
   CUI.PrintWithThreadID("Start Datenausgabe");
   await abfrage.ForEachAsync(flug =>
   {
     // Ergebnisse ausgeben
     CUI.PrintWithThreadID("Flug: " + flug.FlugNr + " von " + flug.Abflugort + "
nach " + flug.Zielort + " hat " + flug.FreiePlaetze + " freie Plätze");

     foreach (var p in flug.Buchungen)
     {
       CUI.PrintWithThreadID(" Passagier: " + p.Passagier.Vorname + " " +
p.Passagier.Name);
     }

     // Änderung an jedem flug-Objekt speichern
     CUI.PrintWithThreadID("  Start Speichern");
     flug.FreiePlaetze--;
   ctx.SaveChangesAsync();
     // das geht nicht var anz = await ctx.SaveChangesAsync();
     CUI.PrintWithThreadID("   Änderungen gespeichert!");
   });

   CUI.PrintWithThreadID("Ende Demo_AsyncForeach");
   }
```

20 Dynamische LINQ-Abfragen

Einer der Vorteile der Language Integrated Query (LINQ) ist die Überprüfbarkeit der Befehle durch den Compiler zur Entwicklungszeit. Es gibt aber einige Praxisfälle, in denen der ausführende Befehl gar nicht komplett zur Entwicklungszeit feststeht, zum Beispiel weil der Benutzer in einer Bildschirmmaske aus zahlreichen Drop-Down-Filtern einige (aber nicht alle) auswählt. Dieses Kapitel zeigt Möglichkeiten auf, wie man LINQ-Befehle in Verbindung mit dem Entity Framework Core teilweise oder ganz dynamisieren kann.

20.1 Schrittweises zusammensetzen von LINQ-Abfragen

LINQ-Abfragen werden erst ausgeführt, wenn man einen Konvertierungsoperator ausführt (Defered Execution). Vorher kann man eine LINQ-Abfrage um weitere Bedingungen, Sortierungen und auch Paging erweitern, wie das folgende Listing zeigt, in dem fallweise eine Bedingung für Abflugort und/oder Zielort, fallweise ein Filtern nach Flügen mit freien Plätzen und fallweise eine Sortierung ergänzt wird. Gesteuert werden die Fälle über die Variablen zu Beginn, die hier eine Eingabe des Benutzers repräsentieren sollen.

> **PRAXISTIPP:** Solange man aber nicht auf eine Abfrage einen Konvertierungsoperator wie ToList(), To Dictionary(), ToArray() oder First()/Single() anwendet oder auf den Enumerator oder ein einzelnes Element (z.B. mit ElementAt()) zugreift, verweilt die Abfrage als solche im RAM und kann noch modifiziert werden.

Listing: LINQ-Befehle schrittweise zusammensetzen

```
public static void SchrittweisesZusammensetzen()
{
 CUI.MainHeadline(nameof(SchrittweisesZusammensetzen));
 using (WWWingsContext ctx = new WWWingsContext())
 {
  string Abflugort = "Paris";
  string Zielort = "";
  bool nurMitFreienPlaetzen = true;
  bool sortieren = true;

  // Grundabfrage
  IQueryable<Flug> flugQuery = (from f in ctx.FlugSet select f);

  // fallweises Erweitern um Bedingungen
  if (!String.IsNullOrEmpty(Abflugort)) flugQuery = from f in flugQuery where
f.Abflugort == Abflugort select f;
  if (!String.IsNullOrEmpty(Zielort)) flugQuery = from f in flugQuery where
f.Zielort == Zielort select f;
  // Erweitern in einer wiederverwendbaren Unterroutine ist möglich
  if (nurMitFreienPlaetzen) flugQuery =
PlatzAnzahlMussGroesser0Sein(flugQuery);
  // fallweises Erweitern um Sortierung
  if (sortieren) flugQuery = flugQuery.OrderBy(f => f.Datum);

  // Jetzt erst zur Datenbank senden!
  List<Flug> flugListe = flugQuery.ToList();
  if (flugListe.Count == 0) Debugger.Break();
  foreach (var f in flugListe)
```

```
       {
          Console.WriteLine("Flug: " + f.FlugNr + " von " + f.Abflugort + " nach " +
          f.Zielort + " hat " + f.FreiePlaetze + " freie Plätze");
        }
      }
    }
    static public IQueryable<Flug> PlatzAnzahlMussGroesser0Sein(IQueryable<Flug>
query)
    {
       return query.Where(f => f.FreiePlaetze > 0);
    }
```

Aus diesem Programmcode entsteht folgender SQL-Befehl, in diesem Fall mit Filter über Abflugort und FreiePlaetze sowie der Sortierung nach FlugDatum:

```
SELECT [f].[FlugNr], [f].[Abflugort], [f].[Bestreikt], [f].[CopilotId],
[f].[FlugDatum], [f].[Fluggesellschaft], [f].[FlugzeugTypID], [f].[FreiePlaetze],
[f].[LetzteAenderung], [f].[Memo], [f].[NichtRaucherFlug], [f].[PilotId],
[f].[Plaetze], [f].[Preis], [f].[Timestamp], [f].[Zielort]
FROM [Flug] AS [f]
WHERE (([f].[Abflugort] = @__Abflugort_0) AND ([f].[FreiePlaetze] > 0)
ORDER BY [f].[FlugDatum]
```

20.2   Expression Trees

Expression Trees (.NET-Namensraum System.Linq.Expressions) sind die Basis für alle LINQ-Abfragen: Entity Framework Core wandelt jede LINQ-Abfrage in einen Expression Tree um. Man kann auch selbst mit Expression Trees arbeiten, was aber doch meist sehr aufwändig ist.

Der C#-Programmcode im folgenden Listing definiert zunächst eine LINQ-Abfrage mit einer Bedingung. Dann wird – abhängig von den Werten zweier lokaler Variablen – die Abfrage um zwei zusätzliche Bedingungen erweitert. Auch dieser Programmcode macht sich zunutze, dass LINQ-Befehle erst verzögert ausgeführt werden (Defered Execution), wenn man die Ergebnismenge tatsächlich benötigt. Solange man aber nicht auf eine Abfrage einen Konvertierungsoperator wie ToList(), ToDictionary(), ToArray() oder First()/Single() anwendet oder auf den Enumerator oder ein einzelnes Element (z.B. mit ElementAt()) zugreift, verweilt die Abfrage als solche im RAM und kann noch modifiziert werden.

Listing: LINQ-Befehle mit Expression Trees erweitern

```
/// <summary>
/// Beispiel für den Einsatz von Expression Trees zur Modifikation einer
bestehenden LINQ-Abfrage bei EF Core
/// </summary>
public static void ExpressionTree_Einfach()
    {
      CUI.MainHeadline(nameof(ExpressionTree_Einfach));

      string Zielort = "Rom";
      short? MindestzahlFreierPlaetze = 10;

      // EF Modell
      using (WWWingsContext ctx = new WWWingsContext())
      {

        // Basismenge
```

```
    IQueryable<GO.Flug> abfrage = from flug in ctx.FlugSet where flug.FlugNr <
300 select flug;

    // dynamische Zusatzbedingungen
    if (!String.IsNullOrEmpty(Zielort) && MindestzahlFreierPlaetze > 0)
    {

     // Laufvariable definieren
     ParameterExpression f = Expression.Parameter(typeof(GO.Flug), "f");

     // Bedingung 1 festlegen
     Expression left = Expression.Property(f, "Zielort");
     Expression right = Expression.Constant(Zielort);
     Expression Bed1 = Expression.Equal(left, right);

     // Bedingung 2 festlegen
     left = Expression.Property(f, "FreiePlaetze");
     right = Expression.Constant((short?)MindestzahlFreierPlaetze,
typeof(short?));
     Expression Bed2 = Expression.GreaterThan(left, right);

     // Verbinden beider Bedingungen mit And
     Expression predicateBody = Expression.And(Bed1, Bed2);

     // Expression Tree aus beiden Bedingungen
     MethodCallExpression whereCallExpression = Expression.Call(
         typeof(Queryable),
         "Where",
         new Type[] { abfrage.ElementType },
         abfrage.Expression,
         Expression.Lambda<Func<GO.Flug, bool>>(predicateBody, new
ParameterExpression[] { f }));

     // Umwandeln des Expression Tree in eine Abfrage
     abfrage = abfrage.Provider.CreateQuery<GO.Flug>(whereCallExpression);
    }

    ctx.Log();
    Console.WriteLine("\nGefundene Flüge:");
    foreach (GO.Flug Flug in abfrage.ToList())
    {
     Console.WriteLine("Flug Nr {0} von {1} nach {2}: {3} freie Plätze!",
Flug.FlugNr, Flug.Abflugort, Flug.Zielort, Flug.FreiePlaetze);
    }
   }
  }
```

Aus dem Listing entsteht folgender SQL-Befehl:

```
SELECT [flug].[FlugNr], [flug].[Abflugort], [flug].[Bestreikt],
[flug].[CopilotId], [flug].[FlugDatum], [flug].[Fluggesellschaft],
[flug].[FlugzeugTypID], [flug].[FreiePlaetze], [flug].[LetzteAenderung],
[flug].[Memo], [flug].[NichtRaucherFlug], [flug].[PilotId], [flug].[Plaetze],
[flug].[Preis], [flug].[Timestamp], [flug].[Zielort]
FROM [Flug] AS [flug]
WHERE (([flug].[FlugNr] < 300) AND ((CASE
```

```
    WHEN [flug].[Zielort] = N'Rom'
    THEN CAST(1 AS BIT) ELSE CAST(0 AS BIT)
END & CASE
    WHEN [flug].[FreiePlaetze] > 10
    THEN CAST(1 AS BIT) ELSE CAST(0 AS BIT)
END) = 1)
```

Das geht natürlich auch mit einer beliebigen, zur Laufzeit nicht feststehenden Anzahl von Bedingungen, wie das nächste Listing zeigt, in dem die Bedingungen als SortedDictionary übergeben werden.

Listing: LINQ-Befehle mit Expression Trees erweitern

```csharp
/// <summary>
/// Beispiel für den Einsatz von Expression Trees zur Modifikation
/// einer bestehenden LINQ-Abfrage bei EFC Core
/// am Beispiel einer WHERE-Bedingung mit einer variablen Anzahl von
Bedingungen
/// Hintergrund: Ein Benutzer hat auf dem Bildschirm eine variable Anzahl von
Filtern
/// Annahme, um das Beispiel prägnant zu halten: Es wird immer auf Gleichzeit
geprüft
/// </summary>
public static void ExpressionTree_Variabel()
{
  CUI.MainHeadline(nameof(ExpressionTree_Variabel));

  // Eingabedaten
  var Filter = new SortedDictionary<string, object>() { { "Abflugort", "Rom" },
{ "Zielort", "Berlin" }, { "PilotID", 123 } };

  // EF Modell
  using (WWWingsContext ctx = new WWWingsContext())
  {

    // Basismenge
    var Q_Vorlaeufig = from flug in ctx.FlugSet select flug;

    // Laufvariable definieren
    ParameterExpression f = Expression.Parameter(typeof(GO.Flug), "f");

    Expression GesamtBedingung = null;
    foreach (var filter in Filter)
    {
     // Bedingung festlegen
     Expression left = Expression.Property(f, filter.Key);
     Expression right = Expression.Constant(filter.Value);
     Expression Bed = Expression.Equal(left, right);
     // Verknüpfen mit den bisherigen Bedingungen
     if (GesamtBedingung == null) GesamtBedingung = Bed;
     else GesamtBedingung = Expression.And(GesamtBedingung, Bed); // hier: "UND"
    }

    // Expression Tree aus allen Bedingungen
    MethodCallExpression whereCallExpression = Expression.Call(
        typeof(Queryable),
```

```
        "Where",
        new Type[] { Q_Vorlaeufig.ElementType },
        Q_Vorlaeufig.Expression,
        Expression.Lambda<Func<GO.Flug, bool>>(GesamtBedingung, new
ParameterExpression[] { f })));

    // Umwandeln des Expression Tree in eine Abfrage
    var Q_Endgueltig =
Q_Vorlaeufig.Provider.CreateQuery<GO.Flug>(whereCallExpression);


    // Ausgabe der Ergebnismenge
    Console.WriteLine("\nGefundene Flüge:");
    foreach (var Flug in Q_Endgueltig)
    {
      Console.WriteLine("Flug Nr {0} von {1} nach {2}: {3} freie Plätze!",
Flug.FlugNr, Flug.Abflugort, Flug.Zielort, Flug.FreiePlaetze);
    }
  }
}
```

Aus obigem Listing entsteht folgender SQL-Befehl:

```
SELECT [flug].[FlugNr], [flug].[Abflugort], [flug].[Bestreikt],
[flug].[CopilotId], [flug].[FlugDatum], [flug].[Fluggesellschaft],
[flug].[FlugzeugTypID], [flug].[FreiePlaetze], [flug].[LetzteAenderung],
[flug].[Memo], [flug].[NichtRaucherFlug], [flug].[PilotId], [flug].[Plaetze],
[flug].[Preis], [flug].[Timestamp], [flug].[Zielort]
FROM [Flug] AS [flug]
WHERE ((CASE
    WHEN [flug].[Abflugort] = N'Rom'
    THEN CAST(1 AS BIT) ELSE CAST(0 AS BIT)
END) & CASE
    WHEN [flug].[PilotId] = 3
    THEN CAST(1 AS BIT) ELSE CAST(0 AS BIT)
END) & CASE
    WHEN [flug].[Zielort] = N'Essen/Mülheim'
    THEN CAST(1 AS BIT) ELSE CAST(0 AS BIT)
END) = 1
```

20.3   Dynamic LINQ

Wenn das schrittweise Zusammensetzen von LINQ nicht ausreicht, muss man aber dennoch nicht unbedingt Expression Trees verwenden. Eine Alternative ist die Bibliothek "Dynamic LINQ". "Dynamic LINQ" ist kein Bestandteil des .NET Frameworks und auch keine offizielles Add-on. Dynamic LINQ ist nur ein Beispiel, das Microsoft im Rahmen einer Beispielsammlung (siehe [*http://weblogs.asp.net/scottgu/archive/2008/01/07/dynamic-linq-part-1-using-the-linq-dynamic-query-library.aspx*]) ausliefert. Dieses Beispiel wurde aber durch einen Blogeintrag von Scott Guthrie "geadelt" [*http://weblogs.asp.net/scottgu/archive/2008/01/07/dynamic-linq-part-1-using-the-linq-dynamic-query-library.aspx*] und ist seitdem weit verbreitet. Dass das Beispiel als "System.Linq.Dynamic" im Wurzelnamensraum "System" liegt, ist ungewöhnlich und legte nahe, dass Microsoft dies in Zukunft in das .NET Framework integrieren würde. Das ist aber bisher nicht passiert und scheint auch nicht mehr auf der Agenda zu stehen. Dynamic LINQ besteht aus mehreren Klassen mit rund 2000 Codezeilen. Wichtigste Klasse ist DynamicQueryable: diese

Klasse stellt zahlreiche Erweiterungsmethoden für die IQueryable-Schnittstelle bereit, z.B. Where(), OrderBy(), GroupBy() und Select(), die allesamt Zeichenketten akzeptieren.

Das folgende Listing zeigt eine Lösung mit Dynamic LINQ, die eleganter ist als die Lösung mit den Expression Trees.

> **HINWEIS:** In Dynamic LINQ gibt es aber leider keine dynamischen Joins. Dazu findet man aber eine Lösung im Internet [*http://stackoverflow.com/questions/389094/how-to-create-a-dynamic-linq-join-extension-method*].

Listing: Einsatz von Dynamic LINQ

```
public static void DynamicLINQ()
{
  CUI.MainHeadline(nameof(DynamicLINQ));
  // Eingabedaten
  var Filter = new SortedDictionary<string, object>() { { "Abflugort", "Rom" },
{ "Zielort", "Berlin" }, { "PilotID", 123 } };
  string Sortierung = "FreiePlaetze desc";

  // EF Modell
  using (WWWingsContext ctx = new WWWingsContext())
  {
  // Basismenge
  IQueryable<GO.Flug> abfrage = from flug in ctx.FlugSet where flug.FlugNr >
300 select flug;

  // Modifikation der Abfrage
  foreach (var filter in Filter)
  {
    Console.WriteLine(filter.Value.GetType().Name);
    switch (filter.Value.GetType().Name)
    {
    case "String":
      abfrage = abfrage.Where(filter.Key + " = \"" + filter.Value + "\"");
break;

    default:
      abfrage = abfrage.Where(filter.Key + " = " + filter.Value); break;
    }
  }

  // optionale Sortierung
  if (!String.IsNullOrEmpty(Sortierung)) abfrage = abfrage.OrderBy(Sortierung);


  // Ausgabe der Ergebnismenge
  Console.WriteLine("\nGefundene Flüge:");
  foreach (var Flug in abfrage)
  {
    Console.WriteLine("Flug Nr {0} von {1} nach {2}: {3} freie Plätze!",
Flug.FlugNr, Flug.Abflugort, Flug.Zielort, Flug.FreiePlaetze);
  }
  }
}
```

Aus diesem Programmcode entsteht folgender SQL-Befehl:

```
SELECT [flug].[FlugNr], [flug].[Abflugort], [flug].[Bestreikt],
[flug].[CopilotId], [flug].[FlugDatum], [flug].[Fluggesellschaft],
[flug].[FlugzeugTypID], [flug].[FreiePlaetze], [flug].[LetzteAenderung],
[flug].[Memo], [flug].[NichtRaucherFlug], [flug].[PilotId], [flug].[Plaetze],
[flug].[Preis], [flug].[Timestamp], [flug].[Zielort]
FROM [Flug] AS [flug]
WHERE ((([flug].[FlugNr] > 300) AND ([flug].[Abflugort] = N'Rom')) AND
([flug].[PilotId] = 123)) AND ([flug].[Zielort] = N'Berlin')
ORDER BY [flug].[FreiePlaetze] DESC
```

21 Daten lesen und ändern mit SQL, Stored Procedures und Table Valued Functions

Wenn LINQ und das API von Entity Framework Core hinsichtlich Funktionalität oder Performanz nicht reichen, kann der Entwickler auch beliebige SQL-Befehle direkt zur Datenbank senden, einschließlich dem Aufruf von Stored Procedures und der Nutzung von Table Value Functions (TVF).

Language Integrated Query (LINQ) und das Entity Framework Core-API (Add(), Remove(), SaveChanges() usw.) sind eine Abstraktion von SQL. Entity Framework Core bzw. der jeweilige Datenbankprovider wandelt LINQ und API-Aufrufe in SQL um. Die Abstraktion, die Entity Framework Core hier bietet, ist in vielen Fällen gut geeignet, um effiziente, robuste und Datenbankmanagementsystem-neutrale Befehle zur Datenbank zu senden. Aber LINQ und das API können nicht alles, was SQL kann, und nicht alles, was Entity Framework Core zur Datenbank sendet, ist auch immer performant genug.

Auch schon im klassischen Entity Framework konnte der Entwickler anstelle von LINQ direkt SQL-Befehle zur Datenbank senden. In Entity Framework Core gibt es diese Möglichkeiten in veränderterer Form. Zum Teil gibt es mehr Möglichkeiten, zum Teil aber auch (bislang noch) weniger Möglichkeiten als im klassischen Entity Framework.

21.1 Abfragen mit FromSql()

Für SQL-Abfragen, die als Rückgabe einen dem Entity Framework Core-Kontext bekannten Entitätstyp liefern, stehen in der Klasse DbSet<Entitätstyp> die Methoden FromSql() und FromSql<Entitätstyp>() bereit. Das Ergebnis ist ein IQueryable<Entitätstyp> (siehe Listing).

> **WARNUNG:** Man sollte die SQL-Befehle nicht als Zeichenkette zusammensetzen, denn dies birgt die Gefahr eines SQL-Injektionsangriffs.

Listing: SQL-Abfrage in Entity Framework Core mit der Gefahr eines SQL-Injektionsangriffs

```
public static void Demo_SQLDirekt1()
{
 CUI.MainHeadline("SQLDirekt1");
 string ort = "Berlin";
 using (var ctx = new WWWingsContext())
 {
  ctx.Log();
  IQueryable<Flug> flugliste = ctx.FlugSet.FromSql("Select * from Flug where
Abflugort='" + ort + "'");
  Console.WriteLine(flugliste.Count());
  foreach (var flug in flugliste)
  {
   Console.WriteLine(flug);
  }
  Console.WriteLine(flugliste.Count());
 }
}
```

Besser ist es, die in .NET üblichen Platzhalten {0}, {1}, {2} usw zu verwenden (siehe nächstes Listing). Dies wird von Entity Framework Core so verarbeitet zu parametrisierten SQL-Befehlen, dass ein SQL-Injektionsangriff nicht möglich ist.

Listing: SQL-Abfrage in Entity Framework Core ohne Gefahr eines SQL-Injektionsangriffs

```
public static void Demo_SQLDirekt2()
{
  CUI.MainHeadline("SQLDirekt2");
  string ort = "Berlin";
  using (var ctx = new WWWingsContext())
  {
   ctx.Log();
   IQueryable<Flug> flugliste = ctx.FlugSet.FromSql("Select * from Flug where
Abflugort={0}", ort);
   Console.WriteLine(flugliste.Count());
   foreach (var flug in flugliste)
   {
    Console.WriteLine(flug);
   }
   Console.WriteLine(flugliste.Count());
  }
}
```

Seit Entity Framework Core 2.0 ist es sogar möglich, hier die String Interpolation zu nutzen, die es seit C# 6.0 gibt (siehe nächstes Listing).

Listing: Dritte Variante der SQL-Abfrage in Entity Framework

```
public static void Demo_SQLDirekt3()
{
  CUI.MainHeadline(nameof(Demo_SQLDirekt3));
  string abflugort = "Berlin";
  string zielort = "Rom";
  using (var ctx = new WWWingsContext())
  {
   ctx.Log();
   IQueryable<Flug> flugliste = ctx.FlugSet.FromSql($@"Select * from Flug where
Abflugort={abflugort} and zielort={zielort}");
   Console.WriteLine(flugliste.Count());
   foreach (var flug in flugliste)
   {
    Console.WriteLine(flug);
   }
   Console.WriteLine(flugliste.Count());
  }
}
```

In den beiden vorherigen Listings muss man den Platzhalter nicht in einfache Anführungszeichen setzen. Genau genommen: Man darf hier keine einfachen Anführungszeichen verwenden, denn Entity Framework Core wandelt die Abfrage in eine parametrisierte Abfrage (Die Parameter werden zu einer Instanz der Klasse DbParameter.) um. Bei beiden Listing empfängt die Datenbank einen SQL-Befehl mit einem Parameter:

```
Select * from Flug where Abflugort=@p0
```

bzw. zwei Parametern:

```
Select * from Flug where Abflugort=@p0 and zielort=@p1
```

Der Entwickler ist also hierbei vor SQL-Injektionsangriffen geschützt und sollte daher zur Vermeidung solcher Sicherheitslücken auch nicht selbst den SQL-Befehl als Zeichenkette zusammensetzen!

Genau wie beim klassischen Entity Framework Core muss der SQL-Befehl alle Spalten liefern, um das Entitätsobjekt komplett zu befüllen. Eine partielle Befüllung (Projektion) wird bisher nicht unterstützt. Jeglicher Versuch der partiellen Befüllung scheitert daran, dass Entity Framework Core zur Laufzeit solange mit der Fehlermeldung "The required column xy was not present in the results of a 'FromSql'" meckert, bis alle Eigenschaften des Entitätsobjekts einen Gegenpart im Resultset haben.

21.2   Zusammensetzbarkeit von LINQ und SQL

Die Implementierung im klassischen Entity Framework hieß DbSet<Entitätsklasse>.SqlQuery() und lieferte als Rückgabeobjekt kein IQueryable<Entitätsklasse>, sondern eine Instanz von DbRawSqlQuery<Entitätstyp>. Die Rückgabe von IQueryable<Entitätsklasse> in Entity Framework Core hat den Vorteil, dass der Entwickler nun SQL und LINQ in einer Abfrage mischen kann.

Dies sieht man schon bei:

```
IQueryable<Flug> flugliste = ctx.FlugSet.FromSql("Select * from Flug where
Abflugort={0}", ort);
Console.WriteLine(flugliste.Count());
foreach (var flug in flugliste) { … }
```

Hier wird flugliste.Count() zu:

```
SELECT COUNT(*)
FROM (
    Select * from Flug where Abflugort='Berlin'
) AS [f]
```

Der selbst geschriebene SQL-Befehl wird also als Unterabfrage in die Abfrage eingebettet, die die LINQ-Operation erzeugt.

Dies bedeutet aber auch, dass es in diesem Fall zwei Rundgänge zur Datenbank gibt: einmal für das Zählen und einmal für das Abholen der Datensätze. Genau wie bei LINQ sollte man daher auch bei dem Einsatz von FromSql() bewusst einen Konvertierungsoperator wie ToList() einsetzen. In nächsten Listing wird nun die Ergebnismenge direkt abgeholt, und das zweimalige Zählen ist dann nur noch die Abfrage der Länge der materialisierten Objektmenge im RAM, was wesentlich schneller geht!

Listing: Zusammensetzbarkeit von SQL und LIN

```
public static void Demo_SQLDirekt4()
  {
   CUI.MainHeadline("SQLDirekt4");
   string ort = "Berlin";
   using (var ctx = new WWWingsContext())
   {
    ctx.Log();
    List<Flug> flugliste = ctx.FlugSet.FromSql($@"Select * from Flug where
Abflugort={ort}").ToList();
    Console.WriteLine(flugliste.Count());
    foreach (var flug in flugliste)
    {
     Console.WriteLine(flug);
    }
    Console.WriteLine(flugliste.Count());
   }
```

```
}
```

Noch eindrucksvoller zeigt die Zusammensetzbarkeit von SQL und LINQ in Entity Framework Core das nächste Listing, bei dem mit Include() auch verbundene Datensätze geladen werden, was sonst bei FromSql() nicht möglich ist.

Listing: Zusammensetzbarkeit von SQL und LINQ in Entity Framework Core

```
public static void Demo_SQLDirektUndLINQZusammensetzbarkeit()
{
 CUI.MainHeadline("SQLDirektUndLINQ");
 string ort = "Berlin";
 using (var ctx = new WWWingsContext())
 {
  ctx.Log();
  var flugliste = ctx.FlugSet.FromSql("Select * from Flug where Abflugort={0}",
ort).Where(x => x.FreiePlaetze > 10) .Include(f=>f.Pilot).OrderBy(x =>
x.FreiePlaetze).ToList();
foreach (var flug in flugliste)
  {
   Console.WriteLine(flug);
  }
  Console.WriteLine(flugliste.Count());
 }
}
```

Mit Programmcode aus obigem Listing erhält die Datenbank folgenden SQL-Befehl:

```
SELECT [f].[FlugNr], [f].[Abflugort], [f].[Bestreikt], [f].[CopilotId],
[f].[FlugDatum], [f].[Fluggesellschaft], [f].[FlugzeugTypID], [f].[FreiePlaetze],
[f].[LetzteAenderung], [f].[Memo], [f].[NichtRaucherFlug], [f].[PilotId],
[f].[Plaetze], [f].[Preis], [f].[Timestamp], [f].[Zielort], [f.Pilot].[PersonID],
[f.Pilot].[Ausweisnummer], [f.Pilot].[DetailID], [f.Pilot].[Discriminator],
[f.Pilot].[EMail], [f.Pilot].[Geburtsdatum], [f.Pilot].[Gehalt],
[f.Pilot].[Name], [f.Pilot].[VorgesetzterPersonID], [f.Pilot].[Vorname],
[f.Pilot].[FlugscheinSeit], [f.Pilot].[Flugscheintyp], [f.Pilot].[Flugschule],
[f.Pilot].[Flugstunden]
FROM (
    Select * from Flug where Abflugort=@p0
) AS [f]
INNER JOIN [Mitarbeiter] AS [f.Pilot] ON [f].[PilotId] = [f.Pilot].[PersonID]
WHERE ([f.Pilot].[Discriminator] = N'Pilot') AND ([f].[FreiePlaetze] > 10)
ORDER BY [f].[FreiePlaetze]
```

21.3   Stored Procedures und Table Valued Functions

Mit FromSql() kann man auch Stored Procedures, die ein Resultset liefern, und Table Valued Functions elegant aufrufen. Zu bedenken ist dabei aber, dass die Zusammensetzbarkeit nur bei Table Valued Functions funktioniert.

Listing: Nutzung einer Stored Procedure, die Flug-Datensätze liefert

```
public static void Demo_SP()
{
 CUI.MainHeadline("Demo_SP");

 using (var ctx = new WWWingsContext())
 {
  var flugliste = ctx.FlugSet.FromSql("EXEC GetFluegeVonSP {0}", "Rom").Where(x
=> x.FreiePlaetze > 0).ToList();
```

```
    Console.WriteLine(flugliste.Count());
    foreach (var flug in flugliste)
    {
      Console.WriteLine(flug);
    }
    Console.WriteLine(flugliste.Count());
  }
}
```

Dieses Listing führt in der Datenbank aus:

```
EXEC GetFluegeVonSP @p0
```

Die ergänzende Bedingungen (hier: dass es freie Plätze geben muss) werden im RAM ausgeführt.

Im nächsten Listing hingegen wird die Zusatzbedingung im Datenbankmanagementsystem ausgeführt, weil hier eine Table Value Function aufgerufen wird.

Listing: Nutzung einer Table Value Function, die Flug-Datensätze liefert

```
public static void Demo_TVF()
{
  CUI.MainHeadline("Demo_TVF");
  using (var ctx = new WWWingsContext())
  {
  var flugliste = ctx.FlugSet.FromSql("Select * from GetFluegeVonTVF({0})",
"Rom").Where(x => x.FreiePlaetze > 0).ToList();
    Console.WriteLine(flugliste.Count());
    foreach (var flug in flugliste)
    {
      Console.WriteLine(flug);
    }
    Console.WriteLine(flugliste.Count());
  }
}
```

Das zweite Listing führt hingegen in der Datenbank aus:

```
SELECT [x].[FlugNr], [x].[Abflugort], [x].[Bestreikt], [x].[CopilotId],
[x].[FlugDatum], [x].[Fluggesellschaft], [x].[FlugzeugTypID], [x].[FreiePlaetze],
[x].[LetzteAenderung], [x].[Memo], [x].[NichtRaucherFlug], [x].[PilotId],
[x].[Plaetze], [x].[Preis], [x].[Timestamp], [x].[Zielort]
FROM (
    Select * from GetFluegeVonTVF(@p0)
) AS [x]
WHERE [x].[FreiePlaetze] > 10
```

Es gibt in Entity Framework Core aber bisher weder einen Programmcodegenerator für Wrapper-Methoden zu Stored Procedures und Table Valued Functions (wie dies bei "Database First" im klassischen Entity Framework verfügbar ist) noch einen SQL-Generator für Stored Procedures für INSERT, UPDATE und DELETE (wie dies bei "Code First" im klassischen Entity Framework verfügbar ist).

TIPP: Das kostenpflichtige Zusatzwerkzeug Entity Developer (siehe Kapitel "Zusatzwerkzeuge") bietet einen Programmcodegenerator für Wrapper-Methoden zu Stored Procedures und Table Valued Functions.

21.4 Nicht-Entitätsklassen als Ergebnismenge

Leider gibt es auch (zumindest bislang) eine große Einschränkung in Entity Framework Core gegenüber dem Vorgänger: Im Vorgänger wurde SqlQuery() nicht nur auf Instanzen der Klasse DbSet<Entitätstyp>, sondern auch in dem Database-Objekt in der Kontextklasse angeboten. Hier konnte man auch andere Typen, die nicht Entitätstypen waren, also andere selbstdefinierte Klassen oder auch elementare Datentypen, angeben, in die Entity Framework die Abfrageergebnisse materialisieren soll.

Leider kann Entity Framework Core dies noch nicht [*https://github.com/aspnet/EntityFramework/issues/1862*]. Der Versuch, einen anderen Objekttyp als Typparameter bei FromSql() als den Entitätstyp anzugeben, kompiliert erst gar nicht:

```
var liste = ctx.FlugSet.FromSql<FlugDTO>("Select FlugNr, Abflugort, Zielort,
Datum from Flug");
```

Ein Versuch mit der Methode Set<T>()

```
var liste = ctx.Set<FlugDTO>().FromSql("Select FlugNr, Abflugort, Zielort, Datum
from Flug");
```

kompiliert zwar, aber Entity Framework Core sagt dann zur Laufzeit, dass dies nicht unterstützt wird: "Cannot create a DbSet for 'FlugDTO' because this type is not included in the model for the context."

Das nächste Listing zeigt die Nachrüstung einer ExecuteSqlQuery()-Methode im Database-Objekt, die aber nur ein DbDataReader-Objekt zurückliefert und keine Materialisierung erlaubt. Diese Erweiterungsmethode wird dann im übernächsten Listing verwendet.

Listing: Erweiterungsmethode Database.ExecuteSqlQuery()

```
public static class RDFacadeExtensions
  {
   public static RelationalDataReader ExecuteSqlQuery(this DatabaseFacade
databaseFacade, string sql, params object[] parameters)
   {
    var concurrencyDetector = databaseFacade.GetService<IConcurrencyDetector>();

    using (concurrencyDetector.EnterCriticalSection())
    {
     var rawSqlCommand = databaseFacade
        .GetService<IRawSqlCommandBuilder>()
        .Build(sql, parameters);

    return rawSqlCommand
        .RelationalCommand
        .ExecuteReader(
           databaseFacade.GetService<IRelationalConnection>(),
           parameterValues: rawSqlCommand.ParameterValues);
    }
   }
}
```

Listing : Einsatz von Database.ExecuteSqlQuery()

```
  public static void Demo_Datareader()
  {
   string Ort = "Berlin";
```

```
using (var ctx = new WWWingsContext())
{
  RelationalDataReader rdr = ctx.Database.ExecuteSqlQuery("Select * from Flug
where Abflugort={0}", Ort);
  DbDataReader dr = rdr.DbDataReader;
  while (dr.Read())
  {
    Console.WriteLine("{0}\t{1}\t{2}\t{3} \n", dr[0], dr[1], dr[2], dr[3]);
  }
  dr.Dispose();
}
}
```

21.5   SQL-DML-Befehle ohne Resultset

SQL-Data Manipulation Language (DML)-Befehle, die keine Ergebnismenge (Resultset) liefern
(z.B. Befehle wie INSERT, UPDATE und DELETE), kann man in Entity Framework Core genau
wie beim Vorgänger mit ExecuteSqlCommand() im Database-Objekt ausführen und man erhält die
Anzahl zurück (siehe Listing).

Listing: Einsatz von Database.ExecuteSqlCommand()

```
public static void Demo_SqlCommand()
{
  using (var ctx = new WWWingsContext())
  {
    var anz = ctx.Database.ExecuteSqlCommand("Delete from Flug where
Flugnr>{0}",10000);
    Console.WriteLine("Gelöscht: " + anz);
  }
}
```

22 Weitere Tipps und Tricks zum Mapping

Dieses Kapitel beschreibt zusätzliche Möglichkeiten, dass Mapping der Entitätsklassen auf das Datenbankschema zu beeinflussen. Viele dieser Möglichkeiten werden nicht anhand des Beispiels "World Wide Wings" gezeigt, weil sie nicht in dieses Beispiel passen.

22.1 Shadow Properties

Als "Shadow Properties" (alias "Shadow State Properties") bezeichnet Entity Framework Core solche Spalten der Datenbanktabelle, für die es kein Attribut (Field oder Property) in der Entitätsklasse gibt, die aber dennoch von Entity Framework Core verwaltet werden können.

Die Unterstützung für Shadow Properties gehört zu den deutlichen Vorteilen von Entity Framework Core gegenüber dem klassischen ADO.NET Entity Framework. Mit Shadow Properties können nun ORM-basierte .NET-Anwendungen auch auf Spalten zugreifen, die zur Entwicklungszeit noch gar nicht bekannt sind. Damit ist es dann also möglich, zur Betriebszeit einer Anwendung bestehende Datenbanktabellen um neue Spalten zu erweitern und diese neuen Spalten auch in Entity Framework Core zu nutzen ohne die Software neu zu kompilieren.

> **Hinweis:** Es ist bisher nicht möglich, komplette Tabellen nur aus Shadow Properties aufzubauen und damit in Entity Framework Core auf Tabellen zuzugreifen, für die es keine Entitätsklassen gibt. Dieses Feature ist jedoch im Backlog des Entity Framework Core-Entwicklungsteams (siehe [https://github.com/aspnet/EntityFrameworkCore/issues/749] und [https://github.com/aspnet/EntityFrameworkCore/issues/9914]).

22.1.1 Automatische Shadow Properties

Ein Shadow Property wird automatisch angelegt, wenn es zu einer Navigationsbeziehung keine passende Fremdschlüsseleigenschaft in der Klasse gibt. Da das relationale Datenbankschema jedoch eine Fremdschlüsselspalte braucht und Entity Framework Core die Daten aus dieser Spalte auch zwingend benötigt, wird diese Fremdschlüsselspalte dann automatisch ein Shadow Property. Wenn der Gegenpart zu einer Navigationsbeziehung mehrere Primärschlüsselspalten besitzt, dann werden entsprechend auch mehrere Fremdschlüsselspalten mit jeweils einem Shadow Property angelegt.

Die Fremdschlüsselspalte und der korrespondierende Name des Shadow Property werden aus dem Namen der Navigationseigenschaft und dem Primärschlüsselnamen der Hauptklasse (gebildet. Dabei vermeidet Entity Framework Core Wortdopplungen (siehe nachstehende Tabelle).

Primärschlüssel der Hauptklasse	Name der Navigationseigenschaft zu der Hauptklasse	Name der Fremdschlüsselspalte / Shadow Property
HauptklasseId	Hauptklasse	HauptklasseId
Id	Hauptklasse	HauptklasseId
Id	Irgendwas	IrgendwasId
HauptklasseId	Irgendwas	IrgendwasHauptklasseId
Id	(keine)	HauptklasseId

HauptklasseId1 und HauptklasseId2 (zusammengesetzter Schlüssel)	Irgendwas	IrgenwasHauptklasseId1 und IrgenwasHauptklasseId2

Tabelle: Automatische Namensbildung für Shadow Properties

22.1.2   Festlegung eines Shadow Property

Ein Entwickler kann Shadow Properties auch manuell mithilfe der Property<T>()-Methode für einen Entitätstyp im Fluent-API der Kontextklasse in der Methode OnModelCreating() definieren.

Das folgende Listing zeigt das Hinzufügen eines Shadow Property namens "LastChange" vom Typ DateTime. Dieser Name wird jedoch in einer Variablen gespeichert und kann somit geändert werden.

> **ACHTUNG:** Ein Ändern des Inhaltes der Variablen ShadowStateProp müsste allerdings vor der ersten Instanziierung der Kontextklasse erfolgen, da OnModelCreating() nur einmalig – bei der ersten Verwendung der Kontextklasse – aufgerufen wird.

Listing: Festlegung eines Shadow Properties in OnModelCreating() der Kontextklasse

```
public class WWWingsContext : DbContext
{
  static public string ShadowStateProp = "LetzteAenderung";

  ...

  protected override void OnModelCreating(ModelBuilder builder)
  {
    ...

    builder.Entity<Flug>().Property<DateTime>(ShadowStateProp);
  }
}
```

22.1.3   Ausgabe aller Shadow Properties einer Entitätsklasse

Die Liste aller Properties einer Entitätsklasse (die echten Properties und die Shadow Properties) erhält man über die Properties-Objektmenge der Instanz von EntityEntry<T>, die man über die Methode Entry() der Kontextklasse gewinnt.

Listing: Ausgabe einer Liste aller Properties einer Entitätsklasse inklusive der Shadow Properties

```
using (WWWingsContext ctx = new WWWingsContext())
{
  var flug = ctx.FlugSet.SingleOrDefault(x => x.FlugNr == FlugNr);

  foreach (var p in ctx.Entry(flug).Properties)
  {
    Console.WriteLine(p.Metadata.Name + ": " + p.Metadata.IsShadowProperty);
  }
}
```

22.1.4   Lesen und Ändern eines Shadow Property

Die Nutzung eines Shadow Property kann nicht direkt auf dem Entitätsobjekt erfolgen, da es dort ja kein echtes Property für die korrespondierende Datenbankspalte gibt. Die Nutzung erfolgt daher über die Instanz von EntityEntry<T>, die man über die Methode Entry() der Kontextklasse gewinnt. Dort kann man dann die Methode Property("Spaltenname") aufrufen und dort dann auch aus dem gelieferten PropertyEntry-Objekt die Eigenschaft CurrentValue abfragen:

```
ctx.Entry(flug).Property("LetzteAenderung").CurrentValue
```

Auf diese Weise kann man übrigens auf jegliche Informationen aus einem Entitätsobjekt zugreifen, auch auf echte Properties:

```
ctx.Entry(flug).Property("FreiePlaetze").CurrentValue
```

Das wird man aber in der Regel nicht machen, weil der Zugriff über das Entitätsobjekt einfacher ist:

```
flug.FreiePlaetze
```

> **ACHTUNG:** Man kann aber über Property("Name") nur echte Properties und Shadow Properties abrufen. Wenn die Datenbanktabelle darüber hinaus Spalten besitzt, sind diese nicht im Zugriff von Entity Framework Core. Der Aufruf ctx.Entry(flug).Property("Zusatz").CurrentValue führt zum Laufzeitfehler: "The property 'Zusatz' on entity type 'Flug' could not be found. Ensure that the property exists and has been included in the model".

Über CurrentValue kann der Softwareentwicklung auch den Wert eines Shadow Property verändern:

```
ctx.Entry(flug).Property("LetzteAenderung").CurrentValue = DateTime.Now;
```

Das folgende Listing zeigt den Einsatz des Shadow Properties "LetzteAenderung" auf der Entitätsklasse "Flug".

Listing: Nutzung eines Shadow Property

```
using (WWWingsContext ctx = new WWWingsContext())
   {
     var flug = ctx.FlugSet.SingleOrDefault(x => x.FlugNr == FlugNr);

     CUI.Print("VORHER: " + flug.ToString() + " / " + ctx.Entry(flug).State,
ConsoleColor.Cyan);
     Console.WriteLine("Freie Plätze: " +
ctx.Entry(flug).Property("FreiePlaetze").CurrentValue);
     Console.WriteLine("Letzte Änderung: " +
ctx.Entry(flug).Property("LetzteAenderung").CurrentValue);

     flug.FreiePlaetze += 1;  //Änderung
     ctx.Entry(flug).Property("LetzteAenderung").CurrentValue =
DateTime.Now;//Änderung

     CUI.Print("NACHHER: " + flug.ToString() + " / " + ctx.Entry(flug).State,
ConsoleColor.Cyan);
     Console.WriteLine("Freie Plätze: " +
ctx.Entry(flug).Property("FreiePlaetze").CurrentValue);
     Console.WriteLine("Letzte Änderung: " +
ctx.Entry(flug).Property("LetzteAenderung").CurrentValue);

     var anz = ctx.SaveChanges();
     Console.WriteLine("Anzahl gespeicherter Änderungen: " + anz);
   }
```

22.1.5   LINQ-Abfragen mit Shadow Properties

Auch in der Language Integrated Query (LINQ) kann man Shadow Properties verwenden. Hier kann man aber nicht mit Entry() und Property() operieren, sondern muss nun das besondere Konstrukt EF.Property<T>() verwenden. EF ist eine statische Klasse von Entity Framework Core.

Erlaubt ist dieses Konstrukt nicht nur in Bedingungen, sondern auch bei der Sortierung und der Spalteneinschränkung (Projektion). Im folgenden Listing wird die letzte Änderung ermittelt, die es in den letzten zwei Tagen gab.

Listing: LINQ-Abfragen mit Shadow Properties

```
CUI.Headline("LINQ-Abfragen mit Shadow Properties");
using (WWWingsContext ctx = new WWWingsContext())
  {
  // Shadow State-Eigenschaft in LINQ nutzen
   var datum = ctx.FlugSet
    .Where(c => EF.Property<DateTime>(c, WWWingsContext.ShadowStateProp) >
DateTime.Now.AddDays(-2))
    .OrderByDescending(c => EF.Property<DateTime>(c,
WWWingsContext.ShadowStateProp))
    .Select(x => EF.Property<DateTime>(x, WWWingsContext.ShadowStateProp))
    .FirstOrDefault();

   Console.WriteLine("Letzte Änderung aus DB via LINQ: " + datum);
   // Shadow State-Eigenschaft ändern
  }
```

22.1.6   Praxisbeispiel: Automatisches Setzen bei jedem Speichern

Shadow Properties eignen sich besonders dann, wenn man Informationen vor dem Entwickler verbergen will. Das folgende Listing zeigt ein Überschreiben der Methode SaveChanges() in der Kontextklasse, die dafür sorgt, dass bei jedem Speichervorgang einer Änderung an einem Flug-Objekt automatisch das Shadow Property "LetzteAenderung" auf das aktuelle Datum und die aktuelle Uhrzeit aktualisiert wird.

Listing: Nutzung eines Shadow Properties in der überschriebenen Methode SaveChanges()

```
/// <summary>
/// Überschriebene Methode, setzt Shadow Property
/// </summary>
/// <returns></returns>
public override int SaveChanges()
  {
  // Stelle Änderungen fest
  this.ChangeTracker.DetectChanges();

  // Suche alle neuen und geänderten Flüge
  var entries = this.ChangeTracker.Entries<Flug>()
     .Where(e => e.State == EntityState.Added || e.State ==
EntityState.Modified);

  if (!String.IsNullOrEmpty(ShadowStateProp))
  {
   // setze für alle diese die Shadow State-Spalte "LetzteAenderung"
   foreach (var entry in entries)
   {
```

```
      entry.Property(ShadowStateProp).CurrentValue = DateTime.Now;
   }
 }

   // nun Basisklasse aufrufen
   this.ChangeTracker.AutoDetectChangesEnabled = false; // nicht noch mal
DetectChanges()!
   var result = base.SaveChanges();
   this.ChangeTracker.AutoDetectChangesEnabled = true;

   return result;
 }
```

22.1.7 Praxisbeispiel: Erweitern der Tabellen zur Betriebszeit der Anwendung

Mit Shadow Properties ist es möglich, zur Betriebszeit einer Anwendung bestehende Datenbanktabellen um neue Spalten zu erweitern und diese neuen Spalten auch in Entity Framework Core zu nutzen ohne die Software neu zu kompilieren. Das ist im klassischen ADO.NET Entity Framework nicht möglich.

Das folgende Praxisbeispiel geht davon aus, dass es eine CSV-basierte Konfigurationsdatei gibt, in der jeweils in einer Zeile eine Zusatzspalte definiert wird mit jeweils drei Angaben:

- den Klassenname der Entitätsklasse inklusive Namensraum

- den Name der zusätzlichen Spalte in der Datenbanktabelle

- den korrespondierenden .NET-Typ für die zusätzliche Spalte in seiner ausführlichen Schreibweise mit Namensräumen (wenn die Spalte in der Datenbank NULL-Werte erlaubt, muss man hier auch unbedingt System.Nullable`1[T] verwenden! Das Fragezeichen hinter dem Typnamen (z.B. int?) ist nicht möglich!

Beispiele:

```
BO.Airline;Address;System.String
BO.Airline;FoundingYear;System.Nullable`1[System.Int32]
BO.Airline;Bunkrupt;System.Nullable`1[System.Boolean]
BO.AircraftType;Role;System.String
```

Das nächste Listing zeigt die Ausgabe aller zusätzlichen Spalten der Entität Airline mit Hilfe von ctx.Entry(objekt).Property(spalte).CurrentValue. Das Ergebnis sieht man in der folgenden Abbildung. In diesem Listing werden diese Daten aus Konfigurationsdaten aus Gründen der Übersichtlichkeit im Programmcode wiedergegeben statt aus der Konfigurationsdatei geladen.

Listing: Auslesen zusätzlicher Spalten einer Tabelle

```
   public static void ColumnsAddedAfterCompilation(bool logging = true)
   {
     CUI.MainHeadline(nameof(ColumnsAddedAfterCompilation));
     // List of additional columns can be read from a config file or the database
schema
     List<string> additionalColumnSet = new List<string>() {
"BO.Airline;Address;System.String",
"BO.Airline;FoundingYear;System.Nullable`1[System.Int32]",
"BO.Airline;Bunkrupt;System.Nullable`1[System.Boolean]",
"BO.AircraftType;Role;System.String" };
```

```
    // List of additional columns must be set before creating the first instance
of the context!
    WWWingsContext.AdditionalColumnSet = additionalColumnSet;

    using (WWWingsContext ctx = new WWWingsContext())
    {
    if (logging) ctx.Log();
    // read any Airline object
    var a = ctx.AirlineSet.Where(x => x.Code == "WWW");
    if (a == null) throw new ApplicationException("No Airline found!");
    Console.WriteLine(a);
    Console.WriteLine("Extra columns:");
    foreach (var col in additionalColumnSet.Where(x=>x.StartsWith("BO.Airline")))
      {
      string columnname = col.Split(';')[1];
      Console.WriteLine(col + "=" +
ctx.Entry(a).Property(columnname).CurrentValue);
      }
    }
    }
```

Abbildung 1: Ausgabe des obigen Listings

Das vorherige Listing übergibt die Konfigurationsdaten der Zusatzspalten an die Kontextklasse über ein statisches Mitglied mit Namen AdditionalColumnSet. Das nächste Listing zeigt einen Ausschnitt aus der Kontextklasse, die in der Methode OnModelCreating() die Konfigurationsdaten verwendet, um für jede Zeile der Konfigurationsdaten jeweils ein Shadow Property anzulegen. Entity Framework Core bietet glücklicherweise neben den generischen Varianten der Methoden Entity() und Property() auch solche an, die die Typnamen als Parameter erwarten.

Listing: Ausschnitt aus der Kontextklasse mit Erweiterungen für zusätzliche Spalten

```
public class WWWingsContext : DbContext
{
  private static int count = 0;
  public WWWingsContext()
  {
   Count++;
  }

  private static List<string> additionalColumnSet = null;
  public static List<string> AdditionalColumnSet
  {
   get { return additionalColumnSet; }
   set
```

```
  {
    if (count >0) throw new ApplicationException("Cannot set AdditionalColumnSet
as context has been used before!");
    additionalColumnSet = value;
  }
}
...

  protected override void OnModelCreating(ModelBuilder modelBuilder)
  {
...
  if (AdditionalColumnSet != null)
   {
    foreach (string shadowProp in AdditionalColumnSet)
    {
     var splitted = shadowProp.Split(';');
     string entityclass = splitted[0];
     string columnname = splitted[1];
     string columntype = splitted[2];
     Type columntypeObj = Type.GetType(columntype);
     modelBuilder.Entity(entityclass).Property(columntypeObj, columnname);
    }
   }
}
}
```

> **ACHTUNG:** Die Liste AdditionalColumnSet muss vor der ersten Instanziierung der Kontextklasse gesetzt werden, da OnModelCreating() nur einmalig pro Prozess aufgerufen wird. Aus diesem Grund wird im Setter von AdditionalColumnSet geprüft, ob der Kontext zuvor schon instanziiert wurde (dafür gibt es im Konstruktor einen Zähler).
>
> Bei der Angabe des Klassennamens im Parameter der Methode Entity() muss der Namensraum vorangestellt sein.
>
> Beim Aufruf von Property muss zuerst ein System.Type-Objekt übergeben werden.

22.2   Berechnete Spalten (Computed Columns)

Berechnete Spalten sind aus der Sicht von Entity Framework Core solche Datenbankspalten, deren Wert das Datenbankmanagementsystem vergibt. Dies können sein:

- Autowert-Spalten (Identity-Spalten) wie die PersonID in der Klasse Person und die von ihr abgeleiteten Klassen Mitarbeiter, Pilot und Passagier

- Timestamp-Spalten (vgl. Kapitel "Datenänderungskonflikte")

- Spalten mit Standardwerten

- Spalten mit einer Berechnungsformel

22.2.1   Automatisches SELECT

In allen diesen Fällen reagiert Entity Framework Core so, dass es nach einem INSERT oder UPDATE automatisch ein SELECT ausführt, um den neuen Wert der berechneten Spalten aus dem Datenbankmanagementsystem im RAM einzulesen. Im Fall einer Spalte mit Standardwert ist dies jedoch nur nach einem INSERT sinnvoll. Entity Framework Core kennt daher drei Strategien mit jeweils korrespondierenden Methoden im Fluent-API:

- ValueGeneratedOnAdd(): Ein SELECT wird nur nach einem INSERT ausgeführt.

- ValueGeneratedOnAddOrUpdate(): Ein SELECT wird sowohl nach einem INSERT als auch nach einem UPDATE ausgeführt.

- ValueGeneratedNever(): Es wird nach INSERT oder UPDATE kein Select ausgeführt.

ValueGeneratedNever() ist der Standard für alle Spalten, außer in drei Fällen:

- Primärschlüsselspalten, die nur aus einer einzigen Ganzzahl-Spalte des Typ Int16 (short), Int32 (int) oder Int64 (long) bestehen. Diese Primärschlüsselspalten werden im Standard als Autowert-Spalten mit ValueGeneratedOnAdd() angelegt.

- Spalten mit Standardwerten erhalten automatisch ValueGeneratedOnAdd().

- Mit [Timestamp] annotierte Spalten des Types Byte-Array (byte[]) erhalten automatisch ValueGeneratedOnAddOrUpdate().

> **ACHTUNG:** Während Microsoft SQL Server durchaus Autowertspalten (Identity Columns) mit dem Datentyp tinyint (also Byte) zulässt, legt Entity Framework Core beim Datentyp Byte immer fest, dass die Primärschlüssel dann keine Autowerte verwenden werden.

22.2.2   Praxistipp: Spalten mit einer Berechnungsformel anlegen

Entity Framework Core unterstützt im Gegensatz zum Vorgänger auch, beim Forward Engineering Berechnungsformeln im Programmcode festzulegen, die im Datenbankmanagementsystem ausgeführt werden sollen.

Man legt für die berechnete Spalte in der Entitätsklasse ein Property an, z.B. für die Entitätsklasse "Flug" neben "Plaetze" (Gesamtanzahl der Plätze im Flugzeug) und "FreiePlaetze" auch ein Property "Auslastung", das den Prozentsatz der gebuchten Plätze ausdrückt. Dabei macht es Sinn, den Setter dieses Properties für die berechnete Spalte auf private zu deklarieren, denn es soll ja kein Nutzer des Objekts den Wert setzen können. Ganz weglassen kann man den Setter hier aber nicht, denn Entity Framework Core braucht ja eine Möglichkeit, den aus dem Datenbankmanagementsystem erhaltenen Wert zu setzen.

```
public class Flug
  {
  public int FlugNr { get; set; }
  ...
  public short Plaetze { get; set; }
  public short? FreiePlaetze { get; set; }
  public decimal? Auslastung { get; private set; }
}
```

Nun definiert man im Fluent-API in OnModelCreating() mit HasComputedColumnSql() eine Formel. In diesem Fall wird die prozentuale Auslastung für jeden Flug aus der Anzahl der freie Plätze und der Gesamtplätze errechnet.

```
modelBuilder.Entity<Flug>().Property(p => p.Auslastung)
            .HasComputedColumnSql("100.0-
(([FreiePlaetze]*1.0)/[Plaetze])*100.0");
```

> **Hinweis:** Die Verwendung von ValueGeneratedOnAddOrUpdate() ist nicht notwendig, denn HasComputedColumnSql() impliziert diese Strategie.

Bei der Erstellung einer Schemamigration sieht man die Formel dann wieder im Aufruf des MigrationBuilder.

```
public partial class v2_FlugAuslastung : Migration
{
    protected override void Up(MigrationBuilder migrationBuilder)
    {
        migrationBuilder.AddColumn<int>(
            name: "Auslastung",
            table: "Flug",
            type: "decimal",
            nullable: true,
            computedColumnSql: "100.0-
(([FreiePlaetze]*1.0)/[Plaetze])*100.0");
    }
...
}
```

Diese Formel sieht man dann im Datenbankschema wieder.

Abbildung: Spalte mit Berechnungsformel im Microsoft SQL Server Management Studio

22.2.3   Spalten mit einer Berechnungsformel nutzen

Das Property zu einer Spalte mit Berechnungsformel kann man auslesen wie jede andere auch.

WICHTIG: Zu beachten ist aber, dass sich der Wert eines Property zu einer Spalte mit Berechnungsformel erst ändert, wenn man SaveChanges() ausgeführt hat. Im folgenden Beispiel zeigt die Auslastung nach der Reduzierung der Plätze zunächst noch den alten Wert an. Erst nach SaveChanges() erhält man den neuen Wert.

Listing: Die Spalte Auslastung in der Klasse Flug basiert auf einer Formel

```
public static void Demo_BerechneteSpalteAuslastung()
  {
    CUI.Headline(nameof(Demo_BerechneteSpalteAuslastung));
    int flugNr = 101;
    using (WWWingsContext ctx = new WWWingsContext())
    {
      ctx.Log();
      var flug = ctx.FlugSet.Find(flugNr);
      Console.WriteLine($"VOHER: {flug}: Auslastung={flug.Auslastung:##0.00}%");


      flug.FreiePlaetze -= 10;


      // Die Änderung ist in der Auslastung noch nicht sichtbar, da ja die
Auslastung im DBMS berechnet wird
      Console.WriteLine($"NACH DER ÄNDERUNG: {flug}:
Auslastung={flug.Auslastung:##0.00}%");


      ctx.SaveChanges();
      // Die Änderung in der Auslastung ist jetzt sichtbar
      Console.WriteLine($"NACH DEM SPEICHERN: {flug}:
Auslastung={flug.Auslastung:##0.00}%");


      CUI.Headline("Metadaten zu Flug");
      foreach (var p in ctx.Entry(flug).Properties)
      {
        Console.WriteLine(p.Metadata.Name + ": " + p.Metadata.ValueGenerated);
      }


      CUI.Headline("Metadaten zu Flug");
      foreach (PropertyEntry p in ctx.Entry(flug).Properties)
      {
        Console.WriteLine(p.Metadata.Name + ": " + p.Metadata.ValueGenerated);
      }
    }
  }
```

Die folgende Bildschirmabbildung zeigt die Ausgabe des obigen Listings. Man sieht, dass:

- sich die Auslastung erst nach dem SaveChanges() aktualisiert

- die Spalte Auslastung die Strategie "OnAddOrUpdate" besitzt (was man in einem PropertyEntry-Objekt über Metadata.ValueGenerated abfragen kann)

- Entity Framework Core daher nach dem SaveChanges() ein SELECT für diesen Wert (und den Timestamp) ausführt.

```
Demo_BerechneteSpalteAuslastung
001:Debug #200100 Microsoft.EntityFrameworkCore.Database.Command.CommandExecuting:Executing DbCommand [Parameters=[@__ge
t_Item_0='?'], CommandType='Text', CommandTimeout='30']
SELECT TOP(1) [e].[FlugNr], [e].[Abflugort], [e].[Auslastung], [e].[Bestreikt], [e].[CopilotId], [e].[FlugDatum], [e].[F
luggesellschaft], [e].[FlugzeugTypID], [e].[FreiePlaetze], [e].[LetzteAenderung], [e].[Memo], [e].[NichtRaucherFlug], [e
].[PilotId], [e].[Plaetze], [e].[Preis], [e].[Timestamp], [e].[Zielort]
FROM [Flug] AS [e]
WHERE [e].[FlugNr] = @__get_Item_0
VOHER: Flug #101: von London nach Seattle: 123 Freie Plätze.: Auslastung=50,80%
NACH DER ÄNDERUNG: Flug #101: von London nach Seattle: 113 Freie Plätze.: Auslastung=50,80%
002:Debug #200100 Microsoft.EntityFrameworkCore.Database.Command.CommandExecuting:Executing DbCommand [Parameters=[@p1='
?', @p0='?', @p2='?' (Size = 8)], CommandType='Text', CommandTimeout='30']
SET NOCOUNT ON;
UPDATE [Flug] SET [FreiePlaetze] = @p0
WHERE [FlugNr] = @p1 AND [Timestamp] = @p2;
SELECT [Auslastung], [Timestamp]
FROM [Flug]
WHERE @@ROWCOUNT = 1 AND [FlugNr] = @p1;
NACH DEM SPEICHERN: Flug #101: von London nach Seattle: 113 Freie Plätze.: Auslastung=54,80%
Metadaten zu Flug
FlugNr: Never
Abflugort: OnAdd
Auslastung: OnAddOrUpdate
Bestreikt: Never
CopilotId: Never
Datum: OnAdd
Fluggesellschaft: Never
FlugzeugTypID: Never
FreiePlaetze: Never
LetzteAenderung: Never
Memo: Never
NichtRaucherFlug: Never
PilotId: Never
Plaetze: Never
Preis: OnAdd
Timestamp: OnAddOrUpdate
Zielort: OnAdd
```

Abbildung: Ausgabe des obigen Listings

22.2.4   Spalten mit einer Berechnungsformel beim Reverse Engineering

Entity Framework Core erkennt beim Reverse Engineering mit Scaffold-DbContext Berechnungsformeln und legt dafür entsprechend ein Property an. Das Property erhält jedoch einen öffentlichen Setter. Die Formel legt der Codegenerator im Fluent API ab; die hat aber beim Reverse Engineering keine Bedeutung. Eine Bedeutung würde sie erst erhalten, wenn der Entwickler später vom Reverse Engineering zum Forward Engineering wechselt.

```
public decimal? Auslastung { get; set; }
```

Im Fluent-API findet man:

```
entity.Property(e => e.Auslastung)
.HasColumnType("numeric(20, 8)")
.HasComputedColumnSql("((100.0)-(([FreiePlaetze]*(1.0))/[Plaetze])*(100.0))");
```

Basis für das Reverse Engineering war hier das Datenbankschema mit der Spalte Auslastung, das zuvor per Forward Engineering erzeugt wurde.

22.3   Standardwerte (Default Values)

Entity Framework Core unterstützt vom Datenbankmanagementsystem vergebene Standardwerte für Spalten beim Anlegen von neuen Datensätzen, wenn kein Wert für diese Spalten übergeben wurde. Diese Unterstützung gibt es sowohl beim Forward Engineering als auch beim Reverse Engineering.

22.3.1   Standardwerte beim Forward Engineering festlegen

Die Festlegung von Standardwerten für Spalten, die das Datenbankmanagementsystem zuweisen soll, wenn beim Anlegen eines Datensatzes kein expliziter Wert geliefert wird, erfolgt mit den Methode HasDefaultValue() und HasDefaultValueSql() im Fluent API. Der Standardwert kann sein:

- ein statischer Wert (z.B. Zahl oder Zeichenkette): Hier verwendet man HasDefaultValue().

- ein SQL-Ausdruck, z.B. Aufruf einer Funktion wie getdate(): Hier verwendet man HasDefaultValueSql().

Beispiele:

```
modelBuilder.Entity<Flug>().Property(x => x.Preis).HasDefaultValue(123.45m);
modelBuilder.Entity<Flug>().Property(x =>
x.Abflugort).HasDefaultValue("(offen)");
modelBuilder.Entity<Flug>().Property(x => x.Zielort).HasDefaultValue("(offen)");
modelBuilder.Entity<Flug>().Property(x =>
x.Datum).HasDefaultValueSql("getdate()");
```

Entity Framework Core berücksichtigt diese Standardwerte beim Anlegen der Datenbank (siehe folgende Bildschirmabbildung).

Abbildung: Standardwert für die Spalte FlugDatum im Microsoft SQL Server Management Studio

22.3.2   Standardwerte verwenden

Festgelegte Standardwerte werden von Entity Framework Core berücksichtigt: Im Rahmen der ValueOnAdd-Strategie fragt Entity Framework Core nach einem INSERT die Standardwerte per SELECT ab, dies aber nur, insofern vorher kein Wert übergeben wurde.

Das folgende Beispiel zeigt dies sehr eindrucksvoll:

- Es wird ein Wert für den "Abflugort" von dem Programmcode vergeben. Entity Framework Core fragt daher in SELECT nicht nach dem Abflugort.

- "Zielort" ist mit null belegt. Entity Framework Core fragt daher in SELECT nach dem von dem Datenbankmanagementsystem vergebenen Wert für "Zielort".

- "FlugDatum" und "Preis" wurden im neuen Objekt gar nicht gesetzt. Entity Framework Core fragt daher in SELECT nach den von dem Datenbankmanagementsystem vergebenen Werten für "FlugDatum" und "Preis".

Listing: Verwendung von Standardwerten

```
using (WWWingsContext ctx = new WWWingsContext())
    {
    var pilot = ctx.PilotSet.FirstOrDefault();
    ctx.Log();
    var f = new Flug();
    f.FlugNr = ctx.FlugSet.Max(x => x.FlugNr) + 1;
    f.Abflugort = "Essen/Mülheim";
    f.Zielort = null;
    f.Pilot = pilot;
    f.Copilot = null;
    f.FreiePlaetze = 100;
    f.Plaetze = 100;
    CUI.Headline("Objekt wurde im RAM angelegt");
    Console.WriteLine($"{f} Preis: {f.Preis:###0.00} Euro.");
    ctx.FlugSet.Add(f);
    CUI.Headline("Objekt wurde an ORM angebunden");
    Console.WriteLine($"{f} Preis: {f.Preis:###0.00} Euro.");
    ctx.SaveChanges();
    CUI.Headline("Objekt wurde vom ORM gespeichert");
    Console.WriteLine($"{f} Preis: {f.Preis:###0.00} Euro.");

    f.FreiePlaetze--;
    CUI.Headline("Objekt wurde im RAM geändert");
    Console.WriteLine($"{f} Preis: {f.Preis:###0.00} Euro.");
    ctx.SaveChanges();
    CUI.Headline("Objekt wurde vom ORM erneut gespeichert");
    Console.WriteLine($"{f} Preis: {f.Preis:###0.00} Euro.");
    }
```

Die folgende Bildschirmausgabe zeigt, dass die Standardwerte erst nach dem SaveChanges() gesetzt sind. Nach der Änderung mit UPDATE fragt Entity Framework Core die Standardwerte nicht erneut ab (nur die Spalte mit der Berechnungsformel "Auslastung" und der vom Datenbankmanagementsystem vergebenen Spalte "Timestamp").

```
Demo DefaultValues
001:Debug #200100 Microsoft.EntityFrameworkCore.Database.Command.CommandExecuting:Executing DbCommand [Parameters=[], Co
mmandType='Text', CommandTimeout='30']
SELECT MAX([x].[FlugNr])
FROM [Flug] AS [x]
Objekt wurde im RAM angelegt
Flug #212: von Essen/Mülheim nach   am 01.01.01 00:00: 100 Freie Plätze. Preis:  Euro.
Objekt wurde an ORM angebunden
Flug #212: von Essen/Mülheim nach   am 01.01.01 00:00: 100 Freie Plätze. Preis:  Euro.
002:Debug #200100 Microsoft.EntityFrameworkCore.Database.Command.CommandExecuting:Executing DbCommand [Parameters=[@p0=
?', @p1='?' (Size = 50), @p2='?', @p3='?', @p4='?', @p5='?', @p6='?', @p7='?', @p8='?' (Size = 4000), @p9='?', @p10='?',
@p11='?'], CommandType='Text', CommandTimeout='30']
SET NOCOUNT ON;
INSERT INTO [Flug] ([FlugNr], [Abflugort], [Bestreikt], [CopilotId], [Fluggesellschaft], [FlugzeugTypID], [FreiePlaetze]
, [LetzteAenderung], [Memo], [NichtRaucherFlug], [PilotId], [Plaetze])
VALUES (@p0, @p1, @p2, @p3, @p4, @p5, @p6, @p7, @p8, @p9, @p10, @p11);
SELECT [Auslastung], [FlugDatum], [Preis], [Timestamp], [Zielort]
FROM [Flug]
WHERE @@ROWCOUNT = 1 AND [FlugNr] = @p0;
Objekt wurde vom ORM gespeichert
Flug #212: von Essen/Mülheim nach (offen) am 19.08.17 15:28: 100 Freie Plätze. Preis: 123,45 Euro.
Objekt wurde im RAM geändert
Flug #212: von Essen/Mülheim nach (offen) am 19.08.17 15:28: 99 Freie Plätze. Preis: 123,45 Euro.
003:Debug #200100 Microsoft.EntityFrameworkCore.Database.Command.CommandExecuting:Executing DbCommand [Parameters=[@p1=
?', @p0='?', @p2='?' (Size = 8)], CommandType='Text', CommandTimeout='30']
SET NOCOUNT ON;
UPDATE [Flug] SET [FreiePlaetze] = @p0
WHERE [FlugNr] = @p1 AND [Timestamp] = @p2;
SELECT [Auslastung], [Timestamp]
FROM [Flug]
WHERE @@ROWCOUNT = 1 AND [FlugNr] = @p1;
Objekt wurde vom ORM erneut gespeichert
Flug #212: von Essen/Mülheim nach (offen) am 19.08.17 15:28: 99 Freie Plätze. Preis: 123,45 Euro.
```

Abbildung: Ausgabe des obigen Listings

22.3.3   Praxistipp: Standardwerte schon beim Anlegen des Objekts vergeben

Wenn Sie wünschen, dass die Standardwerte schon direkt nach dem Anlegen des Objekts im RAM wirken, dann müssen Sie diese Standardwerte nicht im Datenbankmanagementsystem vergeben, sondern im Konstruktor der Klasse.

Listing: Standardwerte im Konstruktor vergeben

```
public partial class Flug
 {

  public Flug()
  {
   this.Abflugort = "(offen)";
   this.Zielort = "(offen)";
   this.Preis = 123.45m;
   this.Datum = DateTime.Now;
  }
  ...
 }
```

Die folgende Bildschirmabbildung zeigt am Beispiel der Eigenschaften Datum und Preis, dass die Standardwerte dann sofort gelten. Die in dem Konstruktor der Klasse Flug festgelegten Standardwerte für Abflugort und Zielort wirken aber nicht, da der Programmcode diese Werte überschreibt.

```
Demo_DefaultValues
001:Debug #200100 Microsoft.EntityFrameworkCore.Database.Command.CommandExecuting:Executing DbCommand [Parameters=[], Co
mmandType='Text', CommandTimeout='30']
SELECT MAX([x].[FlugNr])
FROM [Flug] AS [x]
Objekt wurde im RAM angelegt
Flug #213: von Essen/Mülheim nach  am 19.08.17 15:30: 100 Freie Plätze. Preis: 123,45 Euro.
Objekt wurde an ORM angebunden
Flug #213: von Essen/Mülheim nach  am 19.08.17 15:30: 100 Freie Plätze. Preis: 123,45 Euro.
002:Debug #200100 Microsoft.EntityFrameworkCore.Database.Command.CommandExecuting:Executing DbCommand [Parameters=[@p0='
?', @p1='?' (Size = 50), @p2='?', @p3='?', @p4='?', @p5='?', @p6='?', @p7='?', @p8='?', @p9='?' (Size = 4000), @p10='?',
@p11='?', @p12='?', @p13='?'], CommandType='Text', CommandTimeout='30']
SET NOCOUNT ON;
INSERT INTO [Flug] ([FlugNr], [Abflugort], [Bestreikt], [CopilotId], [FlugDatum], [Fluggesellschaft], [FlugzeugTypID], [
FreiePlaetze], [LetzteAenderung], [Memo], [NichtRaucherFlug], [PilotId], [Plaetze], [Preis])
VALUES (@p0, @p1, @p2, @p3, @p4, @p5, @p6, @p7, @p8, @p9, @p10, @p11, @p12, @p13);
SELECT [Auslastung], [Timestamp], [Zielort]
FROM [Flug]
WHERE @@ROWCOUNT = 1 AND [FlugNr] = @p0;
Objekt wurde vom ORM gespeichert
Flug #213: von Essen/Mülheim nach (offen) am 19.08.17 15:30: 100 Freie Plätze. Preis: 123,45 Euro.
Objekt wurde im RAM geändert
Flug #213: von Essen/Mülheim nach (offen) am 19.08.17 15:30: 99 Freie Plätze. Preis: 123,45 Euro.
003:Debug #200100 Microsoft.EntityFrameworkCore.Database.Command.CommandExecuting:Executing DbCommand [Parameters=[@p1='
?', @p0='?', @p2='?' (Size = 8)], CommandType='Text', CommandTimeout='30']
SET NOCOUNT ON;
UPDATE [Flug] SET [FreiePlaetze] = @p0
WHERE [FlugNr] = @p1 AND [Timestamp] = @p2;
SELECT [Auslastung], [Timestamp]
FROM [Flug]
WHERE @@ROWCOUNT = 1 AND [FlugNr] = @p1;
Objekt wurde vom ORM erneut gespeichert
Flug #213: von Essen/Mülheim nach (offen) am 19.08.17 15:30: 99 Freie Plätze. Preis: 123,45 Euro.
```

Abbildung: Ausgabe des Listings "Standardwerte verwenden" bei Vergabe der Standardwerte im Konstruktor

22.3.4   Standardwerte beim Reverse Engineering

Entity Framework Core erkennt beim Reverse Engineering mit Scaffold-DbContext Standardwerte und legt diese im Fluent-API ab (wobei es hier nur darum geht, dass Entity Framework Core weiß, dass es einen Standardwert gibt. Wie dieser konkret aussieht, ist beim Reverse Engineering egal. Tatsächlich könnte man hier nachträglich auch einen Leerstring eintragen.). Es wird immer HasDefaultValueSql() verwendet, auch für statische Werte.

```
entity.Property(e => e.FlugDatum).HasDefaultValueSql("(getdate())")
entity.Property(e => e.Preis).HasDefaultValueSql("((123.45))");
entity.Property(e => e.Abflugort)
                .HasMaxLength(50)
                .HasDefaultValueSql("(N'(offen)')");
entity.Property(e => e.Zielort)
                .HasMaxLength(50)
                .HasDefaultValueSql("(N'(offen)')");
```

22.4   Tabellenaufteilung (Table Splitting)

Seit Entity Framework Core 2.0 unterstützt der OR-Mapper die Aufteilung einer einzigen Datenbanktabelle auf mehrere Entitätsklassen. Die Tabellenaufteilung erfolgt so:

- Man legt für Tabelle eine Entitätsklasse und eine oder mehrere abhängige Klassen an.
- Die Entitätsklasse erhält 1:1-Navigationseigenschaften, die auf die abhängigen Klassen verweisen.
- Für diese Navigationseigenschaften wird die OwnsOne()-Operation in OnModelCreating() aufgerufen.

Das folgende Beispiel zeigt eine Hauptklasse mit drei abhängigen Klassen.

Listing: Projekt EFC_MappingTest, TableSplitting.cs

```csharp
using ITVisions;
using Microsoft.EntityFrameworkCore;
using System;
using System.Collections.Generic;

/// <summary>
/// Dieses Beispiel zeigt Table Splitting und Navigationseigenschaften ohne
Fremdschlüsseleigenschaft
/// In diesem Beispiel sind bewusst mehrere Klassen in einer Datei realisiert,
damit das Beispiel übersichtlicher ist.
/// </summary>
namespace EFC_MappingTest
{
 class TableSplitting_FKSpaltenShadowProperties
 {
  public static void Run()
  {
   CUI.MainHeadline("----------- Datenbank erstellen");
   using (var ctx = new Kontext())
   {
    CUI.Print("Datenbank: " + ctx.Database.GetDbConnection().ConnectionString);

    var e = ctx.Database.EnsureCreated();

    if (e)
    {
     CUI.Print("Datenbank wurde neu erzeugt!");
    }
    else
    {
     CUI.Print("Datenbank war vorhanden!");

    }

    CUI.Headline("AbhaengigeKlasse");
    var obj1 = new DetailKlasse();
    foreach (var p in ctx.Entry(obj1).Properties)
    {
     Console.WriteLine(p.Metadata.Name + ": " + p.Metadata.IsShadowProperty);
    }

    CUI.Headline("Hauptklasse");
    var obj2 = new Hauptklasse();
    foreach (var p in ctx.Entry(obj2).Properties)
    {
     Console.WriteLine(p.Metadata.Name + ": " + p.Metadata.IsShadowProperty);
    }
   }
  }
 }

 class Kontext : DbContext
```

Abbildung: Ausgabe des Listings "Standardwerte verwenden" bei Vergabe der Standardwerte im Konstruktor

22.3.4   Standardwerte beim Reverse Engineering

Entity Framework Core erkennt beim Reverse Engineering mit Scaffold-DbContext Standardwerte und legt diese im Fluent-API ab (wobei es hier nur darum geht, dass Entity Framework Core weiß, dass es einen Standardwert gibt. Wie dieser konkret aussieht, ist beim Reverse Engineering egal. Tatsächlich könnte man hier nachträglich auch einen Leerstring eintragen.). Es wird immer HasDefaultValueSql() verwendet, auch für statische Werte.

```
entity.Property(e => e.FlugDatum).HasDefaultValueSql("(getdate())")
entity.Property(e => e.Preis).HasDefaultValueSql("((123.45))");
entity.Property(e => e.Abflugort)
                .HasMaxLength(50)
                .HasDefaultValueSql("(N'(offen)')");
entity.Property(e => e.Zielort)
                .HasMaxLength(50)
                .HasDefaultValueSql("(N'(offen)')");
```

22.4   Tabellenaufteilung (Table Splitting)

Seit Entity Framework Core 2.0 unterstützt der OR-Mapper die Aufteilung einer einzigen Datenbanktabelle auf mehrere Entitätsklassen. Die Tabellenaufteilung erfolgt so:

- Man legt für Tabelle eine Entitätsklasse und eine oder mehrere abhängige Klassen an.

- Die Entitätsklasse erhält 1:1-Navigationseigenschaften, die auf die abhängigen Klassen verweisen.

- Für diese Navigationseigenschaften wird die OwnsOne()-Operation in OnModelCreating() aufgerufen.

Das folgende Beispiel zeigt eine Hauptklasse mit drei abhängigen Klassen.

Listing: Projekt EFC_MappingTest, TableSplitting.cs

```csharp
using ITVisions;
using Microsoft.EntityFrameworkCore;
using System;
using System.Collections.Generic;

/// <summary>
/// Dieses Beispiel zeigt Table Splitting und Navigationseigenschaften ohne
/// Fremdschlüsseleigenschaft
/// In diesem Beispiel sind bewusst mehrere Klassen in einer Datei realisiert,
/// damit das Beispiel übersichtlicher ist.
/// </summary>
namespace EFC_MappingTest
{
 class TableSplitting_FKSpaltenShadowProperties
 {
  public static void Run()
  {
   CUI.MainHeadline("----------- Datenbank erstellen");
   using (var ctx = new Kontext())
   {
    CUI.Print("Datenbank: " + ctx.Database.GetDbConnection().ConnectionString);

    var e = ctx.Database.EnsureCreated();

    if (e)
    {
     CUI.Print("Datenbank wurde neu erzeugt!");
    }
    else
    {
     CUI.Print("Datenbank war vorhanden!");

    }

    CUI.Headline("AbhaengigeKlasse");
    var obj1 = new DetailKlasse();
    foreach (var p in ctx.Entry(obj1).Properties)
    {
     Console.WriteLine(p.Metadata.Name + ": " + p.Metadata.IsShadowProperty);
    }

    CUI.Headline("Hauptklasse");
    var obj2 = new Hauptklasse();
    foreach (var p in ctx.Entry(obj2).Properties)
    {
     Console.WriteLine(p.Metadata.Name + ": " + p.Metadata.IsShadowProperty);
    }
   }
  }
 }

 class Kontext : DbContext
```

```
 {
   public DbSet<Hauptklasse> HauptklasseSet { get; set; }
   public DbSet<DetailKlasse> DetailKlasseSet { get; set; }

   protected override void OnConfiguring(DbContextOptionsBuilder builder)
   {
     // Provider und Connectring String festlegen!
     string connstring =
@"Server=.;Database=EFC_MappingTest9;Trusted_Connection=True;MultipleActiveResult
Sets=True;";
     builder.UseSqlServer(connstring);
   }

   protected override void OnModelCreating(ModelBuilder modelBuilder)
   {
     modelBuilder.Entity<Hauptklasse>().HasKey(b => new { b.HauptklasseId1,
b.HauptklasseId2 });

     // Tabellenaufteilung (Table Splitting)
     modelBuilder.Entity<Hauptklasse>().OwnsOne(c => c.AnhaengigeKlasse1);
     modelBuilder.Entity<Hauptklasse>().OwnsOne(c => c.AnhaengigeKlasse2);
     modelBuilder.Entity<Hauptklasse>().OwnsOne(c => c.AnhaengigeKlasse3);
   }
 }

 public class Hauptklasse
 {
  public int HauptklasseId1 { get; set; }
  public int HauptklasseId2 { get; set; }
  public string Memo { get; set; }

  public List<DetailKlasse> DetailKlasseSet { get; set; }
  public AnhaengigeKlasse1 AnhaengigeKlasse1 { get; set; }
  public AnhaengigeKlasse2 AnhaengigeKlasse2 { get; set; }
  public AnhaengigeKlasse3 AnhaengigeKlasse3 { get; set; }
 }

 public class DetailKlasse
 {
  public int DetailKlasseId { get; set; }
  public string DetailklasseMemo { get; set; }

  public Hauptklasse Irgenwas { get; set; }
 }

 public class AnhaengigeKlasse1
 {
  public string MemoAnhaengigeKlasse1 { get; set; }
 }
 public class AnhaengigeKlasse2
 {
  public string MemoAnhaengigeKlasse2 { get; set; }
 }
```

```
public class AnhaengigeKlasse3
{
  public string MemoAnhaengigeKlasse3 { get; set; }
}
}
```

Die folgende Bildschirmabbildung zeigt, dass die Datenbanktabelle "HauptklasseSet" dann alle Eigenschaften der Hauptklasse und der drei abhängigen Klassen umfasst.

```
dbo.DetailKlasseSet
    Columns
        DetailKlasseId (PK, int, not null)
        DetailklasseMemo (nvarchar(max), null)
        IrgenwasHauptklasseId1 (FK, int, null)
        IrgenwasHauptklasseId2 (FK, int, null)
    Keys
        PK_DetailKlasseSet
        FK_DetailKlasseSet_HauptklasseSet_IrgenwasHauptklasseId1_IrgenwasHauptklasseId2
    Constraints
    Triggers
    Indexes
    Statistics
dbo.HauptklasseSet
    Columns
        Hauptklasseld1 (PK, int, not null)
        Hauptklasseld2 (PK, int, not null)
        Memo (nvarchar(max), null)
        AnhaengigeKlasse1_MemoAnhaengigeKlasse1 (nvarchar(max), null)
        AnhaengigeKlasse2_MemoAnhaengigeKlasse2 (nvarchar(max), null)
        AnhaengigeKlasse3_MemoAnhaengigeKlasse3 (nvarchar(max), null)
    Keys
        PK_HauptklasseSet
    Constraints
    Triggers
    Indexes
    Statistics
```

Abbildung: Entstandene Datenbank

22.5 Sequenzobjekte (Sequences)

Ein Sequenzobjekt (alias Sequenz, engl. Sequence) ist ein in einigen Datenbankmanagementsystemen (z.B. Oracle, Microsoft SQL Server) vorhandenes Konzept für die flexible Festlegung von Autowerten. In Microsoft SQL Server gibt es Sequenzen seit Version 2012.

22.5.1 Was sind Sequenzen?

Eine Sequenz liefert Zahlen in aufsteigender oder absteigender Reihenfolge, die in einem definierten Intervall generiert werden. Die Sequenz kann so konfiguriert werden, dass sie beim Erreichen eines definierbaren Endwertes neu gestartet wird, also einen Zyklus bildet (Sequenzzyklus). Während Identitätsspalten nur mit tinyint, smallint, int und bigint funktionieren, kann man Sequenzen auch zur Vergabe von Werten für die Spaltentypen decimal und numeric verwenden.

Sequenzobjekte haben daher folgende Eigenschaften:

- Minimalwert
- Maximalwert

- Startwert (ein Wert zwischen Minimal- und Maximalwert), der die erste Zahl darstellt, die geliefert wird.

- Inkrement bzw. Dekrement: Wert, um die der aktuelle Wert erhöht wird für den nächsten Wert.

- Sequenzzyklus: Ja oder Nein

Anders als Identitätsspalten sind Sequenzobjekte unabhängig von einer Tabelle, können also von mehreren Tabellen verwendet werden.

Sequenzobjekte sieht man im Microsoft SQL Server Management Studio (SSMS) im Ast "Programmability/Sequences" einer Datenbank.

Von Sequenzen kann man das nächste Element abrufen, ohne eine Zeile in einer Tabelle einzufügen. Dies geht in T-SQL via:

```
select NEXT VALUE FOR schema.NameDerSequenz
```

Danach gilt die Sequenznummer als abgerufen. Der Abruf wird nicht rückgängig gemacht, wenn er Teil einer Transaktion ist, die abgebrochen wird.

22.5.2   Erstellen von Sequenzen beim Forward Engineering

Eine Sequenz wird im Fluent-API per HasSequence() definiert und dann mit HasDefaultValueSql() verwendet (z.B. für Primärschlüssel). Das Listing zeigt die Definition einer zyklischen Sequenz zwischen 1000 und 1300 mit 10er-Schritten und dem Start bei 1100. Diese Sequenz wird dann an drei Stellen (einfacher Primärschlüssel, zusammengesetzter Primärschlüssel und sonstige Spalte) verwendet.

Listing: Erstellen und Anwenden von Sequenzen

```
// zyklische Sequenz zwischen 1000 und 1300, 10er Schritte, Start bei 1100
modelBuilder.HasSequence<int>("ZehnerSprungIDs", schema: "demo")
.StartsAt(1100).IncrementsBy(10).HasMin(1000).HasMax(1300).IsCyclic();

// Sequenz verwendet für Primärschlüssel (short)
modelBuilder.Entity<Entitaetsklasse1>()
        .Property(o => o.Entitaetsklasse1Id)
        .HasDefaultValueSql("NEXT VALUE FOR demo.ZehnerSprungIDs");
// Sequenz verwendet für normale Spalte (decimal)
modelBuilder.Entity<Entitaetsklasse2>()
      .Property(o => o.Wert)
      .HasDefaultValueSql("NEXT VALUE FOR demo.ZehnerSprungIDs");

// Sequenz verwendet für Teil des zusammengesetzten Primärschlüssels (int)
modelBuilder.Entity<Entitaetsklasse3>().HasKey(b => new {
b.Entitaetsklasse3Id1, b.Entitaetsklasse3Id2 });
    modelBuilder.Entity<Entitaetsklasse3>()
    .Property(o => o.Entitaetsklasse3Id1)
    .HasDefaultValueSql("NEXT VALUE FOR demo.ZehnerSprungIDs");
```

Abbildung: Erstellte Sequenz im Microsoft SQL Server Management Studio

22.5.3   Sequenzen im Einsatz

Das folgende Listing zeigt ein in sich geschlossenes Gesamtbeispiel:

- Die Kontextklasse verweist auf drei Entitätsklassen.

- Die Kontextklasse erstellt eine Sequenz.

- In der Entitaetsklasse1 wird die Sequenz für den Primärschlüssel verwendet.

- In der Entitaetsklasse2 wird die Sequenz für die Spalte "Wert" (Typ decimal) verwendet.

- In der Entitaetsklasse3 wird die Sequenz für einen Teil des Primärschlüssels verwendet.

- Im Programm werden dann Instanzen aller drei Klassen erzeugt und persistiert.

Listing: Projekt EFC_MappingTest, Sequences.cs

```
using ITVisions;
using Microsoft.EntityFrameworkCore;
using System;
using System.ComponentModel.DataAnnotations;


/// <summary>
/// Dieses Beispiel zeigt Definition und Einsatz der Sequenzobjekte.
/// In diesem Beispiel sind bewusst mehrere Klassen in einer Datei realisiert,
damit das Beispiel übersichtlicher ist.
/// </summary>
namespace EFC_MappingTest.Sequences
{

 class Kontext : DbContext
 {
 public DbSet<Entitaetsklasse1> Entitaetsklasse1Set { get; set; }
 public DbSet<Entitaetsklasse2> Entitaetsklasse2Set { get; set; }
 public DbSet<Entitaetsklasse3> Entitaetsklasse3Set { get; set; }
 protected override void OnConfiguring(DbContextOptionsBuilder builder)
 {
```

```
  // Provider und Connection String festlegen!
  string connstring =
@"Server=.;Database=EFC_MappingTest_Sequences10;Trusted_Connection=True;MultipleA
ctiveResultSets=True;";
  builder.UseSqlServer(connstring);
  builder.EnableSensitiveDataLogging(true);
}


protected override void OnModelCreating(ModelBuilder modelBuilder)
{
  // zyklische Sequenz zwischen 1000 und 1300, 10er-Schritte, Start bei 1100
  modelBuilder.HasSequence<int>("ZehnerSprungIDs", schema: "demo")
  .StartsAt(1100).IncrementsBy(10).HasMin(1000).HasMax(1300).IsCyclic();

  // Sequenz verwendet für Primärschlüssel (short)
  modelBuilder.Entity<Entitaetsklasse1>()
          .Property(o => o.Entitaetsklasse1Id)
          .HasDefaultValueSql("NEXT VALUE FOR demo.ZehnerSprungIDs");
  // Sequenz verwendet für normale Spalte (decimal)
  modelBuilder.Entity<Entitaetsklasse2>()
        .Property(o => o.Wert)
        .HasDefaultValueSql("NEXT VALUE FOR demo.ZehnerSprungIDs");

  // Sequenz verwendet für Teil des zusammengesetzten Primärschlüssels (int)
  modelBuilder.Entity<Entitaetsklasse3>().HasKey(b => new {
b.Entitaetsklasse3Id1, b.Entitaetsklasse3Id2 });
  modelBuilder.Entity<Entitaetsklasse3>()
     .Property(o => o.Entitaetsklasse3Id1)
     .HasDefaultValueSql("NEXT VALUE FOR demo.ZehnerSprungIDs");
  }
}

public class Entitaetsklasse1
{
 public short Entitaetsklasse1Id { get; set; }
 [Timestamp]
 public byte[] Timestamp { get; set; }
}

public class Entitaetsklasse2
{
 public int Entitaetsklasse2Id { get; set; }
 public decimal Wert { get; set; }
}

public class Entitaetsklasse3
{
 public int Entitaetsklasse3Id1 { get; set; }
 public int Entitaetsklasse3Id2 { get; set; }
}

class SequencesDemos
{
```

```csharp
public static void Run()
{
 CUI.MainHeadline("----------- Datenbank erstellen");
 using (var ctx = new Kontext())
 {
  //ctx.Log();
  CUI.Print("Datenbank: " + ctx.Database.GetDbConnection().ConnectionString);
  var e = ctx.Database.EnsureCreated();
  if (e)
  {
   CUI.Print("Datenbank wurde neu erzeugt!");
  }
  else
  {
   CUI.Print("Datenbank war vorhanden!");
  }

  for (int i = 0; i < 3; i++)
  {
   var obj1 = new Entitaetsklasse1();
   ctx.Entitaetsklasse1Set.Add(obj1);

   CUI.Headline("Entitaetsklasse1");
   Console.WriteLine($"VOHER: Primärschlüssel: {obj1.Entitaetsklasse1Id}");
   var anz1 = ctx.SaveChanges();
   Console.WriteLine($"Gespeicherte Änderungen: {anz1}.Primärschlüssel:
{obj1.Entitaetsklasse1Id}");
   CUI.Headline("Entitaetsklasse2");
   var obj2 = new Entitaetsklasse2();
   ctx.Entitaetsklasse2Set.Add(obj2);
   Console.WriteLine($"VOHER: Primärschlüssel: {obj2.Entitaetsklasse2Id} Wert:
{obj2.Wert}");
   var anz2 = ctx.SaveChanges();
   Console.WriteLine($"Gespeicherte Änderungen: {anz2}. Primärschlüssel:
{obj2.Entitaetsklasse2Id} Wert: {obj2.Wert}");
   CUI.Headline("Entitaetsklasse3");
   var obj3 = new Entitaetsklasse3();
   ctx.Entitaetsklasse3Set.Add(obj3);
   Console.WriteLine($"VOHER: Primärschlüssel:
{obj3.Entitaetsklasse3Id1}/{obj3.Entitaetsklasse3Id2}");
   var anz3 = ctx.SaveChanges();
   Console.WriteLine($"Gespeicherte Änderungen: {anz3}. Primärschlüssel:
{obj3.Entitaetsklasse3Id1}/{obj3.Entitaetsklasse3Id2}");
  }
 }
}
}
```

Die folgende Bildschirmabbildung zeigt nicht den ersten Durchlauf, der bei Sequenznummer 1100 gestartet ist, sondern einen der folgenden Durchläufe. Für Entitaetsklasse1 wird die Sequenznummer 1280 vergeben, für Entitaetsklasse2 die 1290 und für Entitaetsklasse3 die 1300. Damit ist das Ende des Wertebereichs der zyklischen Sequenz erreicht. Der nächste Wert ist daher die 1000.

```
H:\TFS\Demos\EF\EFC_WWWings\EFC_MappingTest\bin\Debug\EFC_MappingTest.exe                    —
----------- Datenbank erstellen
Datenbank: Server=.;Database=EFC_MappingTest_Sequences10;Trusted_Connection=True;MultipleActiveResultSets=True;
Datenbank war vorhanden!
Entitaetsklasse1
VOHER: Primärschlüssel: -32667
Gespeicherte Änderungen: 1.Primärschlüssel: 1280
Entitaetsklasse2
VOHER: Primärschlüssel: -2147482647 Wert: 0
Gespeicherte Änderungen: 1. Primärschlüssel: 7 Wert: 1290,00
Entitaetsklasse3
VOHER: Primärschlüssel: -2147482647/0
Gespeicherte Änderungen: 1. Primärschlüssel: 1300/0
Entitaetsklasse1
VOHER: Primärschlüssel: -32666
Gespeicherte Änderungen: 1.Primärschlüssel: 1000
Entitaetsklasse2
VOHER: Primärschlüssel: -2147482646 Wert: 0
Gespeicherte Änderungen: 1. Primärschlüssel: 8 Wert: 1010,00
Entitaetsklasse3
VOHER: Primärschlüssel: -2147482646/0
Gespeicherte Änderungen: 1. Primärschlüssel: 1020/0
Entitaetsklasse1
VOHER: Primärschlüssel: -32665
Gespeicherte Änderungen: 1.Primärschlüssel: 1030
Entitaetsklasse2
VOHER: Primärschlüssel: -2147482645 Wert: 0
Gespeicherte Änderungen: 1. Primärschlüssel: 9 Wert: 1040,00
Entitaetsklasse3
VOHER: Primärschlüssel: -2147482645/0
Gespeicherte Änderungen: 1. Primärschlüssel: 1050/0
```

Abbildung: Ausgabe des obigen Listings

> **Praxishinweis:** Falls es irgendwann dazu kommt, dass im Rahmen des Sequenzzyklus ein Wert für einen Primärschlüssel verwendet wird, der schon in dieser Tabelle im Einsatz ist, kommt es zu einem Laufzeitfehler: "Violation of PRIMARY KEY constraint 'PK_Entitaetsklasse1Set'. Cannot insert duplicate key in object 'dbo.Entitaetsklasse1Set'. The duplicate key value is (…)."

22.6   Alternative Schlüssel

Eine Tabelle kann neben einem Primärschlüssel (der aus einer oder mehreren Spalten bestehen kann) weitere Schlüssel (die ebenfalls aus einer oder mehreren Spalten bestehen können) besitzen, die jede Zeile in der Datenbanktabelle eindeutig identifizieren. Dafür besitzen Datenbankmanagementsysteme Konzepte wie Unique Index und Unique Constraint. Beide Konzepte sind sehr ähnlich. Dies wird in [https://technet.microsoft.com/en-us/library/aa224827(v=sql.80).aspx] diskutiert.

Das klassische Entity Framework Core erlaubt nur die Erstellung eines Unique Index. In Entity Framework Core kann man nun zusätzlich auch Unique Constraints erstellen. Entity Framework Core nennt dies einen alternativen Schlüssel.

Entity Framework-Konzept	Eindeutiger Index	Alternativer Schlüssel
Datenbankkonzept	Unique Index	Unique Constraint
Unterstützt in Entity Framework	Ja, ab Version 6.1	Nein
Unterstützt in Entity Framework Core	Ja, ab Version 1.0	Ja, ab Version 1.0

Verwendung als in Beziehungen	Nein	Ja
Verwendung als Fremdschlüssel in Beziehungen	Nein	Ja

Tabelle: Eindeutiger Index versus Alternativer Schlüssel

22.6.1   Alternative Schlüssel definieren

Einen alternativen Schlüssel definiert man im Fluent-API mit HasAlternateKey(). Hier erhält die Klasse "Detailklasse" einen alternativen Schlüssel für die Spalte "Guid":

```
modelBuilder.Entity<DetailKlasse>().HasAlternateKey(c => c.Guid);
```

Ein alternativer Schlüssel kann genau wie ein Primärschlüssel aus mehreren Spalten zusammengesetzt sein. Dafür verwendet man ein anonymes Objekt als Parameter bei HasAlternateKey():

```
modelBuilder.Entity<DetailKlasse>()
.HasAlternateKey(c => new { c.Guid, c.Bereich });
```

Entity Framework Core erzeugt automatisch einen alternativen Schlüssel, wenn man im Rahmen einer Beziehungsdefinition die Beziehung nicht zwischen Fremdschlüssel und Primärschlüssel herstellt, sondern anstelle des Primärschlüssels eine andere Spalte der übergeordneten Klasse verwendet.

```
modelBuilder.Entity<DetailKlasse>()
        .HasOne(p => p.Hauptklasse)
        .WithMany(b => b.DetailKlasseSet)
        .HasForeignKey(p => p.HauptklasseGuid)
        .HasPrincipalKey(b => b.Guid);
```

Die folgende Bildschirmabbildung zeigt die angelegten Unique Constraints im Microsoft SQL Server Management Studio. Entity Framework Core lässt die Namen der Unique Constraints mit den Buchstaben "AK" (wie "Alternative Key") beginnen.

Die Tabelle "HauptklasseSet" besitzt neben dem Primärschlüssel eine Unique Constraint für die "Guid"-Spalte. Die Tabelle "DetailklasseSet" besitzt neben dem Primärschlüssel und dem Fremdschlüssel, der zur "Guid"-Spalte von "HauptklasseSet" führt, noch zwei Unique Constraints: Eine nur auf der "Guid"-Spalte und eine auf "Guid"- und "Bereich"-Spalte zusammen. Dies beweist, dass Entity Framework Core auch erlaubt, dass eine Spalte Teil mehrerer alternativer Schlüssel sein kann.

PRAXISTIPP: Wenn möglich, sollte man Beziehungen immer über Ganzzahlenspalten bilden, und der Fremdschlüssel sollte sich auf den Primärschlüssel beziehen, weil dies die größte Performance und den geringsten Speicherverbrauch bietet. Die hier gezeigte Beziehung über eine GUID-Spalte dient nur der Veranschaulichung, dass dies möglich ist.

Abbildung: Unique Constraints im Microsoft SQL Server Management Studio

Praxistipp: Wenn Ihnen die von Entity Framework Core vergebenen Namen der Unique Constraints nicht gefallen, können Sie im Fluent-API auch eigene Namen vergeben mit HasName().

Beispiel:

```
// Alternativer Schlüssel über eine Spalte
modelBuilder.Entity<DetailKlasse>().HasAlternateKey(c =>
c.Guid).HasName("UniqueConstraint_NurGuid");
// Alternativer Schlüssel über zwei Spalten
modelBuilder.Entity<DetailKlasse>().HasAlternateKey(c => new { c.Guid, c.Bereich
}).HasName("UniqueConstraint_GuidUndBereich");
```

Das Resultat zeigt die folgende Bildschirmabbildung.

- ⊟ ▦ dbo.DetailKlasseSet
  - ⊟ ▦ Columns
    - ⊶ DetailKlasseID (PK, nvarchar(450), not null)
    - ⊟ Bereich (nvarchar(450), not null)
    - ⊟ DetailklasseMemo (nvarchar(max), null)
    - ⊟ Guid (nvarchar(450), not null)
    - ⊶ HauptklasseGuid (FK, nvarchar(450), null)
  - ⊟ ▦ Keys
    - ⊶ PK_DetailKlasseSet
    - ⊶ FK_DetailKlasseSet_HauptklasseSet_HauptklasseGuid
    - ⚿ UniqueContraint_GuidUndBereich
    - ⚿ UniqueContraint_NurGuid

Abbildung: Unique Constraints mit individuellen Namen im Microsoft SQL Server Management Studio

22.6.2   Alternative Schlüssel im Einsatz

Das folgende Listing zeigt ein in sich geschlossenes Gesamtbeispiel:

- Die Kontextklasse verweist auf zwei Entitätsklassen: Hauptklasse und Detailklasse.

- Die Klasse "Hauptklasse" besitzt neben dem Primärschlüssel einen alternativen Schlüssel für die "Guid"-Spalte.

- Die Klasse "Detailklasse" besitzt neben dem Primärschlüssel und dem Fremdschlüssel, der zur "Guid"-Spalte von "HauptklasseSet" führt, noch zwei alternative Schlüssel: Einen nur auf der "Guid"-Eigenschaft und einen auf "Guid"- und "Bereich"- Eigenschaft zusammen.

- Das Programm gibt zunächst die Liste der Properties beider Klassen aus und schreibt auf den Bildschirm, ob es sich dabei um einen Schlüssel (IsKey()) oder auch zusätzlich um einen Primärschlüssel handelt (IsPrimaryKey()). Für jeden Primärschlüssel liefert IsKey() auch True.

- Das Programm erzeugt dann ein Detailobjekt und ein Hauptobjekt. Es verbindet diese über die GUID.

Listing: Projekt EFC_MappingTest, AlternateKeys.cs

```
using ITVisions;
using Microsoft.EntityFrameworkCore;
using System;
using System.Collections.Generic;

/// <summary>
/// Dieses Beispiel zeigt alternative Schlüssel.
/// In diesem Beispiel sind bewusst mehrere Klassen in einer Datei realisiert,
damit das Beispiel übersichtlicher ist.
/// </summary>
namespace EFC_MappingTest.AlternateKeys
{
 class DEMO_AlternateKeys
 {
  public static void Run()
  {
   CUI.MainHeadline("----------- Datenbank erstellen");
   using (var ctx = new MyContext())
   {
    CUI.Print("Datenbank: " + ctx.Database.GetDbConnection().ConnectionString);

    var e = ctx.Database.EnsureCreated();

    if (e)
    {
     CUI.Print("Datenbank wurde neu erzeugt!");
    }
    else
    {
     CUI.Print("Datenbank war vorhanden!");
    }

   }
```

```
    CUI.MainHeadline("Metadaten");
    CUI.Headline("Hauptklasse");
    var obj1 = new DetailKlasse();
    foreach (var p in ctx.Entry(obj1).Properties)
    {
      Console.WriteLine(p.Metadata.Name + ": Key=" + p.Metadata.IsKey() + "
PrimaryKey=" + p.Metadata.IsPrimaryKey());
    }

    CUI.Headline("Hauptklasse");
    var obj2 = new Hauptklasse();
    foreach (var p in ctx.Entry(obj2).Properties)
    {
      Console.WriteLine(p.Metadata.Name + ": Key=" + p.Metadata.IsKey() + "
PrimaryKey=" + p.Metadata.IsPrimaryKey());
    }

    CUI.MainHeadline("Zwei neue Objekte...");
    var h = new Hauptklasse();
    h.Guid = Guid.NewGuid().ToString();
    var d = new DetailKlasse();
    d.Guid = Guid.NewGuid().ToString();
    d.Bereich = "AB";
    h.DetailKlasseSet.Add(d);
    ctx.HauptklasseSet.Add(h);
    var anz = ctx.SaveChanges();
    if (anz > 0)
    {
     CUI.PrintSuccess(anz + " gespeicherte Änderungen!");
     CUI.Headline("Hauptklasse-Objekt");
     Console.WriteLine(h.ToNameValueString());
     CUI.Headline("Detailklasse-Objekt");
     Console.WriteLine(d.ToNameValueString());
    }
   }
  }
 }

class MyContext : DbContext
 {
  public DbSet<Hauptklasse> HauptklasseSet { get; set; }
  public DbSet<DetailKlasse> DetailKlasseSet { get; set; }

  protected override void OnConfiguring(DbContextOptionsBuilder builder)
  {
   // Provider und Connectring String festlegen!
   string connstring =
@"Server=.;Database=EFC_AlternateKey7;Trusted_Connection=True;MultipleActiveResul
tSets=True;";
   builder.UseSqlServer(connstring);
  }

  protected override void OnModelCreating(ModelBuilder modelBuilder)
```

```csharp
    {
      // Alternativer Schlüssel über eine Spalte
      modelBuilder.Entity<DetailKlasse>()
        .HasAlternateKey(c => c.Guid).HasName("UniqueContraint_NurGuid"); ;
      // Alternativer Schlüssel über zwei Spalten
      modelBuilder.Entity<DetailKlasse>()
   .HasAlternateKey(c => new { c.Guid, c.Bereich
}).HasName("UniqueContraint_GuidUndBereich");

      modelBuilder.Entity<DetailKlasse>()
            .HasOne(p => p.Hauptklasse)
            .WithMany(b => b.DetailKlasseSet)
            .HasForeignKey(p => p.HauptklasseGuid)
            .HasPrincipalKey(b => b.Guid);
    }
  }

public class Hauptklasse
  {
    public int HauptklasseID { get; set; }
    public string Guid { get; set; }
    public string Memo { get; set; }

    public List<DetailKlasse> DetailKlasseSet { get; set; } = new
List<DetailKlasse>();

  }

public class DetailKlasse
  {
    public string DetailKlasseID { get; set; }
    public string DetailklasseMemo { get; set; }
    public string Guid { get; set; }
    public string Bereich { get; set; }
    public string HauptklasseGuid { get; set; }
    public Hauptklasse Hauptklasse { get; set; }
  }
}
```

Abbildung: Ausgabe des obigen Listings

> **ACHTUNG:** Alternative Schlüssel dürfen genauso wie Primärschlüssel nicht den Null-Wert besitzen. Dies quittiert Entity Framework Core mit dem Laufzeitfehler, der auch besagt, dass in einem Unique Index Null erlaubt ist: "Unable to track an entity of type 'DetailKlasse' because alternate key property 'Guid' is null. If the alternate key is not used in a relationship, then consider using a unique index instead. Unique indexes may contain nulls, while alternate keys must not."

22.7 Kaskadierendes Löschen (Cascading Delete)

Wenn in einer Objektbeziehung (1:1, 1:n) ein Master-Datensatz gelöscht wird, bezeichnet "kaskadierendes Löschen" die Fragen, was dann mit dem Detaildatensatz bzw. den Detaildatensätzen passiert.

22.7.1 Löschoptionen in Entity Framework Core

Entity Framework Core bietet für das kaskadierende Löschen abhängiger Objekte insgesamt vier Optionen und damit mehr Optionen als der Vorgänger ADO.NET Entity Framework.

Wenn für die in Beziehung stehenden Datensätze keine zugehörigen Objekte materialisiert sind, sendet Entity Framework Core immer (egal bei welcher Einstellung) nur **einen einzigen Löschbefehl** für den Master-Datensatz zur Datenbank. Was dann mit den Detaildatensätzen passiert, ist dem Datenbankmanagementsystem überlassen.

Wenn für die in Beziehung stehenden Datensätze die zugehörigen Objekte jedoch materialisiert sind, sendet Entity Framework Core ggf. (abhängig von der Einstellung) vor dem Löschen des Master-Datensatzes einen DELETE- oder UPDATE-Befehl für die Detaildatensätze zum Datenbankmanagementsystem. Zudem werden (je nach Einstellung) auch die Fremdschlüsselproperties im RAM geändert.

Entity Framework Core-Einstellung	Standard bei...	Resultierende Einstellung des Fremdschlüssels im DBMS	Laufzeitverhalten: materialisierte verbundene Objekte	Laufzeitverhalten: NICHT materialisierte verbundene Datensätze
Cascade	Pflicht-beziehungen	Cascade	EFCore sendet DELETE für verbundene Objekte Fremdschlüsselproperty im RAM bleibt erhalten.	DBMS löscht verbundenen Datensatz automatisch
ClientSetNull	optionalen Beziehungen ab Entity Framework Core v2.0	No Action	EFCore sendet UPDATE SET = NULL für verbundene Objekte Fremdschlüsselproperty im RAM wird auf NULL gesetzt	Keine. Fehler, wenn Datensätze in DB vorhanden
SetNull	---	SetNull	EFCore sendet UPDATE SET = NULL für verbundene Objekte Fremdschlüsselproperty im RAM wird auf NULL gesetzt	DBMS setzt Fremdschlüsselspalte auf NULL
Restrict	optionalen Beziehungen in Entity Framework Core v1.x	No Action	v1.x: UPDATE SET = NULL v2.x: Fehler, wenn Objekte im RAM vorhanden	Keine. Fehler, wenn Datensätze in DB vorhanden

Tabelle: Einstellungen für kaskadierendes Löschen und ihre Auswirkungen

Die Einstellungen für das kaskadierende Löschen erfolgen in der Beziehungsdeklaration im Fluent-API über die Methode OnDelete() und den Aufzählungstyp DeleteBehavior:

```
modelBuilder.Entity<DetailKlasse1>()
.HasOne(f => f.Hauptklasse)
.WithMany(t => t.DetailKlasse1Set)
.HasForeignKey(x=>x.HauptklasseId)
.OnDelete(DeleteBehavior.Cascade);
modelBuilder.Entity<DetailKlasse2>()
.HasOne(f => f.Hauptklasse)
.WithMany(t => t.DetailKlasse2Set)
.HasForeignKey(x => x.HauptklasseId)
.OnDelete(DeleteBehavior.ClientSetNull);
modelBuilder.Entity<DetailKlasse3>()
.HasOne(f => f.Hauptklasse)
.WithMany(t => t.DetailKlasse3Set)
.HasForeignKey(x => x.HauptklasseId)
.OnDelete(DeleteBehavior.SetNull);
modelBuilder.Entity<DetailKlasse4>()
.HasOne(f => f.Hauptklasse)
.WithMany(t => t.DetailKlasse4Set)
.HasForeignKey(x => x.HauptklasseId)
.OnDelete(DeleteBehavior.Restrict);
```

22.7.2   Beispiel

Das folgende Listing baut ein Testszenario für die Löschoptionen auf. Es gibt eine Hauptklasse mit vier Mengen zu vier verschiedenen Detailklassen. Es wird jeweils eine der vier Löschoptionen von Entity Framework Core für die vier Detailklasse verwendet.

Listing: Projekt EFC_MappingTest, CascadingDelete.cs

```csharp
using ITVisions;
using ITVisions.EFCore;
using Microsoft.EntityFrameworkCore;
using System;
using System.Collections.Generic;
using System.Linq;

/// <summary>
/// In diesem Beispiel sind bewusst mehrere Klassen in einer Datei realisiert,
damit das Beispiel übersichtlicher ist.
/// </summary>
namespace EFC_MappingTest_CascadingDelete
{
 class DEMO_CascasdingDelete
 {
  public static void Run()
  {
   CUI.MainHeadline("---------- Datenbank erstellen");
   using (var ctx = new MyContext())
   {
    CUI.Print("Datenbank: " + ctx.Database.GetDbConnection().ConnectionString);

    var e = ctx.Database.EnsureCreated();

    if (e)
    {
     CUI.Print("Datenbank wurde neu erzeugt!");
    }
    else
    {
     CUI.Print("Datenbank war vorhanden!");

    }

    CUI.Headline("Metadaten der Hauptklasse");
    var obj2 = new Hauptklasse();
    foreach (var p in ctx.Entry(obj2).Properties)
    {
     Console.WriteLine(p.Metadata.Name + ": ");
    }
    foreach (var p in ctx.Entry(obj2).Navigations)
    {
     Console.WriteLine(p.Metadata.Name + ": " + p.Metadata);
    }
```

```
    ctx.Database.ExecuteSqlCommand("Delete from DetailKlasse1Set");
    ctx.Database.ExecuteSqlCommand("Delete from DetailKlasse2Set");
    ctx.Database.ExecuteSqlCommand("Delete from DetailKlasse3Set");
    ctx.Database.ExecuteSqlCommand("Delete from DetailKlasse4Set");
    ctx.Database.ExecuteSqlCommand("Delete from HauptklasseSet");

    var d1 = new DetailKlasse1();
    var d2 = new DetailKlasse2();
    var d3 = new DetailKlasse3();
    var d4 = new DetailKlasse4();
    var h = new Hauptklasse();
    h.DetailKlasse1Set.Add(d1);
    h.DetailKlasse2Set.Add(d2);
    h.DetailKlasse3Set.Add(d3);
    //h.DetailKlasse4Set.Add(d4); // wenn man das Objekt ergänzt, läuft der Code
auf einen Fehler


    CUI.Headline("Hauptobjekt mit Details anlegen...");
    ctx.HauptklasseSet.Add(h);
    var anz1 = ctx.SaveChanges();
    Console.WriteLine("Gespeicherte Änderungen: " + anz1);
    DbContextExtensionLogging.DoLogging = false;

    PrintStatusDB();

}

   CUI.Headline("Lösche Hauptobjekt...");
   using (var ctx = new MyContext())
   {
     var h = ctx.HauptklasseSet.Include(x => x.DetailKlasse1Set).Include(x =>
x.DetailKlasse2Set).Include(x => x.DetailKlasse3Set).FirstOrDefault();
     PrintStatusRAM(h);
     DbContextExtensionLogging.DoLogging = true;
     Console.WriteLine("---- Löschen");
     ctx.Remove(h);
     ctx.Log();
     var anz2 = ctx.SaveChanges();
     DbContextExtensionLogging.DoLogging = false;
     Console.WriteLine("Gespeicherte Änderungen: " + anz2);


     PrintStatusDB();
     PrintStatusRAM(h);
   }
 }

 private static void PrintStatusRAM(Hauptklasse h)
 {
   Console.WriteLine("h.Detailklasse1=" + h.DetailKlasse1Set.Count + " /
Detailklasse1.FK=" + (h.DetailKlasse1Set.Count > 0 ?
h.DetailKlasse1Set.ElementAt(0)?.HauptklasseId.ToString() : "--"));
```

```
   Console.WriteLine("h.Detailklasse2=" + h.DetailKlasse2Set.Count + " /
Detailklasse2.FK=" + (h.DetailKlasse2Set.Count > 0 ?
h.DetailKlasse2Set.ElementAt(0)?.HauptklasseId.ToString() : "--"));
   Console.WriteLine("h.Detailklasse3=" + h.DetailKlasse3Set.Count + " /
Detailklasse3.FK=" + (h.DetailKlasse3Set.Count > 0 ?
h.DetailKlasse3Set.ElementAt(0)?.HauptklasseId.ToString() : "--"));
   Console.WriteLine("h.Detailklasse4=" + h.DetailKlasse4Set.Count + " /
Detailklasse4.FK=" + (h.DetailKlasse4Set.Count > 0 ?
h.DetailKlasse4Set.ElementAt(0)?.HauptklasseId.ToString() : "--"));
  }

  private static void PrintStatusDB()
  {
   using (var ctx = new MyContext())
   {
    Console.WriteLine("DB Hauptklassen: " + ctx.HauptklasseSet.Count());
    Console.WriteLine("DB Detailklasse1: " + ctx.DetailKlasse1Set.Count());
    Console.WriteLine("DB Detailklasse2: " + ctx.DetailKlasse2Set.Count());
    Console.WriteLine("DB Detailklasse3: " + ctx.DetailKlasse3Set.Count());
    Console.WriteLine("DB Detailklasse4: " + ctx.DetailKlasse4Set.Count());
   }
  }
 }

 class MyContext : DbContext
 {
  public DbSet<Hauptklasse> HauptklasseSet { get; set; }
  public DbSet<DetailKlasse1> DetailKlasse1Set { get; set; }
  public DbSet<DetailKlasse2> DetailKlasse2Set { get; set; }
  public DbSet<DetailKlasse3> DetailKlasse3Set { get; set; }
  public DbSet<DetailKlasse4> DetailKlasse4Set { get; set; }

  protected override void OnConfiguring(DbContextOptionsBuilder builder)
  {
   // Provider und Connectring String festlegen!
   string connstring =
@"Server=.;Database=EFC_DeleteBehavior9;Trusted_Connection=True;MultipleActiveRes
ultSets=True;";
   builder.UseSqlServer(connstring);
  }

  protected override void OnModelCreating(ModelBuilder modelBuilder)
  {

   modelBuilder.Entity<DetailKlasse1>()
   .HasOne(f => f.Hauptklasse)
   .WithMany(t => t.DetailKlasse1Set).HasForeignKey(x =>
x.HauptklasseId).OnDelete(DeleteBehavior.Cascade);

   modelBuilder.Entity<DetailKlasse2>()
   .HasOne(f => f.Hauptklasse)
   .WithMany(t => t.DetailKlasse2Set).HasForeignKey(x =>
x.HauptklasseId).OnDelete(DeleteBehavior.ClientSetNull);

   modelBuilder.Entity<DetailKlasse3>()
```

```
    .HasOne(f => f.Hauptklasse)
    .WithMany(t => t.DetailKlasse3Set).HasForeignKey(x =>
x.HauptklasseId).OnDelete(DeleteBehavior.SetNull);

   modelBuilder.Entity<DetailKlasse4>()
    .HasOne(f => f.Hauptklasse)
    .WithMany(t => t.DetailKlasse4Set).HasForeignKey(x =>
x.HauptklasseId).OnDelete(DeleteBehavior.Restrict);
  }
}

public class Hauptklasse
{
  public int HauptklasseId { get; set; }
  public string Memo { get; set; }

  public List<DetailKlasse1> DetailKlasse1Set { get; set; } = new
List<DetailKlasse1>();
  public List<DetailKlasse2> DetailKlasse2Set { get; set; } = new
List<DetailKlasse2>();
  public List<DetailKlasse3> DetailKlasse3Set { get; set; } = new
List<DetailKlasse3>();
  public List<DetailKlasse4> DetailKlasse4Set { get; set; } = new
List<DetailKlasse4>();

}

public class DetailKlasse1
{
  public int DetailKlasse1Id { get; set; }
  public string DetailklasseMemo { get; set; }

  public Hauptklasse Hauptklasse { get; set; }

  public int? HauptklasseId { get; set; }

}

public class DetailKlasse2
{
  public int DetailKlasse2Id { get; set; }
  public string DetailklasseMemo { get; set; }

  public Hauptklasse Hauptklasse { get; set; }
  public int? HauptklasseId { get; set; }
}

public class DetailKlasse3
{
  public int DetailKlasse3Id { get; set; }
  public string DetailklasseMemo { get; set; }

  public Hauptklasse Hauptklasse { get; set; }
  public int? HauptklasseId { get; set; }
```

```
}

public class DetailKlasse4
{
  public int DetailKlasse4Id { get; set; }
  public string DetailklasseMemo { get; set; }

  public Hauptklasse Hauptklasse { get; set; }
  public int? HauptklasseId { get; set; }
}
}
```

In dieser Situation kommt es unter der Annahme, dass ein Hauptklasse-Objekt im RAM mit jeweils einer der ersten drei Detailklassen-Objekte verbunden ist, das diese drei Detailklassen-Objekte im RAM sind und nun das Hauptklasse-Objekt per Remove() und anschließendem SaveChanges() gelöscht wird, zu folgender Reaktion:

- Löschbefehl für den Datensatz in Tabelle DetailKlasse1Set (im Cascade-Modus): Der Fremdschlüsselwert von dem DetailKlasse1 zu dem Hauptklasse-Objekt im RAM bleibt aber erhalten.

- Aktualisierungsbefehl für den Datensatz in Tabelle DetailKlasse2Set (im ClientSetNull-Modus): Der Fremdschlüsselwert wird auf null gesetzt. Der Fremdschlüsselwert von dem DetailKlasse2-Objekt zu dem Hauptklasse-Objekt im RAM wird auch auf null gesetzt.

- Aktualisierungsbefehl für den Datensatz in Tabelle DetailKlasse3Set (im SetNull-Modus): Der Fremdschlüsselwert wird auf null gesetzt. Der Fremdschlüsselwert von dem DetailKlasse3-Objekt zu dem Hauptklasse-Objekt im RAM wird auch auf null gesetzt.

- Löschbefehl für das Hauptklasse-Objekt

Abbildung: Entity Framework Core hat vor dem Löschen des Datensatzes für das Hauptklasse-Objekt die Verbindungen zu den drei DetailKlasse-Objekten getrennt.

Wenn man die Zeile h.DetailKlasse4Set.Add(d4) ergänzt, dann kommt es zum Laufzeitfehler: "The DELETE statement conflicted with the REFERENCE constraint "FK_Detail4Set_HauptklasseSet_HauptklasseId". The conflict occurred in database "EFC_MappingTest_CascadingDelete", table "dbo.DetailKlasse4Set", column 'HauptklasseId'.", weil die Beziehung zu DetailKlasse4 im Modus "Restrict" ist. Gleiches würde passieren, bei DetailKlasse2 (im Modus "ClientSetNull"), wenn das Objekt nicht im RAM wäre.

Wenn man die Zeile h.DetailKlasse4Set.Add(d4) und das Objekt mit .Include(x => x.Detail4Set) ins RAM ergänzt, dann kommt es zum Laufzeitfehler: "The association between entity types 'Hauptklasse' and 'DetailKlasse4' has been severed but the foreign key for this relationship cannot be set to null. If the dependent entity should be deleted, then setup the relationship to use cascade deletes."

22.8 Abbildung von Datenbanksichten (Views)

Die Abbildung von Datenbanksichten (Views) wird in Entity Framework Core noch nicht offiziell unterstützt, d.h. es ist nicht möglich, beim Reverse Engineering Programmcode für bestehende Datenbanksichten bzw. beim Forward Engineering Datenbanksichten aus dem Objektmodell oder Fluent-API zu erzeugen.

Es ist aber möglich, Datenbanksichten manuell in der Datenbank anzulegen und diese im Programmcode wie Tabellen zu behandeln. Dabei ist jedoch ein wenig zu tricksen, wie dieses Kapitel aufzeigt.

> **Hinweis:** Eine bessere Unterstützung für Datenbanksichten plant Microsoft für Version 2.1 von Entity Framework Core.

22.8.1 Datenbanksicht anlegen

Die Datenbanksicht muss manuell in der Datenbank (ggf. mit Hilfe eines Werkzeugs wie SQL Server Management Studio) per CREATE VIEW angelegt werden. Die per CREATE VIEW erstellte Datenbanksicht in dem nächsten Listing liefert pro Abflugort die Anzahl der Flüge sowie den zeitlich letzten Flug für die Tabelle "Flug" aus der World Wide Wings-Datenbank.

Listing: Anlegen einer Datenbanksicht per SQL-Befehl

```
CREATE VIEW    dbo.[V_AbflugortStatistik]
AS
SELECT  Abflugort, COUNT(FlugNr) AS AnzahlFluege, max(FlugDatum) as LetzterFlug
FROM   dbo.Flug
GROUP BY  Abflugort
GO
```

22.8.2 Entitätsklasse für die Datenbanksicht anlegen

Es ist eine Entitätsklasse für die Datenbanksicht anzulegen, deren Attribute den Spalten der Datenbanksicht entsprechen, die abgebildet werden sollen (hier Klasse AbflugortStatistik zur Aufnahme der Daten aus dem View "V_AbflugortStatistik"). Mit der Annotation [Table] wird der Datenbanksicht-Name in der Datenbank angegeben, da die Entitätsklasse vom Namen her abweicht. Im folgenden Beispiel wird die Spalte "LetzterFlug" aus dem View "V_AbflugortStatistik" bewusst ignoriert. Wichtig ist, dass die Entitätsklasse einen Primärschlüssel benötigt, der mit [Key] oder per Fluent-API-Methode HasKey() festzulegen ist.

Listing: Entitätsklasse mit zwei Properties für die beiden abzubildenden Spalten der Datenbanksicht

```
[Table("V_AbflugortStatistik")]
public class AbflugortStatistik
{
 [Key] // auch View muss einen Key haben
 public string Abflugort { get; set; }
 public int AnzahlFluege { get; set; }
```

```
}
```

22.8.3 Einbinden der Entitätsklasse in die Kontextklasse

Die Entitätsklasse für die Datenbanksicht wird nun wie eine Entitätsklasse für eine Tabelle in die Kontextklasse per DbSet<T> eingebunden.

Listing: Einbinden der Entitätsklasse für die Datenbanksicht in die Kontextklasse

```
public class WWWingsContext : DbContext
 {
  #region Tabellen
  public DbSet<Flug> FlugSet { get; set; }
  public DbSet<Pilot> PilotSet { get; set; }
  public DbSet<Passagier> PassagierSet { get; set; }
  public DbSet<Flughafen> FlughafenSet { get; set; }
  public DbSet<Buchung> BuchungSet { get; set; }
  public DbSet<Flugzeugtyp> FlugzeugtypSet { get; set; }
  #endregion


  #region Sichten
  public DbSet<AbflugortStatistik> AbflugortStatistikSet { get; set; } // für die
Datenbanksicht
  #endregion
 ...
 }
```

22.8.4 Verwendung der Datenbanksicht

Die Entitätsklasse für die Datenbanksicht kann nun vom Softwareentwickler wie die Entitätsklasse für eine Tabelle in LINQ-Abfragen oder mit FromSql() für direkte SQL-Abfragen verwendet werden. Wenn die Datenbanksicht beschreibbar ist, dann könnte man mit dem API von Entity Framework Core auch per SaveChanges() die Inhalte ändern bzw. Datensätze anfügen und löschen.

Listing: Verwendung der Entitätsklasse für die Datenbanksicht

```
  using (var ctx = new WWWingsContext())
  {
   var abfrage = ctx.AbflugortStatistikSet.Where(x => x.AnzahlFluege > 0);
   var liste = abfrage.ToList();
   foreach (var stat in liste)
   {
    Console.WriteLine($"{stat.AnzahlFluege:000} Flüge von {stat.Abflugort}.");
   }
  }
```

22.8.5 Herausforderung: Migrationen

Die vorherigen Ausführungen haben zwar einige manuelle Arbeiten aufgezeigt, die Einbindung von Datenbanksichten erschien aber über die Tipparbeit hinaus keine Herausforderungen zu bieten. Das ist bei näherer Betrachtung dann leider doch nicht so.

Wenn man nach dem Anlegen der Datenbanksicht in der Kontextklasse eine Schemamigration angelegt, stellt man fest, dass Entity Framework Core nun unerwünschterweise eine Tabelle für die Datenbanksicht in der Datenbank anlegen möchte.

Listing: Entity Framework Core legt in der Schemamigrationsklasse ein CreateTable() für die
Datenbanksicht an, was nicht erwünscht ist.

```
using Microsoft.EntityFrameworkCore.Migrations;
namespace DZ.Migrations
{
 public partial class v4_View : Migration
 {
  protected override void Up(MigrationBuilder migrationBuilder)
  {

   migrationBuilder.CreateTable(
       name: "V_AbflugortStatistik",
       columns: table => new
       {
        Abflugort = table.Column<string>(type: "nvarchar(450)", nullable: false),
        AnzahlFluege = table.Column<int>(type: "int", nullable: false)
       },
       constraints: table =>
       {
        table.PrimaryKey("PK_V_AbflugortStatistik", x => x.Abflugort);
       });
  }

  protected override void Down(MigrationBuilder migrationBuilder)
  {
   migrationBuilder.DropTable(
       name: "V_AbflugortStatistik");
  }
 }
}
```

Das ist insofern aus der Sicht von Entity Framework Core korrekt, als wir dem ORM ja
vorgegaukelt haben, dass "V_AbflugortStatistik" eine Tabelle wäre und Entity Framework Core in
der aktuellen Version 2.0 absolut kein Verständnis für Datenbanksichten hat.

Diese Schemamigration ließe sich aber leider gar nicht ausführen, da es nur ein Objekt mit Namen
"V_AbflugortStatistik" in der Datenbank geben kann.

Es gibt aus dieser Situation zwei Lösungsmöglichkeiten:

- Man löscht das CreateTable() in der Up()-Methode und das korrespondierende DropTable()
  in Down() manuell aus der Migrationsklasse.

- Man trickst Entity Framework Core aus, sodass der ORM beim Anlegen des
  Migrationsschrittes zur Entwicklungszeit die Entitätsklasse AbflugortStatistik ignoriert, zur
  Laufzeit aber nicht.

TRICK: Der Trick ist in dem folgenden Codefragment realisiert. Entity Framework Core
instanziiert im Rahmen des Anlegens oder Löschens einer Schemamigration die Kontextklasse
und ruft OnModelCreating() auf. Dies geschieht aber zur Entwicklungszeit nicht über den
eigentlichen Startpunkt der Anwendung (dann würde ja die Anwendung starten), sondern über
das Hosten der DLL mit der Kontextklasse in dem Kommandozeilenwerkzeug ef.exe. In
OnModelCreating() prüft man daher, ob der aktuelle Prozess den Namen "ef" hat. Wenn ja,
dann befinden wir uns nicht in der Laufzeit der Anwendung, sondern in der
Entwicklungsumgebung und wollen die Datenbanksicht mit Ignore() ignorieren. Zur Laufzeit

der Anwendung aber wird das Ignore() dann nicht ausgeführt und folglich ist eine Verwendung der Datenbanksicht über die Entitätsklasse möglich.

Listing: Entity Framework Core soll nur zur Entwicklungszeit die Entitätsklasse für die Datenbanksicht ignorieren.

```
protected override void OnModelCreating(ModelBuilder modelBuilder)
{
    // Trick: die Datenbanksicht verbergen vor dem EF Migration Tool, damit es
dafür keine neue Tabelle anlegen will
    if (System.Diagnostics.Process.GetCurrentProcess().ProcessName.ToLower() ==
"ef")
    {
      modelBuilder.Ignore<AbflugortStatistik>();
    }
...
}
```

ALTERNATIVER TRICK: Wem die Abfrage des Prozessnamens zu unsicher ist, weil Microsoft diesen Namen ja einmal ändern könnte, kann stattdessen auch einen Schalter in die Kontextklasse in Form eines statischen Attributs (z.B. bool IsRuntime { get; set; } = false) einbauen. Im Standard steht dieses IsRuntime auf false und sorgt für die Ignorierung der Entitätsklasse für die Datenbanksicht. Zur Laufzeit setzt aber die Anwendung IsRuntime vor der ersten Instanziierung der Kontextklasse auf true.

23 Weitere Tipps und Tricks zu LINQ und SQL

Dieses Kapitel beschreibt weitere Möglichkeiten bei LINQ- und SQL-basierten Abfragen.

23.1 Globale Abfragefilter (ab Version 2.0)

Ein schönes neues Feature in Entity Framework Core 2.0 sind globale Abfragefilter. Damit kann ein Entwickler zentral in OnModelCreating() Filter-Bedingungen definieren, die Entity Framework Core dann an jede LINQ-Abfrage, jede direkte SQL-Abfrage, jeden Aufruf einer Table Value Function und auch an jede Nachladeoperation anhängt. Diese Funktion ist zum Beispiel gut geeignet für folgende Szenarien:

- **Mandantenfähigkeit**: Eine Spalte in einem Datensatz drückt aus, zu welchem Mandant ein Datensatz gehört. Mit dem globalen Filter wird sichergestellt, dass jeder Mandant nur seine Daten sieht. Ohne globalen Filter müsste der Entwickler daran denken, die Bedingung für den Mandanten in jeder Abfrage zu berücksichtigen.

- **Soft Delete:** Datensätze, die gelöscht werden, sollen nicht wirklich gelöscht werden, sondern nur eine Markierung erhalten. Mit dem globalen Filter wird sichergestellt, dass der Nutzer keine aus seiner Sicht "gelöschten" Daten sieht. Ohne globalen Filter müsste der Entwickler daran denken, die Bedingung "Geloescht = false" in jeder Abfrage zu berücksichtigen.

23.1.1 Filter definieren

Ein globale Filter wird in OnModelCreating() pro Entitätsklasse mit der Methode HasQueryFilter() eingestellt.

Beispiel: Globaler Filter, dass immer bei allen Anfragen nur die Flüge einer bestimmten Fluggesellschaft (also eines Mandanten) und allein nicht ausgebuchte Flüge zurückgegeben werden

```
builder.Entity<Flug>().HasQueryFilter(x => x.FreiePlaetze > 0 &&
x.Fluggesellschaft == Fluggesellschaft.WorldWideWings);
```

> **ACHTUNG:** Man kann immer nur höchstens einen Filter definieren pro Entitätsklasse. Wenn man HasQueryFilter() mehrfach aufruft, gilt nur der Inhalt des letzten Filters. Um mehrere Bedingungen zu verknüpfen, setzt man den UND-Operator (in C#: &&) ein, wie oben gezeigt.

23.1.2 Filter nutzen

Durch obigen Filter entsteht aus dieser LINQ-Abfrage

```
List<Flug> flugSet = (from f in ctx.FlugSet
                where f.Abflugort == "Essen/Mülheim"
                select f).ToList();
```

das folgende SQL mit den Zusatzbedingungen aus dem globalen Filter:

```
SELECT [f].[FlugNr], [f].[Abflugort], [f].[Bestreikt], [f].[CopilotId],
[f].[FlugDatum], [f].[Fluggesellschaft], [f].[FlugzeugTypID], [f].[FreiePlaetze],
[f].[LetzteAenderung], [f].[Memo], [f].[NichtRaucherFlug], [f].[PilotId],
[f].[Plaetze], [f].[Preis], [f].[Timestamp], [f].[Zielort]
FROM [Flug] AS [f]
WHERE ((([f].[FreiePlaetze] > 0) AND ([f].[Fluggesellschaft] = 0)) AND
([f].[Abflugort] = N'Essen/Mülheim')
```

Auch bei Eager Loading per

```
var pilotenMitFluegenSet = ctx.PilotSet.Include(x => x.FluegeAlsPilot).ToList();
```

und beim expliziten Nachladen berücksicht Entity Framework Core die globalen Filter!

Listing: Beispiel für explizites Nachladen mit Load()

```
var pilotenSet = ctx.PilotSet.ToList();
foreach (var p in pilotenSet.ToList())
    {
     Console.WriteLine(p);
     ctx.Entry(p).Collection(x => x.FluegeAlsPilot).Load();
     foreach (var f in p.FluegeAlsPilot.ToList())
     {
      Console.WriteLine(" - " + f.ToString());
     }
    }
```

23.1.3 Praxistipp: Filter ignorieren

Der Entwickler kann jedoch in jeder einzelnen Abfrage entscheiden, einen möglichen globalen Filter zu ignorieren. Dies erfolgt mit IgnoreQueryFilters():

```
List<Flug> flugAlleSet = (from f in ctx.FlugSet.IgnoreQueryFilters()
                          where f.Abflugort == "Essen/Mülheim"
                          select f).ToList();
```

> **Hinweis:** Es ist aber bisher nicht möglich, nur einzelne Teile eines Filters zu ignorieren. Dies ist zwar von Nutzern gewünscht (vgl. [4]), aber eine Implementierung ist bisher von Microsoft nicht vorgesehen.

23.1.4 Globale Abfragefilter bei SQL-Abfragen (ab Version 2.0)

Die bereits im Kapitel "Daten lesen mit LINQ" besprochenen globalen Abfragefilter funktionieren auch bei der direkten Abfrage via SQL mit FromSql().

Beispiel: Globaler Filter, dass nur die Flüge einer Fluggesellschaft und nur nicht ausgebuchte Flüge zurückgegeben werden, wird mit HasQueryFilter() in OnModelCreating() in der Kontextklasse definiert:

```
builder.Entity<Flug>().HasQueryFilter(x => x.FreiePlaetze > 0 &&
x.Fluggesellschaft == Fluggesellschaft.WorldWideWings);
```

Dadurch entsteht aus dieser Abfrage

```
List<Flug> flugSet2 = ctx.FlugSet.FromSql("select * from Flug where Abflugort =
'Berlin'").ToList();
```

das folgende SQL:

```
SELECT [f].[FlugNr], [f].[Abflugort], [f].[Bestreikt], [f].[CopilotId],
[f].[FlugDatum], [f].[Fluggesellschaft], [f].[FlugzeugTypID], [f].[FreiePlaetze],
[f].[LetzteAenderung], [f].[Memo], [f].[NichtRaucherFlug], [f].[PilotId],
[f].[Plaetze], [f].[Preis], [f].[Timestamp], [f].[Zielort]
FROM (
    select * from Flug where Abflugort = 'Berlin'
) AS [f]
WHERE (([f].[FreiePlaetze] > 200) AND ([f].[Fluggesellschaft] = 0)
```

23.1.5 Globale Abfragefilter bei Stored Procedures und Table Valued Functions

Die globalen Abfragefilter funktionieren auch bei der Verwendung von Table Value Functions (TVFs) mit FromSql().

Mit obigem globalem Filter, dass nur die Flüge einer Fluggesellschaft und nur nicht ausgebuchte Flüge zurückgegeben werden, wird diese SQL-Abfrage im Code

```
List<Flug> flugSet3 = ctx.FlugSet.FromSql("Select * from GetFluegeVonTVF({0})",
"Berlin").Where(f=>f.NichtRaucherFlug == true).ToList();
```

in den globalen Filter eingebettet und daher zum Datenbankmanagementsystem gesendet:

```
SELECT [f].[FlugNr], [f].[Abflugort], [f].[Bestreikt], [f].[CopilotId],
[f].[FlugDatum], [f].[Fluggesellschaft], [f].[FlugzeugTypID], [f].[FreiePlaetze],
[f].[LetzteAenderung], [f].[Memo], [f].[NichtRaucherFlug], [f].[PilotId],
[f].[Plaetze], [f].[Preis], [f].[Timestamp], [f].[Zielort]
FROM (
    Select * from GetFluegeVonTVF(@p0)
) AS [f]
WHERE ((([f].[FreiePlaetze] > 200) AND ([f].[Fluggesellschaft] = 0)) AND
([f].[NichtRaucherFlug] = 1)
```

> **ACHTUNG:** Beim Aufruf einer Stored Procedure wirken die globalen Filter im RAM!
>
> Aus der Abfrage
>
> List<Flug> flugSet4 = ctx.FlugSet.FromSql("EXEC GetFluegeVonSP {0}", "Berlin").ToList();
>
> wird daher in der Datenbank nur ausgeführt:
>
> EXEC GetFluegeVonSP @p0

23.2 Zukünftige Abfragen (Future Queries)

Die Zusatzkomponente "Entity Framework Plus" (siehe Kapitel "Zusatzkomponenten"), die es trotz ihres auf das Vorgängerprodukt verweisenden Namens auch für Entity Framework Core gibt, realisiert ein Zusatzfeature mit Namen "Future Queries". Damit kann der Entwickler eine Reihe von Abfragen mit Aufruf der Erweiterungsmethode Future() definieren, die noch nicht direkt ausgeführt werden. Diese Abfragen kann man dann später auch einzeln auszuführen, dies würde aber auch mit dem Standardfunktionsumfang von Entity Framework Core funktionieren. Das besondere bei den Future Queries ist, dass alle definierten Abfragen zusammen ausgeführt werden, wenn die Daten einer Abfrage benötigt werden, weil ein Konvertierungs- oder Aggregatoperator angewendet wird.

In dem folgenden Listing werden zunächst drei zukünftige Abfragen definiert, dann mit ToList() die Daten von zwei Abfragen abgerufen (alle Piloten und Flüge von Berlin). Wie die Bildschirmabbildung zeigt, werden bereits bei dem ersten Zugriff auf die Daten alle drei Abfragen ausgeführt. Dann werden zwei weitere Abfragen (Flüge von London und Flüge von Paris) definiert. Nun erfolgt der Zugriff auf die Daten der dritten Abfrage aus dem ersten Rutsch (hier: Flüge von Rom). Es erfolgt kein Rundgang zum Datenbankmanagementsystem, da diese Daten ja schon geladen wurden. Erst als dann ein Aufruf von ToList() auf die Flüge von London erfolgt, führt Entity Framework Core nun die Abfragen der Flüge von London und Paris aus.

Listing: Future Queries mit EFPlus
```
public static void EFPlus_FutureQuery()
{
```

```
using (var ctx = new EFC_Kontext.WWWingsContext())
{
  ctx.Log();
  CUI.Headline("Definiere drei Abfragen... nix passiert in DB!");
  QueryFutureEnumerable<Pilot> qAllePiloten = ctx.PilotSet.Future();
  QueryFutureEnumerable<Flug> qFugSetRom = ctx.FlugSet.Where(x => x.Abflugort
== "Rom").Future();
  QueryFutureEnumerable<Flug> qFlugSetBerlin = ctx.FlugSet.Where(x =>
x.Abflugort == "Berlin").Future();
  CUI.Headline("Zugriff auf Piloten:");
  var allePiloten = qAllePiloten.ToList();
  Console.WriteLine(allePiloten.Count + " Piloten sind geladen!");
  CUI.Headline("Zugriff auf Flüge von Rom:");
  var flugSetRom = qFugSetRom.ToList();
  Console.WriteLine(flugSetRom.Count + " Flüge von Berlin sind geladen!");
  CUI.Headline("Definiere noch zwei Abfragen... nix passiert in DB!");
  QueryFutureEnumerable<Flug> qFugSetLondon = ctx.FlugSet.Where(x =>
x.Abflugort == "London").Future();
  QueryFutureEnumerable<Flug> qFlugSetParis = ctx.FlugSet.Where(x =>
x.Abflugort == "Paris").Future();
  CUI.Headline("Zugriff auf Flüge von Berlin:");
  var flugSetBerlin = qFlugSetBerlin.ToList();
  Console.WriteLine(flugSetBerlin.Count + " Flüge von Rom sind geladen!");
  CUI.Headline("Zugriff auf Flüge von London:");
  var flugSetLondon = qFugSetLondon.ToList();
  Console.WriteLine(flugSetLondon.Count + " Flüge von London sind geladen!");
  CUI.Headline("Zugriff auf Flüge von Paris:");
  var flugSetParis = qFlugSetParis.ToList();
  Console.WriteLine(flugSetParis.Count + " Flüge von Paris sind geladen!");
  }
}
```

```
Definiere drei Abfragen... nix passiert in DB!
Zugriff auf Piloten:
001:Debug #200100 Microsoft.EntityFrameworkCore.Database.Command.CommandExecuting:Executing DbCommand [Parameters=[], Co
mmandType='Text', CommandTimeout='30']
SELECT [m].[PersonID], [m].[Ausweisnummer], [m].[DetailID], [m].[Discriminator], [m].[EMail], [m].[Geburtsdatum], [m].[G
ehalt], [m].[Name], [m].[VorgesetzterPersonID], [m].[Vorname], [m].[FlugscheinSeit], [m].[Flugscheintyp], [m].[Flugschul
e], [m].[Flugstunden]
FROM [Mitarbeiter] AS [m]
WHERE [m].[Discriminator] = N'Pilot'
002:Debug #200100 Microsoft.EntityFrameworkCore.Database.Command.CommandExecuting:Executing DbCommand [Parameters=[], Co
mmandType='Text', CommandTimeout='30']
SELECT [x].[FlugNr], [x].[Abflugort], [x].[Auslastung], [x].[Bestreikt], [x].[CopilotId], [x].[FlugDatum], [x].[Fluggese
llschaft], [x].[FlugzeugTypID], [x].[FreiePlaetze], [x].[LetzteAenderung], [x].[Memo], [x].[NichtRaucherFlug], [x].[Pilo
tId], [x].[Plaetze], [x].[Preis], [x].[Zielort]
FROM [Flug] AS [x]
WHERE [x].[Abflugort] = N'Berlin'
003:Debug #200100 Microsoft.EntityFrameworkCore.Database.Command.CommandExecuting:Executing DbCommand [Parameters=[], Co
mmandType='Text', CommandTimeout='30']
SELECT [x].[FlugNr], [x].[Abflugort], [x].[Auslastung], [x].[Bestreikt], [x].[CopilotId], [x].[FlugDatum], [x].[Fluggese
llschaft], [x].[FlugzeugTypID], [x].[FreiePlaetze], [x].[LetzteAenderung], [x].[Memo], [x].[NichtRaucherFlug], [x].[Pilo
tId], [x].[Plaetze], [x].[Preis], [x].[Zielort]
FROM [Flug] AS [x]
WHERE [x].[Abflugort] = N'Rom'
50 Piloten sind gelanden!
Zugriff auf Flüge von Berlin:
10 Flüge von Berlin sind gelanden!
Definiere noch zwei Abfragen... nix passiert in DB!
Zugriff auf Flüge von Rom:
7 Flüge von Rom sind gelanden!
Zugriff auf Flüge von London:
004:Debug #200100 Microsoft.EntityFrameworkCore.Database.Command.CommandExecuting:Executing DbCommand [Parameters=[], Co
mmandType='Text', CommandTimeout='30']
SELECT [x].[FlugNr], [x].[Abflugort], [x].[Auslastung], [x].[Bestreikt], [x].[CopilotId], [x].[FlugDatum], [x].[Fluggese
llschaft], [x].[FlugzeugTypID], [x].[FreiePlaetze], [x].[LetzteAenderung], [x].[Memo], [x].[NichtRaucherFlug], [x].[Pilo
tId], [x].[Plaetze], [x].[Preis], [x].[Zielort]
FROM [Flug] AS [x]
WHERE [x].[Abflugort] = N'London'
005:Debug #200100 Microsoft.EntityFrameworkCore.Database.Command.CommandExecuting:Executing DbCommand [Parameters=[], Co
mmandType='Text', CommandTimeout='30']
SELECT [x].[FlugNr], [x].[Abflugort], [x].[Auslastung], [x].[Bestreikt], [x].[CopilotId], [x].[FlugDatum], [x].[Fluggese
llschaft], [x].[FlugzeugTypID], [x].[FreiePlaetze], [x].[LetzteAenderung], [x].[Memo], [x].[NichtRaucherFlug], [x].[Pilo
tId], [x].[Plaetze], [x].[Preis], [x].[Zielort]
FROM [Flug] AS [x]
WHERE [x].[Abflugort] = N'Paris'
14 Flüge von London sind gelanden!
Zugriff auf Flüge von Paris:
14 Flüge von Paris sind gelanden!
```

Abbildung: Ausgabe des obigen Listings

24 Leistungsoptimierung (Performance Tuning)

Dieses Kapitel enthält Hinweise zur Beschleunigung der Datenbankzugriffe mit Entity Framework Core.

24.1 Vorgehensmodell zur Leistungsoptimierung bei Entity Framework Core

Wie schon beim Vorgänger Entity Framework hat sich auch bei Entity Framework Core folgendes Vorgehensmodell bei der Optimierung der Leistung der Datenbankzugriffe bewährt:

- Im ersten Schritt werden alle Datenzugriffe mit Entity Framework Core und LINQ implementiert, außer bei UPDATE-, DELETE- und INSERT-Massenoperationen. Für die Massenoperationen wird direkt SQL bzw. ein Bulk Insert verwendet.

- Die Anwendung wird dann mit realistischen Datenmengen getestet. Dort, wo die Geschwindigkeit zu langsam ist, wird in drei Stufen optimiert.

    - In Stufe 1 wird innerhalb von Entity Framework Core optimiert durch dort verfügbare Instrumente wie No-Tracking, Caching, Paging, Wechsel der Ladestrategie (z.B. Eager Loading oder Preloading statt Nachladen) bzw. Reduzierung der Anzahl der Round-Trips.

    - Dort, wo dies nicht reicht, werden in Stufe 2 die LINQ-Befehle geprüft und durch besser optimierte SQL-Befehle oder andere Datenbankkonstrukte wie Views, Stored Procedures oder Table Valued Functions (TVFs) ersetzt. Der Zugriff darauf erfolgt weiterhin per Entity Framework Core.

    - Erst in Stufe 3 wird Entity Framework Core abgelöst durch DataReader- und Command-Objekte für den Zugriff auf SQL-Befehle, Views, Stored Procedures oder Table Valued Functions (TVFs).

24.2 Best Practices für Ihre eigenen Leistungstests

Wenn Sie Leistungstest durchführen, um die Geschwindigkeit verschiedener Alternativen zu betrachten, beachten Sie bitte folgende Hinweise:

- Führen Sie den Leistungstest nicht in Visual Studio durch. Debugger und das ggf. aktivierte IntelliTrace bremsen ihren Programmcode aus, und zwar je nach Vorgehensweise in unterschiedlich starker Weise, sodass Sie weder absolut noch proportial korrekte Ergebnisse erhalten.

- Führen Sie die Messung nicht in einer Anwendung mit grafischer Benutzeroberfläche (GUI) aus und auch nicht mit Konsolenausgaben. Schreiben Sie eine Konsolenanwendung für den Leistungstest, aber machen Sie keine Ausgaben oder messen Sie die Konsolenausgaben aber nicht mit.

- Wiederholen Sie jeden Test mehrfach, mindestens zehnmal, und rechnen Sie den Durchschnitt aus. Es gibt viele Faktoren, die die Ergebnisse beeinflussen können (z.B. die Garbage Collection der .NET-Laufzeitumgebung, Windows-Auslagerungsdatei).

- Werten Sie den ersten Durchlauf (Kaltstart) nicht mit. Hier sind zusätzlich Aufgaben von Entity Framework Core und dem Datenbankmanagementsystem zu erledigen (z.B.

Aufwärmen der Datenbank, Verbindungsaufbau, Generierung des Mapping-Codes usw.), die das Ergebnis verfälschen. Führen Sie also elf Durchläufe durch, wenn Sie zehn valide Messergebnisse haben wollen.

- Testen Sie gegen ein entferntes Datenbankmanagementsystem auf einem anderen System (außer wenn die spätere Lösung tatsächlich eine lokale Datenbank verwendet).

- Sorgen Sie dafür, dass der Testrechner keine anderen signifikanten Prozesse während des Tests ausführt und das Netzwerk nicht signifikant aktiv ist (führen Sie die Tests aus, wenn alle anderen Feierabend haben, oder bauen Sie ein eigenes Netzwerk dafür auf!).

24.3   Leistungsvergleich verschiedener Datenzugriffstechniken in .NET

Für die Neuimplementierung des Objekt-Relationalen Mappers Entity Framework Core war für Microsoft neben dem Streben nach Plattformunabhängigkeit ein wesentlicher Beweggrund, die Performanz gegenüber dem klassischen ADO.NET Entity Framework zu steigern. Dieses Kapitel zeigt exemplarisch eins von vielen Messszenarien.

Die nachstehende Abbildung zeigt, dass Entity Framework Core 1.1 auf dem .NET Framework 4.7 im No-Tracking-Modus fast so schnell ist wie ein DataReader mit manuellem Mapping (d.h. mit Umkopieren aus dem DataReader in ein .NET-Objekt: obj.x = Convert(dr["x"])).

Mit .NET Core 2.0 ist sowohl das manuelle Mapping als auch Entity Framework Core schneller als mit .NET Framework 4.7. Interessanterweise profitiert der No-Tracking-Modus von Entity Framework Core sehr stark von .NET Core 2.0 und ist dem manuellen Mapping in .NET Core 2.0 ebenbürtig.

Auch im Tracking-Modus ist Entity Framework Core rascher als der Vorgänger ADO.NET Entity Framework 6.1.3 unterwegs.

Die schnellste Messung (22 ms in .NET Framework 4.7 bzw. 21 ms in .NET Core 2.0) stammt von einem DataReader, bei dem die Datensätze aber nicht auf Objekte abgebildet wurden.

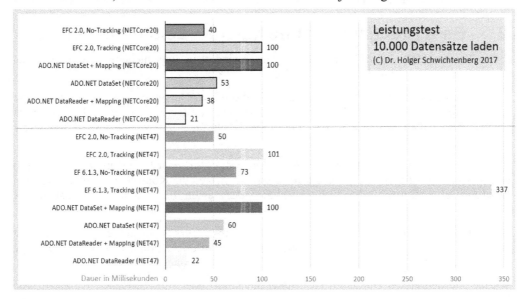

Abbildung: Leistungsvergleich verschiedener Datenzugriffstechniken in .NET

Hinweise zum obigen Messszenario:

- Der Datenbankserver ist ein Microsoft SQL Server 2016 (virtualisiert) auf Windows Server 2016. Die Leistung des Datenbankservers wäre noch besser, wenn er nicht virtualisiert wäre bzw. zumindest nicht-virtualisierten Festplattenspeicher nutzen könnte.

- Der Client ist ein Windows-10-Rechner.

- Die beiden Rechner sind über ein Ein-Gigabit-Ethernet-Netzwerk verbunden.

- Der ausgeführte Befehl ist ein einfaches SELECT ohne Joins oder Aggregatoperatoren.

- Es wurden 10.000 Datensätze geladen.

- Ein Ergebnisdatensatz umfasst 13 Spalten aus einer einzigen Tabelle.

- Datentypen sind int, smallint, nvarchar(30), nvarchar(max), bit, timestamp.

- Der angezeigte Wert ist jeweils der Durchschnitt aus 100 Wiederholungen.

- Der jeweils erste Zugriff für jede Technik (Kaltstart) wurde nicht gewertet.

> **HINWEIS:** Dies ist natürlich nur eins von vielen möglichen Vergleichsszenarien. Da die Leistung von der Hardware, dem Betriebssystem, den Softwareversionen und vor allem auch vom Datenbankschema abhängt, macht es keinen Sinn, an dieser Stelle weitere Performancevergleiche zu dokumentieren. Sie müssen ohnehin die Leistung in Ihrem jeweils konkreten Szenario messen!

24.4 Objektzuweisung optimieren

Für eine Beziehungszuweisung gibt es in Entity Framework Core zwei Möglichkeiten:

- Zuweisung über einen Objektverweis (erstes Listing)

- Zuweisung über eine Fremdschlüsseleigenschaft (zweites Listing)

Listing: Zuweisung über einen Objektverweis

```
public static void PilotAendern_Mit_Objekt()
{
 CUI.Headline(nameof(PilotAendern_Mit_Objekt));
 var flugNr = 102;
 var neuerPilotNr = 9;

 using (var ctx = new WWWingsContext())
 {
 ctx.Log();
 Flug flug = ctx.FlugSet.Find(flugNr);
 Pilot neuerPilot = ctx.PilotSet.Find(neuerPilotNr);
 flug.Pilot = neuerPilot;
 var anz = ctx.SaveChanges();
 Console.WriteLine("Anzahl gespeicherter Änderungen: " + anz);
 }
}
```

Listing: Zuweisung über eine Fremdschlüsseleigenschaft

```
public static void PilotAendern_Mit_FK()
{
 CUI.Headline(nameof(PilotAendern_Mit_FK));
 var flugNr = 102;
 var neuerPilotNr = 123;

 using (var ctx = new WWWingsContext())
 {
  ctx.Log();
  Flug flug = ctx.FlugSet.Find(flugNr);
  flug.PilotId = neuerPilotNr;
  var anz = ctx.SaveChanges();
  Console.WriteLine("Anzahl gespeicherter Änderungen: " + anz);
 }


}
```

Die Verwendung der Fremdschlüsseleigenschaft ist etwas performanter, weil hier das Objekt nicht explizit geladen werden muss. Der von Entity Framework Core zur Datenbank gesendete UPDATE-Befehl sieht in beiden Fällen gleich aus (siehe Bildschirmabbildung).

Wenn das zuzuweisende Objekt bereits im RAM ist, hat man die freie Wahl zwischen beiden Syntaxformen. Wenn man aber nur den Primärschlüsselwert des zuzuweisenden Objekts im RAM hat, dann sollte man die Fremdschlüsseleigenschaft nutzen. Diese Situation ist häufig bei Webanwendungen und Webservices gegeben, weil man vom Client nur den Primärschlüsselwert bekommt.

Empfehlung: Fremdschlüsseleigenschaften sind in Entity Framework Core optional. Die Optimierungsmöglichkeit bei der Zuweisung ist aber ein guter Grund, warum man Fremdschlüsseleigenschaften zusätzlich zu den Navigationseigenschaften in den Enitätsklassen implementieren sollte!

Abbildung: Ausgabe des obigen Listings

PRACTICAL TIP: Auch wenn es keine Fremdschlüsseleigenschaft gibt, kann man das Laden des Objekts umgehen, indem man das in Entity Framework Core vorhandene "Shadow Property" der Fremdschlüsselspalte nutzt (siehe Listing). Der Nachteil dieser Vorgehensweise ist aber, dass der Name der Fremdschlüsselspalte dann als Zeichenkette im Programmcode verwendet werden muss, was umständlicher in der Eingabe und fehleranfälliger ist.

Listing: Zuweisung über das Shadow Property der Fremdschlüsselspalte

```
/// <summary>
///
/// </summary>
public static void PilotAendern_Mit_ShadowProperty()
{
  CUI.Headline(nameof(PilotAendern_Mit_ShadowProperty));
  var flugNr = 102;
  var neuerPilotNr = 123;
  using (var ctx = new WWWingsContext())
  {
    ctx.Log();
    Flug flug = ctx.FlugSet.Find(flugNr);
    ctx.Entry(flug).Property("PilotId").CurrentValue = neuerPilotNr;
    var anz = ctx.SaveChanges();
    Console.WriteLine("Anzahl gespeicherter Änderungen: " + anz);
  }
```

24.5   Massenoperationen

Entity Framework Core bietet in seiner Grundausstattung keine Unterstützung von Massenoperationen auf mehr als einem Datensatz, sondern behandelt für das Löschen und Ändern jeden Datensatz einzeln. Dieses Kapitel diskutiert das Thema anhand eines Löschbefehls (DELETE) für 1000 Datensätze. Die Ausführungen gelten für Datenmassenaktualisierungen mit UPDATE analog.

24.5.1   Einzellöschen

Das nachstehende Listing zeigt die sehr inperformante Variante des Löschens aller Datensätze aus einer Tabelle „Flug", bei denen der Primärschlüssel einen Wert größer als 20000 hat: Alle Datensätze müssen zunächst geladen und in .NET-Objekten materialisiert werden. Jedes einzelne .NET-Objekt wird dann über die Remove()-Methode zum Löschen markiert, und die Löschung wird schließlich von dem Entity Framework Core-Kontext bei der Ausführung der Methode SaveChanges() einzeln für jedes Objekt in einen DELETE-Befehl umgesetzt.

Wenn 1000 Flüge zu löschen sind, sind also 1001 Befehle (ein SELECT und 1000 DELETE-Befehle) erforderlich. In der folgenden Implementierung werden die 1000 DELETE-Befehle, jeder einzeln, zum Datenbankmanagementsystem gesendet, weil das SaveChanges() nach jedem einzelnen Remove() innerhalb der Schleife erfolgt.

Listing: Massenlöschen ohne Batching mit Entity Framework Core-API

```
public static void MassenloeschenEFAPIohneBatching()
{
  var sw = new Stopwatch();
  sw.Start();
  int count = 0;
  using (var ctx = new WWWingsContext())
  {
    var grenze = 20000;
    var flugListe = ctx.FlugSet.Where(x => x.FlugNr >= grenze).ToList();
    foreach (Flug f in flugListe)
    {
      ctx.FlugSet.Remove(f);
      var anz = ctx.SaveChanges();
      count += anz;
    }
  }
  sw.Stop();
  Console.WriteLine("Anzahl ausgeführter DELETE-Befehle: " + count);
  Console.WriteLine("Dauer: " + sw.ElapsedMilliseconds);
}
```

24.5.2   Optimierung durch Batching

Im klassischen Entity Framework spielt es keine Rolle, ob das SaveChanges() in der Schleife nach jedem Remove() steht oder außerhalb der Schleife: Der alte OR-Mapper überträgt immer jeden DELETE-Befehl einzeln zum Datenbankmanagementsystem. In Entity Framework Core gibt es nun aber Batching (vgl. Kapitel "Einfügen, Löschen und Ändern"), das das Problem abmildert.

Das folgende Listing, das SaveChanges() nur einmal am Ende ausführt, führt daher nicht zu 1000 DELETE-Rundgängen zum Datenbankmanagementsystem, sondern nur zu einem Rundgang (vgl.

Abbildung aus dem Microsoft SQL Server Profiler). Insgesamt gibt es dann nur noch zwei Rundgänge (einen für das Laden mit SELECT und einen für die 1000 DELETE-Befehle). Die Ausführungszeit verringert sich damit deutlich (siehe Tabelle).

Vorgehensweise	Rundgänge	Ausführungszeit
Massenlöschen von 1000 Flug-Datensätzen ohne Batching mit Entity Framework Core-API	1001	11,110 Sekunden
Massenlöschen von 1000 Flug-Datensätzen mit Batching mit Entity Framework Core-API	2	3,395 Sekunden

Listing: Massenlöschen mit Batching mit Entity Framework Core-API

```
public static void MassenloeschenEFAPIBatching()
{
 var sw = new Stopwatch();
 sw.Start();
 using (var ctx = new WWWingsContext())
 {
  var grenze = 20000;
  var flugListe = ctx.FlugSet.Where(x => x.FlugNr >= grenze).ToList();
  foreach (Flug f in flugListe)
  {
   ctx.FlugSet.Remove(f);
  }
  var anz = ctx.SaveChanges();
  Console.WriteLine("Anzahl ausgeführter DELETE-Befehle: " + anz);
 }
 sw.Stop();
 Console.WriteLine("Dauer: " + sw.ElapsedMilliseconds);
}
```

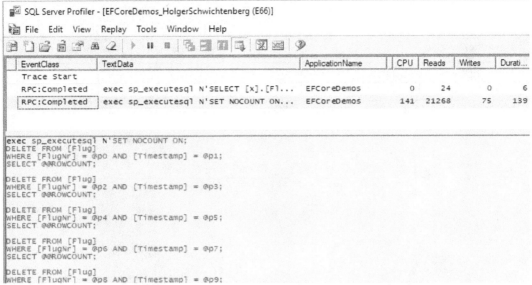

Abbildung: 1000 Delete-Befehle werden in einem Rundgang zum Datenbankmanagementsystem übertragen.

24.5.3   Löschen ohne Laden mit Pseudo-Objekten

Auch mit Einsatz des Batching bleibt ineffizient, dass zunächst alle Datensätze geladen werden, nur um sie dann zu löschen. Entity Framework Core erwartet bei der Ausführung ein Entitätsobjekt.

Hier gibt es nun den Trick, ein solches Entitätsobjekt als Pseudo-Objekt im RAM manuell zu konstruieren und dies Remove() als Parameter zu übergeben (siehe folgendes Listing). Dies steigert die Leistung erheblich (siehe Tabelle). Allerdings ist dies nur unter zwei Voraussetzungen möglich:

- Die Primärschlüssel der zu löschenden Objekte sind bekannt.

- Es ist keine Konflikterkennung (Concurrency Check) durch [ConcurrencyCheck], IsConcurrencyToken() oder eine Timestamp-Spalte aktiv.

Vorgehensweise	Rundgänge	Ausführungszeit
Massenlöschen von 1000 Flug-Datensätzen ohne Batching mit Entity Framework Core-API	1001	11,110 Sekunden
Massenlöschen von 1000 Flug-Datensätzen mit Batching mit Entity Framework Core-API	2	3,395 Sekunden
Massenlöschen von 1000 Flug-Datensätzen mit Batching mit Entity Framework Core-API unter Einsatz von Pseudo-Objekten	1	0,157 Sekunden

Listing: Massenlöschen mit Batching mit Entity Framework Core-API unter Einsatz von Pseudo-Objekten

```
public static void MassenloeschenEFAPIBatchingOhneLaden()
```

```
{
 CUI.Headline(nameof(MassenloeschenEFAPIBatchingOhneLaden));
 var sw = new Stopwatch();
 sw.Start();
 using (var ctx = new WWWingsContext())
 {
  for (int i = 20000; i <21000; i++)
  {
   var f = new Flug() { FlugNr = i };
   ctx.FlugSet.Attach(f);
   ctx.FlugSet.Remove(f)
  }
  var anz = ctx.SaveChanges();
  Console.WriteLine("Anzahl ausgeführter DELETE-Befehle: " + anz);
 }
 sw.Stop();
 Console.WriteLine("Dauer: " + sw.ElapsedMilliseconds);
}
```

24.5.4 Einsatz von klassischem SQL anstelle des Entity Framework Core-APIs

Durch die bisherigen Maßnahmen konnte die Ausführungsdauer bereits signifikant reduziert werden, aber die Dauer ist immer noch viel länger als notwendig. Anstatt hier das Entity Framework Core-API zu verwenden, ist es in einer Situation, in der eine aufeinanderfolgende Menge von Datensätzen zu löschen ist, wesentlich effizienter, einen einzelnen klassischen SQL-Befehl abzusetzen:

```
Delete dbo.Flug where FlugNr >= 20000
```

Das Absetzen dieses SQL-Befehls erledigt der Entwickler entweder auf die klassische Art über ein ADO.NET-Command mit Parameter-Objekt (siehe erstes Listing) oder – prägnanter – über die direkte SQL-Unterstützung in Entity Framework Core (siehe zweites Listing) mit der Methode ExecuteSqlCommand() im Unterobjekt Database des Entity Framework Core-Kontextes. Dabei ist hervorzuheben, dass die an String.Format() angelehnte Platzhaltersyntax ebenso gut gegen SQL-Injektionsangriffe schützt wie die Parametrisierung im ersten Listing, denn hier werden gerade nicht einfach Zeichenketten zusammengesetzt, wie die Syntax suggeriert, sondern intern ebenfalls SQL-Parameter-Objekte erzeugt.

Die Ausführungszeit sinkt in beiden Fällen auf unter 40 Millisekunden, was auch nicht verwundert, denn das Programm hat nun nicht mehr zu tun als eine Datenbankverbindung aufzubauen und ein paar wenige Zeichen zu übertragen. Ein Leistungsunterschied zwischen der Übertragung via Entity Framework Core-Kontext oder Command-Objekt läßt sich nicht messen.

Nachteil dieser Vorgehensweise ist natürlich, dass nun wieder SQL-Zeichenketten zum Einsatz kommen, für die es keine Compilerprüfung gibt, und somit die Gefahr von Syntax- und Typfehlern besteht, die erst zur Laufzeit auffallen.

Vorgehensweise	Rundgänge	Ausführungszeit
Massenlöschen von 1000 Flug-Datensätzen ohne Batching mit Entity Framework Core-API	1001	11,110 Sekunden
Massenlöschen von 1000 Flug-Datensätzen mit Batching mit Entity Framework Core-API	2	3,395 Sekunden

Massenlöschen von 1000 Flug-Datensätzen mit Batching mit Entity Framework Core-API unter Einsatz von Pseudo-Objekten	1	0,157 Sekunden
Massenlöschen von 1000 Flug-Datensätzen mit SQL über Entity Framework-Kontext	1	0,034 Sekunden
Massenlöschen von 1000 Flug-Datensätzen mit SQL über ADO.NET-Command-Objekt mit Parameter	1	0,034 Sekunden

Listing: Massenlöschen mit SQL über ADO.NET-Command-Objekt mit Parameter

```
public static void MassenloeschenSQLueberADONETCommand()
{
  CUI.Headline(nameof(MassenloeschenSQLueberADONETCommand));
  var sw = new Stopwatch();
  sw.Start();
  var grenze = 20000;
  using (SqlConnection connection = new SqlConnection(Program.CONNSTRING))
  {
    connection.Open();
    SqlCommand command = new SqlCommand("Delete dbo.Flug where FlugNr > @Grenze",
connection);
    command.Parameters.Add(new SqlParameter("@Grenze", grenze));
    var anz = command.ExecuteNonQuery();
  }
  sw.Stop();
  Console.WriteLine("Dauer: " + sw.ElapsedMilliseconds);
}
```

Listing: Massenlöschen mit SQL über Entity Framework Core-Kontext

```
public static void MassenloeschenSQLueberEFC()
{
  CUI.Headline(nameof(MassenloeschenSQLueberEFC));
  var sw = new Stopwatch();
  sw.Start();
  using (var ctx = new WWWingsContext())
  {
   var grenze = 20000;
   var anz = ctx.Database.ExecuteSqlCommand("Delete dbo.Flug where FlugNr >=
{0}", grenze);
    Console.WriteLine("Anzahl ausgeführter DELETE-Befehle: " + anz);
  }
  sw.Stop();
  Console.WriteLine("Dauer: " + sw.ElapsedMilliseconds);
}
```

24.5.5   Lamdba-Ausdrücke für Massenlöschen mit EFPlus

Die Zusatzkomponente "Entity Framework Plus" (siehe Kapitel "Zusatzkomponenten"), die es trotz ihres auf das Vorgängerprodukt verweisenden Namens auch für Entity Framework Core gibt, erlaubt es, UPDATE- und DELETE-Befehle in Lambda-Ausdrücken auf Basis von LINQ-

Befehlen zu formulieren und damit zu vermeiden, dass SQL als fehleranfälliger Text im Programmcode zu hinterlegen ist.

Die Komponente EFPlus realisiert Erweiterungsmethoden mit Namen Update() und Delete(). Um diese zu aktivieren, ist ein using Z.EntityFramework.Plus; notwendig. Hierbei ist zu beachten, dass auch in diesem Namen kein Entity Framework Core vorkommt.

Das nächste Listing zeigt die Anwendung von Delete() auf einen LINQ-Befehl. Wie die nächste Bildschirmabbildung zeigt, sind die von EFPlus erzeugten SQL-Befehle aber leider suboptimal: Sie arbeiten immer mit einem geschachtelten SELECT, obwohl dies gar nicht notwendig wäre. Aus der Sicht der Autoren von EFPlus war dies aber die einfachste Implementierung, weil man so einfach auf die vorhandene SELECT-Befehl-Generierung von Entity Framework Core aufsetzen kann. Die Ausführung ist dennoch ähnlich performant wie die Verwendung eines direkten SQL-Befehls (siehe Tabelle).

Listing: Massenlöschen mit EFPlus

```
public static void MassenloeschenEFPlus()
{
 int grenze = 20000;
 CUI.Headline(nameof(MassenloeschenEFPlus));
 var sw = new Stopwatch();
 sw.Start();
 using (var ctx = new WWWingsContext())
 {
  var anz = ctx.FlugSet.Where(x => x.FlugNr >= grenze).Delete();
  Console.WriteLine("Anzahl ausgeführter DELETE-Befehle: " + anz);
 }
 sw.Stop();
 Console.WriteLine("Dauer: " + sw.ElapsedMilliseconds);
}
```

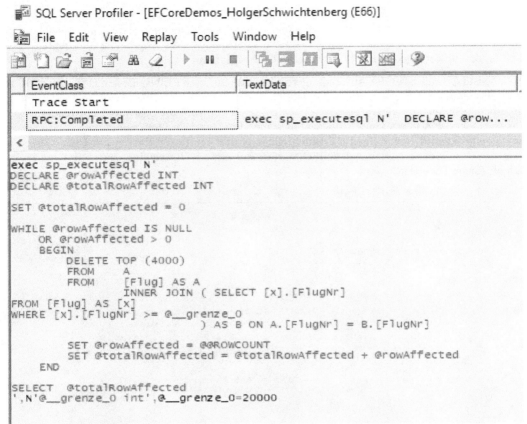

Abbildung: SQL-DELETE-Befehl, den EFPlus zum Datenbankmanagementsystem sendet

Vorgehensweise	Rundgänge	Ausführungszeit
Massenlöschen von 1000 Flug-Datensätzen ohne Batching mit Entity Framework Core-API	1001	11,110 Sekunden
Massenlöschen von 1000 Flug-Datensätzen mit Batching mit Entity Framework Core-API	2	3,395 Sekunden
Massenlöschen von 1000 Flug-Datensätzen mit Batching mit Entity Framework Core-API unter Einsatz von Pseudo-Objekten	1	0,157 Sekunden
Massenlöschen von 1000 Flug-Datensätzen mit SQL über Entity Framework-Kontext	1	0,034 Sekunden
Massenlöschen von 1000 Flug-Datensätzen mit SQL über ADO.NET-Command-Objekt mit Parameter	1	0,034 Sekunden
Massenlöschen von 1000 Flug-Datensätzen mit EFPlus	1	0,045 Sekunden

24.5.6 Massenaktualisierung mit EFPlus

Das nächste Listing zeigt die Formulierung eines UPDATE-Befehls mit der Zusatzkomponente "Entity Framework Plus" (EFPlus, siehe Kapitel "Zusatzkomponenten") mit der Erweiterungsmethode Update(), der bei jedem zukünftigen Flug ab Berlin die Anzahl der freien Plätze um eins reduziert. Die Bildschirmabbildung zeigt den zum Datenbankmanagementsystem gesendeten SQL-UPDATE-Befehl, der ebenso wie bei Delete() mit einer Verschachtelung arbeitet.

Listing: Massenaktualisierung mit EFPlus

```
public static void Run_BatchUpdate()
{
  using (var ctx = new DZ.WWWingsContext())
  {
  var anz = ctx.FlugSet.Where(x => x.Abflugort == "Berlin" && x.Datum >=
DateTime.Now).Update(x => new Flug() { FreiePlaetze =
(short)(x.FreiePlaetze.GetValueOrDefault() - 1) });
    Console.WriteLine("Geänderte Datensätze:" + anz);
  }
}
```

Abbildung: SQL-UPDATE-Befehl, den EFPlus zum Datenbankmanagementsystem sendet

24.6 Leistungsoptimierung durch No-Tracking

Wie schon beim Vorgänger ADO.NET Entity Framework gibt es auch beim neuen Entity Framework Core einen No-Tracking-Modus, der das Laden von Datensätzen erheblich beschleunigt. Bei der Neuimplementierung hat Microsoft durch eine zusätzliche Kontextoption den Praxiseinsatz dieser Funktion verbessert.

Die Geschwindigkeitsmessung in der nächsten Abbildung zeigt, dass der optionale No-Tracking-Modus gegenüber dem Tracking-Modus, der im Standard aktiv ist, erhebliche Geschwindigkeitsvorteile bringt – sowohl beim alten ADO.NET Entity Framework als auch beim neuen Entity Framework Core. Im No-Tracking-Modus kann Entity Framework Core 10.000 Datensätze (13 Spalten aus einer Tabelle, kein Join, Datentypen int, smallint, nvarchar(30), nvarchar(max), bit, timestamp) in famosen 46 Millisekunden über das Netzwerk abholen und im RAM in Objekte materialisieren. Das ist fast so schnell wie ein ADO.NET DataReader mit manuellem Mapping (also selbst geschriebene Codezeilen wie obj.Name = Convert.ToString(dataReader["Name"])). Im normalen Tracking-Modus dauert das Lesen der Datensätze etwas mehr als doppelt so lang (100 Millisekunden).

Die Abbildung zeigt dazu im Vergleich auch Entity Framework 6.1.3: Hier dauert es im Tracking-Modus sogar 263 Millisekunden. Mit 53 Millisekunden ist im No-Tracking-Modus nur ein marginaler Unterschied zu Entity Framework Core vorhanden. Microsoft hat in Entity Framework Core gegenüber Entity Framework 6.1.3 also vor allem den Tracking-Modus beschleunigt. Dennoch lohnt sich in Entity Framework Core auch der No-Tracking-Modus.

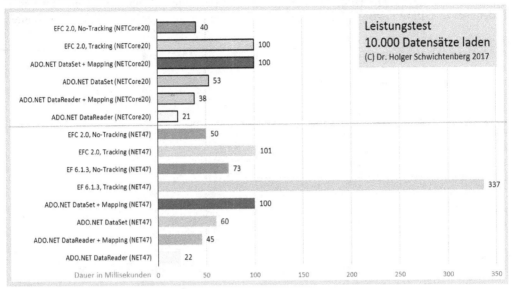

Abbildung: Leistungsvergleich

24.6.1   No-Tracking aktivieren

In den ersten Versionen des alten Entity Framework musste man den No-Tracking-Modus durch die Eigenschaft MergeOption für jede Entitätsklasse oder jede Abfrage durch eine zusätzliche Programmcodezeile setzen. Seit Entity Framework 4.1 gibt es die Möglichkeit, das Setzen auf Ebene einer Abfrage mit der Erweiterungsmethode AsNoTracking() wesentlich eleganter zu gestalten (siehe nächstes Listing). In Entity Framework Core wird hierfür nur noch AsNoTracking() verwendet.

*Listing: Aktivierung des No-Tracking-Modus mit AsNoTr*acking() in Entity Framework 6.x und Entity Framework Core

```
CUI.MainHeadline("No-Tracking-Modus");
// Laden im No-Tracking-Modus
  using (WWWingsContext ctx = new WWWingsContext())
  {
    var flugSet = ctx.FlugSet.AsNoTracking().ToList();
    var flug = flugSet[0];
    Console.WriteLine(flug + ": " + ctx.Entry(flug).State); // Detached
    flug.FreiePlaetze--;
    Console.WriteLine(flug + ": " + ctx.Entry(flug).State); // Detached
    int anz = ctx.SaveChanges();
    Console.WriteLine($"Gespeicherte Änderungen: {anz}"); // 0
  }
```

Die Konsequenz des No-Tracking-Modus zeigt die folgende Bildschirmabbildung mit der Ausgabe des vorherigen Listings: Die Änderungsverfolgung ("Change Tracking") des Entity Framework

Core wirkt nicht mehr, wenn man den No-Tracking-Modus aktiviert. Im Standardfall sind Objekte nach dem Laden im Zustand "Unchanged" und Wechseln nach einer Änderung in den Zustand "Modified". Beim Laden im No-Tracking-Modus sind sie nach dem Laden "Detached" und bleiben dies auch nach der Änderung. Die Ausführung der Methode SaveChanges() sendet dann keine Änderung zum Datenbankmanagementsystem, da Entity Framework Core von der Änderung nichts mitbekommen hat.

```
Tracking-Modus
WWWingsContext: OnConfiguring
WWWingsContext: OnModelCreating
Flug #100: von Köln/Bonn nach Rom: 237 Freie Plätze. Zustand: Unchanged
Flug #100: von Köln/Bonn nach Rom: 236 Freie Plätze. Zustand: Modified
Gespeicherte Änderungen: 1
No-Tracking-Modus
WWWingsContext: OnConfiguring
Flug #100: von Köln/Bonn nach Rom: 236 Freie Plätze. Zustand: Detached
Flug #100: von Köln/Bonn nach Rom: 235 Freie Plätze. Zustand: Detached
Gespeicherte Änderungen: 0
```

Abbildung: Bildschirmausgabe dem vorherigen Listing

24.6.2   No-Tracking fast immer möglich

Der No-Tracking-Modus sollte auf jeden Fall immer für Objekte angewendet werden, die nur der Anzeige von Daten dienen und überhaupt nicht modifiziert werden sollen. Aber auch wenn man einzelne Objekte modifizieren will, kann man die Objekte zunächst im No-Tracking-Modus laden und dann später noch an die Kontextklasse anheften. Dafür muss man die zu ändernden Objekte lediglich – im besten Fall vor (!) der Änderung – mit der Methode Attach() dem Kontext hinzufügen. Diese Methode gibt es sowohl in der DbContext-Klasse als auch in der DbSet<T>-Klasse.

Durch die Attach()-Methode wird ein Objekt an die Änderungsverfolgung von Entity Framework Core angefügt. Das Objekt wird dadurch vom Zustand "Detached" in den Zustand "Unchanged" überführt. Es dürfen natürlich nur Instanzen von Entitätsklasse an Attach() übergeben werden. Wenn der Entwickler Instanzen von Klassen übergibt, die der Entity Framework Core-Kontext nicht kennt, kommt es zur Fehlermeldung "The entity type xy was not found. Ensure that the entity type has been added to the model."

Das nächste Listing und die dazugehörige Bildschirmausgabe zeigen den Einsatz der Attach()-Methode in drei Szenarien:

- Attach() wird ausgeführt vor der eigentlichen Änderung. In diesem Fall ist nichts weiter zu tun, denn Entity Framework Core erkennt nach dem Attach() alle Änderungen und überführt das Objekt bei einer Änderung selbständig vom Zustand Unchanged in den Zustand Modified.

- Falls eine Änderung schon vor der Ausführung von Attach() stattgefunden hat, weiß Entity Framework Core nichts vor der Änderung, die vorab stattgefunden hat. Daher muss der Entwickler die Änderung nachträglich anmelden mit ctx.Entry(obj).Property(f => f.Eigenschaft).IsModified = true.

- Falls der Entwickler die geänderten Eigenschaften des Objekts nicht kennt (z.B. weil die Änderungen im aufrufenden Programmcode oder einem anderen Prozess stattgefunden haben) oder es ihm zu lästig ist, die einzelnen Eigenschaften auf IsModified zu setzen, kann er mit ctx.Entry(flug).State = EntityState.Modified auch den Zustand des ganzen Objekts setzen.

Listing: Einsatz der Attach()-Methode

```
CUI.MainHeadline("No-Tracking-Modus - Attach() vorher");
  // Laden im No-Tracking-Modus
  using (WWWingsContext ctx = new WWWingsContext())
  {
    var flugSet = ctx.FlugSet.AsNoTracking().ToList();
    var flug = flugSet[0];
    Console.WriteLine(flug + " Zustand: " + ctx.Entry(flug).State); // Detached
    ctx.Attach(flug);
    Console.WriteLine(flug + " Zustand: " + ctx.Entry(flug).State); // Unchanged
    flug.FreiePlaetze--;
    Console.WriteLine(flug + " Zustand: " + ctx.Entry(flug).State); // Modified
    int anz = ctx.SaveChanges();
    Console.WriteLine($"Gespeicherte Änderungen: {anz}"); // 0
  }


  CUI.MainHeadline("No-Tracking-Modus - Attach() nachher mit Setzen des
Zustandes auf Attributebene");
  // Laden im No-Tracking-Modus
  using (WWWingsContext ctx = new WWWingsContext())
  {
    var flugSet = ctx.FlugSet.AsNoTracking().ToList();
    var flug = flugSet[0];
    Console.WriteLine(flug + " Zustand: " + ctx.Entry(flug).State); // Detached
    flug.FreiePlaetze--;
    Console.WriteLine(flug + " Zustand: " + ctx.Entry(flug).State); // Detached
    ctx.Attach(flug);
    Console.WriteLine(flug + " Zustand: " + ctx.Entry(flug).State); // Unchanged
    // geändertes Attribut bei EFC melden
    ctx.Entry(flug).Property(f => f.FreiePlaetze).IsModified = true;
    Console.WriteLine(flug + " Zustand: " + ctx.Entry(flug).State); // Modified
    int anz = ctx.SaveChanges();
    Console.WriteLine($"Gespeicherte Änderungen: {anz}"); // 1
  }


  CUI.MainHeadline("No-Tracking-Modus - Attach() nachher mit Setzen des
Zustandes auf Objektebene");
  // Laden im No-Tracking-Modus
  using (WWWingsContext ctx = new WWWingsContext())
  {
    var flugSet = ctx.FlugSet.AsNoTracking().ToList();
    var flug = flugSet[0];
    Console.WriteLine(flug + " Zustand: " + ctx.Entry(flug).State); // Detached
    flug.FreiePlaetze--;
    Console.WriteLine(flug + " Zustand: " + ctx.Entry(flug).State); // Detached
    ctx.Attach(flug);
    Console.WriteLine(flug + " Zustand: " + ctx.Entry(flug).State); // Unchanged
    // ganzes Objekt zu Zustand versetzen
    ctx.Entry(flug).State = EntityState.Modified;
    Console.WriteLine(flug + " Zustand: " + ctx.Entry(flug).State); // Modified
```

```
        int anz = ctx.SaveChanges();
        Console.WriteLine($"Gespeicherte Änderungen: {anz}"); // 1
    }
```

```
No-Tracking-Modus - Attach() vorher
WWWingsContext: OnConfiguring
WWWingsContext: OnModelCreating
Flug #100: von Köln/Bonn nach Rom: 230 Freie Plätze. Zustand: Detached
Flug #100: von Köln/Bonn nach Rom: 230 Freie Plätze. Zustand: Unchanged
Flug #100: von Köln/Bonn nach Rom: 229 Freie Plätze. Zustand: Modified
Gespeicherte Änderungen: 1
No-Tracking-Modus - Attach() nachher mit Setzen des Zustandes auf Atributebene
WWWingsContext: OnConfiguring
Flug #100: von Köln/Bonn nach Rom: 229 Freie Plätze. Zustand: Detached
Flug #100: von Köln/Bonn nach Rom: 228 Freie Plätze. Zustand: Detached
Flug #100: von Köln/Bonn nach Rom: 228 Freie Plätze. Zustand: Unchanged
Flug #100: von Köln/Bonn nach Rom: 228 Freie Plätze. Zustand: Modified
Gespeicherte Änderungen: 1
No-Tracking-Modus - Attach() nachher mit Setzen des Zustandes auf Objektebene
WWWingsContext: OnConfiguring
Flug #100: von Köln/Bonn nach Rom: 228 Freie Plätze. Zustand: Detached
Flug #100: von Köln/Bonn nach Rom: 227 Freie Plätze. Zustand: Detached
Flug #100: von Köln/Bonn nach Rom: 227 Freie Plätze. Zustand: Unchanged
Flug #100: von Köln/Bonn nach Rom: 227 Freie Plätze. Zustand: Modified
Gespeicherte Änderungen: 1
```

Abbildung: Ausgabe von obigem Listing

Wie obige Abbildung beweist, wird die Änderung in allen drei Fällen von SaveChanges()
gespeichert. Hinter den Kulissen gibt es jedoch einen Unterschied zwischen den drei o.g.
Szenarien. In Szenario 1 und 2 sendet Entity Framework Core einen SQL-UPDATE-Befehl zur
Datenbank, der nur die tatsächlich geänderte Spalte "FreiePlaetze" aktualisiert:

```
exec sp_executesql N'SET NOCOUNT ON;
UPDATE [Flug] SET [FreiePlaetze] = @p0
WHERE [FlugNr] = @p1;
```

Im dritten Szenario hat es der Entwickler aber versäumt, dem Entity Framework Core die
Information zu geben, welche Eigenschaften sich eigentlich geändert haben. Entity Framework
Core kann sich hier nicht anders helfen, als die Werte aller Eigenschaften wieder zur Datenbank
zu senden, auch wenn diese dort schon bekannt sind:

```
exec sp_executesql N'SET NOCOUNT ON;
UPDATE [Flug] SET [Abflugort] = @p0, [Bestreikt] = @p1, [CopilotId] = @p2,
[FlugDatum] = @p3, [Fluggesellschaft] = @p4, [FlugzeugTypID] = @p5,
[FreiePlaetze] = @p6, [Memo] = @p7, [NichtRaucherFlug] = @p8, [PilotId] = @p9,
[Plaetze] = @p10, [Preis] = @p11, [Timestamp] = @p12, [Zielort] = @p13
WHERE [FlugNr] = @p14;
```

Praxishinweis: Neben der Tatsache, dass hier unnötig Daten über die Leitung gesendet werden,
birgt eine Aktualisierung aller Spalten auch einen möglichen Datenänderungskonflikt: Wenn
andere Prozesse Teile des Datensatzes bereits geändert haben, werden die Änderungen diese
anderen Prozesse gnadenlos überschrieben. Man sollte also immer dafür sorgen, dass Entity
Framework Core die geänderten Spalten kennt. Wenn die Modifikationen des Objekts vor dem
Attach() durch den Aufrufer stattgefunden haben, muss man den Aufrufer dazu verpflichten,
entsprechende Metainformationen über die geänderten Eigenschaften mitzuliefern.

24.6.3   No-Tracking im änderbaren Datagrid

Mit dem Attach()-Trick kann man fast alle Datenmengen im No-Tracking-Modus laden. Die folgende Bildschirmabbildung zeigt das in der Praxis übliche Datagrid-Szenario: Der Benutzer kann eine (größere) Datenmenge laden und beliebige Datensätze ändern. Die Änderungen werden dann durch einen Klick auf "Daten speichern" persistiert.

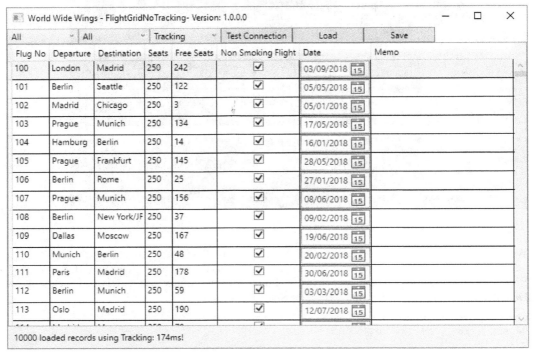

Abbildung: 10.000 Datensätze im Tracking-Modus in 174 Millisekunden geladen

Flug No	Departure	Destination	Seats	Free Seats	Non Smoking Flight	Date	Memo
100	London	Madrid	250	242	✔	03/09/2018	
101	Berlin	Seattle	250	122	✔	05/05/2018	
102	Madrid	Chicago	250	3	✔	05/01/2018	
103	Prague	Munich	250	134	✔	17/05/2018	
104	Hamburg	Berlin	250	14	✔	16/01/2018	
105	Prague	Frankfurt	250	145	✔	28/05/2018	
106	Berlin	Rome	250	25	✔	27/01/2018	
107	Prague	Munich	250	156	✔	08/06/2018	
108	Berlin	New York/JF	250	37	✔	09/02/2018	
109	Dallas	Moscow	250	167	✔	19/06/2018	
110	Munich	Berlin	250	48	✔	20/02/2018	
111	Paris	Madrid	250	178	✔	30/06/2018	
112	Berlin	Munich	250	59	✔	03/03/2018	
113	Oslo	Madrid	250	190	✔	12/07/2018	

10000 loaded records using NoTracking: 97ms!

Abbildung: 10.000 Datensätze im No-Tracking-Modus in 97 Millisekunden geladen

In diesem Fall ist es überhaupt nicht notwendig, die zusätzliche Zeit für den Tracking-Modus beim Laden zu verschwenden. Es reicht völlig aus, die einzelnen Datensätze, die der Benutzer konkret bearbeitet, mit Attach() beim Entity Framework-Kontext anzumelden. Bei dem von Microsoft für die Windows Presentation Foundation (WPF) gelieferten Datagrid-Steuerelementen verwendet man dazu das Ereignis BeginningEdit(). In der Ereignisbehandlungsroutine überführt man mit Attach() das Detached Object in ein Attached Object (siehe nächstes Schaubild) und registriert somit das Objekt auch bei der Änderungsverfolgung des Entity Framework-Kontextes.

Es ist aber keine gute Idee, nach dem Laden mit AsNoTracking() alle Objekte in einer Schleife mit Attach() anzufügen. Attach() braucht unter eine Millisekunde pro Objekt. Das fällt nicht auf, wenn man einzelne Objekte damit anfügt. Aber in Summe ist so eine Schleife langsamer, als wenn man direkt alle Objekte im Tracking-Modus lädt. Wenn man also sicher weiß, dass alle Objekte zu ändern sind, sollte man den Tracking-Modus beim Laden verwenden.

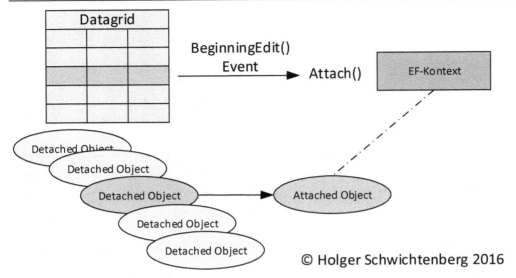

© Holger Schwichtenberg 2016

Abbildung: Der Entwickler meldet das im DataGrid zu ändernde Objekt beim Beginn der Änderung mit Attach() beim Entity Framework-Kontext an.

Listing: Attach() im BeginningEdit-Ereignis

```
/// <summary>
/// Called when starting to editing a flight in the grid
/// </summary>
private void C_flightDataGrid_BeginningEdit(object sender,
DataGridBeginningEditEventArgs e)
{
  // Zugriff auf aktuellen editierten Flight
  var flug = (Flight)e.Row.Item;

  if (flug.FlightNo > 0) // important so that new flights are not added before
filling
  {
    // Attach may only be done if the object is not already attached!
    if (!ctx.FlightSet.Local.Any(x => x.FlightNo == flug.FlightNo))
    {
      ctx.FlightSet.Attach(flug);
      SetStatus($"Flight {flug.FlightNo} can now be edited!");
    }
  }
}
```

Praxishinweis: Attach() darf nur ausgeführt werden, wenn das Objekt nicht schon mit der Kontextinstanz verbunden ist; sonst kommt es zum Laufzeitfehler. Ob das Objekt schon mit dem Kontext verbunden ist, kann man das Objekt nicht selber fragen. Die DbSet<T>-Klasse aber besitzt ein Property Local, dass alle im lokalen Cache von Entity Framework Core vorhandenen Objekte beinhaltet. Diesen Cache kann der Entwickler abfragen: ctx.FlightSet.Local.Any(x => x.FlightNo == flug.FlightNo)

Achtung: Das Property Local besitzt eine Methode Clear(). Diese führt aber nicht nur – wie man vermuten würde – ein Leeren des Cache des Entity Framework Core-Kontextes aus, sondern setzt alle darin enthaltenen Objekte auch in den Zustand "Deleted", wodurch sie beim nächsten SaveChanges() gelöscht würden! Um die Objekte tatsächlich nur aus dem Cache zu entfernen, muss man die Objekte einzeln in den Zustand detached setzen:

```
foreach (var f in ctx.FlightSet.Local.ToList())
{
    ctx.Entry(f).State = EntityState.Detached;
}
```

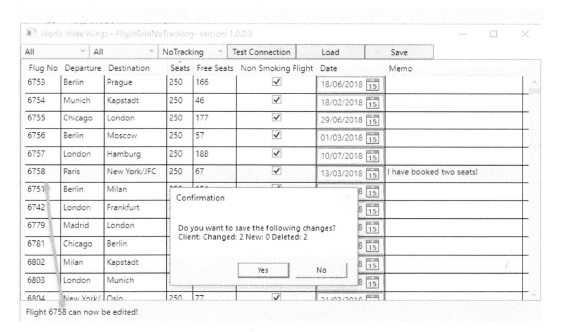

Figure: Obwohl No-Tracking geladen wurden, kann der Benutzer alle Änderungen speichern

Die nächsten beiden *Listing* zeigen den XAML-Code und die vollständige Code-Behind-Klasse.

Listing: FlightGridNoTracking.xaml (Projekt EFC_GUI)

```xml
<Window x:Class="GUI.WPF.FlightGridNoTracking"
        xmlns="http://schemas.microsoft.com/winfx/2006/xaml/presentation"
        xmlns:x="http://schemas.microsoft.com/winfx/2006/xaml"
        xmlns:d="http://schemas.microsoft.com/expression/blend/2008"
        xmlns:mc="http://schemas.openxmlformats.org/markup-compatibility/2006"
        xmlns:local="clr-namespace:GUI.WPF"
        xmlns:wpf="clr-namespace:ITVisions.WPF;assembly=ITV_DemoUtil"
        mc:Ignorable="d"
        Title="World Wide Wings - FlightGridNoTracking" Height="455.233"
Width="634.884">

    <Window.Resources>
```

```xml
  <wpf:InverseBooleanConverter
x:Key="InverseBooleanConverter"></wpf:InverseBooleanConverter>
 </Window.Resources>

 <Grid x:Name="LayoutRoot" Background="White">
  <DockPanel>

  <!--===================== Command Bar-->
  <StackPanel Orientation="Horizontal" DockPanel.Dock="Top">
   <ComboBox Width="100" x:Name="C_City" ItemsSource="{Binding}">
    <ComboBoxItem  Content="All" IsSelected="True" />
    <ComboBoxItem  Content="Rome" />
    <ComboBoxItem Content="Paris" />
    <ComboBoxItem Content="New York/JFC" />
    <ComboBoxItem Content="Berlin" />
   </ComboBox>
   <ComboBox Width="100" x:Name="C_Count" >
    <ComboBoxItem Content="10" IsSelected="True" />
    <ComboBoxItem Content="100" IsSelected="True" />
    <ComboBoxItem Content="1000" IsSelected="True" />
    <ComboBoxItem Content="All" IsSelected="True" />
   </ComboBox>
   <ComboBox Width="100" x:Name="C_Mode" >
    <ComboBoxItem Content="Tracking" IsSelected="True" />
    <ComboBoxItem Content="NoTracking" IsSelected="False" />
   </ComboBox>
   <Button Width="100" x:Name="C_Test" Content="Test Connection"
Click="C_Test_Click" ></Button>
   <Button Width="100" x:Name="C_Load" Content="Load"
Click="C_Load_Click"></Button>
   <Button Width="100" x:Name="C_Save" Content="Save"
Click="C_Save_Click"></Button>
  </StackPanel>
  <!--===================== Status Bar-->
  <StatusBar DockPanel.Dock="Bottom">
   <Label x:Name="C_Status"></Label>
  </StatusBar>
  <!--===================== Datagrid-->
  <DataGrid Name="C_flightDataGrid" AutoGenerateColumns="False"
EnableRowVirtualization="True"  IsSynchronizedWithCurrentItem="True"
SelectedIndex="0" Height="Auto" BeginningEdit="C_flightDataGrid_BeginningEdit"
PreviewKeyDown="C_flightDataGrid_PreviewKeyDown"
RowEditEnding="C_flightDataGrid_RowEditEnding">
   <DataGrid.Columns>
    <DataGridTextColumn Binding="{Binding Path=FlightNo}" Header="Flug No"
Width="SizeToHeader" />
    <DataGridTextColumn Binding="{Binding Path=Departure}" Header="Departure"
Width="SizeToHeader" />
    <DataGridTextColumn Binding="{Binding Path=Destination}"
Header="Destination" Width="SizeToHeader" />
    <DataGridTextColumn Binding="{Binding Path=Seats}" Header="Seats"
Width="SizeToHeader" />
    <DataGridTextColumn Binding="{Binding Path=FreeSeats}" Header="Free Seats"
Width="SizeToHeader" />
```

```
      <DataGridCheckBoxColumn Binding="{Binding Path=NonSmokingFlight,
Converter={StaticResource InverseBooleanConverter}}" Header="Non Smoking Flight"
Width="SizeToHeader" />
      <DataGridTemplateColumn Header="Date" Width="100">
       <DataGridTemplateColumn.CellTemplate>
        <DataTemplate>
         <DatePicker SelectedDate="{Binding Path=Date}" />
        </DataTemplate>
       </DataGridTemplateColumn.CellTemplate>
      </DataGridTemplateColumn>
      <DataGridTextColumn Binding="{Binding Path=Memo}" Width="200" Header="Memo"
/>
    </DataGrid.Columns>
   </DataGrid>

  </DockPanel>
 </Grid>
</Window>
```

Listing: FlightGridNoTracking.cs (Projekt EFC_GUI)

```
using BO;
using DA;
using Microsoft.EntityFrameworkCore;
using System;
using System.Diagnostics;
using System.Linq;
using System.Reflection;
using System.Windows;
using System.Windows.Controls;
using System.Windows.Input;

namespace GUI.WPF
{

 public partial class FlightGridNoTracking : Window
 {

  public FlightGridNoTracking()
  {
   InitializeComponent();
   this.Title = this.Title + "- Version: " +
Assembly.GetExecutingAssembly().GetName().Version.ToString();
  }

  private void SetStatus(string s)
  {
   this.C_Status.Content = s;
  }

  WWWingsContext ctx;

  /// <summary>
  /// Load flights
```

```
/// </summary>
private void C_Load_Click(object sender, RoutedEventArgs e)
{
 ctx = new WWWingsContext();
 // Clear grid
 this.C_flightDataGrid.ItemsSource = null;
 // Get departure
 string Ort = this.C_City.Text.ToString();
 // Show status
 SetStatus("Loading with " + this.C_Mode.Text + "...");

 // Prepare query
 var q = ctx.FlightSet.AsQueryable();
 if (this.C_Mode.Text == "NoTracking") q = q.AsNoTracking();
 if (Ort != "All") q = (from f in q where f.Departure == Ort select f);

 if (Int32.TryParse(this.C_Count.Text, out int count))
 {
  if (count>0) q = q.Take(count);
 }


 var sw = new Stopwatch();
 sw.Start();
 // Execute query
 var fluege = q.ToList();
 sw.Stop();

 // Databinding to grid
 this.C_flightDataGrid.ItemsSource = fluege; // Local is empty at NoTracking;

 // Status setzen
 SetStatus(fluege.Count() + " loaded records using " + this.C_Mode.Text + ": "
+ sw.ElapsedMilliseconds + "ms!");
 }


 /// <summary>
 /// Save the changed flights
 /// </summary>
 private void C_Save_Click(object sender, RoutedEventArgs e)
 {
  // Get changes and ask
  var added = from x in ctx.ChangeTracker.Entries() where x.State ==
EntityState.Added select x;
  var del = from x in ctx.ChangeTracker.Entries() where x.State ==
EntityState.Deleted select x;
  var mod = from x in ctx.ChangeTracker.Entries() where x.State ==
EntityState.Modified select x;

  if (MessageBox.Show("Do you want to save the following changes?\n" +
String.Format("Client: Changed: {0} New: {1} Deleted: {2}", mod.Count(),
added.Count(), del.Count()), "Confirmation", MessageBoxButton.YesNo) ==
MessageBoxResult.No) return;
```

```csharp
    string Ergebnis = "";

    // Save
    Ergebnis = ctx.SaveChanges().ToString();

    // Show status
    SetStatus("Number of saved changes: " + Ergebnis);
}

/// <summary>
/// Called when starting to editing a flight in the grid
/// </summary>
private void C_flightDataGrid_BeginningEdit(object sender,
DataGridBeginningEditEventArgs e)
{
  // Zugriff auf aktuellen editierten Flight
  var flight = (Flight)e.Row.Item;

  if (flight.FlightNo > 0) // important so that new flights are not added before
filling
  {
    // Attach may only be done if the object is not already attached!
    if (!ctx.FlightSet.Local.Any(x => x.FlightNo == flight.FlightNo))
    {
      ctx.FlightSet.Attach(flight);
      SetStatus($"Flight {flight.FlightNo} can now be edited!");
    }
  }
}

/// <summary>
/// Called when deleting a flight in the grid
/// </summary>
private void C_flightDataGrid_PreviewKeyDown(object sender, KeyEventArgs e)
{
  var flight = (Flight)((DataGrid)sender).CurrentItem;

  if (e.Key == Key.Delete)
  {
    // Attach may only be done if the object is not already attached!
    if (!ctx.FlightSet.Local.Any(x => x.FlightNo == flight.FlightNo))
    {
      ctx.FlightSet.Attach(flight);
    }

    ctx.FlightSet.Remove(flight);
    SetStatus($"Flight {flight.FlightNo} can be deleted!");
  }
}

/// <summary>
/// Called when adding a flight in the grid
/// </summary>
```

```
private void C_flightDataGrid_RowEditEnding(object sender,
DataGridRowEditEndingEventArgs e)
{
  var flight = (Flight)e.Row.Item;
  if (!ctx.FlightSet.Local.Any(x => x.FlightNo == flight.FlightNo))
  {
    ctx.FlightSet.Add(flight);
    SetStatus($"Flight {flight.FlightNo} has bee added!");
  }
}


private void C_Test_Click(object sender, RoutedEventArgs e)
{
  try
  {
    ctx = new WWWingsContext();
    var flight = ctx.FlightSet.FirstOrDefault();
    if (flight == null) MessageBox.Show("No flights :-(", "Test Connection",
MessageBoxButton.OK, MessageBoxImage.Warning);
    else MessageBox.Show("OK!", "Test Connection", MessageBoxButton.OK,
MessageBoxImage.Information);
  }
  catch (Exception ex)
  {
    MessageBox.Show("Error: " + ex.ToString(), "Test Connection",
MessageBoxButton.OK, MessageBoxImage.Error);
  }


 }
 }
}
```

24.6.4   QueryTrackingBehavior und AsTracking()

Der No-Tracking-Modus steigert die Performance beim Lesen von Datensätzen mit Entity Framework und Entity Framework Core erheblich. Die vorherigen Ausführungen haben gezeigt, dass der No-Tracking-Modus fast immer angewendet werden sollte. Leider musste der Softwareentwickler im klassischen Entity Framework immer daran denken, in jeder seiner Abfragen AsNoTracking() zu verwenden. Das ist nicht nur lästig für den Entwickler, sondern birgt zugleich auch die Gefahr des unabsichtlichen Vergessens. Im klassischen Entity Framework hat man für diese Situation eigene Lösungen gebraucht, z.B. eine Abstraktion für den Zugriff DbSet<T>, die den No-Tracking-Modus jedes Mal automatisch aktiviert hat.

In Entity Framework Core hat Microsoft seit Version 1.0 eine elegantere Lösung eingebaut: Der Entwickler kann den gesamten Entity Framework Core-Kontext in einen No-Tracking-Modus schalten. Dafür gibt es in der Klasse Microsoft.EntityFrameworkCore.DbContext im Unterobjekt ChangeTracker die Aufzählungseigenschaft QueryTrackingBehavior: Sie steht im Standard auf QueryTrackingBehavior.TrackAll, d.h. das Tracking ist aktiviert. Wenn der Entwickler sie jedoch auf QueryTrackingBehavior.NoTracking umstellt, werden alle Abfragen im No-Tracking-Modus ausgeführt, auch ohne den Einsatz der Erweiterungsmethode AsNoTracking(). Um einzelne

Abfragen im Tracking-Modus auszuführen, gibt es dann für diesen No-Tracking-Grundmodus eine neue Erweiterungsmethode AsTracking() (siehe Listing).

Listing: Setzen des QueryTrackingBehavior und Einsatz von AsTracking()

```
CUI.MainHeadline("Grundeinstellung TrackAll. Abfrage mit AsNoTracking()");
using (WWWingsContext ctx = new WWWingsContext())
    {
    ctx.ChangeTracker.QueryTrackingBehavior = QueryTrackingBehavior.TrackAll; //
Standard
    var flugSet = ctx.FlugSet.AsNoTracking().ToList();
    var flug = flugSet[0];
    Console.WriteLine(flug + " Zustand: " + ctx.Entry(flug).State); // Detached
    flug.FreiePlaetze--;
    Console.WriteLine(flug + " Zustand: " + ctx.Entry(flug).State); // Detached
    int anz = ctx.SaveChanges();
    }


CUI.MainHeadline("Grundeinstellung NoTracking.");
using (WWWingsContext ctx = new WWWingsContext())
    {
    ctx.ChangeTracker.QueryTrackingBehavior = QueryTrackingBehavior.NoTracking;
// NoTracking
    var flugSet = ctx.FlugSet.ToList();
    var flug = flugSet[0];
    Console.WriteLine(flug + " Zustand: " + ctx.Entry(flug).State); // Detached
    flug.FreiePlaetze--;
    Console.WriteLine(flug + " Zustand: " + ctx.Entry(flug).State); // Detached
    int anz = ctx.SaveChanges();
    }


    CUI.MainHeadline("Grundeinstellung NoTracking. Abfrage mit AsTracking()");
    using (WWWingsContext ctx = new WWWingsContext())
    {
    ctx.ChangeTracker.QueryTrackingBehavior = QueryTrackingBehavior.NoTracking;
// NoTracking
    var flugSet = ctx.FlugSet.AsTracking().ToList();
    var flug = flugSet[0];
    Console.WriteLine(flug + " Zustand: " + ctx.Entry(flug).State); // Unchanged
    flug.FreiePlaetze--;
    Console.WriteLine(flug + " Zustand: " + ctx.Entry(flug).State); // Modified
    int anz = ctx.SaveChanges();
    }
```

```
Grundeinstellung TrackAll. Dann: AsNoTracking()
WWWingsContext: OnConfiguring
WWWingsContext: OnModelCreating
Flug #100: von Köln/Bonn nach Rom: 216 Freie Plätze. Zustand: Detached
Flug #100: von Köln/Bonn nach Rom: 215 Freie Plätze. Zustand: Detached
Grundeinstellung NoTracking.
WWWingsContext: OnConfiguring
Flug #100: von Köln/Bonn nach Rom: 216 Freie Plätze. Zustand: Detached
Flug #100: von Köln/Bonn nach Rom: 215 Freie Plätze. Zustand: Detached
Grundeinstellung NoTracking. Dann: AsTracking()
WWWingsContext: OnConfiguring
Flug #100: von Köln/Bonn nach Rom: 216 Freie Plätze. Zustand: Unchanged
Flug #100: von Köln/Bonn nach Rom: 215 Freie Plätze. Zustand: Modified
```

Abbildung: Ausgabe zu obigem Listing

24.6.5   Konsequenzen des No-Tracking-Modus

Der No-Tracking-Modus hat neben der fehlenden Änderungsverfolgung weitere Konsequenzen:

- Die Objekte laden sich nicht im First-Level-Cache von Entity Framework Core. Beim erneuten Zugriff auf das Objekt (z.B. mit DbSet<T>.Find()) wird es also immer wieder von dem Datenbankmangementsystem geladen.

- Es findet kein Relationship Fixup statt. Relationship Fixup bezeichnet eine Funktion von Entity Framework Core, die zwei unabhängig geladenen Objekte im RAM verbindet, wenn sie laut Datenbank zusammengehören. Beispiel: Pilot 123 wurde geladen. Nun wird Flug 101 geladen und hat in seiner Fremdschlüsselbeziehung für den Piloten den Wert 123 stehen. Entity Framework Core wird nun den Flug 101 und den Pilot 123 im RAM verbinden, sodass man vom Flug zum Piloten und – bei bidirektionalen Navigationseigenschaften – auch vom Piloten zum Flug navigieren kann.

- Auch Lazy Loading kann bei No-Tracking nicht funktionieren – aber Lazy Loading gibt es in Entity Framework Core aktuell ohnehin noch nicht.

24.6.6   Best Practices

Microsoft hat mit dem neuen Grundeinstellung QueryTrackingBehavior.NoTracking und der neuen Erweiterungsmethode AsTracking() eine sehr sinnvolle Ergänzung in Entity Framework Core vorgenommen. Dem Autor dieses Buchs, der schon viele mangelhafte Anwendungen von Entity Framework in der Praxis gesehen hat, geht das aber noch nicht weit genug: Er hätte das QueryTrackingBehavior.NoTracking zum Standard gemacht, damit alle Entwickler im Standard eine performante Abfrageausführung bekommen. So muss nun jeder Entwickler daran denken, dass er QueryTrackingBehavior.NoTracking setzt. Am besten ist es, man macht dies bereits im Konstruktor der Kontextklasse selbst und hat in der Folge keine Last mehr mit dem Overhead von Tracking-Abfragen!

24.7 Auswahl der besten Ladestrategie

Die bei Entity Framework Core verfügbaren Ladestrategien für verbundene Master- oder Detail-Daten (Explizites Nachladen, Eager Loading und Preloading) wurde bereits im Kapitel "Objektbeziehungen und Ladestrategien" besprochen. Leider kann man nicht allgemein sagen, was die beste Ladestrategie ist. Es kommt immer auf die Situation an, und die beste Ladestrategie für diese Situation ist im Einzelfall durch Performancemessdaten zu ermitteln. Einige pauschalen Aussagen sind dennoch möglich.

Grundsätzlich ist zu empfehlen, verbundene Datensätze nicht pauschal zu laden, wenn diese nicht zwingend gebraucht werden, sondern verbundene Datensätze nur bei tatsächlichem Bedarf zu laden. Es kommt auf die Anzahl der potenziell zu ladenden, verbundenen Daten an, ob sich ein Eager Loading lohnt.

Wenn man schon genau weiß, dass verbundene Daten gebraucht werden (z.B. im Rahmen eines Datenexports), sollte man Eager Loading oder Preloading wählen. Der gezeigte Preloading-Trick kann dabei die Leistung in vielen Fällen deutlich steigern gegenüber dem Eager Loading mit Include().

Wenn man nicht genau weiß, ob die verbundenen Daten gebraucht werden, dann ist die Wahl zwischen Nachladen und Eager Loading oft auch die Wahl zwischen Pest und Cholera. Das Nachladen bremst durch die zusätzlichen Rundgänge zum Server aus, das Eager Loading bremst durch die größeren Resultssets aus. Meist ist jedoch eine erhöhte Anzahl von Rundgängen schlechter für die Performance als die vergrößerten Resultssets.

Für die Zweifelsfälle gibt es folgenden Rat: Verdrahten Sie Nachladen oder Eager Loading nicht im Code, sondern erlauben Sie, dies über eine Konfiguration zur Betriebszeit der Anwendung zu steuern. So kann der Betreiber der Anwendung mit steigenden Datenmengen und entsprechend dem typischen Nutzerverhalten über diese Einstellung die Anwendung "tunen".

24.8 Zwischenspeicherung (Caching)

Sowohl in Web- als auch Desktopanwendungen gibt es Daten, die ständig verwendet werden, aber nur selten in dem Datenspeicher aktualisiert werden. In diesen Fällen bietet sich zeitgesteuertes Zwischenspeichern (Caching) der Daten im RAM an. .NET bietet dafür seit .NET 4.0 die Komponente System.Runtime.Caching.dll.

Einen Vorläufer für System.Runtime.Caching gibt es schon seit .NET 1.0 innerhalb von ASP.NET im Namensraum System.Web.Caching in der System.Web.dll. Die in .NET 4.0 eingeführt Komponente System.Runtime.Caching.dll ist hingegen in allen Anwendungsarten einsetzbar. System.Runtime.Caching bietet von Haus aus nur eine Art von Cache, den MemoryCache für die Zwischenspeicherung im RAM. Weitere Cache-Verfahren (z.B. auf dedizierten Cache-Servern oder im Dateisystem) kann ein Programmierer durch Ableiten von der Basisklasse ObjectCache entwickeln. Das Caching-Feature von Windows Server AppFabric ist eine andere Caching-Option, die aber nicht auf System.Runtime.Caching basiert.

> **Hinweis:** In .NET Core tritt an die Stelle von System.Runtime.Caching das Nuget-Paket Microsoft.Extensions.Caching.Memory. Allerdings ist mittlerweile System.Runtime.Caching im Rahmen des "Windows Compatibility Pack for .NET Core" [https://blogs.msdn.microsoft.com/dotnet/2017/11/16/announcing-the-windows-compatibility-pack-for-net-core/] auch für .NET Core verfügbar.

24.8.1   MemoryCache

Ein Beispiel für die Verwendung von MemoryCache in Verbindung mit Entity Framework Core zeigt das folgende Listing. GetFluege1() prüft zunächst, ob sich die Liste der Flüge von einem Abflugort bereits im Zwischenspeicher befindet. Wenn die Liste nicht vorhanden ist, werden alle relevanten Flüge mit einer neuen Entity Framework-Kontextinstanz geladen. Für diese Datenmenge erzeugt GetFluege1() einen Cache-Eintrag mit Namen "flugSet". Der Programmcode legt mit policy.AbsoluteExpiration = DateTime.Now.AddSeconds(5) fest, dass der Cache-Eintrag nach fünf Sekunden ablaufen soll. Er verschwindet dann automatisch aus dem RAM.

Natürlich wäre es auch möglich, statt für jeden Abflugort einen eigenen Cache-Eintrag anzulegen, alle Flüge in einem Eintrag zwischenzuspeichern und dann erst daraus im RAM zu filtern. Dann wäre die Anzahl der Datenbankzugriffe noch geringer, aber man hätte auch Daten im RAM, die man ggf. nicht braucht. In Erwägung ziehen kann man das daher nur, wenn die Datenmengen nicht zu groß sind. Wieviel RAM in System.Runtime.Caching für die Zwischenspeicherung verwendet werden soll, kann man in der Anwendungskonfigurationsdatei (app.config/web.config) festlegen: wahlweise in absoluten Megabyte-Zahlen (cacheMemoryLimitMegabytes) oder in Prozent des physikalischen Speichers (physicalMemoryLimitPercentage). Auch das Prüfintervall für diese Grenzen (pollingInterval) ist definierbar. Als Alternative zur Definition dieser Parameter über die Anwendungskonfigurationsdatei besteht auch die Möglichkeit, diese in Form einer NameValueCollection an den Konstruktor von MemoryCache zu übergeben.

Die Methode Demo_MemoryCache() im nachstehenden Listing testet die Funktionsweise von GetFluege1(), indem innerhalb von 15 Sekunden jeweils zwei Aufrufe pro Sekunde stattfinden. Die nachfolgende Abbildung beweist, dass die Caching-Lösung wie erwartet funktioniert und nur alle fünf Sekunden die Flüge neu geladen werden.

Listing: Zeitgesteuerte Zwischenspeicherung von mit Entity Framework geladenen Daten mit dem MemoryCache

```
/// <summary>
/// Getfluege mit System.Runtime.Caching.MemoryCache (5 sek)
/// </summary>
public static void Demo_MemoryCache()
  {
    CUI.Headline("----------- GetFluege alle 0,5 Sekunden mit Default Memory Cache
(5 Sekunden)");
    DateTime Start = DateTime.Now;
    do
    {
    var flugset = GetFluege1("Rom");
    // TODO: Hier was mit Daten machen :-)
    Console.WriteLine("Verarbeite " + flugset.Count + " Datensätze...");
    System.Threading.Thread.Sleep(500);

    } while ((DateTime.Now - Start).TotalSeconds < 60);

    CUI.Print("Fertig");
  }


/// <summary>
/// GetFluege mit MemoryCache (5 sek)
/// </summary>
private static List<Flug> GetFluege1(string Abflugort)
```

```
  {
    string cacheItemName = "flugSet_" + Abflugort;

    // Zugriff auf Cache-Eintrag
    System.Runtime.Caching.MemoryCache cache =
System.Runtime.Caching.MemoryCache.Default;
    List<Flug> flugSet = cache[cacheItemName] as List<Flug>;
    if (flugSet == null) // Element ist NICHT im Cache
    {
      CUI.Print($"{DateTime.Now.ToLongTimeString()}: Cache Miss",
ConsoleColor.Red);
      using (var ctx = new WWWingsContext())
      {
        ctx.Log();
        // Flüge laden
        flugSet = ctx.FlugSet.Where(x => x.Abflugort == Abflugort).ToList();
      }
      // Flüge im Cache ablegen
      CacheItemPolicy policy = new CacheItemPolicy();
      policy.AbsoluteExpiration = DateTime.Now.AddSeconds(5);
      //oder: policy.SlidingExpiration = new TimeSpan(0,0,0,5);
      cache.Set(cacheItemName, flugSet, policy);
    }
    else // Element ist schon im Cache
    {
      CUI.Print($"{DateTime.Now.ToLongTimeString()}: Cache Hit",
ConsoleColor.Green);
    }
    return flugSet;
  }
```

Abbildung: Ausgabe zu obigem Listing.

Hinweis: System.Runtime.Caching kann übrigens noch mehr, insbesondere die sogenannte Zwischenspeicher-Invalidierung (Cache Invalidation) auf Basis der Änderungen von Ressourcen. Z. B. kann ein Cache-Eintrag sofort (also auch vor Ablauf des gesetzten

Zwischenspeicherzeitraums) entfernt werden, wenn sich eine Datei ändert (HostFileChangeMonitor) oder der Inhalt einer Datenbanktabelle (SqlChangeMonitor).

24.8.2   CacheManager

Datenzugriffsmethoden wie GetFluege1() gibt es in jeder Anwendung Hunderte oder gar Tausende. Immer wieder den gleichen Programmcode für die Prüfung auf Existenz des Cache-Eintrags und ggf. Erzeugung eines neuen Eintrags zu hinterlegen ist sicherlich keine gute Lösung.

Im nächsten Listing ist die Aufgabe viel prägnanter und aufgeräumter gelöst. GetFluege2() besteht nur aus dem Aufruf der generischen Get()-Methode einer Instanz der Klasse CacheManager. Der CacheManager erhält bei der Instanziierung die Cache-Dauer in Sekunden. Die Methode Get() erwartet neben dem den Rückgabetyp beschreibenden Typparameter den Cache-Eintragsnamen sowie einen Verweis auf eine Lademethode für die Daten. Der dritte und alle ggf. danach folgenden Parameter werden von Get() an die Lademethode weitergegeben. Die Lademethode GetFluege2Internal() ist dann völlig frei von Cache-Aspekten und nur für das Laden der Daten mit Entity Framework zuständig; sie könnte auch direkt aufgerufen werden, was aber meist nicht erwünscht ist. Daher ist sie hier auch "private".

Listing: Vereinfachte Implementierung der Aufgabe nun mit dem CacheManager.

```
public static void Demo_CacheManager()
{
  CUI.Headline("----------- GetFluege alle 0,5 Sekunden mit CacheManager (5
Sekunden)");
  DateTime Start = DateTime.Now;
  do
  {
   var data = GetFluege2("Rom");
   // TODO: Hier was mit Daten machen :-)
   System.Threading.Thread.Sleep(500);

  } while ((DateTime.Now - Start).TotalSeconds < 60);
  GetFluege2("Rom");
  GetFluege2("Rom");
  GetFluege2("Rom");
  GetFluege2("Paris");
  GetFluege2("");
  GetFluege2("");
  GetFluege2("Rom");
  GetFluege2("Paris");
}


/// <summary>
/// Getfluege mit CacheManager (5 sek)
/// </summary>
private static List<Flug> GetFluege2(string Abflugort)
{
  string cacheItemName = "flugSet_" + Abflugort;

  var cm = new CacheManager<List<Flug>>(5);
  // Optionale Ausgaben als Reaktion auf Events!
  cm.CacheHitEvent += (text) => { CUI.Print($"{DateTime.Now.ToLongTimeString()}:
Cache Hit: " + text, ConsoleColor.Green); };
```

```
   cm.CacheMissEvent += (text) => {
CUI.Print($"{DateTime.Now.ToLongTimeString()}: Cache Miss: " + text,
ConsoleColor.Red); };

  return cm.Get(cacheItemName, GetFluege2Internal, Abflugort);
 }

 private static List<Flug> GetFluege2Internal(object[] param)
 {
  using (var ctx = new WWWingsContext())
  {
   ctx.Log();
   string Abflugort = param[0] as string;
   // Flüge laden
   return ctx.FlugSet.Where(x => x.Abflugort == Abflugort).ToList();
  }
 }
```

Wer es noch etwas prägnanter mag, sollte sich das nächste Listing ansehen. Es zeigt eine Variante zum vorherigen Listings mit einer anonymen Funktion. Dabei ist es nicht mehr notwendig, eine getrennte Lademethode zu schreiben; der dafür notwendige Code wird komplett in GetFluege4() eingebettet. Dank der Closure-Technik muss nun Get() nicht mal mehr den Abflugort als Parameter bekommen, denn die anonyme Methode, die in GetFluege3() eingebettet ist, kann direkt auf alle Variablen der Methode GetFluege3() zugreifen.

Listing: Variante zur Verwendung von CacheManager mit einer anonymen Funktion.

```
public static void Demo_CacheManagerLambda()
 {
   CUI.Headline("----------- 3a GetFluege alle 0,5 Sekunden mit CacheManager und
Lambda (5 Sekunden)");
  DateTime Start = DateTime.Now;
  do
  {
   var data = GetFluege3("Rom");
   // TODO: Hier was mit Daten machen :-)
   System.Threading.Thread.Sleep(500);

  } while ((DateTime.Now - Start).TotalSeconds < 60);
 }

 public static List<Flug> GetFluege3(string Abflugort)
 {
  string cacheItemName = "flugSet_" + Abflugort;
  Func<string[], List<Flug>> getData = (a) =>
  {
   using (var ctx = new WWWingsContext())
   {
    // Flüge laden
    return ctx.FlugSet.Where(x => x.Abflugort == Abflugort).ToList();
   }
  };

  var cm = new CacheManager<List<Flug>>(5);
```

```
   cm.CacheHitEvent += (text) => { CUI.Print($"{DateTime.Now.ToLongTimeString()}:
Cache Hit: " + text, ConsoleColor.Green); };
   cm.CacheMissEvent += (text) => {
CUI.Print($"{DateTime.Now.ToLongTimeString()}: Cache Miss: " + text,
ConsoleColor.Red); };


   return cm.Get(cacheItemName, getData);
}
```

Die elegante Klasse CacheManager ist jedoch keine Klasse des .NET Frameworks, sondern eine Eigenimplementierung des Autors dieses Buchs. Den kompletten Quellcode dieser Klasse zeigt das nächste Listing. Neben der im vorherigen Listing verwendeten generischen Get()-Methode, die einen Typparameter und eine Lademethode erwartet, kann man mit einer anderen Überladung von Get() auch direkt Daten aus dem Cache abrufen. Wenn die Daten nicht vorhanden sind, erhält man hier null zurück. Mit Save() kann man auch direkt speichern. Der Nutzer der CacheManager-Klasse sieht nichts von der zugrundeliegenden Bibliothek System.Runtime.Caching.

Vom Namen her verführerisch klingt für die gegebene Aufgabe auch die Verwendung der Eigenschaft SlidingExpiration statt AbsoluteExpiration. Allerdings führt policy.SlidingExpiration = new TimeSpan(0,0,0,5) dazu, dass die Daten nach dem ersten Laden niemals neu geladen würden, denn der durch TimeSpan(0,0,0,5) festgelegte Zeitraum von 5 Sekunden bezieht sich bei SlidingExpiration auf den letzten Zugriff, d.h. erst fünf Sekunden nach dem letzten Lesezugriff wird der Cache-Eintrag entfernt. Um dennoch ein Neuladen zu erzwingen, müsste man also in der Methode Demo_CacheManager() die Dauer bei Sleep() auf 5000 oder höher setzen.

Listing: Die Hilfsklasse CacheManager vereinfacht den Umgang mit System.Runtime.Caching.

```
using System;
using System.Collections.Generic;
using System.Runtime.Caching;


namespace ITVisions.Caching
{


/// <summary>
/// CacheManager for simplified caching with System.Runtime.Caching
/// (C) Dr. Holger Schwichtenberg 2013-2017
/// </summary>
public class CacheManager
{
  public static List<MemoryCache> AllCaches = new List<MemoryCache>();

  public static bool IsDebug = false;
  /// <summary>
  /// Default cache duration
  /// </summary>
  public static int DefaultCacheSeconds = 60 * 60; // 60 minutes

  /// <summary>
  /// Reduced cache duration in debug mode
  /// </summary>
  public static int DefaultCacheSeconds_DEBUG = 10; // 10 seconds
  /// <summary>
  /// Removes all entries from all caches
  /// </summary>
```

```csharp
 public static void Clear()
 {
  MemoryCache.Default.Dispose();
  foreach (var c in AllCaches)
  {
   c.Dispose();
  }
 }


 /// <summary>
 /// Removes all entries with name part from all caches
 /// </summary>
 /// <param name="name"></param>
 public static void RemoveLike(string namepart)
 {
  foreach (var x in MemoryCache.Default)
  {
   if (x.Key.Contains(namepart)) MemoryCache.Default.Remove(x.Key);
  }
  foreach (var c in AllCaches)
  {
   foreach (var x in MemoryCache.Default)
   {
    if (x.Key.Contains(namepart)) MemoryCache.Default.Remove(x.Key);
   }
  }
 }
}


/// <summary>
/// CacheManager for simplified caching with System.Runtime.Caching
/// (C) Dr. Holger Schwichtenberg 2013-2017
/// </summary>
/// <typeparam name="T">type of cached data</typeparam>
/// <example>
/// public List<Datentyp> GetAll()
/// {
/// var cm = new CacheManager<List<Datentyp>>();
/// return cm.Get("Name", GetAllInternal, "parameter");
/// }
/// public List<Datentyp> GetAllInternal(string[] value)
/// {
/// var q = (from x in Context.MyDbSet where x.Name == value select x);
/// return q.ToList();
/// }
/// </example>
public class CacheManager<T> where T : class
{

 /// <summary>
 /// CacheHit or CassMiss
 /// </summary>
 public event Action<string> CacheEvent;
```

```csharp
/// <summary>
/// triggered when requested data is in the cache
/// </summary>
public event Action<string> CacheHitEvent;
/// <summary>
/// triggered when requested data is not in the cache
/// </summary>
public event Action<string> CacheMissEvent;

private readonly int _seconds = CacheManager.DefaultCacheSeconds;


public MemoryCache Cache { get; set; } = MemoryCache.Default;

/// <summary>
/// Created CacheManager with MemoryCache.Default
/// </summary>
public CacheManager()
{
 if (CacheManager.IsDebug || System.Diagnostics.Debugger.IsAttached)
 {
  this._seconds = CacheManager.DefaultCacheSeconds_DEBUG;
 }
 else
 {
  this._seconds = CacheManager.DefaultCacheSeconds;
 }
}


public CacheManager(int seconds) : this()
{
 this._seconds = seconds;
}


/// <summary>
/// Generated CacheManager with its own MemoryCache instance
/// </summary>
/// <param name="seconds">Gets or sets the maximum memory size, in megabytes,
that an instance of a MemoryCache object can grow to.</param>
/// <param name="cacheMemoryLimitMegabytes"></param>
/// <param name="physicalMemoryLimitPercentage">Gets or sets the percentage of
memory that can be used by the cache.</param>
/// <param name="pollingInterval">Gets or sets a value that indicates the time
interval after which the cache implementation compares the current memory load
against the absolute and percentage-based memory limits that are set for the
cache instance.</param>
public CacheManager(int seconds, int cacheMemoryLimitMegabytes, int
physicalMemoryLimitPercentage, TimeSpan pollingInterval)
{
 var config = new System.Collections.Specialized.NameValueCollection();
 config.Add("CacheMemoryLimitMegabytes", cacheMemoryLimitMegabytes.ToString());
 config.Add("PhysicalMemoryLimitPercentage",
physicalMemoryLimitPercentage.ToString());
 config.Add("PollingInterval", pollingInterval.ToString());
```

```csharp
    Cache = new MemoryCache("CustomMemoryCache_" + Guid.NewGuid().ToString(),
config);
    Console.WriteLine(Cache.PhysicalMemoryLimit);
    Console.WriteLine(Cache.DefaultCacheCapabilities);
    this._seconds = seconds;
  }


  /// <summary>
  /// Get element from cache. It will not load if it is not there!
  /// </summary>
  public T Get(string name)
  {
   object objAlt = Cache[name];
   return objAlt as T;
  }


  /// <summary>
  /// Get element from cache or data source. Name becomes the name of the generic
type
  /// </summary>
  public T Get(Func<string[], T> loadDataCallback, params string[] args)
  {
   return Get(typeof(T).FullName, loadDataCallback, args);
  }


  /// <summary>
  /// Retrieves item from cache or data source using the load method.
  /// </summary>
  public T Get(string name, Func<string[], T> loadDataCallback, params string[]
args)
  {
    string cacheInfo = name + " (" + Cache.GetCount() + " elements in cache.
Duration: " + _seconds + "sec)";
    string action = "";
    object obj = Cache.Get(name);
    if (obj == null) // not in cache
    {
     action = "Cache miss";
     CacheMissEvent?.Invoke(cacheInfo);
     CUI.PrintVerboseWarning(action + ": " + cacheInfo);

     #region DiagnoseTemp
     string s = DateTime.Now + "############### CACHE MISS for: " + cacheInfo +
": " + loadDataCallback.ToString() + System.Environment.NewLine;
     int a = 0;
     var x = Cache.DefaultCacheCapabilities;
     foreach (var c in Cache)
     {
      a++;
      s += $"{a:00}: LIMIT: {Cache.PhysicalMemoryLimit}:" + c.Key + ": " +
c.Value.ToString().Truncate(100) + System.Environment.NewLine;

     }
```

```csharp
    Console.WriteLine(s);
    #endregion

    // load data now
    obj = loadDataCallback(args);
    // and store it in cache
    Save(name, obj as T);

  }
  else // found in cache
  {
    action = "Cache hit";
    CUI.PrintVerboseSuccess(action + ": " + cacheInfo);
    CacheHitEvent?.Invoke(cacheInfo);
  }

  // return data
  CacheEvent?.Invoke(action + " for " + cacheInfo);
  return obj as T;
}

/// <summary>
/// Saves an object in the cache
/// </summary>
public void Save(string name, T obj)
{
  if (obj == null) return;
  object objAlt = Cache[name];
  if (objAlt == null)
  {
    CacheItemPolicy policy = new CacheItemPolicy();
    policy.AbsoluteExpiration = DateTime.Now.AddSeconds(_seconds);
    policy.RemovedCallback = new CacheEntryRemovedCallback(this.RemovedCallback);
    Cache.Set(name, obj, policy);
  }
}

public void RemovedCallback(CacheEntryRemovedArguments arguments)
{

}

/// <summary>
/// Removes an entry with specific names from this cache
/// </summary>
/// <param name="name"></param>
public void Remove(string name)
{
  if (Cache.Contains(name)) Cache.Remove(name);
}

/// <summary>
/// Removes all entries with specific name part from this cache
```

```
/// </summary>
public void RemoveLike(string namepart)
{
 foreach (var x in Cache)
 {
  if (x.Key.Contains(namepart)) Cache.Remove(x.Key);
 }
}
}
}
```

24.9 Second-Level-Caching mit EFPlus

Der gezeigte CacheManager ist eine allgemeine Lösung, mit der man nicht nur Entity Framework-Objekte, sondern jede Form von Daten zwischenspeichern kann. Caching bei Entity Framework Core geht aber noch eleganter! Für Entity Framework Core gibt es eine spezielle Caching-Lösung im Rahmen der Zusatzbibliotheken "Entity Framework Plus" (EFPlus") und EFSecondLevelCache.Core (siehe Kapitel "Zusatzkomponenten").

Diese Komponenten realisieren einen kontextinstanzübergreifenden Query Result Cache auf Basis des MemoryCache von System.Runtime.Caching. So einen Cache nennt man einen Second-Level-Cache. Diese Zusatzkomponenten können Abfragen so verändern, dass Entity Framework Core ihr Ergebnis nicht nur in Objekten materialisiert und diese im First-Level-Cache der Kontextinstanz speichert, sondern zusätzlich auch in einem Second-Level-Cache auf Ebene des Prozesses. Eine andere Kontextinstanz kann dann bei der gleichen Abfrage in diesem Second-Level-Cache nachsehen und die dort gespeicherten Objekte liefern anstelle einer neuen Abfrage des Datenbankmanagementsystems (siehe nachstehendes Schaubild).

> **Hinweis:** Hier wird der Second-Level-Cache in EFPlus besprochen. EFSecondLevelCache.Core ist wesentlich komplexer in der Konfiguration, aber auch flexibler, weil neben dem Hauptspeicher-Cache (MemoryCache) auch Redis als Cache möglich ist.

© Dr. Holger Schwichtenberg, www.IT-Visions.de, 2017

Abbildung: Funktionsweise eines Second-Level-Cache

24.9.1 Einrichten des Second-Level-Cache

Ein Einrichten des Second-Level-Cache in der Kontextklasse ist bei EFPlus nicht notwendig.

24.9.2 Verwenden des Second-Level-Cache

Das nächste Listing zeigt die Anwendung des Second-Level-Cache in EFPlus. In GetFluege4() wird in der LINQ-Anfrage die Methode FromCache() unter Angabe einer Zwischenspeicherdauer (hier: fünf Sekunden) verwendet, und zwar in Form eines Objekts des Typs MemoryCacheEntryOptions aus dem Nuget-Paket Microsoft.Extensions.Caching.Abstraction.

Alternativ kann man die Zwischenspeicherdauer zentral festlegen und dann auf den Parameter bei FromCache() verzichten:

```
var options = new MemoryCacheEntryOptions() { AbsoluteExpiration =
DateTime.Now.AddSeconds(5) };
QueryCacheManager.DefaultMemoryCacheEntryOptions = options;
```

Zu beachten ist, dass GetFluege4() bei jedem Aufruf eine neue Kontextinstanz erzeugt, das Caching funktioniert allerdings dennoch, wie die folgende Bildschirmabbildung beweist.

Anders als bei den Lösungen mit direkter Verwendung des MemoryCache-Objekts hat der Entwickler hier leider keine Möglichkeit, sich ausgeben zu lassen, ob die Objekte aus dem Cache kamen und wann die Datenbank befragt wurde, denn leider feuert der Cache Manager von EFPlus in diesen Fällen keine Ereignisse. Man kann das Zwischenspeicherverhalten also aus den Datenbankzugriffen ableiten, die man über die Entity Framework-Protokollierung (ctx.Log(), siehe Kapitel "Protokollierung") oder über einen externen Profiler (z.B. Entity Framework-Profiler oder SQL Server-Profiler) sieht.

Listing: Second-Level-Caching mit EFPlus

```
/// <summary>
/// Verwendet Drittanbieterzusatzkomponente EFPlus.Core
/// <summary>
  public static void Demo_SecondLevelCache()
  {
    CUI.Headline("----------- Second Level Caching mit EFPlus.Core FromCache() / 5
sek");
    DateTime Start = DateTime.Now;
    do
    {
     var flugSet = GetFluege4("Berlin");
     // TODO: Hier was mit Daten machen :-)
     System.Threading.Thread.Sleep(500);
     Console.WriteLine("Verarbeite " + flugSet.Count + " Flüge im RAM!");

    } while ((DateTime.Now - Start).TotalSeconds < 30);

    GetFluege4("Rom");
    GetFluege4("Rom");
    GetFluege4("Rom");
    GetFluege4("Paris");
    GetFluege4("Mailand");
    GetFluege4("Mailand");
    GetFluege4("Rom");
    GetFluege4("Paris");

  }

  /// <summary>
  /// Caching mit EFPlus FromCache() / 5 sek
  /// </summary>
  /// <param name="abflugort"></param>
  /// <returns></returns>
  public static List<Flug> GetFluege4(string abflugort)
  {
   using (var ctx = new WWWingsContext())
   {
    ctx.Log1();

    var options = new MemoryCacheEntryOptions() { AbsoluteExpiration =
DateTime.Now.AddSeconds(5) };
    CUI.Headline("Lade Flüge von " + abflugort + "...");
    // Flüge laden

    var flugset = ctx.FlugSet.Where(x => x.Abflugort ==
abflugort).FromCache(options).ToList();
    Console.WriteLine(flugset.Count + " Flüge im RAM!");
```

```
    return flugset;
  }
}
```

```
H:\TFS\Demos\EF\EFC_WWWings\EFC_Konsole\bin\Debug\EFC_Konsole.exe                         —    □    ×

Verarbeite 3 Flüge im RAM!
22:29:37: Hole Flüge von Rom ...
Verarbeite 3 Flüge im RAM!
22:29:37: Hole Flüge von Rom ...
Verarbeite 3 Flüge im RAM!
22:29:38: Hole Flüge von Rom ...
Verarbeite 3 Flüge im RAM!
22:29:38: Hole Flüge von Rom ...
Verarbeite 3 Flüge im RAM!
22:29:39: Hole Flüge von Rom ...
003:Debug #200100 Microsoft.EntityFrameworkCore.Database.Command.CommandExecuting:Executing DbCommand [Parameters=[@__ab
flugort_0='?' (Size = 50)], CommandType='Text', CommandTimeout='30']
SELECT [x].[FlugNr], [x].[Abflugort], [x].[Auslastung], [x].[Bestreikt], [x].[CopilotId], [x].[FlugDatum], [x].[Fluggese
llschaft], [x].[FlugzeugTypID], [x].[FreiePlaetze], [x].[LetzteAenderung], [x].[Memo], [x].[NichtRaucherFlug], [x].[Pilo
tId], [x].[Plaetze], [x].[Preis], [x].[Zielort]
FROM [Flug] AS [x]
WHERE [x].[Abflugort] = @__abflugort_0
Verarbeite 3 Flüge im RAM!
22:29:39: Hole Flüge von Rom ...
Verarbeite 3 Flüge im RAM!
22:29:40: Hole Flüge von Rom ...
Verarbeite 3 Flüge im RAM!
22:29:40: Hole Flüge von Rom ...
Verarbeite 3 Flüge im RAM!
22:29:41: Hole Flüge von Rom ...
Verarbeite 3 Flüge im RAM!
22:29:42: Hole Flüge von Rom ...
Verarbeite 3 Flüge im RAM!
22:29:42: Hole Flüge von Rom ...
```

Abbildung: Ausgabe des obigen Listings

25 Softwarearchitektur mit Entity Framework Core

Das Entity Framework Core gehört zweifelsohne zur Daten(bank)zugriffsschicht. Aber wie sieht eigentlich das Schichtenmodell insgesamt aus, wenn man Entity Framework Core einsetzt? Es gibt mehrere Alternativen, die in diesem Kapitel diskutiert werden sollen.

25.1 Monolithisches Modell

Entity Framework Core kann in einem monolithischen Softwaremodell zum Einsatz kommen, d.h. die Instanziierung des Entity Framework Core-Kontextes und die Ausführung der Befehle (LINQ, Stored Procedures, SQL) stecken direkt in der Benutzerschnittstellensteuerung (siehe Abbildung). Dies macht aber nur in sehr kleinen Anwendungen Sinn (vgl. App "MiracleList Light" im Kapitel "Praxislösungen").

Abbildung: Entity Framework Core im monolitischen Softwarearchitekturmodell

25.2　　Entity Framework Core als Datenzugriffsschicht

Das nächste Schaubild zeigt zunächst links den allgemeinen Aufbau einer mehrschichten Anwendung und rechts daneben ein sehr einfaches Mehrschicht-Softwarearchitekturmodell unter Verwendung von Entity Framework Core für den Datenzugriff. Bei diesem sehr pragmatischen Softwarearchitekturmodell　　　　　wird　　　　　auf　　　　　eine　　　　dezidierte,　　　　entwickelte Datenbankzugriffssteuerungsschicht verzichtet. Vielmehr bildet der Entity Framework-Kontext die komplette Datenbankzugriffssteuerungsschicht. Die darüberliegende Schicht ist direkt die Geschäftslogikschicht. Die Geschäftslogikschicht steuert den Datenzugriff durch LINQ-Befehle (Language Integrated Query) und den Aufruf von Stored Procedures, ggf. auch direkten SQL-Befehlen. Gemäß diesen Anweisungen der Geschäftslogikschicht befüllt Entity Framework-Kontext die Entitätsklassen. Die Entitätsklassen werden über alle Schichten bis zur Benutzerschnittstellensteuerung hochgereicht.

Abbildung: Das pragmatische Entity Framework Core-basierte Softwarearchitekturmodell

Kritik an diesem vereinfachten Modell äußern einige Softwarearchitekten, weil bei diesem Softwarearchitekturmodell die Geschäftslogikschicht von Datenzugriffsbefehlen verunreinigt ist. Die Geschäftslogikschicht sollte "eigentlich" keine Datenbankzugriffsbefehle enthalten. Man kann dies so sehen, wenn man wirklich LINQ mit SQL gleichsetzt. Man kann aber auch LINQ als eine echte Abstraktion von SQL verstehen. LINQ-Befehle sind ja letztlich nur eine Abfolge von datenbankneutralen Methodenaufrufen; die SQL-ähnliche Syntax in C# und Visual Basic ist nur ein syntaktisches Zuckerstückchen für den Softwareentwickler. Der C#- bzw. Visual Basic-Compiler macht daraus sofort wieder eine Methodenaufrufkette. Der Entwickler kann diese Methodenaufrufkette　　auch　　selbst　　verwenden,　　also　　Menge.Where(x=>x.KatID　　>　　4).OrderBy(x=>x.Name) schreiben statt from x in Menge where x.KatID > 4 orderby x.Name. Methodenaufrufe sind aber genau die Form, in der Geschäftslogik und Datenzugriffssteuerung normalerweise miteinander kommunizieren; d.h. also die notwenige Verwendung von LINQ in der Geschäftslogikschicht macht hier nichts anderes als das, was Usus ist, zwischen Geschäftslogik und Datenbankzugriffssteuerungsschicht. LINQ ist nur generischer als die meisten APIs von Datenbankzugriffssteuerungsschichten.

Was tatsächlich eine gewisse Verunreinigung der Geschäftslogikschicht darstellt, ist die Verwendung der Entity Framework-Kontextinstanz in der Geschäftslogikschicht. Dies bedeutet, dass die Geschäftslogikschicht selbst eine Referenz auf die Entity Framework Core-Assemblies haben muss. Ein späterer Austausch des Objekt-Relationalen Mappers bedeutet dann also eine Änderung an der Geschäftslogikschicht. Klarer Vorteil dieses ersten Modells ist aber die Einfachheit: Man muss nicht extra eine eigene Datenbankzugriffsschicht schreiben. Das spart Zeit und Geld.

25.3 Reine Geschäftslogik

Dennoch werden einige Softwarearchitekten das obige pragmatische Modell als „zu einfach" ablehnen und stattdessen auf das zweite Modell (siehe Abbildung) aus den Lehrbüchern setzen. Hierbei erstellt der Softwareentwickler eine eigene Datenzugriffssteuerungsschicht. In dieser Datenzugriffs-steuerungsschicht werden alle LINQ-Aufrufe und Stored Procedure-Wrapper-Methoden nochmals in eigene, selbstgeschriebene Methoden verpackt. Diese Methoden ruft dann die Geschäftslogikschicht auf. In diesem Modell braucht lediglich die Datenzugriffssteuerungsschicht eine Referenz auf die Entity Framework Core-Assemblies; die Geschäftslogik bleibt „rein".

Dieses zweite Softwarearchitekturmodell entspricht der reinen Lehre, bedeutet aber in der Praxis eben auch deutlich mehr Implementierungsaufwand. Gerade in Fällen von „Forms-over-Data"-Anwendungen mit wenig Geschäftslogik im engeren Sinne muss der Entwickler dann viele „stupide" Wrapper-Routinen implementieren. Bei LINQ enthält dann GetKunden() in der Datenbankzugriffsschicht den LINQ-Befehl, und GetKunden() in der Geschäftslogik leitet an GetKunden() in der Datenbankzugriffsschicht weiter. Bei Stored Procedure-Nutzung leiten sogar beide Schichten nur weiter.

Abbildung: Das lehrbuchartige Entity Framework Core-basierte Softwarearchitekturmodell ohne Verteilung

25.4   Geschäftsobjekt- und ViewModel-Klassen

Das dritte hier zu diskutierende Softwarearchitekturmodell (siehe Abbildung) geht noch einen Abstraktionsschritt weiter und verbietet auch, dass die Entitätsklassen über alle Schichten weitergereicht werden. Vielmehr findet auch hier eine Abbildung der Entitätsklassen auf andere Klassen statt. Diese anderen Klassen heißen oft Geschäfts(objekt)klassen (manchmal auch: Datentransferobjekte (DTO) in Kontrast zu den datenlastigen Entitätsklassen. In Modell 3b (links in der Abbildung) werden diese Geschäftsobjektklassen im Rahmen des Model View ViewModel-Pattern (MVVM) nochmals auf Klassen abgebildet, die speziell für die Ansicht aufbereitet sind.

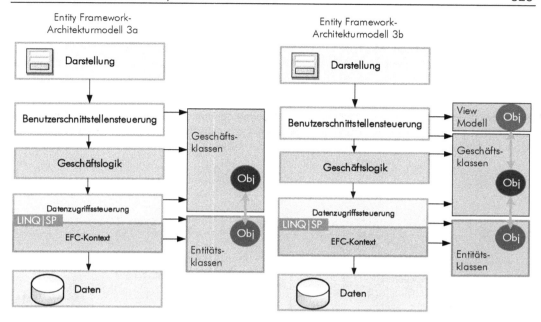

Abbildung: Geschäftsobjekt- und ViewModel-Klassen

Das Geschäftsklassen-basierte Softwarearchitekturmodell wäre zwingend, wenn die erzeugten Entitätsklassen eine zwingende Beziehung zum Entity Framework Core hätten. Das ist aber in Entity Framework Core nicht der Fall (so etwas gab es nur mit der Basisklasse EntityObject in der ersten Version des klassischen ADO.NET Entity Framework). Ein guter Grund für das Geschäftsklassen-basierte Model kann gegeben sein, wenn die Entitätsklassen vom Zuschnitt her gar nicht zur Benutzerschnittstelle passen wollen, z. B. weil es sich um eine „historisch gewachsene" Datenbankstruktur handelt.

Nicht verheimlichen darf man aber, dass dieses Geschäftsklassen-basierte Modell einen ganz erheblichen Implementierungsmehraufwand bedeutet, denn alle Daten müssen aus den Entitätsklassen in die Geschäftsklassen überführt werden. Und dieser Transfer muss bei neuen und geänderten Objekten natürlich auch in umgekehrter Richtung implementiert sein. Solch ein Objekt-Objekt-Mapping (OOM) leistet ein Objekt-Relationaler Mapper wie Entity Framework Core nicht. Für das Objekt-Objekt-Mapping gibt es aber andere Frameworks wie Auto Mapper [*http://automapper.org*] und Value Injecter [*http://valueinjecter.codeplex.com*]. Doch auch mit solchen Frameworks ist der Implementierungsaufwand natürlich signifikant, zumal es auch keinen grafischen Designer für das Objekt-Objekt-Mapping gibt.
Zu beachten ist ebenfalls, dass der Aufwand nicht nur zur Entwicklungszeit höher ist, sondern auch zur Laufzeit, da das zusätzliche Mapping auch Rechenzeit braucht.

25.5   Verteilte Systeme

Vier Softwarearchitekturmodelle für verteilte Systeme mit Entity Framework Core beim Datenzugriff zeigen die Abbildungen 5 bis 7. Hierbei gibt es nun keinen direkten Zugang zur Datenbank mehr vom Client, sondern eine Service-Fassade auf dem Application Server und Proxy-Klassen im Client, welche die Service-Fassade aufrufen. Hinsichtlich der Aufteilung von Geschäftslogikschicht und Datenzugriffsschicht hat man die gleichen Möglichkeiten wie Modell 1 und Modell 2. Diese Optionen sind hier nicht mehr dargestellt. Es geht vielmehr um die Entitätsklassen. Wenn man auf der Clientseite die gleichen Klassen wie auf der Serverseite nutzt, spricht man von sogenannten Shared Contracts. Das ist immer dann möglich, wenn Server und Client in .NET geschrieben sind und daher der Client die Assembly mit den Klassen vom Server referenzieren kann. Den Fall der Shared Contracts zeigt Modell 4 links in der Abbildung: Hier verwendet der Client auch die Entitätsklassen von Entity Framework Core.

Falls der Client eine andere Plattform hat (was in Zeiten der abnehmenden Microsoft-Dominanz ja immer öfter passiert), dann muss man zwingend Proxyklassen für die Entitätsklassen schaffen. In Modell 5 sind explizite Proxyklassen gewünscht oder notwendig, weil der Client nicht .NET ist.

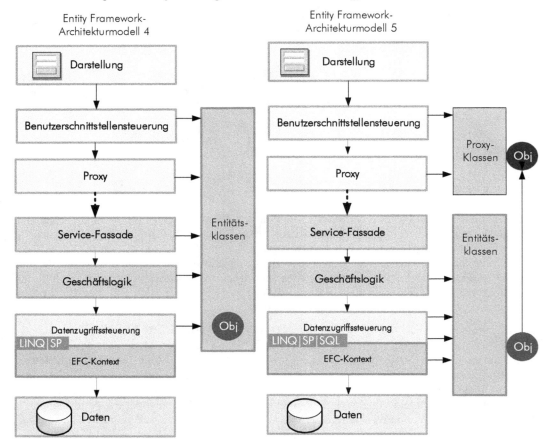

Abbildung: Entity Framework Core-basierte Softwarearchitekturmodelle für ein verteiltes System

Die weiteren Modelle 6 bis 9 unterscheiden sich nur hinsichtlich des Mappings der Entitätsklassen:

- Modell 6 arbeitet zwar mit Shared Contracts, bildet die Entitätsklassen aber auf DTO-Klassen ab, die für die Übertragung auf der Leitung optimiert sind. Im Client findet eine erneute Abbildung in ViewModel-Klassen statt.

- Modell 7 geht von Proxyklassen aus und einem OO-Mapping auf ViewModel-Klassen.

- Modell 8 nutzt DTO-, Proxy- und ViewModel-Klassen.

- Das aufwändigste Modell 9 verwendet zusätzlich zu dem Modell 8 jeweils noch Geschäftsobjektklassen.

Wenn Sie sich jetzt fragen: Wer macht denn Modell 9? Tatsächlich sieht der Autor dieses Buchs in seinem Berateralltag, dass nicht wenige Softwarearchitekturen so aufwändig gestaltet sind. Das sind Projekte, an denen größere Teams arbeiten und dennoch kleine Nutzerwünsche sehr lange in der Umsetzung brauchen.

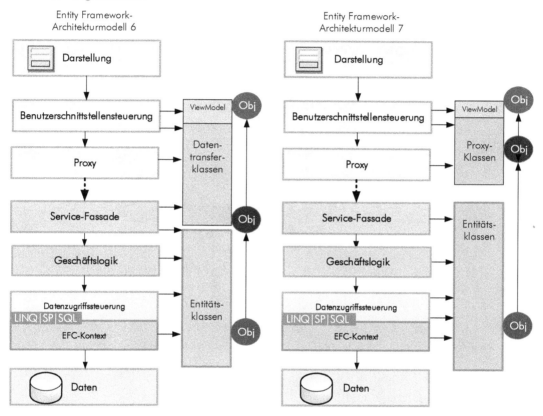

Abbildung: Entity Framework Core-basierte Softwarearchitekturmodelle für ein verteiltes System

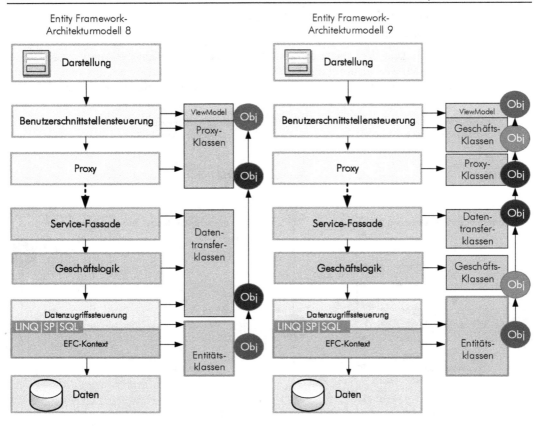

Abbildung: Weitere Entity Framework Core-basierte Softwarearchitekturmodelle mit Verteilung

25.6   Fazit

Der Softwarearchitekt hat beim Einsatz des Entity Framework Core zahlreiche Architekturoptionen. Die Bandbreite beginnt bei einem einfachen, pragmatischen Modell (mit ein paar Kompromissen), bei dem die Entwickler nur drei Assemblies implementieren müssen. Auf der anderen Seite der hier dargestellten Architekturmodelle braucht man mindestens zwölf Assemblies.

Welches der Architekturmodelle man wählen sollte, hängt von verschiedenen Faktoren ab. Dazu zählen natürlich die konkreten Anforderungen, das Systemumfeld und das Know-how der verfügbaren Softwareentwickler. Aber auch das Budget ist ein wichtiger Faktor. Der Autor dieses Buchs erlebt in seinem Alltag als Berater bei Unternehmen immer wieder, dass Softwarearchitekten aufgrund der „reinen Lehre" eine zu komplexe Architektur wählen, die den Rahmenbedingungen nicht angepasst ist. Typischerweise sind in solchen Systemen sogar kleinste Änderungen des Fachanwenders („wir brauchen da links noch ein Feld") nur extrem zeit- und kostenaufwändig zu realisieren. Und manches Projekt ist sogar an der unnötig komplexen Softwarearchitektur schon gescheitert.

> **Praxistipp:** Nutzen Sie so wenig Schichten wie möglich! Denken Sie zweimal darüber nach, bevor Sie eine weitere Abstraktion in Ihr Softwarearchitekturmodell einbauen!

26   Zusatzwerkzeuge

Dieses Kapitel stellt kommerzielle Zusatzwerkzeuge für Entity Framework Core vor. Der Autor dieses Buches ist in keinster Weise an der Entwicklung oder dem Vertrieb dieser Werkzeuge beteiligt!

26.1   Entity Framework Core Power Tools

Bereits für den Vorgänger Entity Framework gab es Power Tools von Microsoft. Die Neuauflage für Entity Framework Core kommt nun von einem externen Entwickler. Die Entity Framework Core Power Tools sind eine kostenfreie Erweiterung für Visual Studio 2017.

	EF Core Power Tools
Werkzeugname	Entity Framework Core Power Tools
Website	*https://www.visualstudiogallery.msdn.microsoft.com/9674e1bb-d942-446a-9059-a8b4bd18dde2*
Hersteller	Erik Ejlskov Jensen (MVP) *https://github.com/ErikEJ*
Kostenfreie Version	Ja
Kommerzielle Version	Nein

26.1.1   Funktionsüberblick

Die Entity Framework Core Power Tools nutzt man über das Kontextmenü eines Projekts im Visual Studio Solution Explorer. Sie bieten folgende Funktionen:

- Grafische Benutzeroberfläche für das Reverse Engineering für SQL Server-, SQL Compact- und SQLite-Datenbanken

- Erstellen eines Diagramms für einen Entity Framework Core-Kontext

- Erstellen eines Diagramms für ein Datenbankschema

- Anzeige der SQL-DDL-Befehle zum Erzeugen des Datenbankschemas aus einem Entity Framework Core-Kontext mit zugehörigen Entitätsklassen

Abbildung: Entity Framework Core Power Tools im Kontextmenü eines Projekts im Solution Explorer

26.1.2   Reverse Engineering mit Entity Framework Core Power Tools

Reverse Engineering mit Entity Framework Core Power Tools besteht aus drei Schritten. Im ersten Dialog wählt man die Datenbank aus über den Standarddialog von Visual Studio. Im zweiten Schritt wählt man die Tabellen. Die Tabellenauswahl kann man als Textdatei speichern und für einen erneuten Auruf wieder laden. Im dritten Schritt nimmt man die Einstellungen vor, die auch das Commandlet Scaffold-DbContext erlaubt. Danach erfolgt die Codegenerierung, die die gleiche ist wie bei Scaffold-DbContext.

> **Hinweis**: Eine spätere Aktualisierung des Programmcodes nach Änderungen in der Datenbank ("Update Model from Database") ist in den Power Tools bisher ebensowenig wie in Scaffold-DbContext realisiert.

Abbildung: Reverse Engineering mit Entity Framework Core Power Tools (Schritt 1)

Abbildung: Reverse Engineering mit Entity Framework Core Power Tools (Schritt 2)

📝 tabellen.txt - Notepad

File   Edit   Format   View   Help

```
Betrieb.Flug
Betrieb.Flug_Passagier
Betrieb.Mitarbeiter
Betrieb.Passagier
Betrieb.Person
Betrieb.Pilot
Immobilien.Flughafen
```

Abbildung: Speicherung der obigen Tabellenauswahl in einer Textdatei

Abbildung: Reverse Engineering mit Entity Framework Core Power Tools (Schritt 3)

Abbildung: Generierter Programmcode mit Entity Framework Core Power Tools Reverse Engineering

26.1.3   Diagramme mit Entity Framework Core Power Tools

Das nachstehende Bild zeigt die über die Funktion "Add DbContext Model Diagram" erzeugte
grafische Darstellung des Entity Framework Core-Modells als Directed Graph Markup Language
(DGML)-Datei.

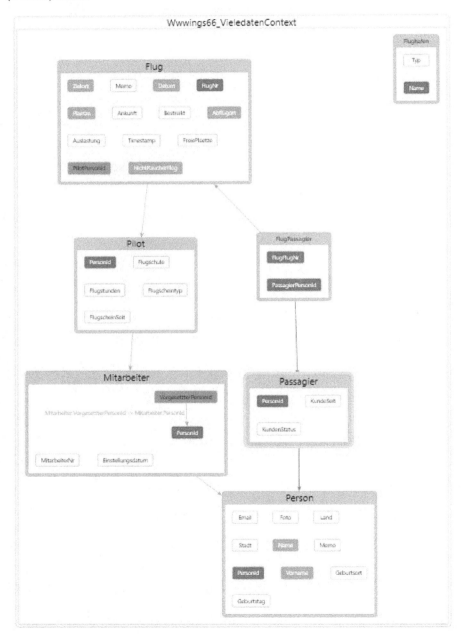

Abbildung: Entity Framework Core-Modell als Diagramm mit Entity Framework Core Power Tools

Diese Diagrammerzeugung kann man auch zur Laufzeit der Anwendung auslösen mit der Erweiterungsmethode AsDgml(), die im Nuget-Paket ErikEJ.EntityFrameworkCore.DgmlBuilder realisiert ist.

Listing: Einsatz von AsDgml()

```
using System;
using Microsoft.EntityFrameworkCore;

namespace EFC_Reverse
{
 class Program
 {
  static void Main(string[] args)
  {
   using (var ctx = new Wwwings66_VieledatenContext())
   {
    var path = System.IO.Path.GetTempFileName() + ".dgml";
    System.IO.File.WriteAllText(path,ctx.AsDgml(),System.Text.Encoding.UTF8);
    Console.WriteLine("Datei gespeichert: " + path);
   }
  }
 }
}
```

26.2   LINQPad

Language Integrated Query (LINQ) ist bei den Entwicklern aufgrund der statischen Typisierung beliebt. Aber immer einen Compiler anwerfen zu müssen, um einen LINQ-Befehl auszuprobieren, kann lästig sein. Vom Query Editor im Microsoft SQL Server Management Studio sind es Softwareentwicker und Datenbankadministratoren gewöhnt: Man gibt den SQL-Befehl ein, drückt die F5-Taste (oder klickt auf Execute) und sieht das Ergebnis. Microsoft hatte auch einstmals angedacht, auf gleiche Weise die Ausführung von LINQ-to-Entities für das Entity Framework im Management Studio zu erlauben. Erschienen ist davon aber bisher nichts.

Das Drittanbieterwerkzeug LINQPad erlaubt die interaktive Eingabe von LINQ-Befehlen und die direkte Ausführung in einem Editor. LINQ-Befehle können hier gegen Objekte im RAM (LINQ-to-Objects), Entity Framework / Entity Framework Core und verschiedene andere LINQ-Provider ausgeführt werden.

Werkzeugname	LINQPad

Website	*http://www.linqpad.net*
Hersteller	Joseph Albahari, Australien
Kostenfreie Version	Ja
Kommerzielle Version	Ab 45 Dollar

LINQPad gibt es als kostenfreie Freeware-Version. Wer sich aber von der Intellisense-Eingabeunterstützung im Stil von Visual Studio verwöhnen lassen will, muss eine Professional- oder Premium-Variante kaufen. In der Premium-Variante gibt es zusätzlich zahlreiche mitgelieferte Programmcodeschnipsel. Ebenso kann man in der Premium-Variante Abfragen auch über mehrere Datenbanken definieren. Systemvoraussetzung für die aktuelle Version 5 ist .NET Framework 4.6. Mit nur 5 MB Größe ist die Anwendung sehr leichtgewichtig. Autor Joseph Albahari legt auf seiner Website Wert auf die Aussage: „it doesn't slow down your computer when you install it!"

26.2.1   Aufbau von LINQPad

LINQPad präsentiert nach dem Start links oben ein Fenster für die Verbindungen (siehe Abbildung). Darunter kann man aus einer mitgelieferten Beispielsammlung (aus dem Buch „C# 6.0 in a Nutshell") wählen oder selbsterstellte Befehle abspeichern (unter „My Queries"). Im Hauptbereich findet man oben den Editor und unten den Ausgabebereich (siehe Mitte/Rechts in Abbildung).

LINQPad unterstützt die Syntax der Sprachen C#, Visual Basic .NET und F# sowie SQL und Entity SQL (letztere nur für das klassische Entity Framework).

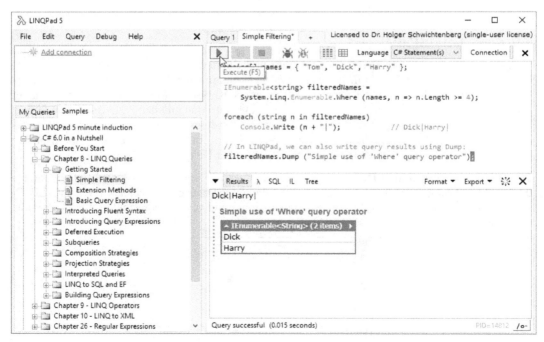

Abbildung: LINQPad in Aktion mit LINQ-to-Objects

26.2.2 Datenquellen einbinden

Für die Ausführung von LINQ-Befehlen gegen einen Entity Framework Core-Kontext muss man mit "Add Connection" eine Verbindung hinzufügen. Allerdings sieht man in dem Dialog aktuell nur Treiber für LINQ-to-SQL und das klassische Entity Framework. Mit "View more Drivers" kann man einen Treiber für Entity Framework Core herunterladen.

Abbildung: Treiberinstallation in LINQPad

Nach dem Hinzufügen des Treibers sollte man Entity Framework Core auswählen können.

Abbildung: Auswahl von Entity Framework Core als LINQPad-Treiber

Nach der Auswahl des Providers muss man einen Entity Framework Core-Kontext einbinden. Dafür wählt man mit "Browse" (siehe Abbildung) eine .NET-Assembly, die einen solchen Kontext implementiert.

> **WICHTIG:** LINQPad selbst erstellt keine Kontextklassen für Entity Framework / Entity Framework Core. Sie müssen eine solche Klasse immer erst mit Visual Studio oder einem anderen Werkzeug erstellen und kompilieren.

Abbildung: Eine Entity Framework Core-Kontextklasse wurde ausgewählt.

Nach dem Einbinden des Kontextes sieht man die dort vorhandenen Entitätsklassen links im LINQPad.

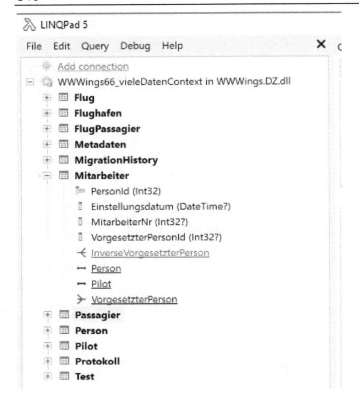

Abbildung: Nach dem Einbinden der Kontextklasse

26.2.3   LINQ-Befehle ausführen

Einige Befehle kann man direkt aus dem Kontextmenü der Entitätsklassen heraus ausführen (siehe Abbildung).

Abbildung: Vordefinierte Befehle im Kontextmenü der Entitätsklasse

Im Abfragebereich kann man selbst Befehle (in der kommerziellen Version mit Eingabeunterstützung) eingeben. Die nächste Bildschirmabbildung zeigt einen LINQ-Befehl mit Bedingung, Projektion und Eager Loading. Die Ergebnisansicht ist im Fall von Eager Loading hierarchisch.

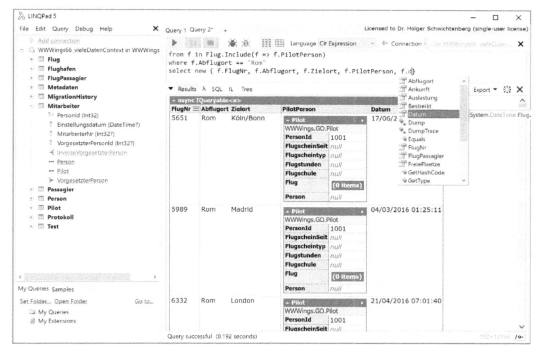

Abbildung: Ausführung eines eigenen LINQ-Befehls im LINQPad

Neben der Ergebnisansicht kann man sich den LINQ-to-Entities-Befehl in den weiteren Registerkarten des Ausgabebereichs auch in folgenden Formaten anzeigen lassen:

- LINQ-Befehl in Lamdba-Syntax

- LINQ-Befehl in SQL Form

- LINQ-Befehl in Microsoft Intermediate Language (IL)

- LINQ-Befehl als Expression Tree

Alternativ zu LINQ-to-Entities kann man Befehle auch in SQL-Syntax erfassen; dies stellt man über das Auswahlmenü „Language" ein.

Abbildung: Ausführung eines SQL-Befehls gegen einen Entity Framework Core-Kontext

26.2.4   Abspeichern

Abfragen können als Textdateien mit der Dateinamenserweiterung .linq gespeichert werden.

Ergebnisse können in den Formaten HTML, Word und Excel exportiert werden.

26.2.5   Weitere LINQPad-Treiber

LINQPad bietet neben Entity Framework und Entity Framework Core weitere Treiber für den Zugriff auf z.B.

- Open Data Protocol (OData)-Feeds

- die relationalen Datenbanken Oracle, MySQL, SQLite, RavenDB

- die Cloud-Dienste Microsoft StreamInsight und Azure Table Storage

- Event Traces for Windows (ETW) und

- die ORM-Mapper Mindscape LightSpeed, LLBLGen Pro, DevExpress XPO, DevForce sowie

- die NoSQL-Datenbank FileDb.

26.2.6   Interaktive Programmcodeeingabe

Neben der Ausführung von LINQ-Befehlen kann das Werkzeug LINQPad auch beliebige andere C#-, F#- und Visual Basic-Befehle ausführen. Man wählt dabei unter „Language" zwischen dem Expression Mode und dem Statement Mode. Im Expression Mode erfasst man einzelne Ausdrücke, deren Ergebnis dann ausgegeben werden, z.B. System.DateTime.Now.ToString(new System.Globalization.CultureInfo("ya-JP")). Diese Ausdrücke sind nicht durch ein Semikolon abzuschließen. Mann kann immer nur einen Ausdruck ausführen. Wenn man im Editor mehrere Ausdrücke hat, muss man den auszuführenden Ausdruck vorher markieren.

Im „Statement Mode" erfasst man hingegen komplette Programmcodeschnipsel, bei denen jeder Befehl durch ein Semikolon abgeschlossen ist,. Ausgaben erfolgen mit Console.WriteLine().

Listing: Kleines Testprogramm für LINQPad

```
for (int i = 0; i < 10; i++)
{
        Console.WriteLine(i);
}
```

Auch die Definition eigener Typen (z.B. Klassen, siehe nächstes Listing) ist möglich. Allerdings muss man hier beachten, dass LINQPad den erfassten Code in seinem eigenen Standardcode einbettet. Daher gelten folgende Regeln:

- Der auszuführende Hauptprogrammcode muss oben stehen.

- Er muss mit einer zusätzlichen geschweiften Klammer abgeschlossen sein von den folgenden Typdefinitionen.

- Die Typdefinitionen müssen am Ende stehen, und die allerletzte Typdefinition darf keine schließende geschweifte Klammer besitzen.

LINQPad ergänzt also intern offensichtlich eine Typdefinition mit einem Main() ganz oben und eine geschweifte Klammer unten.

Listing: Kleines Testprogramm für LINQPad mit Klassendefinition. Die Klammernsetzung sieht falsch aus, ist aber für LINQPad genau richtig (vgl. Text).

```
var e = new Berechnungsergebnis() { a=1, b=20 };

for (int i = 0; i < e.b; i++)
{
        e.a += i;
        Console.WriteLine(i + ";" + e.a);
}
} // Diese zusätzliche Klammer ist Pflicht!

// Die Typdefinition muss nach dem Hauptprogramm stehen!
class Berechnungsergebnis
 {
 public int a { get; set; }
```

```
public int b { get; set; }
// hier muss man die Klammer weglassen!
```

26.2.7   Fazit zu LINQPad

LINQPad ist ein hilfreiches Werkzeug, um LINQ zu erlernen, LINQ-Befehle zu testen und auch im Allgemeinen, um „mal eben" Befehlsfolgen in C#, Visual Basic und F# zu erproben, ohne dafür ein schwergewichtiges Visual Studio zu starten oder in ein bestehendes Projekt eine „Herumprobier"-Routine einzubauen. Durch die praktische Exportfunktion kann man LINQPad nicht nur zum Entwickeln, sondern auch im Praxisalltag als Werkzeug für Ad-hoc-Datenbankabfragen nutzen.

26.3   Entity Developer

Microsoft bietet bisher keine GUI-Entwicklerwerkzeuge für Entity Framework Core – diese Lücke schließt die Firma DevArt mit dem Produkt Entity Developer.

Bereits in der Vergangenheit hat die Firma DevArt mehr Werkzeug-Funktionen für das klassische Entity Framework geboten als Microsoft selbst. Nun sind sie auch bei Entity Framework Core wieder führend. Entity Developer unterstützt sowohl das Reverse Engineering als auch das Forward Engineering bei Entity Framework Core mit einem grafischen Designer.

Werkzeugname	Entity Developer
Website	*http://www.devart.com/entitydeveloper*
Hersteller	DevArt, Tschechische Republik
Kostenfreie Version	Ja
Kommerzielle Version	Ab 99.95 Dollar

Die nächste Abbildung zeigt die verfügbaren Produktvarianten. Die kostenfreie Express-Edition kann Modelle mit maximal zehn Tabellen verwalten.

Feature	Professional	NHibernate	Entity Framework	LINQ to SQL	Express
NHibernate support	✓	✓	✗	✗	✓
Entity Framework v1 - v6 support	✓	✗	✓	✗	✓
Entity Framework Core support	✓	✗	✓	✗	✓
Telerik Data Access support	✓	✗	✗	✗	✓
LINQ to SQL support	✓	✗	✗	✓	✓
Visual schema modeling	✓	✓	✓	✓	✓
Reverse engineering	✓	✓	✓	✓	✓
Predefined templates	✓	✓	✓	✓	✓
Custom templates	✓	✓	✓	✓	✗
Unlimited number of entities in model	✓	✓	✓	✓	✗
Single License Price	$299.95	$199.95	$199.95	$99.95	Free

Abbildung: Varianten von Entity Developer

Bei der Installation von Entity Developer bietet die Installationsroutine neben der eigenständigen Entity Developer-Anwendung bereits eine VSIX-Integration in ein installiertes Visual Studio 2015 und/oder Visual Studio 2017 an. Die Anwendung ist mit rund 60 MB Festplattenbedarf recht schlank.

26.3.1   Auswahl der ORM-Technik

Abhängig von der installierten Variante bietet Entity Developer dann beim Start verschiedene ORM-Techniken an. Für Entity Framework Core entsteht eine .efml-Datei, für das klassische Entity Framework eine .edml-Datei, für Telerik Data Access eine .daml-Datei und für nHibernate eine .hbml-Datei. Nach der Auswahl "EF Core Model" folgt im zweiten Assistentenschritt die Entscheidung zwischen Reverse Engineering (hier "Database First" genannt) und Forward Engineering (hier "Model First" genannt). Als Datenbanken unterstützt Entity Developer neben Microsoft SQL Server auch Oracle, MySQL, PostgreSQL, SQLite und IBMs DB2 – jeweils in Verbindung mit dem DevArt-eigenen Entity Framework Core-Treibern (siehe [https://www.devart.com/dotconnect/#database]).

> **Hinweis:** Bei der Verwendung von Entity Developer innerhalb von Visual Studio gibt es keinen Auswahlassistenten für die ORM-Technik, sondern spezifische Elementvorlagen z.B. "DevArt EF Core Model" oder "DevArt NHibernate Model".

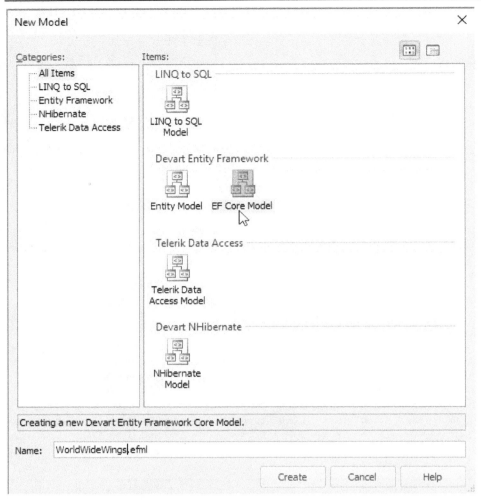

Abbildung: Auswahl der ORM-Technik in Entity Developer (eigenständiges Programm)

Abbildung: Entity Developer-Vorlagen innerhalb von Visual Studio

26.3.2 Reverse Engineering mit Entity Developer

Bei Database First gilt es dann, eine bestehende Datenbank und aus dieser die Artefakte (Tabellen, Views, Stored Procedures und Table Valued Functions) auszuwählen – wie man es von dem Assistenten für das klassische Entity Framework in Visual Studio kennt, allerdings mit dem Vorteil, dass der Entwickler bis herunter auf die Spaltenebene wählen darf .

Danach folgt eine Seite in dem Assistenten mit den Einstellungen für die Namenskonventionen für die Codegenerierung, die weit über das hinausgehen, was Visual Studio bisher bot. In der dann folgenden Optionsseite sind einige Optionen wie die N:M-Beziehungen und die Table per Type-Vererbung ausgegraut, weil Entity Framework Core diese Mapping-Möglichkeiten noch nicht besitzt. Im vorletzten Schritt wählt der Entwickler aus, ob er alle Artefakte auf einer Diagrammoberfläche haben möchte oder nur ausgewählte. Auch möglich ist, ein Diagramm pro Schemaname anzulegen. Für jedes Diagramm entsteht eine .view-Datei.

Im letzten Schritt wählt man dann noch die Codegenerierungsvorlage(n) aus. Entity Developer bietet in dem Dialog an, direkt mehrere Codegenerierungsvorlagen anzuwenden.

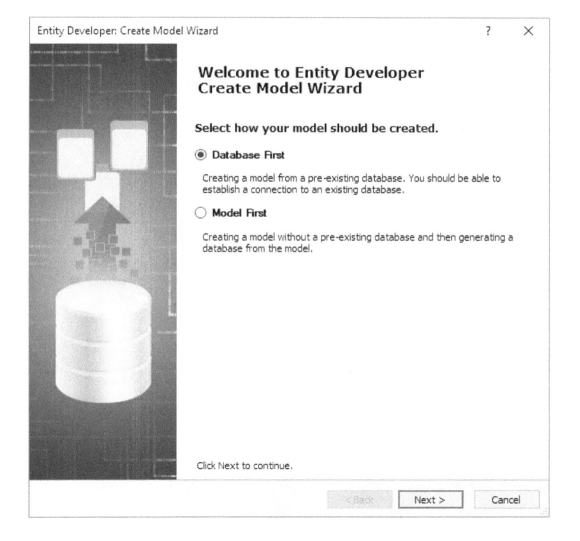

Abbildung: Auswahl des Vorgehensmodells

Entity Developer: Create Model Wizard   ?   X

Select database objects
From the list below, select database objects to include into your model.

Choose source

- ☐ **Tables**
  - ☐ Admin.Metadaten
  - ☐ Admin.Protokoll
  - ☐ Admin.Test
  - ☑ Betrieb.Flug
  - ☑ Betrieb.Flug_Passagier
    - ☑ Flug_FlugNr
    - ☑ Passagier_PersonID
  - ☑ Betrieb.Mitarbeiter
  - ☑ Betrieb.Passagier
  - ☑ Betrieb.Person
  - ☑ Betrieb.Pilot
  - ☐ dbo.__MigrationHistory
  - ☑ Immobilien.Flughafen
- ☑ Views
  - ☑ Betrieb.AlleBuchungen
  - ☑ Betrieb.AlleMitarbeiter
  - ☑ Betrieb.AllePassagiere
  - ☑ Betrieb.FluegeVonRom
- ☑ Procedures
- ☑ Functions
  - ☑ Betrieb.GetFluegeVonTVF

☐ Group by schemas   ☑ Show all schemas

< Back   Next >   Cancel

Abbildung: Auswahl der Artefakte bis auf die Spaltenebene hinunter

Entity Developer: Create Model Wizard   ?   X

Set up naming rules

On this page, specify naming rules for entities and their elements selected on the previous step.

Class and Method Names		Class Properties' Names	
Case:	Unchanged ⌄	Case:	Unchanged ⌄
Remove prefix(es):		Remove prefix(es):	
Remove suffix(es):		Remove suffix(es):	
Add prefix:		Add prefix:	
Add suffix:		Add suffix:	
Pluralization:	Unchanged ⌄	Pluralization:	Unchanged ⌄

Class and Method Names – Pluralization dropdown:
- Unchanged
- Singularize
- Pluralize

Class and Method Names:
- ☑ Remove underscore
- ☐ Add underscore
- ☑ Remove invalid characters
- ☐ Add schema as prefix
- EntitySet Pluralization: Pluralize ⌄

Class Properties' Names:
- ☑ Remove underscore
- ☐ Add underscore
- ☑ Remove invalid characters
- ☑ Pluralize collection navigation properties
- ☐ Add constraint details to navigation properties

Example (Class and Method Names):
- Original: Test Object_Name
- Becomes: TestObjectName

Example (Class Properties' Names):
- Original: Test Object_Name
- Becomes: TestObjectName

< Back   Next >   Cancel

Abbildung: Viele Einstellungen für die Namenskonventionen von Klassen und Klassenmitgliedern im zu generierenden Code in Entity Developer

Entity Developer: Create Model Wizard   ?   ✕

Model properties
  On this page you can set the properties of the model.

Database First Settings

☐ Detect Many-to-Many associations   ☐ Use shadow foreign key properties

☐ Detect Table Per Type inheritances   ☑ Preserve schema name in storage

☑ Use database comments   ☑ Preserve columns details

☐ Use the following connection string from App.Config: ☑ Preserve columns SqlType and Default

  ITVCRM_TESTModelConnectionString

  ☐ Rewrite connection string during regeneration

Context Namespace: [   ]

Default Namespace: [   ]

Default Schema: [   ]

Model First Settings

Default Precision: [   ] ⬍

Default Scale: [   ] ⬍

Default Length: [   ] ⬍

                     ☐ Default Unicode

                              [< Back]   [Next >]   [Cancel]

Abbildung: Modelleigenschaften wählen

Entity Developer: Create Model Wizard   ?   X

Choose Model Diagram Contents
On this page you can choose model diagram content.

What should the model diagram contain?

◉ **All Entities**

Diagram contains all entities from the model.

○ **Split By Schemas**

Entities of the model are grouped according to schemas on the server, and for each group a separate diagram is created.

○ **Custom**

Diagram contains only the entities selected by user.

    ⊟☐   WWWfngst6_vieleDatenMode

      ☐ AlleBuchungen

      ☐ AlleMitarbeiter

      ☐ AllePassagiere

      ☐ FluegeVonRom

      ☐ Flug

      ☐ Flughafen

      ☐ FlugPassagier

      ☐ Mitarbeiter

      ☐ Passagier

      ☐ Person

      ☐ Pilot

☐ Group by schemas

          [< Back]   [Next >]   [Cancel]

Abbildung: Diagramminhalt wählen

Die folgende Abbildung zeigt die bei Entity Developer mitgelieferten Vorlagen, die unter [https://www.devart.com/entitydeveloper/templates.html] nur knapp dokumentiert sind. Hier muss man ausprobieren, ob der generierte Code auf die eigenen Bedürfnisse passt. Die vordefinierten Vorlagen kann man mit der Funktion "Copy to Model Folder" in eine .tmpl-Datei in den eigenen Anwendungsordner kopieren und dort dann modifizieren. Auch eigene .tmpl-Vorlagendateien sind möglich. Die Vorlagen sind ähnlich zu dem in Visual Studio verwendeten Text Template Transformation Toolkit (T4)-Vorlagen, aber nicht kompatibel. Anders als bei den T4-Vorlagen kann man bei den DevArt-Vorlagen die Codegenerierung durch Parameter beeinflussen, die man in einem Property Grid setzt. Hier kann man zum Beispiel für die gewählte Vorlage "EF Core" festlegen, dass

- Entitätsklassen und Kontextklasse in verschiedenen Ordnern landen (hier kann man einen relativen oder absoluten Pfad erfassen)

- Partielle Klassen erzeugt werden

- die Schnittstellen INotifyPropertyChanging und INotifyPropertyChanged in den Entitätsklassen implementiert werden

- die Entitätsklassen die Annotationen [DataContract] und [DataMember] für die Windows Communication Foundation (WCF) erhalten

- die Entitätsklassen die Annotationen [Serializable] erhalten

- die Entitätsklassen Equals() überschreiben

- die Entitätsklassen IClonable implementieren.

Die Namen der Diagramme, die Vorlagen und deren Parameter sowie die Liste der generierten Dateien legt Entity Developer in einer .edps-Datei ab.

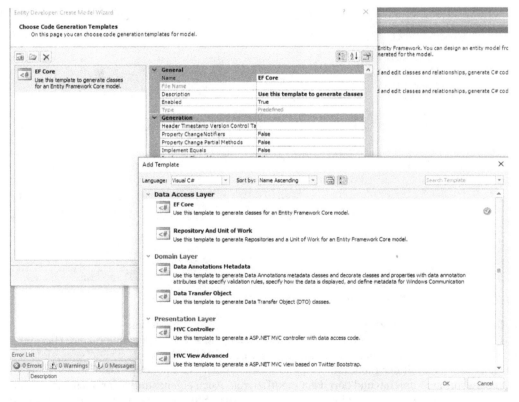

Abbildung: Codegenerierungsvorlage wählen

Nach Abschluss des sehr flexiblen Assistenten kommt dann beim Betrachten des Modells im Designer aber erstmal ein wenig Ernüchterung, zumindest dann, wenn man auch Datenbank-Views gewählt hat: Entity Developer beschwert sich, dass es dafür keinen Primärschlüssel gibt. Das liegt daran, dass Entity Framework Core noch gar nicht auf das Mapping von Views eingestellt ist und

Views wie Tabellen behandelt, die immer einen Primärschlüssel haben müssen. Einen solchen muss man dann also manuell im Property-Fenster für jeden Datenbank-View setzen.

Die Beziehungen zwischen den Tabellen sind auch bei Entity Developer in Verbindung mit Entity Framework Core im Standard als Assoziationen modelliert, auch wenn Vererbung möglich wäre. In Verbindung mit dem klassischen Entity Framework gibt es in Entity Developer die Option, Table per Type-Vererbungen zu erkennen, aber Entity Framework Core unterstützt noch keine Table per Type-Vererbung.

Der Entwickler kann nun das oder die Diagramme anpassen bzw. neue Diagramme im Model Explorer (siehe links in der nächsten Abbildung) anlegen. Der Entwickler kann weitere Tabellen, Sichten, Prozeduren und Funktionen direkt per Drag & Drop aus dem Database Explorer (in der Abbildung ganz rechts) in das Modell aufnehmen, statt wie bei Visual Studio dafür immer wieder den Assistenten aufrufen zu müssen. Entity Developer kann genau wie die klassischen Entity Framework-Werkzeuge in Visual Studio mehrere Diagramme pro Modell mit sich überschneidenden Entitäten verwalten. Die Reihenfolge der Properties in einer Entitätsklasse kann der Entwickler per Drag&Drop verändern, während die Reihenfolgeänderung mit Microsofts Werkzeug kurioserweise nur ganz umständlich per Kontextmenü oder zugehörigem Tastatur-Shortcut möglich ist. Auch zwischen verschiedenen Entitäten ist Drag&Drop von Properties möglich. Entity Developer erlaubt es, den Entitäten im Modell Farben zuzuweisen, um sie optisch besser zu trennen. Die Einfärbung gilt dann für alle Diagramme, in denen die Entität vorkommt. Auf der Diagrammfläche kann der Entwickler auch Kommentare an beliebiger Stelle .

Die Programmcodegenerierung wird ausgelöst durch den Menüpunkt Model/Generate Code (Taste F7). Mit der Standardcodegenerierungsvorlage "EF Core" entsteht:

- eine Kontextklasse

- eine Entitätsklasse pro Tabelle und pro Sicht (View)

- eine Klasse für jeden Rückgabetyp einer Stored Procedure

Der Programmcode für die Nutzung der Stored Procedures und Table-valued Functions steckt in der Kontextklasse, die dadurch sehr lang werden kann. Interessant ist, dass Entity Developer bei der Implementierung gar nicht auf Entity Framework Core zurückgreift, sondern die Datensätze per DataReader abholt und das komplette Mapping selbst realisiert (siehe nächstes Listing). Immerhin erkennt Entity Developer, dass die in dem Listing abgebildete Stored Procedure "GetFlug" die gleiche Struktur zurückgibt wie die Tabelle Flug, und verwendet daher die Entitätsklasse Flug im Rückgabetyp. Entity Developer bzw. die Vorlage hätten an dieser Stelle auch Entity Framework Core mit der Erweiterungsmethode FromSql() einsetzen können. Vorteil dieser eigenen Implementierung von DevArt ist, dass sie auch für Stored Procedures funktioniert, die keine Entitätstypen zurückliefern. Das kann Entity Framework Core noch nicht. Entity Developer erzeugt in diesen Fällen eigene Klassen für den Rückgabetyp.

Abbildung: Grafischer Designer in Entity Developer

Listing: Mapping für die Stored Procedure GetFlug()

```
public List<Flug> GetFlug (System.Nullable<int> FlugNr)
       {

              List<Flug> result = new List<Flug>();

              DbConnection connection = this.Database.GetDbConnection();
              bool needClose = false;
              if (connection.State != ConnectionState.Open)
              {
                   connection.Open();
                   needClose = true;
              }


              try
              {
                   using (DbCommand cmd = connection.CreateCommand())
                   {
                        if (this.Database.GetCommandTimeout().HasValue)
                             cmd.CommandTimeout =
this.Database.GetCommandTimeout().Value;
                        cmd.CommandType = CommandType.StoredProcedure;
                        cmd.CommandText = @"Betrieb.GetFlug";

                        DbParameter FlugNrParameter = cmd.CreateParameter();
                        FlugNrParameter.ParameterName = "FlugNr";
                        FlugNrParameter.Direction = ParameterDirection.Input;
```

```
                            if (FlugNr.HasValue)
                            {
                                FlugNrParameter.Value = FlugNr.Value;
                            }
                            else
                            {
                                FlugNrParameter.DbType = DbType.Int32;
                                FlugNrParameter.Size = -1;
                                FlugNrParameter.Value = DBNull.Value;
                            }
                            cmd.Parameters.Add(FlugNrParameter);

                            using (IDataReader reader = cmd.ExecuteReader())
                            {
                                while (reader.Read())
                                {
                                    Flug row = new Flug();
                                    if (!reader.IsDBNull(reader.GetOrdinal("FlugNr")))
                                        row.FlugNr =
(int)Convert.ChangeType(reader.GetValue(reader.GetOrdinal(@"FlugNr")),
typeof(int));

                                    if (!reader.IsDBNull(reader.GetOrdinal("Abflugort")))
                                        row.Abflugort =
(string)Convert.ChangeType(reader.GetValue(reader.GetOrdinal(@"Abflugort")),
typeof(string));

                                    if (!reader.IsDBNull(reader.GetOrdinal("Datum")))
                                        row.Datum =
(System.DateTime)Convert.ChangeType(reader.GetValue(reader.GetOrdinal(@"Datum")),
typeof(System.DateTime));

                                    if
(!reader.IsDBNull(reader.GetOrdinal("NichtRaucherFlug")))
                                        row.NichtRaucherFlug =
(bool)Convert.ChangeType(reader.GetValue(reader.GetOrdinal(@"NichtRaucherFlug")),
typeof(bool));

...

                                    if (!reader.IsDBNull(reader.GetOrdinal("Timestamp")))
                                        row.Timestamp =
(byte[])Convert.ChangeType(reader.GetValue(reader.GetOrdinal(@"Timestamp")),
typeof(byte[]));
                                    else
                                        row.Timestamp = null;

                                    result.Add(row);
                                }
                            }
                        }
                        finally
                        {
                            if (needClose)
```

```
                      connection.Close();
       }
       return result;
}
```

Den generierten Programmcode kann man nun in ein Visual Studio-Projekt aufnehmen, sofern man die Schritte nicht schon dort ausgeführt hat. Die verwendeten Vorlagendateien kann man in Entity Developer jederzeit anpassen (siehe Ast "Templates" im "Model Explorer"). Vorlagen kann man auch in Entity Developer bearbeiten – inklusive Intellisense-Eingabeunterstützung.

Alternativ dazu kann man auch die installierte Visual Studio-Erweiterung nutzen. In Visual Studio findet man in den Elementvorlagen in der Rubrik "Data" dann neue Einträge wie "DevArt EF Core Model". Danach folgt der gleiche Assistent und am Ende der gleiche Designer (inkl. Model Explorer und Vorlageneditor) wie bei der eigenständigen Anwendung. Der Vorteil ist, dass der generierte Programmcode automatisch zu dem Visual Studio-Projekt gehört, in dem auch die .efml-Datei liegt.

Das Modell kann man mit dem Menüpunkt "Model/Update Model from Database" aktualisieren, wenn sich das Datenbankschema geändert hat. Generelle Abbildungsregeln für Datenbanktypen auf .NET-Typen legt der Entwickler unter "Tools/Options/Servers' Options" fest.

Sehr hilfreich ist auch die Datenvorschau ("Retrieve Data" im Kontextmenü einer Entitätklasse) inklusive Navigation zu verbundenen Datensätzen und hierarchischem Aufklappen. Die Datenvorschau kann direkt aus dem Diagramm heraus im Kontextmenü einer jeden Entität oder aus einer Tabelle bzw. Sicht im Database Explorer aufgerufen werden.

26.3.3   Forward Engineering mit Entity Developer

Nach dem Reverse Engineering mit Entity Developer soll nun noch das Forward Engineering betrachtet werden. Nach der Auswahl von "Model First" folgt direkt der Dialog "Model Properties", da es hier keine bestehende Datenbank, deren Artefakte und Namenskonventionen für die Generierung zu wählen gibt. Mit den Einstellungen bei "Model First Settings" kann der Entwickler hier Standards für die Datenbankschemagenerierung vorgeben:

- Default Precision: bei Dezimalzahlen die Anzahl der Stelle vor dem Komma

- Default Scale: bei Dezimalzahlen die Anzahl der Stelle nach dem Komma

- Default Length: bei Zeichenketten die Maximalanzahl der Zeichen (leer bedeutet, dass die Zeichenketten unbegrenzt sind)

Im dritten und letzten Schritt des Assistenten im Fall "Model First" kommt dann der Dialog zur Auswahl der Codegenerierungsvorlage(n).

Danach erscheint die leere Designer-Oberfläche, die der Entwickler nun mit Hilfe der Symbole im "Model Explorer" mit Klassen, Enumerationen, Assoziationen und Vererbungsbeziehungen befüllen und durch das "Properties"-Fenster konfigurieren kann (siehe nächste Abbildung). Hier kann er z.B. Primärschlüssel setzen, die Annotation [ConcurrencyCheck] aktivieren und festlegen, dass eine Eigenschaft ein "Shadow Property" sein soll, welche es zwar in der Datenbank, nicht aber in der generierten Entitätsklasse gibt. In Entity Framework Core nicht verfügbare Optionen, wie etwa eine N:M-Abbildung, bietet Entity Developer in einem Entity Framework Core-Modell gar nicht erst an.

Abbildung: Anlegen und Konfigurieren von neuen Properties im Entity Developer

Mit der Funktion "Model/Update Database from Model" kann der Entwickler dann daraus ein Datenbankschema erzeugen. Dieser Assistent fragt nach einer Zieldatenbank, die aber schon existieren muss. Der Assistent zeigt dann an, welche Schemaänderungen zur Datenbank zu übertragen sind und bietet die Wahl an, bestimmte Änderungen nicht zu übertragen. Im letzten Schritt kann man sich das auszuführende SQL-Skript ansehen. Entity Developer verwendet dafür nicht die kommandozeilenbasierten Schemamigrationswerkzeuge von Entity Framework Core (dotnet ef bzw. die PowerShell-Commandlets), sondern sein eigenes Verfahren, indem das bestehende Schema mit dem Zielschema verglichen wird. Dabei bemüht sich aber auch Entity Developer, die Daten zu erhalten. Mit der Option "Recreate Database Tables" kann der Entwickler auch erreichen, dass bestehende Tabellen inklusive ihrer Daten verschwinden. Eine Zusatztabelle __EFMigrationsHistory gibt es bei den Migrationen von Entity Developer nicht. Konventionen für die Namensgebung im zu generierenden Datenbankschema legt man unter Model/Settings/Synchronization/Database Naming fest.

Im Menü Model/Generate Database Script from Model kann der Entwickler ein SQL-Skript für das zu erzeugende Schema generieren lassen ohne Bezug auf eine konkrete Datenbank. Dabei kann er das Ziel-Datenbankmanagementsystem und die Version (bei SQL Server z.B. 2000, 2005, 2008, 2012, 2014 und Azure (aber bisher nicht SQL Server 2016) auswählen.

Entity Developer unterstützt bei vielen Kleinigkeiten. So wird der obiger Abbildung festgelegte Standardwert 'kein Name' nicht nur im Datenbankschema eingetragen, sondern auch im Konstruktor der Entitätsklasse verwendet (siehe Listing), die man wie beim Reverse Engineering über Model/Generate Code (F7) erzeugt. Bei den Codegenerierungseinstellungen wurden hier INotifyPropertyChanging/INotifyPropertyChanged sowie die WCF-Data-Contract-Attributierung aktiviert. Die bei der Klasse und dem Property "Vorname" hinterlegten Kommentare wurden bereits im Entity Developer-Designer erfasst. Ebenfalls im Entity Developer erfassen kann man beliebige Annotationen zu Entitätstypen und Properties. Dafür wählt man zunächst im Kontextmenü "Attributes" und dann dort .NET-Attribute aus beliebigen .NET-Assemblies aus. Wenn das .NET-Attribut im Konstruktor Parameter erfordert, kann man diese im Dialog erfassen. Einige Annotationen wie [DisplayName] und [Range] und [RegularExpression] kann der Entwickler direkt in dem Property-Fenster setzen (siehe "Validation" links unten in der Abbildung). Damit die Validierungsannotationen tatsächlich im generierten Programmcode verewigt werden, muss man in der Codegenerierungsvorlage ein Validation Framework auswählen. Neben den .NET-Validierungsannotationen kann man hier auch die alte .NET Enterprise Library oder nHibernate Validator wählen.

Interessant ist auch, dass der Entwickler das Propertygrid um beliebige Einstellungen erweitern kann. Diese Einstellungen können dann bei der Codegenerierung in Betracht gezogen werden. Zusätzliche Einstellungen definiert man im Menü "Model/Settings/Model" im dort angezeigten Baum unter "Model/Extended Properties" für Artefakte wie Klassen, Properties und Assoziationen. Die Bedeutung dieser Zusatzeinstellungen muss der Entwickler dann in einer eigenen .tmpl-Codegenerierungsvorlage berücksichtigen.

Listing: Beispiel für eine von Entity Developer generierte Entitätsklasse

```
//-----------------------------------------------------------------------
// This is auto-generated code.
//-----------------------------------------------------------------------
// This code was generated by Entity Developer tool using EF Core template.
// Code is generated on: 13/06/2017 12:02:13
//
// Changes to this file may cause incorrect behavior and will be lost if
// the code is regenerated.
//-----------------------------------------------------------------------

using System;
using System.Data;
using System.ComponentModel;
using System.Linq;
using System.Linq.Expressions;
using System.Data.Common;
using System.Collections.Generic;
using System.Runtime.Serialization;

namespace EDTestModel
{
    /// <summary>
    /// Entitätsklasse für eine Einzelperson
    /// </summary>
 [DataContract(IsReference = true)]
    public partial class Person : INotifyPropertyChanging, INotifyPropertyChanged
 {
```

```
        private static PropertyChangingEventArgs emptyChangingEventArgs = new
PropertyChangingEventArgs(System.String.Empty);

        private int _ID;

        private string _Vorname;

        private string _Name;

        private System.Nullable<System.DateTime> _Geburtstag;

        public Person()
        {
            this._Name = @"kein Name";
            OnCreated();
        }

        [DataMember(Order=1)]
        public virtual int ID
        {
            get
            {
                return this._ID;
            }
            set
            {
                if (this._ID != value)
                {
                    this.SendPropertyChanging();
                    this._ID = value;
                    this.SendPropertyChanged("ID");
                }
            }
        }

        /// <summary>
        /// Vorname der Person
        /// </summary>
        [DataMember(Order=2)]
        public virtual string Vorname
        {
            get
            {
                return this._Vorname;
            }
            set
            {
                if (this._Vorname != value)
                {
                    this.SendPropertyChanging();
                    this._Vorname = value;
                    this.SendPropertyChanged("Vorname");
                }
```

```
    }
}

[DataMember(Order=3)]
public virtual string Name
{
    get
    {
        return this._Name;
    }
    set
    {
        if (this._Name != value)
        {
            this.SendPropertyChanging();
            this._Name = value;
            this.SendPropertyChanged("Name");
        }
    }
}


[DataMember(Order=4)]
public virtual System.Nullable<System.DateTime> Geburtstag
{
    get
    {
        return this._Geburtstag;
    }
    set
    {
        if (this._Geburtstag != value)
        {
            this.SendPropertyChanging();
            this._Geburtstag = value;
            this.SendPropertyChanged("Geburtstag");
        }
    }
}


#region Extensibility Method Definitions

partial void OnCreated();

public override bool Equals(object obj)
{
    Person toCompare = obj as Person;
    if (toCompare == null)
    {
        return false;
    }

    if (!Object.Equals(this.ID, toCompare.ID))
        return false;
```

```
      return true;
    }

    public override int GetHashCode()
    {
      int hashCode = 13;
      hashCode = (hashCode * 7) + ID.GetHashCode();
      return hashCode;
    }

    #endregion

    public virtual event PropertyChangingEventHandler PropertyChanging;

    public virtual event PropertyChangedEventHandler PropertyChanged;

    protected virtual void SendPropertyChanging()
    {
        var handler = this.PropertyChanging;
      if (handler != null)
        handler(this, emptyChangingEventArgs);
    }

    protected virtual void SendPropertyChanging(System.String propertyName)
    {
        var handler = this.PropertyChanging;
      if (handler != null)
        handler(this, new PropertyChangingEventArgs(propertyName));
    }

    protected virtual void SendPropertyChanged(System.String propertyName)
    {
        var handler = this.PropertyChanged;
      if (handler != null)
        handler(this, new PropertyChangedEventArgs(propertyName));
    }
  }

}
```

26.4   Entity Framework Profiler

Objekt-Relationales Mapping bedeutet Abstraktion von SQL, und dabei stellt sich naturgemäß die Frage, welche und wie viele Befehle wirklich zum Datenbankmanagementsystem gesendet werden. Die Kommunikation kann man mit dem DBMS-eigenen Profiler wie dem Microsoft SQL Server Profiler überwachen oder mit einem ORM-spezifischen Werkzeug wie dem Entity Framework Profiler.

Fast alle OR-Mapper verwenden eigene Abfragesprachen, z.B. HQL bei nHibernate und LINQ bei Entity Framework und Entity Framework Core. Diese Sprachen arbeiten auf dem datenbankneutralen Objektmodell, und der OR-Mapper sorgt für die Umwandlung in den SQL-Dialekt des jeweiligen Datenbankmanagementsystems. Gerade diese automatisierte Erzeugung von SQL-Befehlen ist immer wieder ein Ansatzpunkt für grundsätzliche Kritik am ORM, insbesondere aus dem Lager der "SQL-Optimierer". Tatsächlich sind nicht immer alle vom OR-Mapper erzeugten SQL-Befehle optimal.

Nicht optimales SQL und ungünstige Ladestrategien aufzuspüren gehört zu den Aufgaben eines jeden Softwareentwicklers, der OR-Mapper einsetzt. Hier setzt der Entity Framework Profiler der Firma "Hibernating Rhinos" an, der sowohl mit Entity Framework Core als auch dem Vorgänger Entity Framework funktioniert.

	Entity Framework Profiler
Werkzeugname	Entity Framework Profiler
Website	*http://www.efprof.com*
Hersteller	Hibernating Rhinos, Israel
Kostenfreie Version	Nein
Kommerzielle Version	Ab 45$ pro Monat

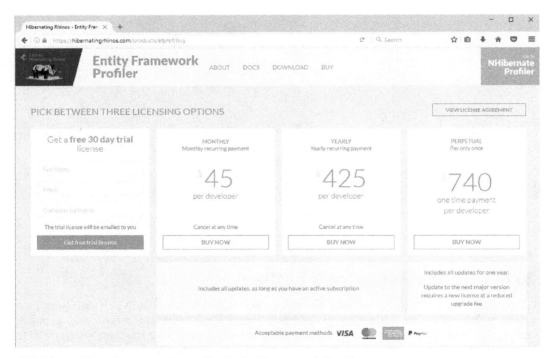

Abbildung: Lizensierungsoptionen für Entity Framework Profiler

26.4.1 Einbinden des Entity Framework Profilers

Damit der Entity Framework Profiler überhaupt die Aktivitäten zwischen OR-Mapper und Datenbankmanagementsystem mitschneiden kann, muss die zu überwachende Anwendung "instrumentiert" werden. Dazu sind zwei Änderungen am Programmcode notwendig:

- Der Entwickler muss eine Referenz zur Assembly HibernatingRhinos.Profiler.Appender.dll erstellen.

> **PRAXISTIPP:** Diese Assembly wird mit dem Entity Framework Profiler ausgeliefert (Ordner "/Appender"), und zwar in drei Varianten: für .NET 3.5, für .NET 4.x und als .NET Standard-Assembly (auch für .NET Core). Während Sie diese Assembly in einem Projekt mit dem klassischen .NET Framework direkt referenzieren können, sollten Sie in einem .NET Core-Projekt die Assembly nicht aus dem Ordner /Appender/netstandard/ direkt referenzieren, sondern über Nuget installieren (Install-Package EntityFrameworkProfiler.Appender). Sonst fehlen Ihnen möglicherweise Abhängigkeiten.

- Zu Beginn ihres Programms (oder dort, wo Sie das Profiling im Programm beginnen wollen) muss die Programmcodezeile HibernatingRhinos.Profiler.Appender.EntityFramework.EntityFrameworkProfiler.Initialize() im Programmcode erscheinen.

> **PRAXISTIPP:** Der Entity Framework Profiler setzt nicht voraus, dass die Anwendung im Visual Studio-Debugger läuft. Die Aufzeichnung funktioniert auch, wenn die Anwendung direkt gestartet wird – sogar wenn Sie im "Release"-Modus kompiliert wurde. Entscheidend ist nur die eine Zeile Instrumentierungscode. Man kann die Anwendung also so gestalten, dass der Instrumentierungscode bei Bedarf aufgerufen wird, z.B. gesteuert über eine Konfigurationsdatei.

26.4.2 Befehle überwachen mit Entity Framework Profiler

Nun startet man die WPF-basierte Entity Framework Profiler-Benutzeroberfläche (EFProf.exe) vor der zu überwachenden Anwendung. Nach Start der zu überwachenden Anwendung sieht man dann im Entity Framework Profiler in der Liste links alle erzeugten Instanzen der Entity Framework-Klasse ObjectContext (bzw. aller davon abgeleiteten Klassen). Leider sind die einzelnen Kontextinstanzen nicht benannt; die Benennung muss der Nutzer selbst in der Entity Framework Profiler-Benutzeroberfläche vornehmen.

Jeweils zu einem Kontext sieht man die Anzahl der über den Kontext ausgeführten SQL-Befehle mit den jeweiligen Ausführungszeiten, und zwar sowohl diejenigen im DBMS selbst als auch die Gesamtzeit, also inklusive der Materialisierung der Objekte im RAM. In der nächsten Abbildung erkennt man zum Beispiel sofort das Problem, dass viele Objektkontexte erzeugt werden, ohne dass überhaupt irgendein Befehl darüber zur Ausführung kommt.

> **ACHTUNG:** Entity Framework Profiler spricht von "Object Context", was im klassischen Entity Framework die ursprüngliche Basisklasse für den Entity Framework-Kontext war. In Entity Framework Core gibt es nur noch den moderneren DbContext. Die Bezeichnung im Entity Framework Profiler wurde nicht angepasst. Der Entity Framework Profiler funktioniert aber sowohl mit der Basisklasse DbContext in Entity Framework als auch in Entity Framework Core.

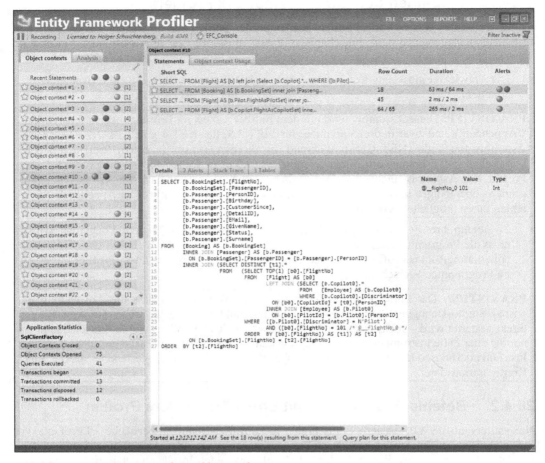

Abbildung: Entity Framework Profiler in Aktion

Im rechten Teil des Bildschirms findet man zu dem aktuell gewählten Kontext dann eine Liste der ausgeführten Befehle. Unter "Details" kann man den kompletten SQL-Befehl mit Parametern und den zugehörigen Ausführungsplan (siehe nächste Abbildung) sowie auch die Ergebnismenge sehen. Hierfür muss man jedoch die Verbindungszeichenfolge in Entity Framework Profiler einpflegen (siehe übernächste Abbildung).

Die Registerkarte "Stack Trace" offenbart, welche Methode einen einzelnen SQL-Befehl ausgelöst hat. Sehr nett ist, dass ein Doppelklick auf einen Eintrag im "Stack Trace" direkt zu der passenden Codestelle im geöffneten Visual Studio führt. Damit findet man dann sehr schnell den LINQ- oder SQL-Befehl, der den SQL-Befehl ausgelöst hat.

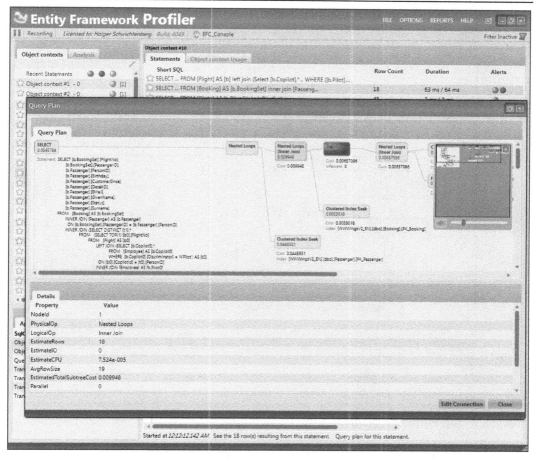

Abbildung: Ausführungsplan des Datenbankmanagementsystems im Entity Framework Profiler

Abbildung: Anzeige der Ergebnismenge im Entity Framework Profiler

26.4.3   Warnungen vor potenziellen Problemen

Eine besondere Beachtung sind die grauen (Vorschläge) und roten Kreise (Warnungen) wert (siehe nächste Abbildung). Hier will der Entity Framework Profiler ein potenzielles Problem entdeckt haben. In der Abbildung ist das – so wie er es nennt – ein "SELECT N+1"-Problem. Eine Vielzahl gleichartiger SQL-Befehle, die nacheinander ausgeführt werden, deutet darauf hin, dass hier fehlerhafterweise Lazy Loading zum Einsatz kommt. Man sollte Eager Loading in Erwägung ziehen.

Ein anderes Problem, das der Entity Framework Profiler sehr gut aufzeigt, ist die wirklich nicht empfohlene Verwendung eines Kontext-Objekts in verschiedenen Threads. Andere Hinweise (siehe Abbildung) gibt es, wenn eine Abfrage viele Joins verwendet, mit einem Platzhalter (like "%xy") beginnt, viele Datensätze zurückliefert und keine TOP-Anweisung enthält ("Unbounded Result Sets"). Gerade über den letzten Punkt kann man wirklich streiten. Intention dieses Vorschlags ist, dass ein Entwickler nicht in Gefahr laufen sollte, dass er viel mehr Datensätze abfragt, als er wirklich erwartet und braucht. Aber in der Praxis lässt sich (außer bei Anwendungen, die Datensätze explizit mit Blättern-Funktion anzeigen) oft keine Obergrenze festlegen, die dauerhaft gilt. Eine Warnung gibt es auch, wenn viele INSERT-, UPDATE- und DELETE-Befehle ausgeführt werden und man prüfen sollte, ob dies nicht durch eine Massenoperation abbildbar ist.

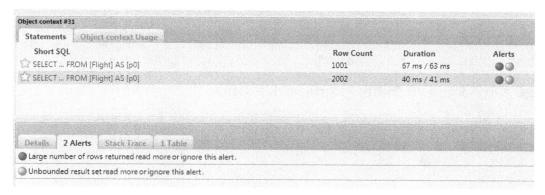

Abbildung: Warnungen und Vorschläge im Entity Framework Profiler

26.4.4   Analysefunktionen

Sehr hilfreich sind die Analysefunktionen in der Registerkarte "Analysis". Hier gibt es Auswertungen, die zeigen

- welche Methoden im Programmcode welche SQL-Befehle ausgelöst haben (Queries by Method, siehe Abbildung)

- wie viele verschiedene Befehle es gab (trotz des Namens Unique Queries erscheinen hier auch INSERT-, UPDATE- und DELETE-Befehle!)

- welche Befehle am längsten gedauert haben (Expensive Queries).

Abbildung: Analyse "Queries by Method"

Eine sehr interessante Funktion verbirgt sich im Menü File/Export to File. Hierdurch entsteht eine mit JavaScript angereicherte HTML-Seite, in der man eine ähnliche Oberfläche wie im Entity Framework Profiler sieht. Man kann alle Kontextinstanzen und die SQL-Befehle betrachten und die Analyseergebnisse aufrufen. Es fehlt aber der Stack Trace und die Warnungen.

Die normale Speicherfunktion erzeugt eine Binärdatei mit der Dateinamenserweiterung .efprof. Eine solche Datei kann auch der zu überwachende Programmcode direkt erzeugen, indem man im Startbefehl statt Initialize() die Methode InitializeOfflineProfiling(Dateiname.efprof) aufruft. Dann muss die Entity Framework Profiler-Benutzeroberfläche nicht laufen, während die Anwendung läuft. Ein Profiling ist also auch auf Zielsystemen problemlos möglich.

26.4.5   Kommandozeilenunterstützung und API

Im Sinne von Continous Integration kann man den Entity Framework Profiler auch von der Kommandozeile aus ausführen. Man braucht aber pro Rechner eine Lizenz. Der Profiler selbst besitzt auch eine Programmierschnittstelle in *HibernatingRhinos.Profiler.Integration.dll*.

26.4.6   Fazit zu Entity Framework Profiler

Der Entity Framework Profiler ist ein sehr hilfreiches Werkzeug, um sich gewahr zu werden, welche SQL-Befehle eine auf dem Entity Framework Core basierende Anwendung wirklich ausführt. Der Preis ist jedoch hoch.

27   Zusatzkomponenten

Dieses Kapitel stellt Zusatzkomponenten für Entity Framework Core vor, die die Funktionen von Entity Framework Core erweitern. Der Autor dieses Buches ist in keinster Weise an der Entwicklung oder dem Vertrieb dieser Werkzeuge beteiligt!

27.1   Oracle-Treiber von DevArt

Die Firma Oracle bietet bisher für ihre Datenbanken keine Unterstützung für Entity Framework Core an. Grundsätzlich hat Oracle zwar angekündigt [http://www.oracle.com/technetwork/topics/dotnet/tech-info/odpnet-dotnet-core-sod-3628981.pdf] daran zu arbeiten, aber bisher ist keine Lösung verfügbar. Auch beim klassischen Entity Framework dauerte es einige Jahre, bis Oracle eine Lösung anbot.

Einen kommerziellen Oracle-Treiber für Entity Framework Core gibt es von der Firma DevArt im Rahmen des Produkts "dotConnect for Oracle"

Komponentenname	dotConnect for Oracle
Website	*https://www.devart.com/dotconnect/oracle/*
Quellcode	Nein
Installation	Setup dcoracleXYpro.exe
	Install-Package Devart.Data.Oracle.EFCore
Kostenfreie Version	Nein
Kommerzielle Version	Ja (ab $149,95)

27.1.1   Installation

Zunächst ist auf dem System das Installationspaket von DevArt (dcoracleXYpro.exe, wobei XY für die Versionsnummer steht) auszuführen. Zudem ist das Nuget-Paket Devart.Data.Oracle.EFCore im Projekt zu installieren, in dem sich die Kontextklasse befindet.

27.1.2   Werkzeuge

Der Oracle-Treiber funktioniert beim Reverse Engineering und beim Forward Engineering mit den Standard-Werkzeugen von Entity Framework Core, also z.B.

```
Scaffold-DbContext "User ID=WWWings; Password=secret; Direct=true;
Host=localhost; SID=ITVisions; Port=1521;" Devart.Data.Oracle.Entity.EFCore -
Tables DEPT,EMP
```

> **Tipp:** Alternativ dazu können Sie das Produkt "Entity Developer" von DevArt einsetzen, wenn Sie eine grafische Benutzeroberfläche für das Reverse Engineering oder das Forward Engineering von Oracle-Datenbanken wünschen.

27.1.3   Kontextklasse

In der Kontextklasse in OnConfiguring() können Sie die Methode UseOracle() mit einer Verbindungszeichenfolge aufrufen.

```
protected override void OnConfiguring(DbContextOptionsBuilder builder)
  {
    builder.UseOracle(@"User ID=WWWings; Password=secret; Direct=true;
Host=localhost; SID=ITVisions; Port=1521;");
}
```

> **Praxishinweis:** Die obige Verbindungszeichenfolge verwendet das sogenannte "Oracle Direct"-Verfahren. Damit vermeiden Sie, dass Sie das Oracle-Client-Setup von Oracle zusätzlich brauchen! Wenn Sie eine Verbindungszeichenfolge wie "User Id=WWWings;Password=secret;Data Source=xy;" ohne SID und Port verwenden, müssen Sie die Oracle-Client-Software dafür installieren, sonst kommt es zum Fehler: "Cannot obtain Oracle Client information from registry. Make sure that Oracle Client Software is installed and that the bitness of your application (x86) matches the bitness of your Oracle Client, or use the Direct mode of connecting to a server." Hinweise zu der Angabe "Data Source" finden Sie unter [https://docs.oracle.com/cd/B28359_01/win.111/b28375/featConnecting.htm].

27.1.4   Entitätsklassen

Es ist zu beachten, dass die Schema-, Tabellen- und Spaltennamen in Oracle nur jeweils 30 Zeichen lang sein dürfen [https://docs.oracle.com/database/121/SQLRF/sql_elements008.htm#SQLRF51129]. Bei zu langen Namen erscheint der Laufzeitfehler: "Table name 'EntityClassWithAllSupportedDataTypes' is too long. An identifier with more than 30 characters was specified.".

27.1.5   Datentypen

Die folgende Abbildungen zeigen die Abbildung zwischen Oracle-Spaltentypen und .NET-Datentypen bei dem DevArt-Oracle-Treiber.

Oracle data types	SSDL[1]	CSDL[1]	.NET
NUMBER(1)	bool	Boolean	System.Boolean
NUMBER(2)..NUMBER(9)[2]	int	Int32	System.Int32
NUMBER(10)..NUMBER(18)[2]	int64	Int64	System.Int64
NUMBER (p, s), where 0 < s < p < 16[2]	double	Double	System.Double
other NUMBERs	decimal	Decimal	System.Decimal
FLOAT, REAL, BINARY_FLOAT[3], BINARY_DOUBLE[3]	the same[3]	Decimal	System.Decimal
DATE, TIMESTAMP, TIMESTAMP WITH TIME ZONE, TIMESTAMP WITH LOCAL TIME ZONE	the same[4]	DateTime	System.DateTime
INTERVAL DAY TO SECOND	the same[4]	Time	System.TimeSpan
CHAR, NCHAR, VARCHAR2, NVARCHAR2, CLOB, NCLOB, ROWID, UROWID, XMLTYPE, INTERVAL YEAR TO MONTH, LONG[5]	the same[4]	String	System.String
BLOB, RAW[6], LONG RAW[5]	the same[4]	Binary	System.Byte[]
PL/SQL BOOLEAN	the same[4]	Boolean	System.Boolean
RAW(16)	guid	Guid	System.Guid
PL/SQL BOOLEAN	the same[4]	Boolean	System.Boolean
SDO_GEOMETRY[7]	sdo_geometry[4]	Geometry, GeometryCollection, GeometryLineString, GeometryMultiLineString, GeometryMultiPoint, GeometryMultiPolygon, GeometryPoint, GeometryPolygon	DbGeometry
SDO_GEOMETRY[7]	sdo_geography[4]	Geography, GeographyCollection, GeographyLineString, GeographyMultiLineString, GeographyMultiPoint, GeographyMultiPolygon, GeographyPoint, GeographyPolygon	DbGeography

[1] Applicable only to Entity Framework v1 - v6. Not applicable to Entity Framework Core, because Entity Framework Core does not support XML mapping.

[2] The negative scale cases are taken into account.

[3] BINARY_DOUBLE and BINARY_FLOAT data types appeared in Oracle 10g.

[4] These SSDL types completely identical to the corresponding Oracle data types.

[5] According to official Oracle recomendations, using of LONG and LONG RAW data types is not recommended.

[6] All RAW types, except RAW(16).

[7] Supported in Entity Framework v5 and v6.

Abbildung: Datentypabbildung beim Reverse Engineering (Quelle: [https://www.devart.com/dotconnect/oracle/docs/])

.NET	CSDL[1]	SSDL[1]	Oracle data types
System.Boolean	Boolean	bool	NUMBER(1)
System.Byte	Byte	byte	NUMBER(3)[2]
System.Byte[]	Binary	BLOB	BLOB
DbGeometry[3]	Geometry	sdo_geometry	SDO_GEOMETRY
DbGeography[3]	Geography	sdo_geography	SDO_GEOMETRY
System.DateTime	DateTime	TIMESTAMP	TIMESTAMP
System.DateTimeOffset	DateTimeOffset	datetimeoffset	TIMESTAMP WITH TIME ZONE
System.Decimal	Decimal	decimal	NUMBER[4]
System.Double	Double	double	NUMBER
System.Guid	Guid	guid	RAW(16)
System.Int16	Int16	int16	NUMBER(5)[2]
System.Int32	Int32	int	NUMBER(10)[2]
System.Int64	Int64	int64	NUMBER(19)[2]
System.SByte	SByte	sbyte	NUMBER(3)[2]
System.Single	Single	single	NUMBER(15,5)[2]
System.String	String	VARCHAR2	VARCHAR2
System.TimeSpan	Time	INTERVAL DAY TO SECOND	INTERVAL DAY TO SECOND

[1] Applicable only to Entity Framework v1 - v6. Not applicable to Entity Framework Core, because Entity Framework Core does not support XML mapping.

[2] Note that when mapping corresponding database data type, you will need the .NET type with larger precision. That is because, for example, any Int32 value can be stored in the NUMBER(10) column, but largest NUMBER(10) column value cannot be stored in the Int32 field, it requires Int64 field.

[3] Supported in Entity Framework v5 and v6.

[4] Mapping of this type depends on the DecimalPropertyConvention. If this convention is enabled (it is enabled by default), System.Decimal is mapped to NUMBER(18,2). Otherwise, it is mapped to NUMBER.

Abbildung: Datentypabbildung beim Forward Engineering (Quelle:
[https://www.devart.com/dotconnect/oracle/docs/])

27.2   Entity Framework Plus (EFPlus)

Entity Framework Plus (EFPlus) ist eine Zusatzkomponente, die es auch für das klassische Entity Framework gibt. Auch wenn die Website von EFPlus immer nur von Entity Framework spricht: Es gibt auch eine Variante für Entity Framework Core.

Entity Framework Plus bietet mehrere Zusatzfunktionen zu Entity Framework Core:

- Formulierung von UPDATE- und DELETE-Befehlen als Lamdba-Ausdrücke (siehe Kapitel "Leistungsoptimierung/Massenoperationen")

- Auditing: Alle Änderungen an Datensätzen werden automatisch in einer Änderungstabelle vermerkt

- Globale Abfragefilter (beherrscht Entity Framework Core seit Version 2.0 auch selbst. EFPlus bietet dies auch für Entity Framework Core 1.x)

- Einen Second-Level-Cache als Alternative zu EFSecondLevelCache.Core (siehe Kapitel "Leistungsoptimierung/Second-Level-Caching")

- Query Batching: Zusammenfassen mehrerer SELECT-Abfragen in einem Rundgang zum Datenbankmanagementsystem

	Entity Framework Plus EF Must-Have Features
Komponentenname	Entity Framework Plus for EFCore
Website	*http://entityframework-plus.net*
Quellcode	*https://github.com/zzzprojects/EntityFramework-Plus*
Nuget	Install-Package Z.EntityFramework.Plus.EFCore
Kostenfreie Version	Ja
Kommerzielle Version	Nein

HINWEIS: EFPlus unterstützt seit Version 1.6.11 auch Entity Framework Core Version 2.0.

27.3   Second-Level-Caching mit EFSecondLevelCache.Core

Die Komponente **EFSecondLevelCache.Core** bietet einen alternativen Second-Level-Cache an zu dem Second-Level-Cache, der in "Entity Framework Plus" enthalten ist. EFSecondLevelCache.Core ist wesentlich komplexer in der Konfiguration, aber auch flexibler, weil neben dem Hauptspeicher-Cache (MemoryCache) auch Redis als Cache möglich ist.

	EFSecondLevelCache.Core Entity Framework Core Second Level Caching Library.
Komponentenname	EFSecondLevelCache.Core
Website	https://github.com/VahidN/EFSecondLevelCache.Core
Nuget	Install-Package EFSecondLevelCache.Core
Quellcode	Ja
Notwendige Basispakete	CacheManager.Core CacheManager.Microsoft.Extensions.Caching.Memory CacheManager.Serialization.Json Optional: CacheManager.StackExchange.Redis
Kostenfreie Version	Ja
Kommerzielle Version	Nein

27.4   Objekt-Objekt-Mapping mit AutoMapper

In modernen Softwarearchitekturen ist nicht nur das Objekt-Relationale Mapping (ORM) von relationalen Datenbankstrukturen auf Objekte, sondern auch das Mapping verschiedener Objektstrukturen aufeinander (Objekt-Objekt-Mapping - OOM) eine typische

Programmieraufgabe. Während Entity Framework Core sich ganz ORM konzentriert, muss man OOM selbst mit Bordmitteln von .NET oder mit einer Zusatzkomponente wie Automapper realisieren.

Das Open Source-Werkzeug AutoMapper erleichtert das sogenannte Objekt-Objekt-Mapping (OOM).

Die Anforderung, einen Objekttyp in einen anderen Objekttyp umzuwandeln, gibt es häufig, zum Beispiel im Rahmen von Data Transfer Objects (Datentransferobjekte, DTOs) zwischen Schichten oder ViewModels, die zur Anzeige oder zum Ausdruck aufbereitete Daten enthalten (siehe Architekturschaubilder in den nächsten Abbildungen). Dabei sind sich die aufeinander abzubildenden Objekttypen oft ähnlich, aber nicht ganz identisch. Und sie besitzen in der Regel keine gemeinsame Basisklasse oder eine gemeinsame Schnittstelle, die eine Typkonvertierung auf Programmiersprachebene, also per Typkonvertierungsausdruck, erlauben würde.

Abbildung: Objekt-Objekt-Mapping kommt zwischen Entitätsklassen und ViewModel-Klassen zum Einsatz.

Abbildung: Objekt-Objekt-Mapping kommt in modernen Softwarearchitekturen auch zwischen Entitätsklassen und Datentransferklassen zum Einsatz.

Die .NET Framework- und .NET Core-Klassenbibliotheken enthalten keine Funktionen, die die Abbildung von verschiedenen Objekttypen (also das Objekt-Objekt-Mapping) unterstützen. Die Type Converter in der .NET Framework-Klassenbibliothek [*http://msdn.microsoft.com/en-us/library/system.componentmodel.typeconverter.asp*] definieren lediglich eine einheitliche Schnittstelle für Objekttypabbildungen. Sie helfen aber nicht bei der eigentlichen Abbildungsarbeit.

27.4.1   Objekt-Objekt-Mapping per Reflection

Selbstgeschriebenes Objekt-Objekt-Mapping bedeutet, innerhalb einer Iteration für jede Instanz von x eine Instanz von y anzulegen und die relevanten Attribute von x einzeln an Properties von y zuzuweisen. Bei Objekten, die sich in höheren Schichten der Softwarearchitektur ändern können, findet man dann auch zusätzlich noch den umgekehrten Programmcode, der die Attribute von y zurück auf die Attribute von x abbildet.

Diesen Objekt-Objekt-Mapping-Programmcode zu schreiben ist keine intellektuelle Herausforderung, sondern eine lästige Fleißarbeit, wobei immer das Risiko besteht, Properties zu vergessen. Wenn solche Mapping-Aufgaben manuell ausprogrammiert werden, erhöht sich stets auch der Wartungsaufwand für eine Anwendung. Denn bei jedem neuen Datenbankfeld muss abschließend Mapping-Programmcode an vielen verschiedenen Stellen in der Anwendung geändert werden.

Heißen die Attribute gleich und haben Sie denselben Datentyp, kann man das Objekt-Objekt-Mapping ganz einfach per Reflection selbst machen. Das nächste Listing zeigt dazu zwei Erweiterungsmethoden der Klasse System.Object, die dieser einfachen Konvention folgen. Wenn die Namen aber (unregelmäßig) abweichen oder die Attributwerte nicht 1:1 abzubilden sind, hilft der primitive Ansatz nicht.

Listing: Kopieren gleichnamiger Properties zwischen zwei Klassen via Reflection

```
using System;
using System.Reflection;

namespace ITVisions
{
 public static class ObjectExtensions
 {

/// <summary>
/// Kopieren gleichnamiger Attribute auf ein anderes, neues Objekt
/// </summary>
public static T CopyTo<T>(this object from)
    where T : new()
{
 T to = new T();
 return CopyTo<T>(from, to);
}


 /// <summary>
 /// Kopieren gleichnamiger Attribute auf ein anderes, bestehendes Objekt
 /// </summary>
 public static T CopyTo<T>(this object from, T to)
     where T : new()
{
 Type FromType = from.GetType();
 Type ToType = to.GetType();

 // Kopieren der einzelnen Fields
 foreach (FieldInfo f in FromType.GetFields())
 {
  FieldInfo t = ToType.GetField(f.Name);
  if (t != null)
  {
   t.SetValue(to, f.GetValue(from));
  }
 }

 // Kopieren der einzelnen Properties
 foreach (PropertyInfo f in FromType.GetProperties())
 {
  object[] Empty = new object[0];
  PropertyInfo t = ToType.GetProperty(f.Name);
  if (t != null)
  {
```

```
        //Console.WriteLine(f.GetValue(from, Empty));
        t.SetValue(to, f.GetValue(from, Empty), Empty);
      }
    }

    return to;
  }
 }
}
```

Listing: Einsatz der Erweiterungsmethoden aus dem vorhergehenden Listing

```
using ITVisions;
using System;

namespace ITV_AppUtil.ManualTest
{

 public class Kunde
 {
  public int ID { get; set; }
  public string Name { get; set; }
  public string Ort { get; set; }
 }

 public class KundeDTO
 {
  public int ID { get; set; }
  public string Name { get; set; }
 }

 public class OOM_Demo
 {

  public static void Run()
  {
   var k = new Kunde() { ID = 1, Name = "Holger Schwichtenberg", Ort = "Essen" };
   // Kopieren gleichnamiger Properties auf ein neues Objekt
   var kDTO = k.CopyTo<KundeDTO>();
   Console.WriteLine(kDTO.ID + ": " + kDTO.Name);

   // Kopieren gleichnamiger Properties auf ein bestehendes Objekt
   var kDTO2 = new KundeDTO();
   kDTO2 = k.CopyTo(kDTO2);
   Console.WriteLine(kDTO2.ID + ": " + kDTO2.Name);
  }

 }
}
```

27.4.2   AutoMapper

Mittlerweile hat sich die Open Source-Bibliothek AutoMapper von Jimmy Bogard in der .NET-Entwicklerwelt für das Objekt-Objekt-Mapping etabliert. Das Nuget-Paket "AutoMapper" [*https://www.nuget.org/packages/AutoMapper*] (Install-Package AutoMapper) besteht aus der AutoMapper.dll, deren zentrale Klasse AutoMapper.Mapper ist.

auto×mapper	
Komponentenname	AutoMapper
Website	*https://github.com/AutoMapper*
Nuget	Install-Package Automapper
Kostenfreie Version	Ja
Kommerzielle Version	Nein

AutoMapper läuft auf folgenden .NET-Varianten:

- .NET
- .NET Core
- Silverlight
- .NET for Windows Store Apps / Windows Runtime
- Universal Windows Platform (UWP) Apps
- Xamarin.iOS und
- Xamarin.Android

Den Quellcode [*https://github.com/AutoMapper/AutoMapper*] und ein Wiki [*https://github.com/AutoMapper/AutoMapper/wiki*] findet man bei Github. Weitere Ressourcen (z.B. ein Video) findet man auf der AutoMapper-Website [*http://automapper.org*]. Insgesamt ist die verfügbare Dokumentation aber – wie bei so vielen Open Sourcen-Projekten – leider sehr knapp und unvollständig sowie teilweise veraltet. Viele Funktionen von AutoMapper sind in dem Wiki nicht ansatzweise beschrieben, sodass ein Blick in Blogeinträge und Foren notwendig ist, um AutoMapper ganz zu erfassen. Es fehlt bisher auch eine Dokumentation zu den Unterschieden zwischen der stabilen Version 3.3.1 und der aktuellen Vorabversion 4.0. Auch der Autor dieses Beitrags, der schon länger mit AutoMapper in seinen Projekten arbeitet, musste noch viele Stunden Forschungsarbeit investieren, um weitere, nicht dokumentierte Features in der Softwarekomponente zu entdecken.

> **Hinweis:** Dieses Kapitel beschreibt die Version 6.1.1 von AutoMapper. Leider gab es bei AutoMapper in der Vergangenheit gravierende Änderungen, sodass die hier gezeigten Befehle in älteren Versionen nur teilweise funktionieren.

27.4.3   Beispielszenario

Im Folgenden soll das in der nächsten Abbildung dargestellte Objektmodell auf das vereinfachte Objektmodell aus der übernächsten Abbildung abgebildet werden. Die Klassen Pilot, Mitarbeiter und Person werden aufgelöst. Die Informationen zum Piloten werden einerseits auf eine

Zeichenkette direkt in der FlugView-Klasse abgebildet, andererseits auf ein Detailobjekt "PilotDetailView". Die neue PassagierView-Klasse umfasst auch die Personendaten aus der Person-Klasse. Viele Informationen (z.B. aus der Entität "Mitarbeiter") werden hier bewusst nicht mehr verwendet.

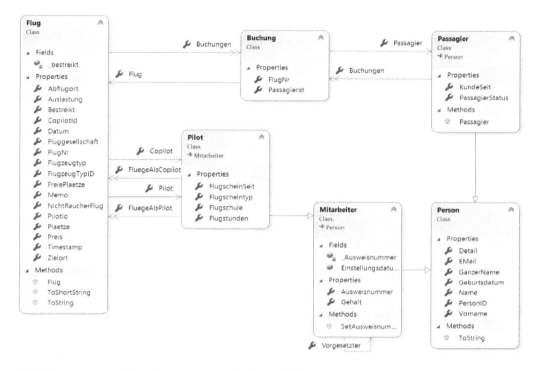

Abbildung: Das World Wide Wings 7.0-Objektmodell, das Entity Framework Core verwendet

Abbildung: Das Zielmodell für das Objekt-Objekt-Mapping, das aus dem Modell aus der vorherigen Abbildung entstehen soll

27.4.4   Abbildungen konfigurieren

Bevor man mit AutoMapper eine Abbildung durchführen kann, muss man die Abbildung mit den beteiligten Klassen bei AutoMapper einmalig pro Application Domain registrieren. Dies erfolgt mit der Methode Initialize().

ACHTUNG: Wenn Initialize() in einer Methode mehrfach aufgerufen wird, gilt nur die letzte ausgeführte Konfiguration!

Innerhalb von Initialize() verwendet man die Methode CreateMap() für die konkrete Mapping-Definition zwischen zwei Klassen. CreateMap() erwartet zwei Typparameter:

- Der erste Parameter ist immer der Quelltyp.

- Der zweite der Zieltyp.

Wenn man Konvertierung in beide Richtungen benötigt, muss man diese auch explizit anlegen.

```
Mapper.Initialize(cfg =>
    {
    cfg.CreateMap<Flug, FlugView>();
    cfg.CreateMap<FlugView, Flug>();
    cfg.CreateMap<Passagier, PassagierView>();
    cfg.CreateMap<PassagierView, Passagier>();
    cfg.CreateMap<Pilot, PilotDetailView>();
    cfg.CreateMap<PilotDetailView, Pilot>();
    });
```

Alternativ kann man die Methode ReverseMap() verwenden, um das Mapping in beide Richtungen in einer Zeile anzulegen.

```
Mapper.Initialize(cfg =>
    {
    cfg.CreateMap<Flug, FlugView>().ReverseMap();
    cfg.CreateMap<Passagier, PassagierView>().ReverseMap();
    cfg.CreateMap<Pilot, PilotDetailView>().ReverseMap();
    });
```

Die Reihenfolge mehrerer Aufrufe von CreateMap() innerhalb von Initialize() ist nicht relevant!

Es kann für eine einzige Klasse nicht nur eine Abbildung zu einer Klasse, sondern auch zu mehreren anderen Klassen geben, zum Beispiel:

```
Mapper.Initialize(cfg =>
    {
    cfg.CreateMap<Flug, FlugView>().ReverseMap();
    cfg.CreateMap<Flug, FlugDTOKurz>();
    cfg.CreateMap<Flug, FlugDTOLang>();
    });
```

Welche dieser Abbildungen (also auf welchen Zieltyp) dann konkret zum Einsatz kommt, entscheidet sich durch die Parameter der Map()-Methode, die die eigentliche Abbildung vornimmt.

27.4.5   Abbildung ausführen mit Map()

Bei der Map()-Methode von AutoMapper gibt es drei Varianten.

Möglichkeit 1: Man kann entweder auf ein neues Objekt abbilden, dann ist als generischer Typparameter der Zieltyp anzugeben und als Parameter der Methode das Quellobjekt:

```
FlugView flugView1 = AutoMapper.Mapper.Map<FlugView>(flug);
```

Möglichkeit 2: Wenn man aber (als zweite Variante von Map()) die nicht-generische Variante von Map() einsetzt, wird der Programmcode umfangreicher. Nun ist nach dem Quellobjekt als zweiter Parameter der Quellobjekttyp und als dritter Parameter der Zieltyp anzugeben. - Außerdem liefert Map() nur noch den Muttertyp System.Object zurück, wodurch eine Typumwandlung mit *(FlugView)* notwendig wird:

```
FlugView flugView2 = (FlugView)AutoMapper.Mapper.Map(flug, flug.GetType(), typeof
(FlugView));
```

Möglichkeit 3: Oder der Entwickler bildet ein Objekt auf ein bestehendes anderes Objekt ab. Das ist die dritte Variante von Map(). In diesem Fall ist kein Typparameter bei der Methode notwendig, sondern als Parameter sind Quell- und Zielobjekt zu übergeben.

```
var flugview3 = new FlugView();
flugview3.Memo = "test";
AutoMapper.Mapper.Map(flug, flugview3);
```

27.4.6   Nicht-statisches API

Neben dem statischen API gibt es in Automapper auch ein nicht-statisches API ("Instance API") zur Konfiguration des Mappings. Hierbei konfiguriert man eine Instanz der Klasse MapperConfiguration und erzeugt daraus mit CreateMapper() ein Objekt mit IMapper-Schnittstelle. Dieses Objekt besitzt dann die Map()-Methode.

Listing: nicht-staisches API

```
var config = new MapperConfiguration(cfg => {
  cfg.CreateMap<Flug, FlugView>();
  cfg.CreateMap<Pilot, PilotView>();
  cfg.CreateMap<Passengier, PassagierView>();
  cfg.AddProfile<AutoMapperProfile2>();
});
config.AssertConfigurationIsValid();


IMapper mapper = config.CreateMapper();
var flugView4 = mapper.Map<Flug, FlugView>(flug);
```

27.4.7   Abbildungskonventionen

AutoMapper bildet dabei nicht nur gleichnamige Attribute aufeinander ab, sondern enthält weitere Standardkonventionen:

- Wenn ein Attribut x im Quellobjekt nicht gefunden wird, wird eine Funktion GetX() gesucht und ggf. aufgerufen.

- Wenn der Name des Attributs mehrere Großbuchstaben enthält, und es gibt abhängige Objekte, dann wird jedes Wort als eine Ebene aufgefasst und durch einen Punkt getrennt. Der Name PilotMitarbeiterPersonName entspricht also Pilot.Mitarbeiter.Person.Name. AutoMapper nennt das Feature "Flattening" (deutsch: Flachklopfen).

- AutoMapper ignoriert alle Null-Reference-Laufzeitfehler.

- AutoMapper greift auf private Getter und Setter zu – aber nur, wenn der einzelne Getter oder Setter privat ist. Wenn das ganze Property als "private" deklariert ist, wird es ignoriert.

- Sehr spannend ist in AutoMapper die Behandlung der Groß- und Kleinschreibung sowie von Unterstrichen. AutoMapper sucht nach passenden Properties auch in geänderter Groß-/Kleinschreibung und mit bzw. ohne Unterstrich. Dabei ist sogar die Reihenfolge der Property-Deklaration in den Klassen relevant!

Die folgende Tabelle zeigt verschiedene Fälle mit einem Property "FreiePlätze" in vier verschiedenen Schreibweisen: "FreiePlätze", "freiePlätze", "Freie_Plätze" und "freie_Plätze". Dabei wird immer davon ausgegangen, dass es im Quellobjekt nur die Variante des Properties "FreiePlätze" gibt, die auch in Spalte 1 von der Tabelle gesetzt wird, während im Zielobjekt immer alle vier Varianten des Properties vorhanden sind – und dass die Properties in genau der Reihenfolge deklariert wurden, in denen sie in der Tabelle stehen.

Werte im Quellobjekt	Werte im Zielobjekt	Bemerkung
f.FreiePlaetze = 1	f.FreiePlaetze = 1 f.freiePlaetze = 1 f.Freie_Plaetze = 1 f.freie_Plaetze = 1	Der Wert aus dem einen Property im Quellobjekt wird von AutoMapper in alle vier Varianten im Zielobjekt kopiert.
f.FreiePlaetze = 1 f.freiePlaetze = 2	f.FreiePlaetze = 1 f.freiePlaetze = 1 f.Freie_Plaetze = 1 f.freie_Plaetze = 1	Der Wert aus einem Property freiePlaetze wird ignoriert, weil FreiePlaetze schon seinen Wert auf alle Zielproperties abgebildet hat.
f.FreiePlaetze = 1 f.freiePlaetze = 2 f.Freie_Plaetze = 3	f.FreiePlaetze = 1 f.freiePlaetze = 1 f.Freie_Plaetze = 3 f.freie_Plaetze = 3	Das erste Property ohne Unterstrich bildet auf alle Properties ohne Unterstrich ab und das erste mit Unterstrich auf alle Properties mit Unterstrich.
f.FreiePlaetze = 1 f.freiePlaetze = 2 f.freie_Plaetze = 4	f.FreiePlaetze = 1 f.freiePlaetze = 1 f.Freie_Plaetze = 4 f.freie_Plaetze = 4	Das erste Property ohne Unterstrich bildet auf alle Properties ohne Unterstrich ab und das erste mit Unterstrich auf alle Properties mit Unterstrich.
f.FreiePlaetze = 1 f.freiePlaetze = 2 f.Freie_Plaetze = 3 f.freie_Plaetze = 4	f.FreiePlaetze = 1 f.freiePlaetze = 1 f.Freie_Plaetze = 3 f.freie_Plaetze = 3	Das erste Property ohne Unterstrich bildet auf alle Properties ohne Unterstrich ab und das erste mit Unterstrich auf alle Properties mit Unterstrich.

Tabelle: AutoMappers konventionsbasiertes Mapping-Verhalten bezüglich Unterstrichen und der Groß-/Kleinschreibung

27.4.8   Abbildungskonventionen ändern

Zumindest die Konvention, die Unterstriche als Trennzeichen zu akzeptieren, kann man außer Kraft setzen. Dazu schreibt man eine eigene Konventionsklasse (siehe nächstes Listing) die die Abbildung von Unterstrichen außer Kraft setzt, indem SeparatorCharacter auf einen Leerstring gesetzt und auch kein regulärer Ausdruck bei SplittingExpression angegeben wird.

Listing: Eine eigene Konventionsklasse für AutoMapper, die die Abbildung von Unterstrichen außer Kraft setzt

```
/// <summary>
/// Konventionsklasse für AutoMapper, die die
/// Abbildung von Unterstrichen außer Kraft setzt
/// </summary>
class NoNamingConvention : INamingConvention
{
 public string SeparatorCharacter
 {
  get { return ""; }
 }
 public Regex SplittingExpression
 {
  get { return new Regex(""); }
 }
}
```

Diese eigene Konvention bindet man nun in die Konfigutaration ein:

```
    Mapper.Initialize(cfg =>
    {
      cfg.SourceMemberNamingConvention = new NoNamingConvention();
      cfg.DestinationMemberNamingConvention = new NoNamingConvention();
      cfg.CreateMap<Flug, FlugView>().ReverseMap();
      cfg.CreateMap<Passagier, PassagierView>().ReverseMap();
      cfg.CreateMap<Pilot, PilotDetailView>().ReverseMap();
...
    });
```

27.4.9   Profilklassen

Die AutoMapper-Konfiguration kann man in sogenannte Profilklassen, die von der Basisklasse Profile erben, auslagern.

```
using GO;
namespace EFC_Konsole.AutoMapperDemos
{
  /// <summary>
  /// Simple profile class for AutoMapper
  /// </summary>
  public class AutoMapperProfileEinfach : AutoMapper.Profile
  {
   public AutoMapperProfileEinfach()
   {
     this.SourceMemberNamingConvention = new NoNamingConvention();
     this.DestinationMemberNamingConvention = new NoNamingConvention();
     this.CreateMap<Flug, FlugView>().ReverseMap();
```

```
   this.CreateMap<Passagier, PassagierView>().ReverseMap();
   this.CreateMap<Pilot, PilotDetailView>().ReverseMap();
   this.CreateMap<Flug, FlugDTOKurz>();
   this.CreateMap<Flug, FlugDTOLang>();
   }
 }
}
```

Diese Profilklasse ruft man dann in Initialize() via AddProfile() auf.

```
Mapper.Initialize(cfg =>
{
 cfg.AddProfile<AutoMapperProfileEinfach>();
});
```

27.4.10 Verbundene Objekte

Wenn das Quell- und das Zielobjekt jeweils ein Unterobjekt besitzen und der Property-Name gemäß einer der Automapper-Konventionen eine Abbildung vorsehen würde, es aber für den besagten Objekttyp kein Mapping gibt, beschwert sich AutoMapper: "Missing type map configuration or unsupported mapping.".

Entweder muss man für den Typ des Unterobjekts auch ein Mapping mit CreateMap() anlegen, oder man muss AutoMapper explizit sagen, dass man das Unterobjekt nicht abbilden möchte.

Das Ignorieren erfolgt über das Fluent-API der CreateMap()-Methode unter Einsatz der Methode Ignore() nach dem Aufruf von ForMember():

```
cfg.CreateMap<Passagier, PassagierView>().ForMember(z => z.Person, m => m.Ignore(
));
```

> **Hinweis:** Das Flattening funktioniert aber weiterhin nach einem Ignore()-Aufruf für ein Unterobjekt. Das heißt, die Properties PersonVorname und PersonName in der Klasse PassagierView befüllt AutoMapper weiterhin mit den Werten aus Passagier.Person.Vorname und Passagier.Person.Nachname, auch wenn Passagier.Person durch die Ignore()-Anweisung auf null gesetzt wird.

27.4.11 Manuelle Abbildungen

Der Entwickler hat bei AutoMapper zahlreiche Eingriffsmöglichkeiten in das Mapping. Über das Fluent-API der Methode CreateMap() kann man Abbildungen von Properties des Quellobjekts auf Abbildungen von Properties des Zielobjekts, also sogenannte Projektionen, festlegen. Eine manuelle Abbildung erledigt die Methode ForMember(). Dabei ist als erster Parameter ein Lambda-Ausdruck für das Zielproperty (Variablenname z für Ziel) und als zweiter Parameter ein Lambda-Ausdruck für den Wert (Variablenname q für Quelle) anzugeben, wobei auf ein oder mehrere Properties des Quellobjekts Bezug genommen werden kann.

Das folgende Listing zeigt folgende zehn Möglichkeiten:

- Abbildung einer Eigenschaft auf einen statischen Wert mit UseValue()

- Abbildung einer Eigenschaft auf das Ergebnis eines Ausdrucks zu einer Quelleigenschaft mit MapFrom(), wobei das Ergebnis ein Boolean-Wert ist

- Abbildung einer Eigenschaft auf eine Berechnung aus mehreren Quelleigenschaften mit MapFrom(), wobei der Wert eine Zahl ist

- Abbildung einer Eigenschaft mit MapFrom() auf das Ergebnis der ToString()-Methode in einem Unterobjekt des Quellobjekts

- Abbildung einer Eigenschaft mit MapFrom() auf ein Objekt, das Werte von mehreren Quelleigenschaften enthält

- Abbildung einer Eigenschaft mit einer ValueResolver-Klasse unter Einsatz von ResolveUsing() und der IValueResolver-Schnittstelle.

- Abbildung von Nullwerten auf einen anderen Wert mit NullSubstitute()

- Festlegung, dass die Properties des Zielobjekts nicht mit einem Wert des Quellobjekts überschrieben werden dürfen. Dies erledigt die Methode UseDestinationValue().

- Der vorletzte Fall zeigt, wie mit Condition() eine Abbildung nur dann erfolgt, wenn der Quellwert (SourceValue) eine bestimmte Bedingung erfüllt.

- Der letzte Fall zeigt die Umwandlung eines N:M-Mappings in ein 1:N-Mapping. Hier wird die Zwischenentität "Buchung", die "Flug" und "Passagier" verbindet, eliminiert. Die Zielklasse FlugView besitzt direkt eine Eigenschaft vom Typ List<Passagier>.

Da solche Mapping-Definitionen oft sehr umfangreich werden können, bietet es sich in der Regel an, diese in eine Profilklasse (siehe Listing) auszulagern, statt sie irgendwo in den Programmcode einzustreuen.

Listing: Manuelle AutoMapper-Abbildungen mit ForMember()

```
public class AutoMapperProfileKomplex : AutoMapper.Profile
{
  /// <summary>
  /// Complex profile class for AutoMapper
  /// </summary>
  public AutoMapperProfileKomplex()
  {
    #region Mappings for class Flug
    CreateMap<Flug, FlugView>()

    // 1. Set Memo to static value
    .ForMember(z => z.Memo,
            q => q.UseValue("Loaded from Database: " + DateTime.Now))

    // 2. Mapping for a bool property
    .ForMember(z => z.Ausgebucht, q => q.MapFrom(f => f.FreiePlaetze <= 0))

    // 3. Mapping with calculation
    .ForMember(z => z.FlugAuslastung,
            q => q.MapFrom(f => (int)Math.Abs(((decimal)f.FreiePlaetze /
(decimal)f.Plaetze) * 100)))

    // 4. Mapping to a method result
    .ForMember(z => z.PilotInfo, m => m.MapFrom(
            q => q.Pilot.ToString()))

    // 5. Mapping to a method result with object construction
    .ForMember(z => z.PilotDetailView,
            m => m.MapFrom(
```

```
            q => new PilotDetailView { ID = q.Pilot.PersonID, Name =
q.Pilot.GanzerName }))


    // 6. Manual Mapping with Value Resolver
    .ForMember(z => z.RaucherInfo,
              m => m.ResolveUsing<RaucherinfoResolver>())

    // 7. Manual Mapping if source value is null
    .ForMember(z => z.Zielort, q => q.NullSubstitute("unknown"))

    // 8. No Mapping for existing values
    .ForMember(z => z.Timestamp, q => q.UseDestinationValue())

    // 9. Conditional Mapping
    .ForMember(z => z.Plaetze, x => x.Condition(q => q.FreiePlaetze < 250))

    // 10. Map n:m to zu 1:n (for Flug->Buchung->Passagier)
    .ForMember(dto => dto.PassagierViewSet, opt => opt.MapFrom(x =>
x.Buchungen.Select(y => y.Passagier).ToList()))

    // 11. Include reverse Mapping
    .ReverseMap();
    #endregion

    #region Other class mappings

    CreateMap<Pilot, string>().ConvertUsing<PilotStringConverter>();

    // Map n:m to zu 1:n (for Passagier->Buchung->Flug)
    CreateMap<Passagier, PassagierView>()
     .ForMember(z => z.FlugViewSet, m => m.MapFrom(q => q.Buchungen.Select(y =>
y.Flug)));
    #endregion
    }
```

Listing: Eine Value Resolver-Klasse für AutoMapper

```
/// <summary>
/// Value Resolver for Automapper, converts true/false to
/// string property "Nichtraucherflug"
/// </summary>
public class RaucherinfoResolver : IValueResolver<Flug, FlugView, string>
{
 public string Resolve(Flug source, FlugView destination, string member,
ResolutionContext context)
 {
  if (source.NichtRaucherFlug.GetValueOrDefault()) destination.RaucherInfo =
"Dies ist ein Nicht-Raucher-Flug!";
  else destination.RaucherInfo = "Rauchen ist erlaubt.";
  return destination.RaucherInfo;
 }
}
```

27.4.12 Typkonvertierungen

Bei der Abbildung elementarerer Datentypen (string, int, decimal, bool etc.) bildet AutoMapper problemlos ab, wenn die Typen identisch sind oder wenn der Zieltyp string ist. Im Fall des Zieltyps string kann AutoMapper immer durch den Aufruf ToString() zu einer Zeichenkette kommen. Zahlentypen werden automatisch sowohl hoch- als auch herunterkonvertiert. So kann AutoMapper byte auf long abbilden, aber auch long auf byte. Ein Teil dieser Flexibilität ist aber neu seit Version 4.0. Die Version 3.3.1 reagierte auf den Versuch, long auf byte abzubilden, noch mit dem Fehler "Missing type map configuration or unsupported mapping. Mapping types: System.Byte -> System.Int64". Aber auch in AutoMapper 4.0 gilt: Wenn der abzubildende Wert gar nicht in den Zielzahlentyp passt, kommt es zum Laufzeitfehler: "AutoMapper.AutoMapperMappingException: Value was either too large or too small for an unsigned byte."

Und natürlich kann AutoMapper nicht abbilden, falls die Typen grundverschieden sind. Wenn zum Beispiel im Quellobjekt das Property „Geburtstag" den Typ "DateTime" besitzt, aber im Zielobjekt hier "Integer" verwendet wird, kommt es auf jeden Fall zum Laufzeitfehler (AutoMapper.AutoMapperMappingException). In der Fehlermeldung findet man dann detaillierte Angaben zu dem Problem:

System.DateTime -> System.Int32

Destination path:

PassagierView.Geburtstag

Source value:

01.10.1980 00:00:00

Für Typabbildungen, die AutoMapper nicht automatisch vornimmt oder die anders erfolgen sollen, als AutoMapper dies im Standard macht, muss der Softwareentwickler bei AutoMapper einen Type Converter hinterlegen. Ein solcher Type Converter kann in einer einfachen Methode implementiert werden, die Typ x entgegennimmt und y zurückgibt. Diese Konvertermethode registriert man dann bei AutoMapper:

```
cfg.CreateMap<byte, long>().ConvertUsing(ConvertByteToLong);
cfg.CreateMap<DateTime, Int32>().ConvertUsing(ConvertDateTimeToInt);
```

Man kann ggf. eine Standard-Konverter-Methode des .NET Frameworks aufrufen:

```
cfg.CreateMap<byte, long>().ConvertUsing(Convert.ToInt64);
```

Listing: Methodenbasierter Type Converter für AutoMapper

```
/// <summary>
/// Konveriert Byte in Long mit Sonderfall 0
/// </summary>
/// <param name="b">Byte-Wert</param>
/// <returns></returns>
public static long ConvertByteToLong(byte b)
{
 if (b==0) return -1;
 else return (long)b;
}
```

Listing: Weiterer methodenbasierter Type Converter für AutoMapper

```
/// <summary>
```

```
/// Konveriert DateTime in Integer (extrahiert nur Jahreszahl)
/// </summary>
/// <param name="b">Byte-Wert</param>
/// <returns></returns>
public static Int32 ConvertDateTimeToInt(DateTime d)
{
  return d.Year;
}
```

Man kann den Type Converter auch realisieren als Klasse, die die Schnittstelle ITypeConverter mit der Methode Convert() realisiert (siehe Listing). Diese eigene Konverter-Klasse registriert man dann mit einer generischen Variante von ConvertUsing():

```
cfg.CreateMap<Pilot, string>().ConvertUsing<PilotStringConverter>();
```

Listing: Klassenbasierter Type Converter für AutoMapper

```
public class PilotStringConverter : ITypeConverter<Pilot, string>
{
  public string Convert(Pilot pilot, string s, ResolutionContext context)
  {
    if (pilot == null) return "(Kein Pilot zugewiesen)";
    return "Pilot # " + pilot.PersonID;
  }
}
```

Die bisher gezeigten Konvertierungen sind global für alle Abbildungen in allen Klassen. Das ist natürlich eine sehr mächtige Möglichkeit, denn man vermeidet damit, einige Abbildungen wiederholen zu müssen. Aber man sollte hier auch vorsichtig sein, denn möglicherweise erzeugt man damit Abbildungen, die man gar nicht will, sodass Daten verloren gehen können.

Es kann aber auch sein, dass man eine solche Konvertierung gar nicht global will, sondern nur für eine einzelne Propperty-Abbildung in einzelnen Klassen. In diesem Fall kann man einen ValueResolver schreiben (siehe Kapitel "Manuelle Abbildungen").

27.4.13 Objektmengen

Auch wenn man AutoMapper immer nur für die Abbildung von einzelnen Klassen konfiguriert hat, kann AutoMapper nicht nur einzelne Instanzen, sondern auch beliebig große Mengen dieser Klassen aufeinander mit Map() abbilden. Beispiel:

```
List<FlugView> flugviewListe = AutoMapper.Mapper.Map<List<FlugView>>(flugListe);
```

Dabei unterstützt AutoMapper folgende Mengentypen:

- IEnumerable
- IEnumerable<T>
- ICollection
- ICollection<T>
- IList
- IList<T>
- List<T>
- Arrays

Listing: Abbildung einer ganzen Liste

```
/// Mapping a list of Flug objects with related objects Buchung/Passagier to
FlugView with PassagierView
/// </summary>
private static void Demo_ListMapping()
{
 CUI.Headline("Listen-Mapping");

 Mapper.Initialize(cfg =>
 {
  cfg.AddProfile<AutoMapperProfileKomplex>();
 });

 using (var ctx2 = new WWWingsContext())
 {
  var flugListe = ctx2.FlugSet.Include(f => f.Pilot).Include(f =>
f.Buchungen).ThenInclude(x => x.Passagier).Where(f => f.Abflugort ==
"Berlin").OrderBy(f => f.FlugNr).Take(5).ToList();
  // map all objects in this list
  List<FlugView> flugviewListe = Mapper.Map<List<FlugView>>(flugListe);
  foreach (var f in flugviewListe)
  {
   Console.WriteLine(f.ToString());
   if (f.PassagierViewSet != null)
   {
    foreach (var pas in f.PassagierViewSet)
    {
     Console.WriteLine("   - " + pas.Vorname + " " + pas.Name + " hat " +
pas.FlugViewSet.Count + " Flüge!");
    }
   }
  }
 }
}
```

27.4.14 Vererbung

Um das Verhalten von AutoMapper bei Vererbungsbeziehungen zu veranschaulichen, wird das Beispiel aus dem folgenden Listing verwendet mit den Klassen Person, Frau und Mann sowie zugehörigen Datentransferobjekt (DTO)-Klassen PersonDTO, FrauDTO und MannDTO. Die Unterschiede zwischen Mann und Frau sind hier – den Klischees entsprechend – auf den Besitz einer signifikanten Anzahl von Autos (beim Mann) bzw. Schuhen (bei der Frau) reduziert. Die DTO-Klassen unterscheiden sich durch den Datentyp für die Anzahl-Werte (Byte statt Integer) sowie die Zusammenfassung von Vorname und Nachname zu einem Property Name. Außerdem wird beim Geburtstag in den DTO-Klassen nur noch das Jahr und nicht mehr das komplette Datum gespeichert.

Listing: Klassenhierarchie für das Vererbungsbeispiel

```
class Person
{
 public string Vorname { get; set; }
 public string Nachname { get; set; }
```

```
  public DateTime Geburtstag { get; set; }
}


class Mann : Person
{
  public int AnzahlAutos { get; set; }
}


class Frau : Person
{
  public int AnzahlSchuhe { get; set; }
}


class PersonDTO
{
  public string Name { get; set; }
  public int Geburtsjahr { get; set; }
}


class MannDTO : PersonDTO
{
  public byte AnzahlAutos { get; set; }
}


class FrauDTO : PersonDTO
{
  public byte AnzahlSchuhe { get; set; }
}
```

Grundsätzlich muss man in einer Vererbungsbeziehung ein Mapping für jede einzelne Klasse in der Vererbungshierarchie festlegen, also:

```
Mapper.Initialize(cfg =>
    {
      cfg.CreateMap<Person, PersonDTO>();
      cfg.CreateMap<Mann, MannDTO>();
      cfg.CreateMap<Frau, FrauDTO>();
    });
```

Während AutoMapper die Typumwandlung von Integer in Byte automatisch erledigt, fehlt noch die Abbildung für Name und Geburtsdatum. Der Typkonflikt im Fall von Geburtsdatum führt beim Mapping zum Laufzeitfehler (AutoMapper.AutoMapperMappingException).

Dabei reicht es nicht, die manuellen Abbildungen mit ForMember() und MapFrom() nur auf der Basisklasse festzulegen:

```
cfg.CreateMap<Person, PersonDTO>()
  .ForMember(z => z.Name, map => map.MapFrom(q => q.Vorname + " " + q.Nachname))
  .ForMember(z => z.Geburtsjahr, map => map.MapFrom(q => q.Geburtstag.Year));
cfg.CreateMap<Mann, MannDTO>()
cfg.CreateMap<Frau, FrauDTO>()
```

Danach erfolgt nur das Mapping für die Klasse Person korrekt. Bei den Klassen Mann und Frau kommt es weiterhin zum Laufzeitfehler. AutoMapper erwartet, dass es die manuelle Mapping-Konfiguration für jede Klasse in der Vererbungshierarchie gibt:

```
cfg.CreateMap<Person, PersonDTO>()
```

```
      .ForMember(z => z.Name, map => map.MapFrom(q => q.Vorname + " " + q.Nachname)
)
      .ForMember(z => z.Geburtsjahr, map => map.MapFrom(q => q.Geburtstag.Year));
cfg.CreateMap<Mann, MannDTO>()
      .ForMember(z => z.Name, map => map.MapFrom(q => q.Vorname + " " + q.Nachname)
)
      .ForMember(z => z.Geburtsjahr, map => map.MapFrom(q => q.Geburtstag.Year));
cfg.CreateMap<Frau, FrauDTO>()
      .ForMember(z => z.Name, map => map.MapFrom(q => q.Vorname + " " + q.Nachname)
)
      .ForMember(z => z.Geburtsjahr, map => map.MapFrom(q => q.Geburtstag.Year));
```

Diese Programmcode-Wiederholung kann man aber vermeiden, indem man die Include()-Methoden von AutoMapper verwenden (nicht zu verwechseln mit der Include()-Methode von Entity Framework!):

```
cfg.CreateMap<Person, PersonDTO>()
        .Include<Mann, MannDTO>()
        .Include<Frau, FrauDTO>()
        .ForMember(z => z.Name, map => map.MapFrom(q => q.Vorname + " " + q.Nachna
me))
        .ForMember(z => z.Geburtsjahr, map => map.MapFrom(q => q.Geburtstag.Year))
;
cfg.CreateMap<Mann, MannDTO>();
cfg.CreateMap<Frau, FrauDTO>();
```

Das nächste Listing zeigt ein Beispiel für das Mapping mit den Typen Person, Mann und Frau – inklusive einer "Geschlechtsumwandlung" eines Mannes in eine Frau, wobei – um weiterhin bei den Klischees zu bleiben – die Anzahl der Autos in die zehnfache Anzahl von Schuhen umgewandelt wird. Nach Definition dieses Mappings ist die eigentliche Wandlung von Mann zu Frau mit AutoMapper vergleichsweise einfach und schmerzlos.

Listing: Mapping mit Person, Mann und Frau

```
var m = new Mann()
{
 Vorname = "Max",
 Nachname = "Mustermann",
 Geburtstag = new DateTime(1980, 10, 1),
 AnzahlAutos = 4
};

// Abbildung Person zu PersonDTO
PersonDTO mDTO1 = Mapper.Map<PersonDTO>(m);
Console.WriteLine(mDTO1.Name + " *" + mDTO1.Geburtsjahr);

// Abbildung Mann zu MannDTO - Variante 1
MannDTO mDTO2 = (MannDTO)Mapper.Map(m, m.GetType(), typeof(MannDTO));
Console.WriteLine(mDTO2.Name + " *" + mDTO2.Geburtsjahr + " besitzt " + mDTO2.Anz
ahlAutos + " Autos.");

// Abbildung Mann zu MannDTO - Variante 2
MannDTO mDTO3 = Mapper.Map<MannDTO>(m);
Console.WriteLine(mDTO3.Name + " *" + mDTO3.Geburtsjahr + " besitzt " + mDTO3.Anz
ahlAutos + " Autos.");

// Geschlechtsumwandlung: Mann zu Frau definieren
```

```
Mapper.CreateMap<Mann, Frau>()
        .ForMember(z => z.AnzahlSchuhe, map => map.MapFrom(q => q.AnzahlAutos * 10
));


// Geschlechtsumwandlung: Mann zu Frau vollziehen
Frau f = Mapper.Map<Frau>(m);
Console.WriteLine(f.Vorname + " " + f.Nachname + " *" + f.Geburtstag + " besitzt
" + f.AnzahlSchuhe + " Schuhe.");
```

Spannend ist noch die Frage, was passiert, wenn eine abgeleitete Klasse ein manuelles Mapping besitzt, das im Widerspruch zu einem Mapping einer Basisklasse steht. Laut Dokumentation [*https://github.com/AutoMapper/AutoMapper/wiki/Mapping-inheritance*] erfolgt die Auswertung durch den AutoMapper mit folgender Priorität:

- explizites Mapping in der abgeleiteten Klasse

- vererbtes explizites Mapping

- Mappings mit Ignore()

- und AutoMapper-Konventionen, die erst im letzten Schritt wirken.

27.4.15 Generische Klassen

Auch bei generischen Klassen hilft AutoMapper mit. Gar keine besondere Aufgabe stellt für AutoMapper das Mapping von generischen Listen dar (siehe Listing).

Listing: Mapping generischer Listen, hier am Beispiel List<T>

```
// Generische Liste erzeugen und befüllen
    var PersonSet = new List<Person>();
    for (int i = 0; i < 100; i++)
    {
    PersonSet.Add(new Person() { Vorname="Max", Nachname="Müller"});
    }


    // Mapping für Einzelobjekt definieren
    Mapper.Initialize(cfg =>
    {
    cfg.CreateMap<Person, PersonDTO>()
.ForMember(z => z.Name, map => map.MapFrom(q => q.Vorname + " " + q.Nachname))
.ForMember(z => z.Geburtsjahr, map => map.MapFrom(q => q.Geburtstag.Year));
    });


    // Mapping für Liste geht dann auch!
    var PersonDTOSet = AutoMapper.Mapper.Map<List<PersonDTO>>(PersonSet);

    Console.WriteLine(PersonDTOSet.Count());
    foreach (var p in PersonDTOSet.Take(5))
    {
    Console.WriteLine(p.Name + ": "+ p.Geburtsjahr);
    }
```

AutoMapper kann aber auch ganze generische Typen auf andere generische Typen abbilden. Wir bleiben bei dem Beispiel mit Person, Frau und Mann und definieren zwei generische Typen für eine Partnerschaft: eine eingetragene Partnerschaft und eine Ehe (siehe Listing).

Listing: Generische Typen für Partnerschaft und Ehe

```
class EingetragenePartnerschaft<T1, T2>
  where T1 : Person
  where T2 : Person
{
  public T1 Partner1 { get; set; }
  public T2 Partner2 { get; set; }
  public DateTime Datum { get; set; }
}

class Ehe<T1, T2>
  where T1 : Person
  where T2 : Person
{
  public T1 Partner1 { get; set; }
  public T2 Partner2 { get; set; }
  public DateTime Datum { get; set; }
}
```

Dabei sind wir – im Gegensatz zu dem vorherigen Beispiel mit Autos und Schuhen – dieses Mal nicht nur politisch ganz korrekt, sondern auch noch absolut progressiv (schon zu einem Zeitpunkt, als der Bundestag das noch nicht beschlossen hatte): Wir erlauben nicht nur gleichgeschlechtliche eingetragene Partnerschaften, sondern sogar gleichgeschlechtliche Ehen! Der Autor dieses Beitrags will sogar erlauben, eine eingetragene Partnerschaft automatisch in eine Ehe umzuwandeln. Genau das ist unser Mapping. Wir wollen also zum Beispiel den Typ EingetragenePartnerschaft<Mann,Mann> konvertieren in Ehe<Mann,Mann>. Das ist für AutoMapper gar kein Problem. Wir müssen lediglich eine allgemeine Abbildung definieren zwischen den generischen Klassen. Keineswegs muss der Softwareentwickler ein Mapping für alle möglichen Varianten von Typparametern dieser generischen Klassen schreiben.

```
Mapper.Initialize(cfg =>
  {
    cfg.CreateMap(typeof(EingetragenePartnerschaft<,>), typeof(Ehe<,>));
  });
```

Das nächste Codefragment zeigt die Anwendung dieses Mappings

Listing: Mapping eigener generischer Typen aus dem vorherigen Listing

```
// Eine eingetragene Partnerschaft zwischen zwei Männern
var m1 = new Mann() { Vorname = "Heinz", Nachname="Müller" };
var m2 = new Mann() { Vorname = "Gerd", Nachname = "Meier" };
var ep = new EingetragenePartnerschaft<Mann, Mann>() { Partner1 = m1, Partner2 =
m2, Datum = new DateTime(2015,5,28) };

// Die allgemeine Abbildung zwischen den generischen Klassen
Mapper.Initialize(cfg =>
  {
    cfg.CreateMap(typeof(EingetragenePartnerschaft<,>), typeof(Ehe<,>));
  });

// Dann ist jede Abbildung mit konkreten Typparametern erlaubt!
Ehe<Mann,Mann> ehe = AutoMapper.Mapper.Map<Ehe<Mann,Mann>>(ep);
Console.WriteLine(ehe.Partner1.Vorname + " + " + ehe.Partner2.Vorname + ": " + eh
e.Datum.ToShortDateString());
```

Auch ein zusätzliches Mapping der generischen Parameter ist möglich,   also   von   z.   B. EingetragenePartnerschaft<Mann, Mann> zu Ehe<MannDTO, MannDTO>. Das setzt natürlich voraus:

- dass die generische Klasse Ehe<T1, T2> als Typparameter auch MannDTO oder die Basisklasse PersonDTO erlaubt (was sie bisher noch nicht tut). Hier muss also dann stehen:

```
class Marriage<T1, T2>
where T1 : PersonDTO
where T2 : PersonDTO
{ … }
```

- Es muss auch ein Mapping zwischen Mann und MannDTO definiert werden:

```
cfg.CreateMap<Mann, MannDTO>()
    .ForMember(z => z.Name, map => map.MapFrom(q => q.Vorname + " " + q.Nachname)
)
    .ForMember(z => z.Geburtsjahr, map => map.MapFrom(q => q.Geburtstag.Year));
```

Danach steht folgender Abbildung zwischen EingetragenePartnerschaft<Mann,Mann> und Ehe<MannDTO,MannDTO> nichts mehr im Wege:

```
Ehe<MannDTO, MannDTO> eheDTO = AutoMapper.Mapper.Map<Ehe<MannDTO, MannDTO>>(ep);
Console.WriteLine(eheDTO.Partner1.Name + " + " + eheDTO.Partner2.Name + ": " + eh
e.Datum.ToShortDateString());
```

27.4.16 Zusatzaktionen vor und nach dem Mapping

AutoMapper erlaubt, im Mapping Aktionen festzulegen, die vor dem Mapping oder nach dem Mapping ausgeführt werden. Die Methode BeforeMap() im Fluent-API von CreateMap() legt die vorgelagerten Aktionen fest; AfterMap() die nachgelagerten. Beide Methoden dürfen mehrfach aufgerufen werden, wie das nächste Listing am Beispiel von BeforeMap() zeigt. Beide Methoden erwarten jeweils einen Ausdruck, der sowohl das Quellobjekt (im Listing kurz mit q benannt) als auch das Zielobjekt (im Listing kurz mit z benannt) übergeben bekommt. Es ist möglich, im Rahmen des Ausdrucks eine Methode aufzurufen, auch das zeigt Listing am Beispiel von AfterMap().

Das Beispiel in nächsten Listing macht Folgendes bei der Abbildung von Person auf PersonDTO:

- Wenn der Vorname und/oder Nachname leer ist, wird die Angabe im Quellobjekt jeweils durch ein Fragezeichen ersetzt.

- Wenn im Zielobjekt dann der Name aus "? ?" besteht, also Vor- und Nachname leer waren, wird – abhängig vom Geburtsjahr – der Wert "(Fehler)" oder "keine Angaben" geliefert. Die Geschäftsprozessregel dahinter ist: Alle vor 1980 Geborenen dürfen anonym bleiben. Alle danach Geborenen sind zur Angabe verpflichtet. Wenn der Name dennoch fehlt, muss ein Fehler vorliegen.

Grundsätzlich kann man solche Geschäftslogiken natürlich außerhalb von AutoMapper vollziehen. Vorteile der Integration in AutoMapper dafür sind:

- Man hat alle Mapping-Aktionen an einem Ort.

- Man muss nicht vor bzw. nach dem Mapping noch einmal explizit eine Iteration über die Objekte ausprogrammieren.

Listing: BeforeMap() und AfterMap() im Einsatz

```
public static void BeforeAfterDemo()
{
```

```
CUI.Headline(nameof(BeforeAfterDemo));

// Generische Liste erzeugen und befüllen
var PersonSet = new List<Person>();
for (int i = 0; i < 10; i++)
{
 PersonSet.Add(new Person()
  {
   Vorname = "Max",
   Nachname = "Mustermann",
   Geburtstag = new DateTime(1980, 10, 1),
  });
}

// Mapping für Einzelobjekt definieren
Mapper.Initialize(cfg =>
{
 cfg.CreateMap<Person, PersonDTO>()
     .ForMember(z => z.Name, map => map.MapFrom(q => q.Vorname + " " +
q.Nachname))
     .ForMember(z => z.Geburtsjahr, map => map.MapFrom(q => q.Geburtstag.Year))
     .BeforeMap((q, z) => q.Vorname = (String.IsNullOrEmpty(q.Vorname) ?
q.Vorname = "?" : q.Vorname))
     .BeforeMap((q, z) => q.Nachname = (String.IsNullOrEmpty(q.Nachname) ?
q.Nachname = "?" : q.Nachname))
     .AfterMap((q, z) => z.Name = GetName(z.Name, z.Geburtsjahr));
  cfg.CreateMap<DateTime, Int32>().ConvertUsing(ConvertDateTimeToInt);
 });

// Mapping für Liste geht dann auch!
var PersonDTOSet = AutoMapper.Mapper.Map<List<PersonDTO>>(PersonSet);

foreach (var p in PersonDTOSet)
{
 Console.WriteLine(p.Name + " ist geboren im Jahr " + p.Geburtsjahr);
}

}

/// <summary>
/// Konveriert DateTime in Integer (extrahiert nur Jahreszahl)
/// </summary>
/// <param name="b">Byte-Wert</param>
/// <returns></returns>
public static Int32 ConvertDateTimeToInt(DateTime d)
{
 return d.Year;
}


/// <summary>
/// Methode, die im Rahmen von AfterMap() aufgerufen wird
/// </summary>
```

```
/// <param name="n">Name.</param>
/// <param name="jahr">Geburtsjahr</param>
/// <returns></returns>
public static string GetName(string name, int jahr)
{
  if (name.Trim() != "? ?") return name;
  if (jahr >= 1980) return "(Fehler)";
  return "keine Angaben";
}
```

27.4.17 Geschwindigkeit

AutoMapper verwendet für das Mapping nicht Reflection für jeden Abruf und jedes Setzen von Werten. Vielmehr erzeugt CreateMap() den Programmcode zur Laufzeit mit Hilfe von Reflection.Emit(). Es stellt sich hier die Frage, wie lange das Mapping großer Datenmengen braucht.

Im der folgenden Tabelle werden drei Mapping-Wege verglichen:

- explizites, hartcodiertes Objekt-Objekt-Mapping (also x.a = y.a; für jedes Property)
- auf Reflection basierendes Objekt-Objekt-Mapping mit dem Programmcode aus Listing in diesem Kapitel
- Objekt-Objekt-Mapping mit AutoMapper

Damit wir nicht Äpfel mit Birnen vergleichen, findet hier ein Mapping zwischen zwei exakt gleich aufgebauten Typen statt, d.h. alle Properties heißen in beiden Klassen gleich und haben auch denselben Datentyp. Der Geschwindigkeitstest misst die Werte für 1, 10, 100, 1000, 10000 und 100000 Objekte, die sich in einer generischen Liste befinden.

Beim Betrachten der Ergebnistabelle fällt klar auf, dass AutoMapper deutlich langsamer ist. Das Erzeugen des Mapping-Codes mit CreateMap() dauert dabei jeweils konstant rund 208 Millisekunden. Wenn in einem Prozess wiederholt ein Mapping eines Typs stattfindet, fällt diese Zeit nur einmal an. Bei wiederholtem Aufruf liegt der Verbrauch nur noch bei rund 7 Millisekunden. Dennoch ist AutoMapper in allen Fällen langsamer als das explizite Mapping und bei Datenmengen bis 1.000 Objekten sogar langsamer als das auf Reflection basierende Mapping.

Anzahl der Objekte	Explizites (hardcodiertes) Mapping		Reflection-Mapping		AutoMapper	
	Einmaliger Initialisierungsaufwand pro Application Domain	Aufwand für das Mapping	Einmaliger Initialisierungsaufwand pro Application Domain	Aufwand für das Mapping	Einmaliger Initialisierungsaufwand pro Application Domain	Aufwand für das Mapping
1	0	0	0	0	208	18
10	0	0	0	0	208	18
100	0	0	0	1	208	18
1000	0	0	0	10	208	19
10000	0	1	0	104	208	30
100000	0	29	0	1010	208	63

Tabelle: Geschwindigkeitsvergleich von drei Methoden für das Objekt-Objekt-Mapping (alle Angaben in Millisekunden)

27.4.18 Fazit zu AutoMapper

AutoMapper bietet flexible Abbildungsmöglichkeiten zwischen verschiedenen Objektstrukturen. Die Geschwindigkeitsmesswerte von AutoMapper sind auf den ersten Blick sehr enttäuschend. Man darf hier aber nicht verkennen, dass AutoMapper gegenüber dem expliziten Mapping viel Programmierarbeit einspart und gegenüber dem Reflection-Mapping viel mehr leisten kann.

Dennoch gibt es auch kritische Stimmen wie die von Andrew Harcourt [*http://www.uglybugger.org/software/post/friends_dont_let_friends_use_automapper*], der nicht nur die Performanz von AutoMapper kritisiert, sondern auch die Konventionen nicht mag. Die Abbildung gleichnamiger Properties aufeinander werden zum Problem, wenn man ein Property umbenennt, das dann nur noch abgebildet wird, wenn man auch daran denkt, eine manuelle Abbildung mit ForMember() zu schreiben. Er plädiert dafür, von vornherein alle Abbildungen explizit auszuprogrammieren, wodurch automatisches Namens-Refactoring möglich wird. Um die Programmierarbeit für das explizite Mapping zu reduzieren, schreibt sich einen Code-Generator für den passenden Mapping-Code. Leider liefert er den Code-Generator nicht mit. Werkzeuge, die ein explizites Mapping generieren, sind z.B. OTIS-LIB [*http://code.google.com/p/otis-lib*] und das Object To Object Mapping Utility von Wayne Hartmann [*http://waynehartman.com/download?file=d2333998-c0cc-4bd4-8f02-82bef57d463c*]. Von einem Generator generierter Programmcode ist aber auch nicht jedermanns Sache, wie der Autor dieses Buchs immer wieder in seinen Beratungs- und Schulungseinsätzen merkt. Daher endet dieses Kapitel ohne eine klare Empfehlung für oder gegen AutoMapper. Es kommt auf den Einsatzfall (Größe und Menge der Objekte) und das eigene Empfinden an, womit man sich als Softwarearchitekt wohler fühlt.

27.5   Weitere Erweiterungen

Die folgende Tabelle listet zusätzliche Erweiterungen aus der Open Source-Community auf, die (noch) nicht in diesem Buch beschrieben sind.

Name der Erweiterung	Website
EFCore.Practices	*https://github.com/riezebosch/efcore-practices/tree/master/src/EFCore.Practices*
EFDetached.EntityFramework	*https://github.com/leonardoporro/Detached*
EFPlus	*https://github.com/zzzprojects/EntityFramework-Plus*
EntityFrameworkCore.PrimaryKey	*https://github.com/NickStrupat/EntityFramework.PrimaryKey*
EntityFrameworkCore.Rx	*https://docs.microsoft.com/en-us/ef/core/extensions/entityframeworkcore-rx*

EntityFrameworkCore.Triggers	*https://github.com/NickStrupat/EntityFramework.Triggers*
EntityFrameworkCore.TypedOriginalValues	*https://github.com/NickStrupat/EntityFramework.TypedOriginalValues*
LinqKit.Microsoft.EntityFrameworkCore	*https://docs.microsoft.com/en-us/ef/core/extensions/linqkit*
Microsoft.EntityFrameworkCore.AutoHistory	*https://github.com/Arch/AutoHistory*
Microsoft.EntityFrameworkCore.DynamicLinq	*https://github.com/StefH/System.Linq.Dynamic.Core*
Microsoft.EntityFrameworkCore.UnitOfWork	*https://github.com/Arch/UnitOfWork*

Tabelle: Erweiterungen für Entity Framework Core

28 Praxislösungen

Dieses Kapitel beschreibt einige praktische Anwendungsfälle für Entity Framework Core, die außerhalb des World Wide Wings-Beispiels liegen.

28.1 Entity Framework Core in einer ASP.NET Core-Anwendung

28.1.1 Das Fallbeispiel "MiracleList"

Im Jahr 2015 zahlte Microsoft für die Übernahme des Berliner App-Herstellers Wunderlist mehr als 100 Millionen US-Dollar [https://www.heise.de/newsticker/meldung/Microsoft-uebernimmt-Berliner-Startup-6Wunderkinder-2678017.html]. "MiracleList" ist eine Nachprogrammierung dieser Aufgabenverwaltung als Webanwendung und Cross-Platform-Anwendung für Windows, Linux, MacOS, Android und iOS mit einem Cross-Platform-Cloud-Backend.

Der angemeldete Benutzer kann eine Liste von Aufgabenkategorien erstellen und in jeder Kategorie eine Liste von Aufgaben anlegen. Eine Aufgabe besteht aus einem Titel, einer Notiz, einem Eintragsdatum, einem Fälligkeitsdatum und kann als erledigt markiert werden. Über die Funktionen von Wunderlist hinaus kann in MiracleList eine Aufgabe drei (A, B oder C) statt nur zwei Wichtigkeitsgrade (Wichtig ja/nein) sowie einen Aufwand (Zahl) besitzen. Bewusst besitzt der Aufwand keine Maßeinheit; der Benutzer kann selbst entscheiden, ob er den Aufwand in Stunden, Tagen oder nur in relativen Werten, wie z.B. "1" (für niedrig) bis "10" (für hoch), vergeben will.

Wie bei Wunderlist kann eine Aufgabe Teilaufgaben besitzen, wobei eine Teilaufgabe nur einen Titel und einen Status besitzt. Einige Details aus dem Original fehlen aber in MiracleList, z.B. das Hochladen von Dateien zu Aufgaben, das Verschieben von Aufgaben zwischen Kategorien, die Suche nach Hashtags, das Duplizieren und Drucken von Listen sowie der Aufgabenaustausch zwischen Benutzern. Einige Funktionen wie anklickbare Hyperlinks in Aufgabentexten sind nicht realisiert, um einen Missbrauch der für alle Nutzer offenen Website zu vermeiden.

Abbildung: MiracleList-Webanwendung

Abbildung: MiracleList-Desktop-Client für Linux

Abbildung: MiracleList-Desktop-Client für MacOS

Abbildung: MiracleList-Desktop-Client für Windows

Abbildung: MiracleList-Client für Android

Das Backend besitzt neben dem WebAPI auch eine Weboberfläche, die folgendes anbietet:

- Versionsinformation zum WebAPI

- OpenAPI Specification zum WebAPI

- Hilfeseite zum WebAPI

- Antrag auf eine Client-ID zur Erstellung eines eigenen Clients

- Download der Desktop-Clients

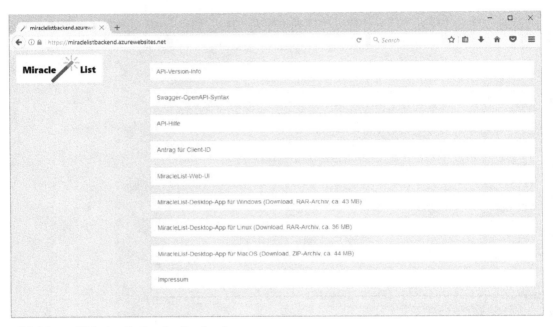

Abbildung: Weboberfläche des Backends

In diesem Buch werden nur Ausschnitte aus dem Backend besprochen, da nur dort Entity Framework Core zum Einsatz kommt.

Links:

- Webanwendung und Download der Clients: *http://www.miraclelist.net*

- Backend: *https://miraclelistbackend.azurewebsites.net*

- Quellcode für das Backend: *https://github.com/HSchwichtenberg/MiracleListBackend*

- Quellcode für das Frontend: *https://github.com/HSchwichtenberg/MiracleListClient*

28.1.2   Architektur

Bei MiracleList kommen dabei folgende Techniken zum Einsatz:

- **Backend**: .NET Core, C#, ASP.NET Core WebAPI, Entity Framework Core, SQL Azure, Azure Web App, Swagger/Swashbuckle.AspNetCore, Application Insights

- **Frontend**: SPA mit HTML, CSS, TypeScript, Angular, Bootstrap, MomentJS, ng2-datetime, angular2-moment, angular2-contextmenu, angular2-modal, Electron, Cordova

Das Backend für die MiracleList läuft, für jedermann nutzbar, unter https://miraclelistbackend.azurewebsites.net. Es läuft mit C# 6.0 und .NET Core 2.0, erstellt unter Verwendung von SQL Azure als Datenbank, Entity Framework Core 2.0 als OR-Mapper und ASP.NET Core 2.0 als Webserverframework, gehostet in Microsofts Cloud "Azure" als "Web App".

Das MiracleList-Backend bietet eine klare Schichtentrennung. Die Projektmappe (siehe folgende Abbildung) besteht aus:

- **BO (Business Objects)**: Hier sind die Entitätsklassen realisiert, die für Entity Framework Core verwendet werden. Diese Klassen sind bewusst so implementiert, dass sie auch im WebAPI als Ein- und Ausgabetypen verwendet werden können – also ein zusätzliches OO-Mapping mit AutoMapper oder anderen Werkzeugen überflüssig ist.

- **DAL (Data Access Layer)**: Diese Schicht realisiert den Entity Framework Core-Kontext (Context.cs).

- **BL (Business Logik)**: Hier sind "Manager"-Klassen realisiert, die die Backend-Funktionalität unter Verwendung des Entity Framework Core-Kontextes implementieren.

- **MiracleList_WebAPI**: Hier sind die Controller für das WebAPI realisiert.

- **EFTools**: Entity Framework Core-Werkzeuge für Forward Engineering.

- **Unit Tests**: Unit Tests mit XUnit.

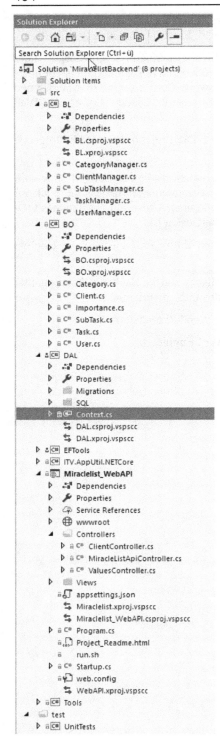

Abbildung: Projekte in der Projektmappe "MiracleListBackend"

28.1.3 Entitätsklassen

Das aus fünf Klassen und einem Aufzählungstyp bestehende Objektmodell von MiracleList zeigt die folgende Abbildung.

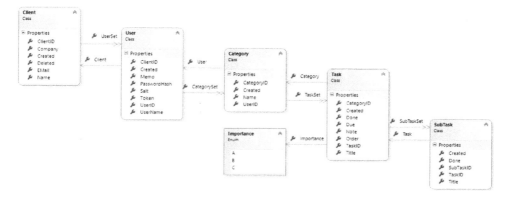

Abbildung: MiracleList-Objektmodell

Listing: Task.cs

```csharp
using System;
using System.Collections.Generic;
using System.ComponentModel.DataAnnotations;

namespace BO
{
 public class Task
 {
  public int TaskID { get; set; } // PK

  //[Index]
  [MaxLength(250)] // alias: StringLength
  public string Title { get; set; }
  public DateTime Created { get; set; } = DateTime.Now;
  public DateTime? Due { get; set; }
  public Importance? Importance { get; set; }
  public string Note { get; set; }
  public bool Done { get; set; }
  public decimal? Effort { get; set; }
  public int Order { get; set; }

  // -------------- Navigationseigenschaften
  public List<SubTask> SubTaskSet { get; set; }
  public Category Category { get; set; }
  public int CategoryID { get; set; } // optional: FK-Property
 }
}
```

Listing: Importance.cs

```
namespace BO

{
 public enum Importance
 {
  A, B, C
 }
}
```

Listing: SubTask.cs

```
using System;
using System.ComponentModel.DataAnnotations;

namespace BO
{
 public class SubTask
 {
  public int SubTaskID { get; set; } // PK
  [MaxLength(250)]
  public string Title { get; set; }
  public bool Done { get; set; }
  public DateTime Created { get; set; } = DateTime.Now;
  // -------------- Navigationseigenschaften
  public Task Task { get; set; }
  public int TaskID { get; set; }
 }
}
```

Listing: Category.cs

```
using System;
using System.Collections.Generic;
using System.ComponentModel.DataAnnotations;

namespace BO
{
 public class Category
 {
  public int CategoryID { get; set; } // PK

  [MaxLength(50)] // alias: StringLength
  public string Name { get; set; }

  public DateTime Created { get; set; } = DateTime.Now;

  // -------------- Navigationseigenschaften
  public List<Task> TaskSet { get; set; }

  [Newtonsoft.Json.JsonIgnore] // Details zum User nicht serialisieren!
  public User User { get; set; }
```

```
   public int UserID { get; set; }


  }
}
```

Listing: Client.cs

```
using System;
using System.Collections.Generic;
using System.ComponentModel.DataAnnotations;
namespace BO
{
 public class Client
 {
  public Guid ClientID { get; set; }
  [StringLength(50)]
  public string Name { get; set; }
  [StringLength(50)]
  public string Company { get; set; }
  [StringLength(50)]
  public string EMail { get; set; }
  public DateTime Created { get; set; } = DateTime.Now;
  public DateTime? Deleted { get; set; }
  public string Memo { get; set; }
  [StringLength(10)]
  public string Type { get; set; }
  // -------------- Navigationseigenschaften
  public List<User> UserSet { get; set; }
 }
}
```

28.1.4   Entity Framework Core-Kontextklasse

Die von DbContext abgeleitete Kontextklasse besitzt jeweils ein Property von dem Typ DbSet<T> für die vier Entitätsklassen. In der Methode OnConfiguring() wird mit UseSqlServer() der Entity Framework Core-Datenbankprovider festgelegt und dabei die Verbindungszeichenfolge übergeben. Die Verbindungszeichenfolge ist als öffentliches statisches Klassenmitglied realisiert, sodass diese von außen gesetzt werden kann.

In OnModelCreating() werden zusätzliche Indexe über Spalten festgelegt, über die gesucht werden soll. Zudem wird global für alle Entitätsklassen festgelegt, dass die Tabellennamen in der Datenbank nicht heißen sollen wie die DbSet<T>-Properties, sondern wie die Klassen (also Tabelle "Task" statt Tabelle "TaskSet"). Ausgenommen davon werden nur die Klassen, die eine [Table]-Annotation besitzen, sodass der Entwickler die Möglichkeit hat, individuelle Abweichungen von der Regel festzulegen.

Listing: Context.cs

```
using BO;
using Microsoft.EntityFrameworkCore;
using System;
using System.ComponentModel.DataAnnotations.Schema;
using System.Reflection;
using Microsoft.EntityFrameworkCore.Metadata;
```

```
using Microsoft.EntityFrameworkCore.Metadata.Internal;

namespace DAL
{
 public class Context : DbContext
 {
   public DbSet<Client> ClientSet { get; set; }
   public DbSet<User> UserSet { get; set; }
   public DbSet<Task> TaskSet { get; set; }
   public DbSet<Category> CategorySet { get; set; }

   // Dieser Connection String ist hier nur zum Test. Wird zur Laufzeit aus
 Konfigurationsdatei befüllt
   public static string ConnectionString { get; set; } = "Data Source=.;Initial
 Catalog = MiracleList_Test; Integrated Security = True; Connect Timeout = 15;
 Encrypt=False;TrustServerCertificate=True;ApplicationIntent=ReadWrite;MultiSubnet
 Failover=False;Application Name=EntityFramework";

   protected  override void OnConfiguring(DbContextOptionsBuilder builder)
   {
    builder.UseSqlServer(Context.ConnectionString);
   }

   protected override void OnModelCreating(ModelBuilder builder)
   {
    // Massen-Konfiguration über Modell-Klasse
    foreach (IMutableEntityType entity in builder.Model.GetEntityTypes())
    {
     // Alle Tabellennamen=Klassennamen (wie bei EF 6.x),
     // außer den Klassen, die [Table]-Annotation besitzen
     var annotation = entity.ClrType.GetCustomAttribute<TableAttribute>();
     if (annotation == null)
     {
      entity.Relational().TableName = entity.DisplayName();
     }
    }
    // Zusätzliche Indexe für Spalten, über die gesucht wird
    builder.Entity<Category>().HasIndex(x => x.Name);
    builder.Entity<Task>().HasIndex(x => x.Title);
    builder.Entity<Task>().HasIndex(x => x.Done);
    builder.Entity<Task>().HasIndex(x => x.Due);
   }
 }
}
```

28.1.5   Lebensdauer der Kontextklasse in ASP.NET Core-Anwendungen

Beim Einsatz von Entity Framework Core in ASP.NET- und ASP.NET Core-basierten Webanwendungen und Webservices/WebAPIs ist zu beachten, dass die Lebensdauer einer Instanz der Kontextklasse die Lebensdauer der Bearbeitung einer einzeln HTTP-Anfrage nicht übersteigen darf.

Bei jeder eingehenden HTTP-Anfrage erzeugt ASP.NET Core eine neue Instanz der Controller-Klasse und verwendet dabei verschiedene Threads. Würde man eine Instanz der Kontextklasse in mehr als einer HTTP-Anfrage verwenden, so würde man die Kontextinstanz in verschiedenen Threads verwenden, was diese nicht unterstützt: Die Kontextklasse ist nicht thread-safe, unterstützt also kein Multi-Threading. Multi-Threading mit einer Kontextinstanz führt zu Abstürzen zur Laufzeit: "System.InvalidOperationException: 'A second operation started on this context before a previous operation completed. Any instance members are not guaranteed to be thread safe.'"

> **Hinweis:** Auch die Kontextklassen ObjectContext und DbContext im klassischen Entity Framework sind nicht thread-safe. Im klassischen Entity Framework gibt es aber keine so klare Fehlermeldung bei der Multi-Threading-Verwendung des Kontextes, sondern kuriose Abstürze irgendwo in den Tiefen von Entity Framework.

Zudem bekäme man ein Problem mit dem Entity Framework Core-Cache, denn eine zweite Anfrage würde in der Kontextinstanz die Daten einer vorherigen Anfrage vorfinden. Eine zweite HTTP-Anfrage kann aber einen anderen Benutzer betreffen. Einen Entity Framework Core-Kontext in eine benutzerbezogene Variable zu legen ist keine gute Lösung, weil damit die Skalierbarkeit der Webanwendung stark reduziert wird.

Richtig ist daher, die Lebensdauer der Kontextinstanz auf die Lebensdauer der Bearbeitung einer einzelnen HTTP-Anfrage zu beschränken. Im Rahmen einer HTTP-Anfrage erzeugt man eine (oder ggf. auch mehrere) Instanzen der Kontextklasse, die dann wieder vernichtet werden, wenn die Anfrage beendet ist.

Die in dieser Praxislösung gezeigte Architektur berücksichtigt dies auf elegante Weise, ohne dass im ASP.NET-/ASP.NET Core-Controller direkt eine Verwendung der Kontextklassen stattfindet. Die Verwendung geschieht indirekt über Manager-Klassen, die die Geschäftslogik bereitstellen.

Jede Instanz einer Manager-Klasse erzeugt eine neue Kontextinstanz. Die Lebensdauer der Instanzen der Manager-Klassen ist an die Lebensdauer der Instanz des WebAPI-Controller gebunden. Folglich lebt eine Kontextinstanz nicht über die Bearbeitung der HTTP-Anfrage hinaus.

28.1.6   Geschäftslogik

Das folgende nächste Listing zeigt exemplarisch die Klasse TaskManager. Diese Implemenierung basiert auf der generischen Basisklasse EntityManagerBase<KontextTyp,Entitätstyp>. EntityManagerBase wiederum basiert auf DataManagerBase<KontextTyp>.

Diese beiden Hilfsklassen stellen Basisfunktionen bereit, die nicht immer wieder in jeder Manager-Klasse realisiert werden müssen. Dazu gehört:

- Erzeugen einer Kontextinstanz beim Erzeugen der Manager-Klasse

- Vernichten der Kontextinstanz beim Aufruf von Dispose()

- Update(): Anfügen eines Objekts an den Kontext im Zustand "modified" und Speichern der Änderung

- New(): Ergänzen eines neuen Objekts und direkte Speicherung des neuen Objekts

- Remove(): Löschen eines Objekts und direkte Ausführung des Löschvorgangs

- IsLoaded(): Prüfen, ob ein Objekt im lokalen Cache vorhanden ist

Listing: TaskManager.cs

```
using System;
```

```csharp
using System.Collections.Generic;
using System.Linq;
using BO;
using DAL;
using ITVisions.EFC;

using Microsoft.EntityFrameworkCore;

namespace BL
{
 public class TaskManager : EntityManagerBase<Context, Task>
 {
  // Zur Verwaltung der Sub-Aufgaben
  private SubTaskManager stm = new SubTaskManager();

  private int userID;

  /// <summary>
  /// Instanziierung unter Angabe der User-ID, auf die sich alle Operationen in
dieser Instanz beziehen
  /// </summary>
  /// <param name="userID"></param>
  public TaskManager(int userID)
  {
   this.userID = userID;
  }


  /// <summary>
  /// Holt eine Aufgabenliste
  /// </summary>
  public List<Task> GetTaskSet(int categoryID)
  {
   return ctx.TaskSet.Include(x => x.SubTaskSet).Where(x => x.Category.UserID ==
this.userID && x.CategoryID == categoryID).ToList();
  }


  /// <summary>
  /// Holt eine Aufgabe mit ihren Unteraufgaben
  /// </summary>
  public Task GetTask(int taskID)
  {
   var t = ctx.TaskSet.Include(x => x.SubTaskSet).Where(x => x.Category.UserID ==
this.userID && x.TaskID == taskID).SingleOrDefault();
   return t;
  }

  public Task CreateTask(int categoryID, string title, string note, DateTime due,
Importance importance, decimal? effort, List<SubTask> subtasks = null)
  {
   this.StartTracking();
   var t = new Task();
```

```
  t.CategoryID = categoryID;
  t.Created = DateTime.Now;
  SetTaskDetails(t, title, note, due, importance, false, effort, subtasks);
  this.New(t);
  this.SetTracking();
  return t;
}


private static void SetTaskDetails(Task t, string title, string note, DateTime?
due, Importance? importance, bool done, decimal? effort, List<SubTask> subtasks)
{
  t.Title = title;
  t.Note = note;
  t.Due = due;
  t.Importance = importance;
  t.SubTaskSet = subtasks;
  t.Effort = effort;
  t.Done = done;
}


/// <summary>
/// Aufgabe ändern
/// </summary>
public Task ChangeTask(int taskID, string title, string note, DateTime due,
Importance? importance, bool done, decimal? effort, List<SubTask> subtasks)
{
  ctx = new Context();
  ctx.Log();
  // Subtasks löschen und nachher wieder neu anlegen statt Change Detection!
  stm.DeleteSubTasks(taskID);

  var t = ctx.TaskSet.SingleOrDefault(x => x.TaskID == taskID);
  SetTaskDetails(t, title, note, due, importance, done, effort, null);
  ctx.SaveChanges();

  t.SubTaskSet = subtasks;
  ctx.SaveChanges();
  return t;
}


/// <summary>
/// Ändert eine Aufgabe mit ihren Unteraufgaben
/// </summary>
public Task ChangeTask(Task tneu)
{
  if (tneu == null) return null;
  ctx = new Context();

  stm.DeleteSubTasks(tneu.TaskID);

  if (tneu.SubTaskSet!=null) tneu.SubTaskSet.ForEach(x => x.SubTaskID = 0); //
lösche ID, damit als neues Objekt erkannt
  ctx.TaskSet.Update(tneu);
```

```
   ctx.SaveChanges();
   return tneu;
 }



 /// <summary>
 /// Volltextsuche in Aufgaben und Unteraufgaben, gruppiert nach Kategorie
 /// </summary>
 public List<Category> Search(string text)
 {
  var r = new List<Category>();
  text = text.ToLower();
  var taskSet = ctx.TaskSet.Include(x => x.SubTaskSet).Include(x => x.Category).
   Where(x => x.Category.UserID == this.userID && // nur von diesem User !!!
    (x.Title.ToLower().Contains(text) || x.Note.ToLower().Contains(text) ||
x.SubTaskSet.Any(y => y.Title.Contains(text)))).ToList();

  foreach (var t in taskSet)
  {
   if (!r.Any(x => x.CategoryID == t.CategoryID)) r.Add(t.Category);
  }

  return r;
 }


 /// <summary>
 /// Liefert alle bis einschließlich morgen fälligen Aufgaben, gruppiert nach
Kategorie, sortiert nach Datum
 /// </summary>
 /// <param name="u"></param>
 /// <returns></returns>
 public List<Category> GetDueTaskSet()
 {
  var morgen = DateTime.Now.Date.AddDays(1);
  var r = new List<Category>();
  var taskSet = ctx.TaskSet.Include(x => x.SubTaskSet).Include(x => x.Category).
   Where(x => x.Category.UserID == this.userID && // nur von diesem User !!!
    (x.Done == false && x.Due != null && x.Due.Value.Date <=
morgen)).OrderByDescending(x => x.Due).ToList();

  foreach (var t in taskSet)
  {
   if (!r.Any(x => x.CategoryID == t.CategoryID)) r.Add(t.Category);
  }

  return r;
 }
}
}
```

Listing: EntityBaseManager.cs

```
using Microsoft.EntityFrameworkCore;
using System.Linq;

namespace ITVisions.EFC
{
 /// <summary>
 /// Basisklasse für alle Datenmanager zur Verwaltung eines bestimmten
Entitätstyps, auch wenn diese detached sind!  / mit EFCore
 /// V1.2
 /// Annahme: Es gibt immer nur eine Primärschlüsselspalte!
 /// </summary>
 public abstract class EntityManagerBase<TDbContext, TEntity> :
DataManagerBase<TDbContext>
  where TDbContext : DbContext, new()
  where TEntity : class
 {
  public EntityManagerBase() : base(false)
  {
  }
  public EntityManagerBase(bool tracking) : base(tracking)
  {
  }
  protected EntityManagerBase(TDbContext kontext = null, bool tracking = false) :
base(kontext, tracking)
  {
  }

  /// <summary>
  /// Holt Objekt anhand des Primärschlüssels
  /// </summary>
  /// <param name="id">Primärschlüsselwert</param>
  /// <returns></returns>
  public virtual TEntity GetByID(object id)
  {
   return ctx.Set<TEntity>().Find(id);
  }

  /// <summary>
  /// Speichert geändertes Objekt
  /// </summary>
  /// <param name="obj"></param>
  /// <returns></returns>
  public TEntity Update(TEntity obj)
  {
   if (!this.tracking) this.StartTracking(); // Tracking kurzzeitig einschalten
   ctx.Set<TEntity>().Attach(obj);
   ctx.Entry(obj).State = EntityState.Modified;
   ctx.SaveChanges();
   this.SetTracking();
   return obj;
  }
```

```
/// <summary>
/// Ergänzt ein neues Objekt
/// </summary>
/// <param name="obj">das neue Objekt</param>
/// <returns></returns>
public TEntity New(TEntity obj)
{
  if (!this.tracking) this.StartTracking(); // Tracking kurzzeitig einschalten
  ctx.Set<TEntity>().Add(obj);
  ctx.SaveChanges();
  this.SetTracking();
  return obj;
}


/// <summary>
/// Prüft, ob ein Objekt schon im lokalen Cache ist
/// </summary>
/// <param name="obj"></param>
/// <returns></returns>
public bool IsLoaded(TEntity obj)
{
  return ctx.Set<TEntity>().Local.Any(e => e == obj);
}


/// <summary>
/// Löscht Objekt anhand des Primärschlüssels
/// </summary>
/// <param name="id"></param>
public virtual void Remove(object id)
{
  if (!this.tracking) this.StartTracking(); // Tracking kurzzeitig einschalten
  TEntity obj = ctx.Set<TEntity>().Find(id);
  Remove(obj);
  this.SetTracking();
}


/// <summary>
/// Löscht Objekt
/// </summary>
public bool Remove(TEntity obj)
{
  if (!this.tracking) this.StartTracking(); // Tracking kurzzeitig einschalten
  if (!this.IsLoaded(obj)) ctx.Set<TEntity>().Attach(obj);
  ctx.Set<TEntity>().Remove(obj);
  ctx.SaveChanges();
  this.SetTracking();
  return true;
}
}


}
```

Listing: DataManagerBase.cs

```
using System;
using System.Collections.Generic;
using Microsoft.EntityFrameworkCore;
using System.Linq;
using System.Linq.Expressions;
using System.Security.Cryptography.X509Certificates;
using System.Text;
using System.Threading.Tasks;
using ITVisions.EFCore;

namespace ITVisions.EFC
{

 /// <summary>
 /// Basisklasse für alle Datenmanager / mit EFCore
 /// </summary>
 abstract public class DataManagerBase<TDbContext> : IDisposable
  where TDbContext : DbContext, new()
 {
  // Eine Instanz des Framework-Kontextes pro Manager-Instanz
  protected TDbContext ctx;
  protected bool disposeContext = true;
  protected bool tracking = false;

  protected DataManagerBase(bool tracking) : this(null, tracking)
  {
  }

  public void StartTracking()
  {
    ctx.ChangeTracker.QueryTrackingBehavior =
Microsoft.EntityFrameworkCore.QueryTrackingBehavior.TrackAll;
  }

  public void SetTracking()
  {
    if (tracking) ctx.ChangeTracker.QueryTrackingBehavior =
QueryTrackingBehavior.TrackAll;
    else ctx.ChangeTracker.QueryTrackingBehavior =
QueryTrackingBehavior.NoTracking;
  }

  public DataManagerBase()
  {
   this.ctx = new TDbContext();
  }
  protected DataManagerBase(TDbContext kontext = null, bool tracking = false)
  {
   this.tracking = tracking;
   // Falls ein Kontext hineingereicht wurde, diesen nehmen!
   if (kontext != null) { this.ctx = kontext; disposeContext = false; }
   else
```

```
    {
      this.ctx = new TDbContext();
    }


    // Einstellung für Tracking
    SetTracking();
  }


  /// <summary>
  /// DataManager vernichten (vernichtet auch den EF-Kontext)
  /// </summary>
  public void Dispose()
  {
    // Falls der Kontext von außen hineingereicht wurde, darf man nicht Dispose()
aufrufen.
    // Das ist dann Sache des Aufrufers
    if (disposeContext) ctx.Dispose();
  }



  /// <summary>
  /// Aufruf von SaveChanges() zur Lebenszeit des Kontextes (für Änderungen an
attached objects)
  /// Rückgabewert ist eine Zeichenkette, die Informationen über die Anzahl der
neuen, geänderten und gelöschten Datensätze enthält
  /// </summary>
  /// <returns></returns>
  public string Save()
  {
    string ergebnis = GetStatistik();
    var anz = ctx.SaveChanges();
    return ergebnis;
  }


  /// <summary>
  /// Speichern für losgelöste (detached) Entitätsobjekte mit Autowert-
Primärschlüssel namens ID
  /// Die neu hinzugefügten Objekte muss die Speichern-Routine wieder
zurückgeben, da die IDs für die
  /// neuen Objekte erst beim Speichern von der Datenbank vergeben werden
  /// </summary>
  protected List<TEntity> Save<TEntity>(IEnumerable<TEntity> menge, out string
Statistik)
  where TEntity : class
  {
    StartTracking();
    var neue = new List<TEntity>();


    // Änderungen für jeden einzelnen Passagier übernehmen
    foreach (dynamic o in menge)
    {
      // Anfügen an diesen Kontext
      ctx.Set<TEntity>().Attach((TEntity)o);
      // Unterscheidung anhand des Primärschlüssels bei Autorwerten
```

```
    // 0 -> neu
    if (o.ID == 0)
    {
      ctx.Entry(o).State = EntityState.Added;
      if (o.ID < 0) o.ID = 0; // Notwendiger Hack, weil EF nach dem Added eine
große negative Zahl in ID schreibt und das als Schlüssel betrachtet :-(
      // Neue Datensätze merken, da diese nach Speichern zurückgegeben werden
müssen (haben dann erst ihre IDs!)
      neue.Add(o);
    }
    else
    {
      // nicht 0 -> geändert
      ctx.Entry(o).State = EntityState.Modified;
    }
    SetTracking();
  }

  // Statistik der Änderungen zusammenstellen
  Statistik = GetStatistik<TEntity>();
  //ctx.Log();
  // Änderungen speichern
  var e = ctx.SaveChanges();

  return neue;
}




/// <summary>
/// Speichern für losgelöste Entitätsobjekte mit EntityState-Property
/// Die neu hinzugefügten Objekte muss die Speichern-Routine wieder
zurückgeben, da die IDs für die
/// neuen Objekte erst beim Speichern von der Datenbank vergeben werden
/// </summary>
protected List<TEntity> SaveEx<TEntity>(IEnumerable<TEntity> menge, out string
Statistik)
where TEntity : class
  {
  StartTracking();
  var neue = new List<TEntity>();

  // Änderungen für jedes einzelne Objekt aus dessen EntityState übernehmen
  foreach (dynamic o in menge)
  {

    if (o.EntityState == ITVEntityState.Added)
    {

      ctx.Entry(o).State = EntityState.Added;
      neue.Add(o);
    }
    if (o.EntityState == ITVEntityState.Deleted)
```

```
        {
          ctx.Set<TEntity>().Attach((TEntity)o);
          ctx.Set<TEntity>().Remove(o);
        }
        if (o.EntityState == ITVEntityState.Modified)
        {
          ctx.Set<TEntity>().Attach((TEntity)o);
          ctx.Entry(o).State = EntityState.Modified;
        }
      }

      // Statistik der Änderungen zusammenstellen
      Statistik = GetStatistik<TEntity>();

      // Änderungen speichern
      var e = ctx.SaveChanges();

      SetTracking();
      return neue;
    }


    /// <summary>
    /// Liefert Informationen über ChangeTracker-Status als Zeichenkette
    /// </summary>
    protected string GetStatistik<TEntity>()
where TEntity : class
    {
      string Statistik = "";
      Statistik += "Geaendert: " + ctx.ChangeTracker.Entries<TEntity>().Where(x =>
x.State == EntityState.Modified).Count();
      Statistik += " Neu: " + ctx.ChangeTracker.Entries<TEntity>().Where(x =>
x.State == EntityState.Added).Count();
      Statistik += " Geloescht: " + ctx.ChangeTracker.Entries<TEntity>().Where(x =>
x.State == EntityState.Deleted).Count();
      return Statistik;
    }


    /// <summary>
    /// Liefert Informationen über ChangeTracker-Status als Zeichenkette
    /// </summary>
    protected string GetStatistik()
    {
      string Statistik = "";
      Statistik += "Geändert: " + ctx.ChangeTracker.Entries().Where(x => x.State ==
EntityState.Modified).Count();
      Statistik += " Neu: " + ctx.ChangeTracker.Entries().Where(x => x.State ==
EntityState.Added).Count();
      Statistik += " Gelöscht: " + ctx.ChangeTracker.Entries().Where(x => x.State ==
EntityState.Deleted).Count();
      return Statistik;
    }
  }
}
```

28.1.7   WebAPI

Das MiracleList-Backend bietet folgende HTTPS-basierten REST-Dienste in zwei Versionen an:

- In der V1 der REST-Dienste wird das Authentifizierungstoken in der URL übergeben.

- In der V2 der REST-Dienste wird das Authentifizierungstoken im HTTP-Header übergeben.

Version 1 der REST-Dienste bietet folgende Operationen an:

- POST /Login: Anmeldung mit einer Client-ID, einem Benutzernamen und einem Kennwort. Diese Operation /Login sendet eine GUID als Sitzungstoken zurück, welches in allen folgenden Operationen mitzugeben ist

- GET /Logoff/{token}: Abmelden des Benutzers

- GET /CategorySet/{token}: Liste der Kategorien

- GET /TaskSet/{token}/{id}: Liste der Aufgaben in einer Kategorie

- GET /Task/{token}/{id}: Details zu einer Aufgabe mit Teilaufgaben

- GET /Search/{token}/{text}: Volltextsuche in Aufgaben und Teilaufgaben

- GET /DueTaskSet/{token}: Liste der fälligen Aufgaben

- POST /CreateCategory/{token}/{name}: Anlegen einer Kategorie

- POST /CreateTask/{token}: Erstellen einer Aufgabe, die im Body im JSON-Format zu übermitteln ist (inkl. Teilaufgaben)

- PUT /ChangeTask/{token}: Ändern einer Aufgabe, die im Body im JSON-Format zu übermitteln ist (inkl. Teilaufgaben)

- DELETE /DeleteTask/{token}/{id}: Löschen einer Aufgabe mit allen Teilaufgaben

- DELETE /DeleteCategory/{token}/{id}: Löschen einer Kategorie mit allen Aufgaben und Teilaufgaben

Version 2 der REST-Dienste bietet analog folgende Operationen an:

- POST /Login: Anmeldung mit einer Client-ID, einem Benutzernamen und einem Kennwort. Diese Operation sendet GUID als Sitzungstoken zurück, das in allen folgenden Operationen mitzugeben ist.

- GET /CategorySet/: Liste der Kategorien

- GET /TaskSet/{id}: Liste der Aufgaben in einer Kategorie

- GET /Task/{id}: Details zu einer Aufgabe mit Teilaufgaben

- POST /CreateCategory/{name}: Anlegen einer Kategorie

- POST /CreateTask und PUT /ChangeTask: Erstellen bzw. Ändern einer Aufgabe, die im Body im JSON-Format zu übermitteln ist (inkl. Teilaufgaben)

- usw.

Für alle REST-Operationen sind Metadaten in der Swagger-OpenAPI-Specification für RESTful-APIs   [*http://swagger.io*]   verfügbar.   Unter
https://miraclelistbackend.azurewebsites.net/swagger/v1/swagger.json findet man die formale
Beschreibung der REST-Dienste und unter *https://miraclelistbackend.azurewebsites.net/swagger*
eine passende Hilfeseite. Das Backend unterstützt zudem Cross-Origin Requests (CORS)
[*https://www.w3.org/TR/cors*], um in beliebigen anderen Domains gehosteten Websites den
Zugang zu ermöglichen.

Die bei /Login anzugebende Client-ID muss jeder Client-Entwickler einmalig unter
https://miraclelistbackend.azurewebsites.net/Client anfordern. Die Anzahl der Aufgaben ist pro
Client-ID auf 1000 begrenzt. Das Anlegen von Benutzerkonten im Backend hingegen ist nicht
notwendig: Da es sich um eine Beispiel-Anwendung handelt, wird ein Benutzer automatisch
angelegt, wenn der übermittelte Benutzer noch nicht vorhanden ist. Jedes neue Benutzerkonto
besitzt automatisch drei Kategorien (Beruf, Haushalt und Freizeit) mit Beispielaufgaben, wie
"Teambesprechung abhalten", "Müll herausbringen" und "Trainieren für MTB-Marathon".

Das nächste Listing zeigt den Startcode der ASP.NET Core-Anwendung, in dem die verschiedenen
Komponenten aktiviert und konfiguriert werden:

- ASP.NET Core MVC

- Cross-Origin Resource Sharing (CORS), um beliebigen Webclients den Zugriff auf das
  WebAPI zu ermöglichen

- Application Insights für die Überwachung und Telemetriedaten. Application Insights ist ein
  Cloud-Dienst von Microsoft.

- Ausschalten der Serialisierung zirkulärer Referenzen im JSON-Serializer (Zirkuläre
  Referenzen sind in JSON nicht standardisiert. Es gibt Community-Lösungen, aber man sollte
  dies vermeiden, wenn es nicht unbedingt nötig ist, um nicht von diesen Community-Lösungen
  abhängig zu sein.)

- Swagger für die Erzeugung einer OpenAPI Specification und von Hilfeseiten zu den REST-
  Operationen

Listing: Startup.cs

```
using BL;
using Microsoft.AspNetCore.Builder;
using Microsoft.AspNetCore.Diagnostics;
using Microsoft.AspNetCore.Hosting;
using Microsoft.AspNetCore.Http;
using Microsoft.AspNetCore.Mvc.Filters;
using Microsoft.Extensions.Configuration;
using Microsoft.Extensions.DependencyInjection;
using Microsoft.Extensions.Logging;
using NJsonSchema;
using NSwag.AspNetCore;
using System.Reflection;
using System.Threading.Tasks;

namespace Miraclelist
{
 public class Startup
 {
  public Startup(IHostingEnvironment env)
```

```
{

    var builder = new ConfigurationBuilder()
        .SetBasePath(env.ContentRootPath)
        .AddJsonFile("appsettings.json", optional: true, reloadOnChange: true)
        .AddJsonFile($"appsettings.{env.EnvironmentName}.json", optional: true);

    if (env.IsEnvironment("Development"))
    {
        // This will push telemetry data through Application Insights pipeline
faster, allowing you to view results immediately.
        builder.AddApplicationInsightsSettings(developerMode: true);
    }

    builder.AddEnvironmentVariables();
    Configuration = builder.Build();

    // Connection String injizieren
    DAL.Context.ConnectionString =
Configuration.GetConnectionString("MiracleListDB");
}

public IConfigurationRoot Configuration { get; }

// Wird von ASP.NET Core aufgerufen beim Start der Anwendung
public void ConfigureServices(IServiceCollection services)
{
    #region App Insights aktivieren
    services.AddApplicationInsightsTelemetry(Configuration);
    #endregion

    #region JSON-Konfiguration: keine zirkulären Referenzen und ISO-Datumsformat
    services.AddMvc().AddJsonOptions(options =>
    {
        options.SerializerSettings.ReferenceLoopHandling =
Newtonsoft.Json.ReferenceLoopHandling.Ignore;
        options.SerializerSettings.PreserveReferencesHandling =
Newtonsoft.Json.PreserveReferencesHandling.None;
        options.SerializerSettings.DateFormatHandling =
Newtonsoft.Json.DateFormatHandling.IsoDateFormat;
    });
    #endregion

    #region MVC aktivieren
    services.AddMvc(options =>
    {
        // Exception Filter
        options.Filters.Add(typeof(GlobalExceptionFilter));
        options.Filters.Add(typeof(LoggingActionFilter));
    });
    #endregion

    #region CORS aktivieren
    services.AddCors();
```

```
    #endregion

    // Konfiguration überall verfügbar machen
    services.AddSingleton(Configuration);

    #region Swagger
    services.AddSwaggerGen(c =>
    {
     c.DescribeAllEnumsAsStrings(); // Wichtig für Enums!

     c.SwaggerDoc("v1", new Info
     {
      Version = "v1",
      Title = "MiracleList API",
      Description = "Backend für MiracleList.de mit Token in URL",
      TermsOfService = "None",
      Contact = new Contact { Name = "Holger Schwichtenberg", Email = "", Url =
"http://it-visions.de/kontakt" }
      //,    License = new License { Name = "Use under LICX", Url =
"http://url.com" }

     });

     c.SwaggerDoc("v2", new Info
     {
      Version = "v2",
      Title = "MiracleList API",
      Description = "Backend für MiracleList.de mit Token im Header",
      TermsOfService = "None",
      Contact = new Contact { Name = "Holger Schwichtenberg", Email = "", Url =
"http://it-visions.de/kontakt" }
      //,    License = new License { Name = "Use under LICX", Url =
"http://url.com" }

     });

     // Optional: Ergänzt Token als Header-Parameter
    c.OperationFilter<SwaggerTokenHeaderParameter>();

     //Set the comments path for the swagger json and ui.
     var basePath = PlatformServices.Default.Application.ApplicationBasePath;
     var xmlPath = Path.Combine(basePath, "Miraclelist_WebAPI.xml");
     c.IncludeXmlComments(xmlPath);
    });
    #endregion
    }

   // Wird von ASP.NET Core aufgerufen beim Start der Anwendung
   public void Configure(IApplicationBuilder app, IHostingEnvironment env,
ILoggerFactory loggerFactory)
   {
    #region Fehler behandeln
    // -------------- Fehler behandeln
```

```
    app.UseExceptionHandler(errorApp =>
    {
     errorApp.Run(async context =>
     {
      context.Response.StatusCode = 500;
      context.Response.ContentType = "text/plain";

      var error = context.Features.Get<IExceptionHandlerFeature>();
      if (error != null)
      {
       var ex = error.Error;
       await context.Response.WriteAsync("ASP.NET Core Exception Middleware:" +
ex.ToString());
      }
     });
    });


    // -------------------------- letzte Fehlerbehandlung: Fehlerseite für HTTP-
Statuscode
    app.UseStatusCodePages();

    #endregion

    #region ASP.NET Core typische Dienste
    app.UseDefaultFiles();
    app.UseStaticFiles();
    app.UseDirectoryBrowser();
    loggerFactory.AddConsole(Configuration.GetSection("Logging"));
    loggerFactory.AddDebug();
    #endregion

    #region CORS - alle Zugriffe erlauben
    // PAKET: install-Package Microsoft.AspNet.Cors
    // Namespace: using Microsoft.AspNet.Cors;
    app.UseCors(builder =>
     builder.AllowAnyOrigin()
            .AllowAnyHeader()
            .AllowAnyMethod()
            .AllowCredentials()
     );
    #endregion

    #region Swagger
    // PAKET: Install-Package Swashbuckle.AspNetCore
    // Namespace: using Microsoft.AspNet.Cors;
    app.UseSwagger( c=>  {
    });

    // Enable middleware to serve swagger-ui (HTML, JS, CSS etc.), specifying the
Swagger JSON endpoint.
    app.UseSwaggerUI(c =>
    {
     c.SwaggerEndpoint("/swagger/v1/swagger.json", "MiracleList v1");
```

```
      c.SwaggerEndpoint("/swagger/v2/swagger.json", "MiracleList v2");
    });
    #endregion

    #region  MVC inkl. Routing
    //   ------------------------- MVC inkl. Routing
    //app.UseMvc();
    app.UseMvc(routes =>
    {
    routes.MapRoute(
                name: "default",
                template: "{controller}/{action}/{id?}",
                defaults: new { controller = "Home", action = "Index" });
    });
    #endregion
    }
}

public class GlobalExceptionFilter : IExceptionFilter
{
  public void OnException(ExceptionContext context)
  {
    context.HttpContext.Response.StatusCode = 500;
    context.HttpContext.Response.ContentType = "text/plain";
    context.HttpContext.Response.WriteAsync("GlobalExceptionFilter:" +
context.Exception.ToString());
  }
 }
}
}
```

Das nächste Listing zeigt die Realisierung des WebAPI-Controllers in der Version 1 der REST-Dienste inklusive Einsatz von Application Insights zur Erfassung von Telemetriedaten. Der WebAPI-Controller ist völlig frei von Datenzugriffscode. Hier kommt also kein Entity Framework Core vor. Alle Datenoperationen sind gekapselt in der Geschäftslogikschicht. Der WebAPI-Controller nutzt nur die dort implementierten Manager-Klassen.

Listing: MiracleListApiController.cs (Version 1 der REST-Dienste)

```
using BL;
using BO;
using ITVisions;
using Microsoft.ApplicationInsights;
using Microsoft.AspNetCore.Mvc;
using System;
using System.Collections.Generic;
using System.Linq;
using System.Reflection;
using System.Runtime.CompilerServices;

namespace Miraclelist.Controllers
{
 public class LoginInfo
 {
```

```csharp
 public string ClientID;
 public string Username;
 public string Password;
 public string Token;
 public string Message;
}


[Route("")]
public class MiracleListApiController : Controller
{
 private TelemetryClient telemetry = new TelemetryClient();
 TaskManager tm;
 UserManager um;
 CategoryManager cm;

 public MiracleListApiController()
 {
 }


 /// <summary>
 /// Hilferoutine für alle Aktionen zur Prüfung des Token und Speichern von
Telemetriedaten
 /// </summary>
 private bool CheckToken(string token, [CallerMemberName] string caller = "?")
 {
  if (token.Length < 2)
  {
   // Telemetriedaten senden
   var p2 = new Dictionary<string, string>();
   p2.Add("token", token);
   telemetry.TrackEvent("TOKENERROR_" + caller,p2);
   throw new Exception("Ungültiges Token!");
  }

  // Benutzer prüfen
  um = new UserManager(token);
  string checkResult = um.IsValid();
  if (checkResult != "")
  {
   // Telemetriedaten senden
   var p2 = new Dictionary<string, string>();
   p2.Add("token", token);
   p2.Add("checkResult", checkResult);
   telemetry.TrackEvent("USERERROR_" + caller, p2);
   throw new Exception("Benutzer ist ausgesperrt!");
  }
  um.InitDefaultTasks();

  // Telemetriedaten senden
  cm = new CategoryManager(um.CurrentUser.UserID);
  tm = new TaskManager(um.CurrentUser.UserID);

  // AppInsights
```

```csharp
  var p = new Dictionary<string, string>();
  p.Add("token", token);
  p.Add("user", um.CurrentUser.UserName);
  telemetry.TrackEvent(caller,p);

  return true;
}


[Route("/About")]
[HttpGet]
public IEnumerable<string> Get()
{
 var ctx = new DAL.Context();
 var userCount = ctx.UserSet.Count();
 var taskCount = ctx.TaskSet.Count();
 var clientCount = ctx.ClientSet.Count();
 return new string[] { "MiracleListBackend", "(C) Dr. Holger Schwichtenberg",
www.IT-Visions.de", "Version: " +
Assembly.GetEntryAssembly().GetCustomAttribute<AssemblyInformationalVersionAttrib
ute>().InformationalVersion,  clientCount + " Clients", userCount + " Benutzer",
taskCount + " Aufgaben"
 };
 }


[Route("/Version")]
[HttpGet]
public string Version()
{
 return
 Assembly.GetEntryAssembly()
.GetCustomAttribute<AssemblyInformationalVersionAttribute>()
.InformationalVersion.ToString();
 }


[HttpPost("Login")] // neu
public LoginInfo Login([FromBody] LoginInfo loginInfo)
{
 if (string.IsNullOrEmpty(loginInfo.Password))
 {
  throw new Exception("ERROR: password empty!");
 }

 var cm = new ClientManager();

 string s = this.Request.HttpContext.Connection.RemoteIpAddress + "\n";
 foreach (var v in this.Request.Headers)
 {
  s += v.Key + ":" + v.Value + "\n";
 }

 var e = cm.CheckClient(loginInfo.ClientID);
 if (e.CheckClientResultCode != ClientManager.CheckClientResultCode.Ok)
 {
```

```csharp
        loginInfo.ToNameValueString() + "\n****\n" + s);


    return new LoginInfo()
    {
      Message = "Client-ID-Check: " +
Enum.GetName(typeof(ClientManager.CheckClientResultCode),
e.CheckClientResultCode)
    };
  }


  var u = new UserManager(loginInfo.Username, loginInfo.Password).CurrentUser;
  if (u == null)
  {
     loginInfo.ToNameValueString() + "\n===========================n" +
e.client?.ToNameValueString() + "\n****\n" + s);
     return new LoginInfo() { Message = "Access denied!" };
  }


  loginInfo.Token = u.Token;
  loginInfo.Password = "";


  return loginInfo;
}


[HttpGet("Logoff/{token}")] // neu
public bool Logoff(string token)
{
  return UserManager.Logoff(token);
}


[HttpGet("CategorySet/{token}")]
public IEnumerable<Category> GetCategorySet(string token)
{
  if (!CheckToken(token)) return null;
  return cm.GetCategorySet();
}


[HttpGet("TaskSet/{token}/{id}")]
public IEnumerable<Task> GetTaskSet(string token, int id)
{
  if (id <= 0) throw new Exception("Ungültige ID!");
  if (!CheckToken(token)) return null;
  return tm.GetTaskSet(id);
}


[HttpGet("Task/{token}/{id}")]
public Task Task(string token, int id)
{
  if (id <= 0) throw new Exception("Ungültige ID!");
  if (!CheckToken(token)) return null;
  return tm.GetTask(id);
}
```

```csharp
[HttpGet("Search/{token}/{text}")]
public IEnumerable<Category> Search(string token, string text)
{
  if (!CheckToken(token)) return null;
  return tm.Search(text);
}


[HttpGet("DueTaskSet/{token}")]
public IEnumerable<Category> GetDueTaskSet(string token)
{
  if (!CheckToken(token)) return null;
  return tm.GetDueTaskSet();
}


[HttpPost("CreateCategory/{token}/{name}")]
public Category CreateCategory(string token, string name)
{
  if (!CheckToken(token)) return null;
  return cm.CreateCategory(name);
}


[HttpPost("CreateTask/{token}")] // neu
public Task CreateTask(string token, [FromBody]Task t)
{
  if (!CheckToken(token)) return null;
  return tm.New(t);
}


[HttpPut("ChangeTask/{token}")] // geändert
public Task ChangeTask(string token, [FromBody]Task t)
{
  if (!CheckToken(token)) return null;
  return tm.ChangeTask(t);
}


[HttpPut("ChangeTaskDone/{token}")]
public Task ChangeTaskDone(string token, int id, bool done)
{
  throw new UnauthorizedAccessException("du kommst hier nicht rein!");
}


[HttpPut("ChangeSubTask/{token}")]
public SubTask ChangeSubTask(string token, [FromBody]SubTask st)
{
  throw new UnauthorizedAccessException("du kommst hier nicht rein!");
}


[HttpDelete("DeleteTask/{token}/{id}")]
public void DeleteTask(string token, int id)
{
  if (!CheckToken(token)) return;
  tm.Remove(id);
}
```

```
[HttpDelete("[action]/{token}/{id}")]
public void DeleteCategory(string token, int id)
{
  if (!CheckToken(token)) return;
  cm.Remove(id);
  }
 }
}
```

28.1.8   Verwendung von Entity Framework Core per Dependency Injection

Beim Anlegen einer neuen ASP.NET Core-Anwendung in Visual Studio mit Optionen "Individual user Accounts" und der Auswahl "Store user acccounts in-app" legt Entity Framework Core zugleich einen Entity Framework Core-Kontext (ApplicationDbContext) an, der von einer Basisklasse Microsoft.AspNetCore.Identity.EntityFrameworkCore.IdentityDbContext<T> erbt und als Typparameter eine Klasse ApplicationUser verwendet, die ihrerseits von Microsoft.AspNetCore.Identity.IdentityUser erbt. Die Klasse ApplicationUser kann bei Bedarf erweitert werden. Außerdem ist eine Schemamigration angelegt. Die Verbindungszeichenfolge ist in appsettings.json hinterlegt. Sie verweist auf eine locale Datenbank (Microsoft SQL Server LocalDB):

```
{
  "ConnectionStrings": {
    "DefaultConnection": "Server=(localdb)\\mssqllocaldb;Database=aspnet-
ASPNETCore20-53bc9b9d-9d6a-45d4-8429-
2a2761773502;Trusted_Connection=True;MultipleActiveResultSets=true"
  }
}
```

Die Verbindungszeichenfolge kann man bei Bedarf verändern. Nach einem Update-Database entsteht die Datenbank zur Verwaltung der lokalen Benutzer.

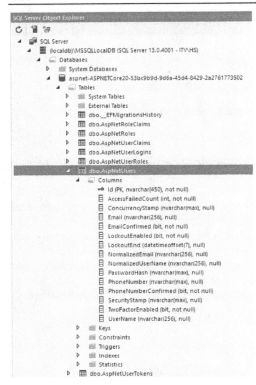

Abbildung: Entstandene Datenbank für die Verwaltung der Benutzer der ASP.NET Core-Webanwendung

Man findet in der Webanwendung keine Instanziierung der Kontextklasse ApplicationDbContext. Vielmehr wird diese per Dependency Injection verwendet. In der Startup.cs findet man dafür zwei Zeilen:

- Die Erweiterungsmethode AddDbContext() registriert die Kontextklasse als Dienst für die Dependency Injection und übergibt Provider und Verbindungszeichenfolge. AddDbContext() wird bereitgestellt von der Microsoft.EntityFrameworkCore.dll in der Klasse Microsoft.Extensions.DependencyInjection .EntityFrameworkServiceCollectionExtensions.

- Die Erweiterungsmethode AddEntityFrameworkStores() teilt der ASP.NET Identity-Komponente mit, welche Kontextklasse sie verwenden soll. AddEntityFrameworkStores() wird bereitgestellt von der Microsoft.AspNetCore.Identity.EntityFrameworkCore.dll in der Klasse Microsoft.Extensions.DependencyInjection.IdentityEntityFrameworkBuilderExtensions.

Hinweis: ASP.NET Identity sorgt dafür, dass die Kontextklasse jeweils bei Bedarf instanziiert wird und zudem nicht länger lebt als die Bearbeitung einer HTTP-Anfrage.

Listing: Ausschnitt aus Startup.cs, einer mit der Projektvorlage in Visual Studio angelegten ASP.NET Core-Webanwendung mit indviduellen, lokalen Benutzerkonten

```
public void ConfigureServices(IServiceCollection services)
{
services.AddDbContext<ApplicationDbContext>(options =>
options.UseSqlServer(Configuration.GetConnectionString("DefaultConnection")));
```

```
services.AddIdentity<ApplicationUser, IdentityRole>()
 .AddEntityFrameworkStores<ApplicationDbContext>()
 .AddDefaultTokenProviders();
}
```

> **PRAXISTIPP:** Sie können AddDbContext() auch für andere, eigene Kontextklassen verwenden. In diesem Fall registrieren Sie die Kontextklasse ebenfalls in der Startup-Klasse mit AddDbContext():
>
> *services.AddDbContext<EFCore_Kontext.WWWingsContext>(options =>*
>
>   *options.UseSqlServer(Configuration.GetConnectionString("WWWingsConnection")));*

Bei Verwendung der Standard-Dependency-Injection-Komponente von ASP.NET Core (Microsoft.Extensions.DependencyInjection) kann die Dependency Injection nur per Konstruktorinjektion erfolgen (siehe Listing).

Listing: Die Klasse FlugManager empfängt die Kontextinstanz per Dependency Injection

```
using GO;
using EFCore_Kontext;
using System.Collections.Generic;
using System.Linq;

namespace ASPNETCore_NETCore.BL
{
 public class FlugManager
 {
  private WWWingsContext ctx;

  /// <summary>
  /// Konstruktor
  /// </summary>
  /// <param name="ctx">Kontextinstanz kommt per DI!</param>
  public FlugManager(WWWingsContext ctx)
  {
   this.ctx = ctx;
  }

  public List<Flug> GetFlugSet(string abflugort, int von, int bis)
  {
   var flugSet = ctx.Flug
     .Where(x => x.Abflugort == abflugort)
     .Skip(von).Take(bis - von).ToList();
   return flugSet.ToList();
  }
 }
}
```

Zu beachten ist aber, dass ASP.NET Core die Kontextinstanz nur dann dem Konstruktor der Klasse FlugManager injiziert, wenn die Instanz der Klasse FlugManager selbst vom DI-Container erzeugt wird. Dazu muss die Klasse FlugManager in der Startup-Klasse für Dependency Injection registriert werden mit AddTransient():

```
services.AddTransient <FlugManager>();
```

AddTransient() sorgt dafür, dass bei jeder Anfrage nach einer Instanz eine neue Instanz von FlugManager erzeugt wird. AddScoped() würde dafür sorgen, dass im Rahmen einer HTTP-Anfrage immer wieder die gleiche Instanz geliefert wird; dies kann gewünscht sein, weil dann der

Cache des Entity Framework Core-Kontextes befüllt ist. AddSingleton() würde auch über mehrere HTTP-Anfragen hinweg immer die gleiche Instanz liefern. Dies kann nicht funktionieren, da der Entity Framework Core-Kontext kein Multi-Threading unterstützt.

Ein ASP.NET MVC-Controller erwartet dann eine Instanz von FlugManager per Konstruktorinjektion:

Listing: Die Klasse WWWingsController empfängt eine Instanz von FlugManager per Dependency Injection.

```
public class WWWingsController : Controller
 {
  private FlugManager fm;
  public WWWingsController(FlugManager fm)
  {
   this.fm = fm;
  }
 ...
 }
```

28.1.9   Praxistipp: Kontextinstanzpooling (DbContext Pooling)

Seit Entity Framework Core 2.0 kann der Entwickler anstelle von AddDbContext() auch AddDbContextPool() einsetzen. Diese Methode erzeugt eine Menge von Kontextinstanzen, die in einem Pool verwaltet werden, ähnlich wie der Verbindungpool von ADO.NET. Wenn per Dependency Injection nach einer Kontextinstanz gefragt wird, dann wird eine freie Kontextinstanz aus dem Pool genommen. Entity Framework Core kann auch eine bereits benutzte Kontextinstanz zurücksetzen und zur Wiederverwendung freigeben. Dies steigert etwas die Leistung von Webanwendungen, die Entity Framework Core verwenden.

```
int poolGroesse = 40;
services.AddDbContextPool<ApplicationDbContext>(options =>
options.UseSqlServer(Configuration.GetConnectionString("DefaultConnection")),
poolGroesse);
```

28.2   Entity Framework Core in einer Universal Windows Platform App

28.2.1   Das Fallbeispiel "MiracleList Light"

Die in diesem Kapitel verwendete "MiracleList Light"-App ist eine Beispielanwendung für eine einfache, lokale Aufgabenverwaltung, realisiert als Universal Windows Platform (UWP) App für Windows 10 mit einer lokalen SQLite-Datenbank als Datenspeicher, ohne Backend in der Cloud. Diese App ermöglicht die Erfassung von Aufgaben, die zu einem bestimmten Termin fällig sind. Aufgaben haben in der aktuellen Version der Software immer genau drei Teilaufgaben (Planen, Ausführen, Retrospektive durchführen), die nicht veränderbar sind. Aufgaben können durch Klick auf "Done" oder "Remove all" aus der Liste entfernt werden.

Hinweis: In den Downloads zu diesem Buch gibt es diese App für Entity Framework Core 1.1 und Entity Framework Core 2.0. Für Entity Framework Core 2.0 benötigt man UWP-Version 10.0.16299 im Windows 10 Creators Fall 2017 Update.

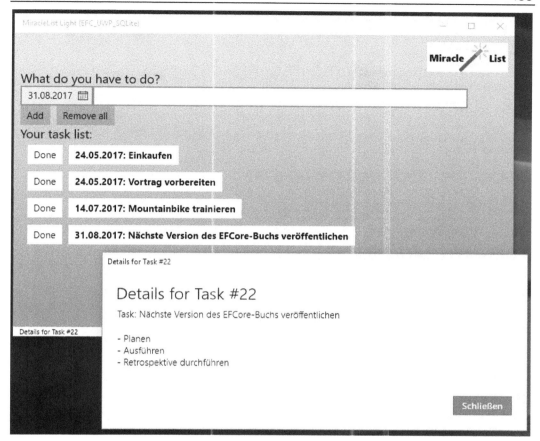

Abbildung: Die MiracleList-Light-App für Windows 10

28.2.2 Architektur

Die App ist aufgrund der sehr begrenzten Programmcodemenge als monolithische App in einem Visual Studio-Projekt realisiert. Das Projekt wurde mit der Projektvorlage "Windows Universal/Blank App" angelegt. Dafür muss das Windows 10 SDK in der zum Stand Ihrer Windows-Installation passenden Version installiert sein. Eine Nutzung oder Übersetzung des Programms auf älteren Betriebssystemen ist nicht von Microsoft unterstützt.

Die App referenziert das Nuget-Paket Microsoft.EntityFrameworkCore.Sqlite.

Die App verwendet Forward Engineering für die Datenbank. Die Datenbankdatei mit dem passenden Datenbankschema wird bei Bedarf zur Laufzeit erzeugt, wenn sie beim Start der App nicht vorhanden ist.

Abbildung: Aufbau des Projekts

28.2.3   Entitätsklassen

Es sind nur zwei Entitätsklassen notwendig:

- Klasse "Task" für eine Aufgabe. Ein Task-Objekt hat in dem Property "Details" eine List<TaskDetail>

- Klasse "TaskDetail" für eine Teilaufgabe. Jedes "TaskDetail"-Objekt verweist per Property "Task" auf die Aufgabe, zu der die Teilaufgabe gehört. Zudem kennt die Klasse TaskDetail in dem Fremdschlüssel-Property "TaskID" auch den Primärschlüssel der übergeordneten Aufgabe.

Datenannotationen der Entitätsklassen sind nicht notwendig in diesem Fallbeispiel, da Entity Framework Core das Datenbankschema rein auf Basis der integrierten Konventionen erstellen kann.

Abbildung: Objektmodell der Anwendung

Listing: Implementierung der beiden Entitätsklassen in der Datei EntityClasses.cs

```csharp
using System;
using System.Collections.Generic;

namespace EFC_UWP_SQLite
{
 /// <summary>
 /// 1. Entitätsklasse für Aufgaben
 /// </summary>
 public class Task
 {
  // Elementare Eigenschaften
  public int TaskID { get; set; } // PK
  public string Title { get; set; } // TEXT
  public DateTime Date { get; set; } // DateTime

  // Navigationsbeziehung
  public List<TaskDetail> Details { get; set; } = new List<TaskDetail>();

  public string View { get { return Date.ToString("d") + ": " + Title; } }
 }


 /// <summary>
 /// 2. Entitätsklasse für Teilaufgaben
 /// </summary>
 public class TaskDetail
 {
  public int TaskDetailID { get; set; } // PK
  public string Text { get; set; }

  // Navigationsbeziehung
  public Task Task { get; set; }
```

```
  public int TaskID { get; set; } // optional: Fremdschlüsselspalte für
Navigationsbeziehung
 }
}
```

28.2.4   Entity Framework Core-Kontextklasse

Die von DbContext abgeleitete Kontextklasse besitzt jeweils ein Property von dem Typ DbSet<T>
für die beiden Entitätsklassen. In der Methode OnConfiguring() wird mit UseSqlite() der Entity
Framework Core-Datenbankprovider festgelegt und dabei als Parameter nur der gewünschte Name
für die SQLite-Datenbankdatei übergeben. Eine Implementierung von OnModelCreating() ist nicht
notwendig in diesem Fallbeispiel, da Entity Framework Core das Datenbankschema rein auf Basis
der integrierten Konventionen erstellen kann.

Listing: Implementierung der Kontextklasse in der Datei EFContext.cs

```
using Microsoft.EntityFrameworkCore;


namespace EFC_UWP_SQLite
{
 /// <summary>
 /// Entity Framework-Kontext
 /// </summary>
 public class EFContext : DbContext
 {
  public DbSet<Task> TaskSet { get; set; }
  public DbSet<TaskDetail> TaskDetailSet { get; set; }

  protected override void OnConfiguring(DbContextOptionsBuilder optionsBuilder)
  {
    // Provider und Datenbankdateiname festlegen
    optionsBuilder.UseSqlite("Filename=MiracleList.db");
  }
 }
}
```

28.2.5   Startcode

Beim Anwendungsstart wird in der App.xaml.cs die Datenbankdatei mit der Methode
Database.EnsureCreated() angelegt, falls die Datenbankdatei noch nicht vorhanden ist. Die
englischen Quellcodekommentare stammen aus der Projektvorlage von Microsoft.

Listing: Ausschnitt aus der Datei App.xaml.cs

```
using System;
using Windows.ApplicationModel;
using Windows.ApplicationModel.Activation;
using Windows.Foundation;
using Windows.UI.Xaml;
using Windows.UI.Xaml.Controls;
using Windows.UI.Xaml.Navigation;


namespace EFC_UWP_SQLite
{
 /// <summary>
```

```
/// Provides application-specific behavior to supplement the default Application
class.
/// </summary>
sealed partial class App : Application
{
  /// <summary>
  /// Initializes the singleton application object.  This is the first line of
authored code
  /// executed, and as such is the logical equivalent of main() or WinMain().
  /// </summary>
  public App()
  {
    this.InitializeComponent();
    this.Suspending += OnSuspending;

    // DB anlegen, falls nicht vorhanden!
    using (var db = new EFContext())
    {
      db.Database.EnsureCreated();
    }
  }
...
}
```

28.2.6   Erzeugte Datenbank

Die erzeugte Datenbank kann man mit dem Werkzeug "DB Browser for SQLite" sichtbar machen
wie auch interaktiv verwenden.

	DB Browser for SQLite
Werkzeugname	DB Browser for SQLite
Website	www.sqlitebrowser.org
Kostenfreie Version	Ja
Kommerzielle Version	Nein

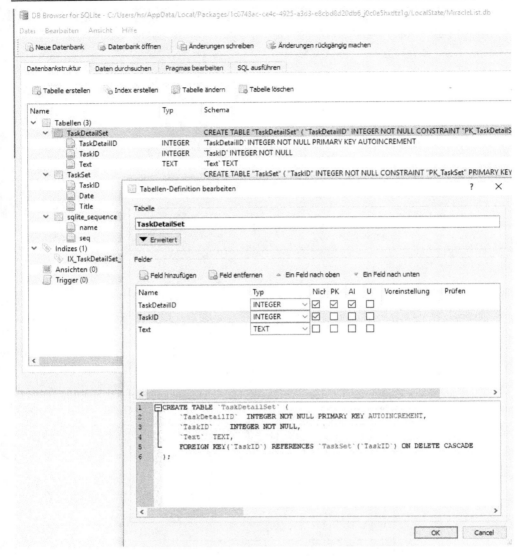

Abbildung: Datenbankschemaansicht in DB Browser for SQLite

Abbildung: Datenansicht in DB Browser for SQLite

Abbildung: SQL-Befehle ausführen im DB Browser for SQLite

28.2.7 Datenzugriffscode

Der Datenzugriffscode ist in diesem einfachen Fallbeispiel nicht getrennt von der Benutzeroberflächensteuerung. Es wird auch bewusst nicht das Pattern MVVM (Model View ViewModel) eingesetzt, um den Programmcode für den Abdruck im Buch überschaubar zu halten.

Beim Datenzugriff werden die asynchronen Methoden von Entity Framework Core eingesetzt, um die Benutzeroberfläche reaktiv zu halten.

Beim Anlegen der Teilaufgaben und Löschen aller Aufgaben werden jeweils zwei Varianten gezeigt. Die auskommentierte Variante ist jeweils die weniger effiziente. So ist das Löschen aller Aufgaben und Teilaufgaben ohne Einsatz von SQL mit dem unnötigen Laden aller Aufgaben verbunden und dem Absenden eines DELETE-Befehls für jede Aufgabe. Das explizite Löschen der Teilaufgaben ist aber in beiden Fällen nicht notwendig, da im Standard kaskadierendes Löschen aktiv ist.

Listing: Datenzugriffscode in der Datei MainPage.xaml.cs

```csharp
using Microsoft.EntityFrameworkCore;
using System;
using System.Collections.Generic;
using System.Collections.ObjectModel;
using System.ComponentModel;
using System.Linq;
using Windows.Foundation;
using Windows.Storage;
using Windows.UI.Popups;
using Windows.UI.Xaml;
using Windows.UI.Xaml.Controls;
using Windows.UI.Xaml.Input;


namespace EFC_UWP_SQLite
{
 /// <summary>
 /// Hauptseite der Anwendung
 /// </summary>
 public sealed partial class MainPage : Page, INotifyPropertyChanged
 {
  public MainPage()
  {
   this.DataContext = this;
   this.InitializeComponent();
   Windows.UI.ViewManagement.ApplicationView.PreferredLaunchViewSize = new
Size(800, 500);
   Windows.UI.ViewManagement.ApplicationView.PreferredLaunchWindowingMode =
Windows.UI.ViewManagement.ApplicationViewWindowingMode.PreferredLaunchViewSize;

   System.Diagnostics.Debug.WriteLine(ApplicationData.Current.LocalFolder.Path);
  }
  public event PropertyChangedEventHandler PropertyChanged;

  private ObservableCollection<Task> _Tasks { get; set; }
  public ObservableCollection<Task> Tasks
  {
   get { return _Tasks; }
   set { _Tasks = value; this.PropertyChanged?.Invoke(this, new
PropertyChangedEventArgs(nameof(Tasks))); }
  }

  private string _Statustext { get; set; }
  public string Statustext
  {
   get { return _Statustext; }
   set { _Statustext = value; this.PropertyChanged?.Invoke(this, new
PropertyChangedEventArgs(nameof(Statustext))); }
  }
```

```csharp
private async void Page_Loaded(object sender, RoutedEventArgs e)
{
  var count = await this.LoadTaskSet();
  SetStatus(count + " Datensätze geladen!");
}


/// <summary>
/// Get all tasks from database
/// </summary>
/// <returns></returns>
private async System.Threading.Tasks.Task<int> LoadTaskSet()
{
  using (var db = new EFContext())
  {
    var list = await db.TaskSet.OrderBy(x => x.Date).ToListAsync();
    Tasks = new ObservableCollection<Task>(list);
    return Tasks.Count;
  }
}


private void SetStatus(string text)
{
  string dbstatus;
  using (var db = new EFContext())
  {
    dbstatus = db.TaskSet.Count() + " Tasks with " + db.TaskDetailSet.Count() + "
Task Details. " + ApplicationData.Current.LocalFolder.Path + @"\" +
EFContext.FileName;
  }
  Statustext = text + " / Database Status: " + dbstatus + ")";
}

private async void Add(object sender, RoutedEventArgs e)
{
  if (String.IsNullOrEmpty(C_Task.Text)) return;
  if (!C_Datum.Date.HasValue) { C_Datum.Date = DateTime.Now; }

  // Create new Task
  var t = new Task { Title = C_Task.Text, Date = C_Datum.Date.Value.Date };
  var d1 = new TaskDetail() { Text = "Plan" };
  var d2 = new TaskDetail() { Text = "Execute" };
  var d3 = new TaskDetail() { Text = "Run Retrospective" };
  // Alternative 1
  //t.Details.Add(d1);
  //t.Details.Add(d2);
  //t.Details.Add(d3);

  // Alternative 2
  t.Details.AddRange(new List<TaskDetail>() { d1, d2, d3 });

  using (var db = new EFContext())
  {
    db.TaskSet.Add(t);
```

```csharp
    // Save now!
  var count = await db.SaveChangesAsync();
    SetStatus(count + " records saved!");
  await this.LoadTaskSet();
    }
    this.C_Task.Text = "";
    this.C_Task.Focus(FocusState.Pointer);
}

private async void SetDone(object sender, RoutedEventArgs e)
{
  // Get TaskID
  var id = (int)((sender as Button).CommandParameter);
  // Remove record
  using (var db = new EFContext())
  {
    Task t = db.TaskSet.SingleOrDefault(x => x.TaskID == id);
    if (t == null) return; // nicht gefunden!
    db.Remove(t);
    var count = db.SaveChangesAsync();
    SetStatus(count + " records deleted!");
    await this.LoadTaskSet();
  }
}

private async void ShowDetails(object sender, RoutedEventArgs e)
{
  // Get TaskID
  var id = (int)((sender as Button).CommandParameter);
  // Get Details
  using (var db = new EFContext())
  {
    string s = "";
    Task t = db.TaskSet.Include(x => x.Details).SingleOrDefault(x => x.TaskID ==
id);
    s += "Task: " + t.Title + "\n\n";
    foreach (var d in t.Details)
    {
      s += "- " + d.Text + "\n";
    }
    SetStatus("Details for Task #" + id);
    await new MessageDialog(s, "Details for Task #" + id).ShowAsync();
  }
}

private void C_Task_KeyDown(object sender, KeyRoutedEventArgs e)
{
  if (e.Key == Windows.System.VirtualKey.Enter) Add(null, null);
}

private async void RemoveAll(object sender, RoutedEventArgs e)
{
  // Remove all tasks
```

```
using (var db = new EFContext())
{
  // Alternative 1: unefficient :-(
  //foreach (var b in db.TaskSet.ToList())
  //{
  // db.Remove(b);
  //}
  //db.SaveChanges();

  // Alternative 2: efficient!
  //db.Database.ExecuteSqlCommand("Delete from TaskDetailSet");
  var count = await db.Database.ExecuteSqlCommandAsync("Delete from TaskSet");
  SetStatus(count + " records deleted!");
  Tasks = null;
}
}
}
}
```

28.2.8 Benutzeroberfläche

Das folgende Listing zeigt die XAML-Benutzeroberfläche der UWP-App.

Listing: MainPage.xaml

```xml
<Page
    x:Class="EFC_UWP_SQLite.MainPage"
    xmlns="http://schemas.microsoft.com/winfx/2006/xaml/presentation"
    xmlns:x="http://schemas.microsoft.com/winfx/2006/xaml"
    xmlns:local="using:EFC_UWP_SQLite"
    xmlns:d="http://schemas.microsoft.com/expression/blend/2008"
    xmlns:mc="http://schemas.openxmlformats.org/markup-compatibility/2006"
    mc:Ignorable="d"     Loaded="Page_Loaded">

 <Grid Margin="0,0,0,0">
  <Grid.RowDefinitions>
   <RowDefinition Height="*"></RowDefinition>
   <RowDefinition Height="auto"></RowDefinition>
  </Grid.RowDefinitions>
  <Grid.Background>
   <LinearGradientBrush EndPoint="0.5,1" StartPoint="0.5,0">
    <GradientStop Color="#FFA1D7E9" Offset="0.081"/>
    <GradientStop Color="#FF4C94AD" Offset="0.901"/>
   </LinearGradientBrush>
  </Grid.Background>
  <StackPanel Margin="10,10,10,10" Grid.Row="0">
   <!-- ===================== logo -->
   <Image x:Name="Logo" Source="Assets/MiracleListLogo.jpg" Width="130"
MinHeight="50" HorizontalAlignment="Right"></Image>
   <!-- ===================== new Task -->
   <TextBlock Text="What do you have to do?" FontSize="20"></TextBlock>
   <StackPanel Orientation="Horizontal">
    <CalendarDatePicker Name="C_Datum" />
    <TextBox Background="White" Name="C_Task" KeyDown="C_Task_KeyDown"
Width="600"></TextBox>
```

```
      </StackPanel>
      <!-- =================== actions -->
      <StackPanel Orientation="horizontal">
       <Button Click="Add">Add</Button>
       <Button Click="RemoveAll" Margin="10,0,0,0">Remove all</Button>
      </StackPanel>
      <TextBlock Text="Your task list:" FontSize="20"/>
      <!-- =================== list of tasks -->
      <ListView ItemsSource="{Binding Tasks}"
ScrollViewer.VerticalScrollBarVisibility="Visible">
       <ListView.ItemTemplate>
        <DataTemplate>
         <StackPanel Orientation="Horizontal">
          <Button  Background="white"  Content="Done" Name="C_Done"
CommandParameter="{Binding TaskID}"  Click="SetDone" Margin="0,0,10,0" />
          <Button Background="white" FontWeight="Bold" Content="{Binding View}"
Name="C_Details"  CommandParameter="{Binding TaskID}" Click="ShowDetails" />
         </StackPanel>
        </DataTemplate>
       </ListView.ItemTemplate>
      </ListView>
     </StackPanel>
     <!-- =================== statusbar -->
     <StackPanel Background="White" Grid.Row="1">
      <TextBlock Text="{Binding StatusText}" Margin="10,0,0,0"  Name="C_StatusBar"
FontSize="11" />
     </StackPanel>
    </Grid>
   </Page>
```

28.3 Entity Framework Core in einer Xamarin-Cross-Platform-App

28.3.1 Das Fallbeispiel "MiracleList Light"

Das in diesem Kapitel behandelte Fallbeispiel "MiracleList Light" ist eine Portierung der im vorherigen Kapitel behandelten einfachen Aufgabenverwaltung (Universal Windows Platform (UWP) App für Windows 10) auf eine Cross-Platform-App, die nicht nur auf Windows 10 als UWP-App, sondern auch auf Android und iOS läuft. Dazu kommt Xamarin mit Xamarin Forms zum Einsatz.

Hinweis: In den Downloads zu diesem Buch gibt es diese App für Entity Framework Core 1.1 und Entity Framework Core 2.0. Für Entity Framework Core 2.0 benötigt man UWP-Version 10.0.16299 im Windows 10 Creators Fall 2017 Update.

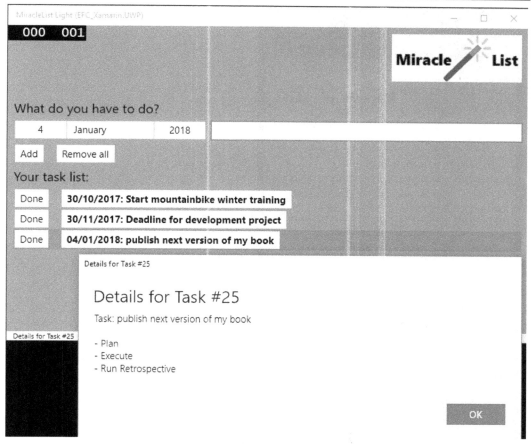

Abbildung: Die MiracleList Light-Cross-Platform-App für Windows 10

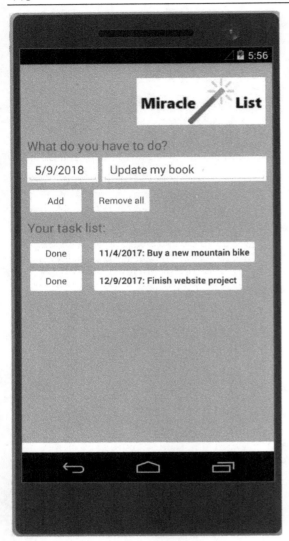

Abbildung: Die MiracleList Light-Cross-Platform-App für Android

28.3.2 Architektur

Im Gegensatz zu der Implementierung dieser App als UWP ist die Cross-Platform-Version mehrschichtig aufgebaut:

- Das Projekt "GO" enthält die Entitätsklassen. Das Projekt ist eine .NET Standard-Bibliothek und benötigt keine zusätzlichen Referenzen.

- Das Projekt "DAL" enthält die Entity Framework Core-Kontextklasse. Das Projekt ist eine .NET Standard-Bibliothek und benötigt die Nuget-Pakete Xamarin.Forms und Microsoft.EntityFrameworkCore.

- Das Projekt "UI" enthält die Benutzeroberfläche, die Xamarin Forms verwendet. Das Projekt ist eine .NET Standard-Bibliothek und benötigt die Nuget-Pakete Xamarin.Forms und Microsoft.EntityFrameworkCore.

- Die Projekte "Android", "iOS" und "UWP" enthalten den Platform-spezischen Startcode sowie Platform-spezische Deklarationen für die App.

Die App verwendet Forward Engineering für die Datenbank. Die Datenbankdatei mit dem passenden Datenbankschema wird bei Bedarf zur Laufzeit erzeugt, wenn sie beim Start der App nicht vorhanden ist.

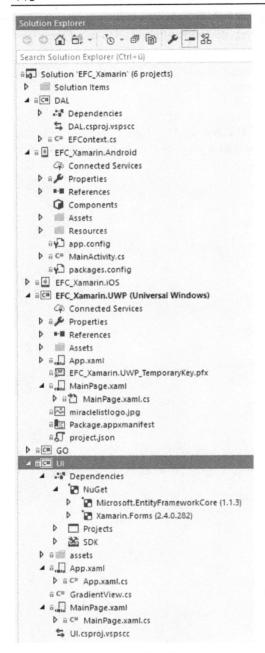

Abbildung: Aufbau des Projekts

28.3.3 Entitätsklassen

Die Entitätsklassen für die Xamarin-App entsprechen den Entitätsklassen aus dem UWP-Fallbeispiel.

28.3.4 Entity Framework Core-Kontextklasse

Die Kontextklasse für die Xamarin-App weicht etwas ab von der Kontextklasse aus dem UWP-Fallbeispiel, denn nicht auf jedem Betriebssystem kann man bei im Connection String bei UseSQLite() einfach einen Dateinamen ohne Pfad angeben. Hier sind plattformspezifische Unterschiede zu beachten. Daher wird der Pfad für die Datenbankdatei per Dependency Injection in einer Implementierung der selbstdefinierte Schnittstelle IEnv von jeder der drei Rahmenanwendungen geliefert.

> **Hinweis**: Die Bibliothek DAL benötigt das Nuget-Paket "Xamarin.Forms", da für die Dependency Injection das in Xamarin Forms eingebaute Dependency Injection-Framework verwendet wird.

Listing: Implementierung der Kontextklasse in der Datei EFContext.cs

```
using Microsoft.EntityFrameworkCore;
using Xamarin.Forms;


namespace EFC_Xamarin
{
 /// <summary>
 /// Entity Framework Context
 /// </summary>
 public class EFContext : DbContext
 {

  static public string Path { get; set; }
  public DbSet<Task> TaskSet { get; set; }
  public DbSet<TaskDetail> TaskDetailSet { get; set; }

  protected override void OnConfiguring(DbContextOptionsBuilder optionsBuilder)
  {
    EFContext.Path =
System.IO.Path.Combine(DependencyService.Get<IEnv>().GetDbFolder(),
"miraclelist.db");
    // set provider and database file path
    optionsBuilder.UseSqlite($"Filename={ EFContext.Path}");
  }
 }
}
```

Listing: IEnv.cs

```
namespace EFC_Xamarin
{
    public interface IEnv
    {
        string GetDbFolder();
    }
}
```

Jedes Betriebssystem muss eine passende Implementierung injezieren.

Listing: Realisierung von IEnv unter Windows 10 UWP

```
using EFC_Xamarin.UWP;
using Windows.Storage;
```

```
using Xamarin.Forms;

[assembly: Dependency(typeof(Env))]
namespace EFC_Xamarin.UWP
{
 public class Env : IEnv
 {
        public string GetDbFolder()
        {
            return ApplicationData.Current.LocalFolder.Path;
        }
    }
}
```

Listing: Realisierung von IEnv unter Android

```
using EFC_Xamarin;
using System;
using Xamarin.Forms;

[assembly: Dependency(typeof(Env))]
namespace EFC_Xamarin.Android
{
    public class Env : IEnv
    {
        public string GetDbFolder()
        {
            return
Environment.GetFolderPath(Environment.SpecialFolder.MyDocuments);
        }
    }
}
```

Listing: Realisierung von IEnv unter iOS

```
using EFC_Xamarin.iOS;
using System;
using Xamarin.Forms;

[assembly: Dependency(typeof(Env))]
namespace EFC_Xamarin.iOS
{
 public class Env : IEnv
    {
        public string GetDbFolder()
        {
         return Path.Combine
           (Environment.GetFolderPath(Environment.SpecialFolder.MyDocuments),
           "..","Library");         }
    }
}
```

28.3.5 Startcode

Beim Anwendungsstart wird in der App.xaml.cs die Datenbankdatei durch die Methode
Database.EnsureCreated() angelegt, falls die Datenbankdatei noch nicht vorhanden ist. Die
englischen Quellcodekommentare stammen aus der Projektvorlage von Microsoft.

Listing: Ausschnitt aus der Datei App.xaml.cs im Projekt "UI"

```
using Xamarin.Forms;
namespace EFC_Xamarin
{
 public partial class App : Application
 {
  public App()
  {
   InitializeComponent();

   // Create Database if it does not exist
   using (var db = new EFContext())
   {
    db.Database.EnsureCreated();
   }

   MainPage = new EFC_Xamarin.MainPage();
  }
 }
 ...
}
```

28.3.6   Erzeugte Datenbank

Die erzeugte Datenbank für die Xamarin-App entspricht der Datenbank aus dem UWP-Fallbeispiel.

28.3.7 Datenzugriffscode

Der Datenzugriffscode ist in diesem einfachen Fallbeispiel nicht getrennt von der Benutzeroberflächensteuerung. Es wird auch bewusst nicht das Pattern MVVM (Model View ViewModel) eingesetzt, um den Programmcode für den Abdruck im Buch überschaubar zu halten.

Beim Datenzugriff werden die asynchronen Methoden von Entity Framework Core eingesetzt, um die Benutzeroberfläche reaktiv zu halten.

Beim Anlegen der Teilaufgaben und Löschen aller Aufgaben werden jeweils zwei Varianten gezeigt. Die auskommentierte Variante ist jeweils die weniger effiziente. So ist das Löschen aller Aufgaben und Teilaufgaben ohne Einsatz von SQL mit dem unnötigen Laden aller Aufgaben verbunden sowie mit dem Absenden eines DELETE-Befehls für jede Aufgabe. Das explizite Löschen der Teilaufgaben ist jedoch in beiden Fällen nicht notwendig, da im Standard kaskadierendes Löschen aktiv ist.

Listing: Datenzugriffscode in der Datei MainPage.xaml.cs

```
using Microsoft.EntityFrameworkCore;
using System;
using System.Collections.Generic;
using System.Collections.ObjectModel;
using System.Linq;
using Xamarin.Forms;

namespace EFC_Xamarin
{
 public partial class MainPage : ContentPage
```

```
{
  private ObservableCollection<Task> _Tasks { get; set; }
  public ObservableCollection<Task> Tasks
  {
   get { return _Tasks; }
   set { _Tasks = value; this.OnPropertyChanged(nameof(Tasks)); }
  }

  private string _Statustext { get; set; }
  public string Statustext
  {
   get { return _Statustext; }
   set { _Statustext = value; this.OnPropertyChanged(nameof(Statustext)); }
  }

  public MainPage()
  {
   this.BindingContext = this;
   InitializeComponent();
  }

  protected async override void OnAppearing()
  {
   var count = await this.LoadTaskSet();
   SetStatus(count + " Datensätze geladen!");
  }

  private async System.Threading.Tasks.Task<int> LoadTaskSet()
  {
   using (var db = new EFContext())
   {
    var list = await db.TaskSet.OrderBy(x => x.Date).ToListAsync();
    Tasks = new ObservableCollection<Task>(list);
    return Tasks.Count;
   }
  }

  private void SetStatus(string text)
  {
   string dbstatus;
   using (var db = new EFContext())
   {
    dbstatus = db.TaskSet.Count() + " Tasks with " + db.TaskDetailSet.Count() + "
Task Details. "  + EFContext.Path;
   }
   Statustext = text + " / Database Status: " + dbstatus + ")";
  }

  private async void Add(object sender, EventArgs e)
  {

   if (String.IsNullOrEmpty(C_Task.Text)) return;
   // Create new Task
```

```
    var t = new Task { Title = C_Task.Text, Date = C_Datum.Date };
    var d1 = new TaskDetail() { Text = "Plan" };
    var d2 = new TaskDetail() { Text = "Execute" };
    var d3 = new TaskDetail() { Text = "Run Retrospective" };
    // Alternative 1
    //t.Details.Add(d1);
    //t.Details.Add(d2);
    //t.Details.Add(d3);

    // Alternative 2
    t.Details.AddRange(new List<TaskDetail>() { d1, d2, d3 });

    using (var db = new EFContext())
    {
     db.TaskSet.Add(t);
     // Save now!
     var count = await db.SaveChangesAsync();

     SetStatus(count + " records saved!");
     await this.LoadTaskSet();
    }
    this.C_Task.Text = "";
    this.C_Task.Focus();
  }

  private async void SetDone(object sender, EventArgs e)
  {
   // Get TaskID
   var id = (int)((sender as Button).CommandParameter);
   // Remove record
   using (var db = new EFContext())
   {
    Task t = db.TaskSet.Include(x => x.Details).SingleOrDefault(x => x.TaskID ==
id);
    if (t == null) return; // not found!
    db.Remove(t);
    int count = await db.SaveChangesAsync();
    SetStatus(count + " records deleted!");
    await this.LoadTaskSet();
   }
  }

  private async void ShowDetails(object sender, EventArgs e)
  {
   // Get TaskID
   var id = (int)((sender as Button).CommandParameter);
   // Get Details
   using (var db = new EFContext())
   {
    string s = "";
    Task t = db.TaskSet.Include(x => x.Details).SingleOrDefault(x => x.TaskID ==
id);
    s += "Task: " + t.Title + "\n\n";
```

```
    foreach (var d in t.Details)
    {
      s += "- " + d.Text + "\n";
    }
    SetStatus("Details for Task #" + id);
    await this.DisplayAlert("Details for Task #" + id, s, "OK");
  }
}

private async void RemoveAll(object sender, EventArgs e)
{
  // Remove all tasks
  using (var db = new EFContext())
  {
    // Alternative 1: unefficient :-(
    //foreach (var b in db.TaskSet.ToList())
    //{
    // db.Remove(b);
    //}
    //db.SaveChanges();

    // Alternative 2: efficient!
    var count = await db.Database.ExecuteSqlCommandAsync("Delete from TaskSet");
    SetStatus(count + " records deleted!");
    Tasks = null;
  }
}
}
```

Die folgende Tabelle zeigt die wichtigsten Unterschiede zwischen der Realisierung der Benutzerschnittstellensteuerung dieser App in UWP und Xamarin Forms.

UWP	Xamarin-Forms
private async void Page_Loaded(object sender, RoutedEventArgs e)	protected async override void OnAppearing()
this.DataContext = this;	this.BindingContext = this;
await new MessageDialog(s, "Details for Task #" + id).ShowAsync();	await this.DisplayAlert("Details for Task #" + id,s,"OK");
this.C_Task.Focus(FocusState.Pointer);	this.C_Task.Focus();

Tabelle: UWP-XAML versus Xamarin-Forms-XAML

28.3.8 Benutzeroberfläche

Das folgende Listing zeigt die Xamarin Forms-basierte Benutzeroberfläche der Xamarin-App.

Listing: MainPage.xaml

```xml
<?xml version="1.0" encoding="utf-8" ?>
<ContentPage  x:Name="MainPage" xmlns="http://xamarin.com/schemas/2014/forms"
              xmlns:x="http://schemas.microsoft.com/winfx/2009/xaml"
              xmlns:local="clr-namespace:EFC_Xamarin"
```

```xml
                     x:Class="EFC_Xamarin.MainPage" WidthRequest="800"
HeightRequest="500" >
 <Grid Margin="0,0,0,0" BackgroundColor="CornflowerBlue">
  <Grid.RowDefinitions>
   <RowDefinition Height="*"></RowDefinition>
   <RowDefinition Height="auto"></RowDefinition>
  </Grid.RowDefinitions>
  <StackLayout Margin="10,10,10,10" Grid.Row="0">
   <!-- ==================== logo -->
   <Image x:Name="Logo" Source="miraclelistlogo.jpg" HeightRequest="100"
WidthRequest="200" HorizontalOptions="End"   ></Image>
   <!-- ==================== new Task -->
   <Label Text="What do you have to do?" FontSize="20"></Label>
   <StackLayout Orientation="Horizontal">
     <ContentView BackgroundColor="White">  <DatePicker x:Name="C_Datum"
/></ContentView>
   <Entry BackgroundColor="White" x:Name="C_Task"
HorizontalOptions="FillAndExpand" Completed="Add"></Entry>    </StackLayout>
   <!-- ==================== actions -->
   <StackLayout Orientation="Horizontal">
    <Button Clicked="Add" BackgroundColor="White" Text="Add"></Button>
    <Button Clicked="RemoveAll"  BackgroundColor="White" Text="Remove all"
Margin="10,0,0,0"></Button>
   </StackLayout>
   <Label Text="Your task list:" FontSize="20"/>
   <!-- ==================== list of tasks -->
   <ListView x:Name="C_Tasks" ItemsSource="{Binding Tasks}">
    <ListView.ItemTemplate>
     <DataTemplate>
      <ViewCell>
       <StackLayout Orientation="Horizontal" >
        <Button BackgroundColor="White" Text="Done" x:Name="C_Done"
Clicked="SetDone" Margin="0,0,10,0" CommandParameter="{Binding TaskID}" />
        <Button  BackgroundColor="White"  CommandParameter="{Binding TaskID}"
FontAttributes="Bold" Text="{Binding View}" x:Name="C_Details"
Clicked="ShowDetails" />
       </StackLayout>
      </ViewCell>
     </DataTemplate>
    </ListView.ItemTemplate>
   </ListView>
  </StackLayout>
  <!-- ==================== statusbar -->
  <StackLayout BackgroundColor="White" Grid.Row="1">
   <Label Margin="10,0,0,0"  x:Name="C_StatusBar" FontSize="11" Text="{Binding
StatusText}" />
  </StackLayout>
 </Grid>
</ContentPage>
```

Die folgende Tabelle zeigt die wichtigsten Unterschiede zwischen der Realisierung dieser App in UWP-XAML und Xamarin Forms-XAML. Man erkennt, dass es viele Unterschiede gibt, die die Migration aufwändig machen.

UWP-XAML	Xamarin Forms-XAML

<Page>	<ContentPage>
<TextBlock>	<Label>
<CalendarDatePicker>	<DatePicker>
<StackPanel>	<StackLayout>
<TextBox>	<Entry>
Name="abc"	x:Name="abc"
Orientation="horizontal" oder Orientation="Horizontal"	Orientation="Horizontal"
Background="white"	BackgroundColor="White"
Click="Add"	Clicked="Add"
<Button Content="Add"> oder <Button>Add</Button>	<Button Text="Add">
FontWeight="Bold"	FontAttributes="Bold"
<TextBox Background="White" Name="C_Task" KeyDown="C_Task_KeyDown" Width="600">	<Entry BackgroundColor="White" x:Name="C_Task" Completed="Add" WidthRequest="600" >
<ListView> <ListView.ItemTemplate> <DataTemplate>	<ListView> <ListView.ItemTemplate> <DataTemplate> <ViewCell>
<Image HorizontalAlignment="Right">	<Image HorizontalOptions="End">

Tabelle: UWP-XAML versus Xamarin-Forms-XAML

28.4 N:M-Beziehungen zu sich selbst

Die Geografie stellt eine scheinbar einfache Aufgabe: Ein Land hat Grenzen zu beliebig vielen anderen Ländern. Die Frage ist: Wie drückt man dies in einem Objektmodell so aus, dass Entity Framework Core daraus eine N:M-Beziehung einer Tabelle auf sich selbst macht?

Der erste naive Ansatz sähe so aus: Die Klasse Country hat eine Liste von "Borders", die wieder zu Country-Objekten führen. Dann würde man eine Beziehung zwischen Dänemark und Deutschland so herstellen: dk.Borders.Add(de).

Aber das genügt den Anforderungen leider nicht:

- In Entity Framework Core gibt es kein N:M-Mapping. Daher muss es im Objektmodell explizit eine Klasse "Border" geben, genau wie im Datenmodell. Dies kann man aber mit einer Hilfsroutine kapseln, siehe AddBorderToCounty(Country c).

- Nur eine Beziehung zwischen zwei Ländern reicht nicht aus, denn durch das Anlegen einer Beziehung wie dk.Borders.Add(de) weiß nun Dänemark, dass es an Deutschland grenzt, aber Deutschland weiß nichts von seinem Glück, die Dänen als Nachbarn zu haben.

Das Problem ist, dass eine Navigationseigenschaft eine unidirektionale Beziehung beschreibt, wir aber eben hier eine bidirektionale Beziehung brauchen, damit beide beteiligten Länder die Beziehung kennen. Also müssen wir für beide Richtungen einer Nachbarschaftsbeziehung ein Navigation Property in der Klasse Country anlegen: siehe IncomingBorders und OutgoingBorders in der Klasse Country sowie IncomingCountry und OutgoingCountry in der Klasse Border. In OnModelCreating() in der Kontextklasse WorldContext werden per Fluent-API IncomingCountry mit den IncomingBorders sowie OutgoingCountry mit den OutgoingBorders verbunden.

Entity Framework Core ist danach clever genug, die Gegenbeziehung aufzubauen, wenn eine Beziehung eingerichtet wird. Dafür sorgt die interne Funktion "Relationship Fixup", die immer gestartet wird, wenn der Entwickler DetectChanges() aufruft oder eine Methode, die dies automatisch auslöst (z.B. SaveChanges()).

Wenn man die Beziehung von Dänemark zu Deutschland über OutgoingBorders von Dänemark anlegt, erscheint nach dem nächsten Relationship Fixup auch Dänemark in den IncomingBorders von Deutschland.

Das nächste Listing zeigt die Entitätsklassen und die Kontextklasse. Die nächste Abbildung zeigt die resultierende Datenbank in Microsoft SQL Server.

Listing: Lösung mit Entity Framework Core

```
using Microsoft.EntityFrameworkCore;
using Microsoft.EntityFrameworkCore.Metadata;
using System.Collections.Generic;
using System.Linq;

class Border
{
 // foreign key for IncomingCountry
 public int Country_Id { get; set; }
 // foreign key for OutgoingCountry
 public int Country_Id1 { get; set; }

 public virtual Country IncomingCountry { get; set; }
 public virtual Country OutgoingCountry { get; set; }
}


class Country
{
 public int Id { get; set; }
 public string Name { get; set; }

 // N-M relationship via Borders
 public virtual ICollection<Border> IncomingBorders { get; set; } = new
List<Border>();
 public virtual ICollection<Border> OutgoingBorders { get; set; } = new
List<Border>();

 public void AddBorderToCounty(Country c)
 {
  var b = new Border() {Country_Id = this.Id, Country_Id1 = c.Id};
  this.OutgoingBorders.Add(b);
 }
}
```

```csharp
class WorldContext : DbContext
{
 public DbSet<Country> Countries { get; set; }
 public DbSet<Country> Borders { get; set; }
 protected override void OnConfiguring(DbContextOptionsBuilder optionsBuilder)
 {

optionsBuilder.UseSqlServer(@"Server=.;Database=EFC_NMSelf;Trusted_Connection=Tru
e;MultipleActiveResultSets=True");
 }

 protected override void OnModelCreating(ModelBuilder modelBuilder)
 {
  // Configure primary key
  modelBuilder.Entity<Border>().HasKey(x => new {x.Country_Id, x.Country_Id1});
  // Configure relationships and foreign keys
  modelBuilder.Entity<Border>().HasOne<Country>(x =>
x.IncomingCountry).WithMany(x =>
x.IncomingBorders).HasForeignKey(x=>x.Country_Id1).OnDelete(DeleteBehavior.Restri
ct);
  modelBuilder.Entity<Border>().HasOne<Country>(x =>
x.OutgoingCountry).WithMany(x => x.OutgoingBorders).HasForeignKey(x =>
x.Country_Id).OnDelete(DeleteBehavior.Restrict); ;
 }

 /// <summary>
 /// Get all neighbors by the union of the two sets
 /// </summary>
 /// <param name="countryId"></param>
 /// <returns></returns>
 public IEnumerable<Country> GetNeigbours(int countryId)
 {
  var borders1 = this.Countries.Where(x => x.IncomingBorders.Any(y =>
y.Country_Id == countryId)).ToList();
  var borders2 = this.Countries.Where(x => x.OutgoingBorders.Any(y =>
y.Country_Id1 == countryId)).ToList();
  var allborders = borders1.Union(borders2).OrderBy(x=>x.Name);
  return allborders;
 }
}
```

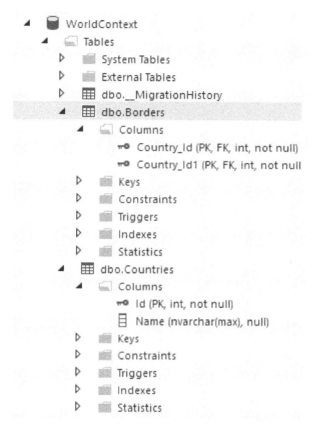

Abbildung: N:M-Beziehung zwischen Country-Objekten über "Borders" im Datenmodell

Zwar kann die Datenbank nun alle notwendigen Beziehuungen aufnehmen, aber der Softwareentwickler kann nicht einfach eine Liste aller Grenzbeziehungen bekommen, da diese ja auf zwei Listen (OutgoingBorders) verteilt sind. Er müsste also die Vereinigungsmenge mit dem LINQ-Operator Union() bilden und jedes Mal schreiben:

```
var borders1 = country.OutgoingBorders;
var borders2 = ctx.Countries.Where(x => x.OutgoingBorders.Any(y => y.Id == countr
y.Id)).ToList();
var borders = borders1.Union(borders2).OrderBy(x=>x.Name);;
```

Dem Nutzer der Klasse soll es aber egal sein, ob die Beziehung Deutschland → Dänemark oder Dänemark → Deutschland angelegt wurde.

Im klassischen Entity Framework könnte man diese Union elegant in der Klasse Country kapseln und sich Lazy Loading zu nutze machen, um die verbundenen Objekte zu laden. Da es in Entity Framework Core (bisher) kein Lazy Loading gibt und bekanntlich die Entitätsklasseninstanz auch die Kontextinstanz nicht kennt, geht die Kapselung nur in der Kontextklasse (siehe GetNeigbours() im nächsten Listing). Die nächste Abbildung zeigt die Ausgabe für Deutschland und seine direkten Nachbarn.

Listing: Nutzung der Implementierung dem vorgehergenden Listing

```
using System;
using Microsoft.EntityFrameworkCore;
```

```csharp
using System.Linq;

namespace EF_CodeFirst_NMSelf
{
 class Program
 {
  static void Main(string[] args)
  {

    var ctx = new WorldContext();
    ctx.Database.EnsureCreated();

    // Reset example
    ctx.Database.ExecuteSqlCommand("delete from Border");
    ctx.Database.ExecuteSqlCommand("delete from country");

    // Create countries
    var de = new Country();
    de.Name = "Germany";
    ctx.Countries.Add(de);
    ctx.SaveChanges();

    var nl = new Country();
    nl.Name = "Netherlands";
    ctx.Countries.Add(nl);
    nl.AddBorderToCounty(de);
    ctx.SaveChanges();

    var dk = new Country();
    dk.Name = "Denmark";
    ctx.Countries.Add(dk);
    dk.AddBorderToCounty(de);
    ctx.SaveChanges();

    var be = new Country();
    be.Name = "Belgium";
    ctx.Countries.Add(be);
    be.AddBorderToCounty(de);
    be.AddBorderToCounty(nl);
    ctx.SaveChanges();

    var fr = new Country();
    fr.Name = "France";
    ctx.Countries.Add(fr);
    fr.AddBorderToCounty(de);
    ctx.SaveChanges();

    var cz = new Country();
    cz.Name = "Czech Republic";
    ctx.Countries.Add(cz);
    cz.AddBorderToCounty(de);
    ctx.SaveChanges();
```

```
    var lu = new Country();
    lu.Name = "Luxembourg";
    ctx.Countries.Add(lu);
    lu.AddBorderToCounty(de);
    lu.AddBorderToCounty(fr);
    lu.AddBorderToCounty(be);
    ctx.SaveChanges();

    var pl = new Country();
    pl.Name = "Poland";
    ctx.Countries.Add(pl);
    pl.AddBorderToCounty(de);
    pl.AddBorderToCounty(cz);
    ctx.SaveChanges();

    var at = new Country();
    at.Name = "Austria";
    ctx.Countries.Add(at);
    at.AddBorderToCounty(de);
    at.AddBorderToCounty(cz);
    ctx.SaveChanges();

    var ch = new Country();
    ch.Name = "Switzerland";
    ctx.Countries.Add(ch);
    ch.AddBorderToCounty(de);
    ch.AddBorderToCounty(fr);
    ch.AddBorderToCounty(at);
    ctx.SaveChanges();

    Console.WriteLine("All countries with their borders");
    foreach (var country in ctx.Countries)
    {
      Console.WriteLine("-------- " + country.Name);

      // now explicitly load the neighboring countries, as Lazy Loading in EFC does
not work
      //var borders1 = ctx.Countries.Where(x => x.IncomingBorders.Any(y =>
y.Country_Id == country.Id)).ToList();
      //var borders2 = ctx.Countries.Where(x => x.OutgoingBorders.Any(y =>
y.Country_Id1 == country.Id)).ToList();
      //var allborders = borders1.Union(borders2);

      // better: encapsulated in the context class:
      var allborders = ctx.GetNeigbours(country.Id);

      foreach (var neighbour in allborders)
      {
        Console.WriteLine(neighbour.Name);
      }
    }

    Console.WriteLine("=== DONE!");
```

```
    Console.ReadLine();
  }
 }
}
```

```
H:\TFS\Demos\EF\EFC_CodeFirst_NMSelf\EF_CodeFirst_NMSelf\bin\Debug\EF_CodeFirst_NMSelf.exe
All countries with their borders
--------- Germany
Austria
Belgium
Czech Republic
Denmark
France
Luxembourg
Netherlands
Poland
Switzerland
--------- Netherlands
Belgium
Germany
--------- Denmark
Germany
--------- Belgium
Germany
Luxembourg
Netherlands
--------- France
Germany
Luxembourg
Switzerland
--------- Czech Republic
Austria
Germany
Poland
--------- Luxembourg
Belgium
France
Germany
--------- Poland
Czech Republic
Germany
--------- Austria
Czech Republic
Germany
Switzerland
--------- Switzerland
Austria
France
Germany
=== DONE!
```

Abbildung: Ausgabe zu dem vorherigen Listing

29 Quellen im Internet

Den Quellcode von Entity Framework Core findet man bei Github:
https://github.com/aspnet/EntityFramework

Die offizielle, aber nicht sehr detaillierte Dokumentation findet man auf der Website:
http://www.efproject.net/en/latest

Das Entity Framework Core-Entwicklungsteam hat früher unter
https://blogs.msdn.microsoft.com/adonet ein Weblog betrieben. Inzwischen nutzt das
Entwicklungsteam das Haupt-.NET-Weblog von Microsoft:
https://blogs.msdn.microsoft.com/dotnet/tag/entity-framework

Bei Twitter verkündet das Entwicklungsteam Neuerungen unter dem Namen *@efmagicunicorns*
Das Einhorn (engl. Unicorn) ist das Maskotchen des Entwicklungsteams:
https://twitter.com/efmagicunicorns

Abbildung: Das Einhorn-Maskotchen als ASCII-Grafik im Werkzeug ef.exe

Der Autor dieses Buchs betreibt eine Website zu Entity Framework Core unter
http://www.EFFCore.net

30 Stichwortverzeichnis (Index)

Es sind hier jeweils nur die zentralen Stellen im Buch verlinkt. Um alle Vorkommnisse eines Begriffs zu finden, nutzen Sie bitte die Volltextsuche im PDF, das Sie als Käufer des gedruckten Buchs sehr günstig unter dem Hyperlink *https://leanpub.com/EntityFrameworkCore/c/update* bekommen.

31 Werbung in eigener Sache ☺

Dr. Holger Schwichtenberg

Wollen Sie mehr wissen?
Stehen Sie vor wichtigen Technologieentscheidungen?
Brauchen Sie Unterstützung für Windows, Linux,
.NET Framework, PowerShell oder Web-Techniken?

▸ Beratung bei Einführung und Migration
▸ Individuelle Vor-Ort-Schulungen
▸ Vorträge
▸ Praxis-Workshops
▸ Coaching
▸ Support (Vor-Ort · Telefon · E-Mail · Webkonferenz)
▸ Entwicklung von Prototypen und kompletten Lösungen

Kontakt:
Dr. Holger Schwichtenberg
Telefon 0201/649590-0
buero@IT-Visions.de

Bücher und Dienstleistungen: **http://www.IT-Visions.de**
Community Site: **http://www.dotnetframework.de**

www.ingramcontent.com/pod-product-compliance
Lightning Source LLC
Chambersburg PA
CBHW080135060326
40689CB00018B/3796